湖南调查资料

Hunan Survey Data

2015

国家统计局湖南调查总队　编
NBS Survey Office in Hunan

中国统计出版社
China Statistics Press

图书在版编目（CIP）数据

湖南调查资料. 2015 / 国家统计局湖南调查总队编.
-- 北京 ：中国统计出版社, 2015.6
ISBN 978-7-5037-7430-0

Ⅰ. ①湖… Ⅱ. ①国… Ⅲ. ①统计资料－湖南省－2015 Ⅳ. ①C832.64

中国版本图书馆 CIP 数据核字(2015)第 097922 号

湖南调查资料-2015

作　　者/国家统计局湖南调查总队　编
责任编辑/佘竞雄　李　冲
装帧设计/黄　晨　林　立
出版发行/中国统计出版社
通信地址/北京市丰台区西三环南路甲 6 号　邮政编码/100073
电　　话/邮购（010）63376909　书店（010）68783171
网　　址/http://www.zgtjcbs.com/
印　　刷/河北天普润印刷厂
经　　销/新华书店
开　　本/880×1230mm　1/16
印　　张/19.375　彩页 0.5
字　　数/800 千字
版　　别/2015 年 6 月第 1 版
版　　次/2015 年 6 月第 1 次印刷
定　　价/180.00 元

如有印装差错，由本社发行部调换。

1 湖南城乡居民可支配收入

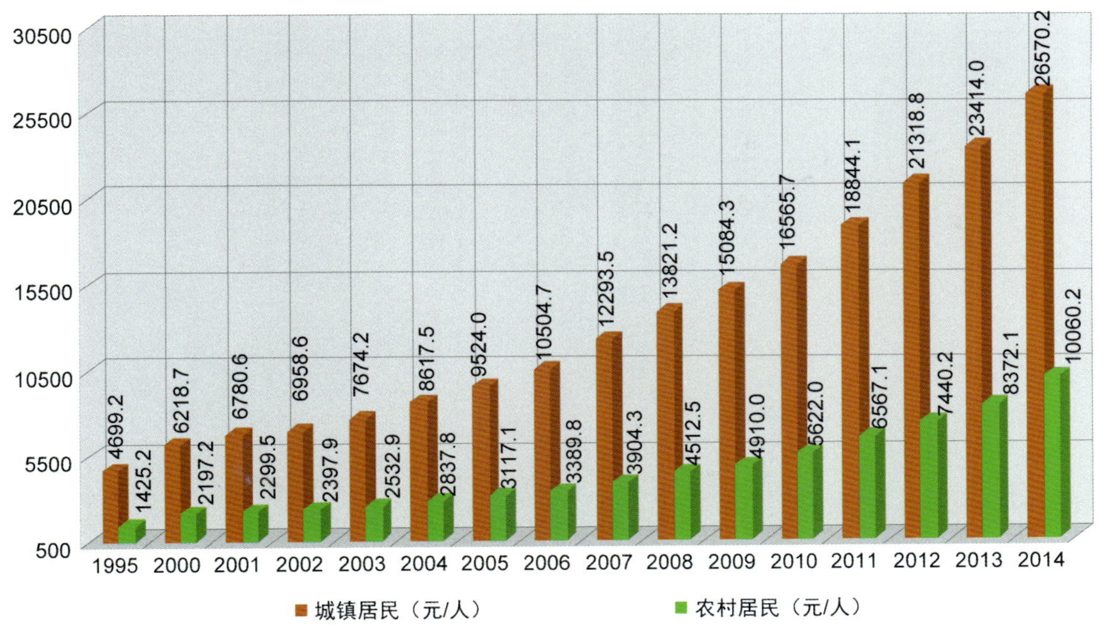

2 湖南城乡居民消费支出

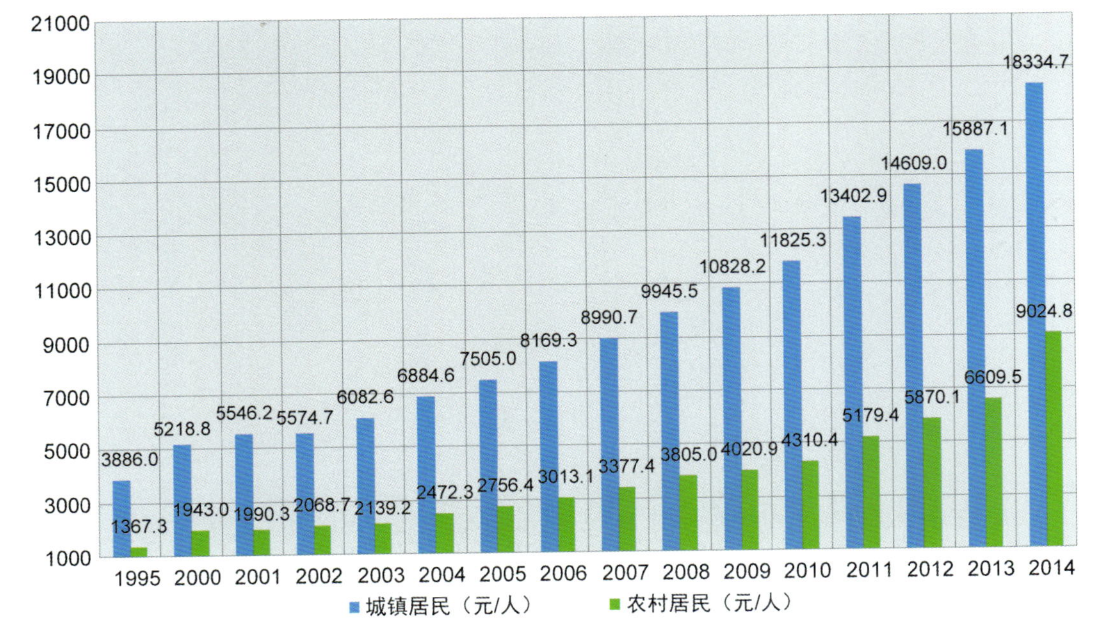

3 湖南城乡居民消费支出构成(2014年)

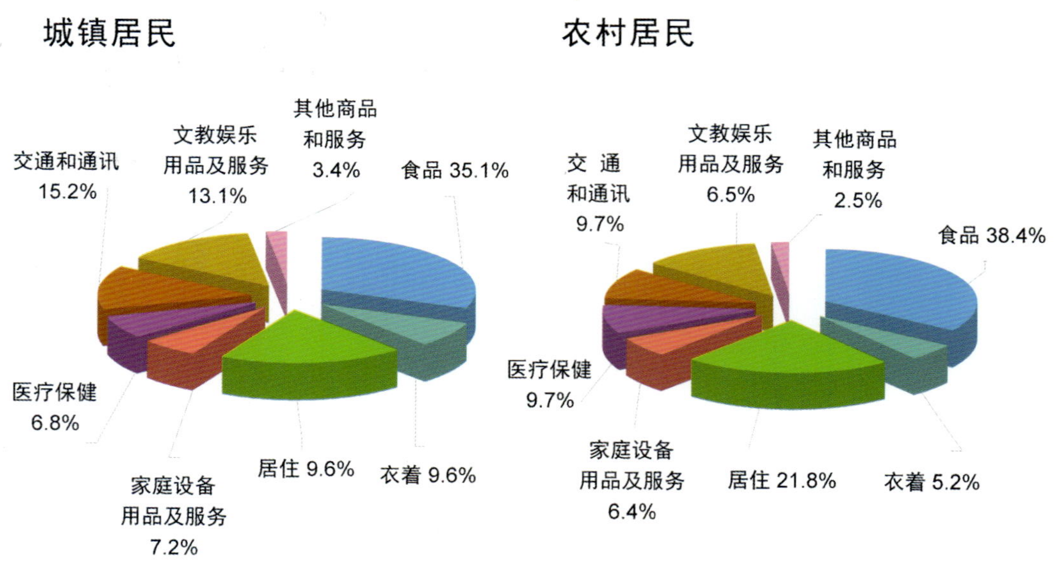

4 湖南城乡居民住房面积

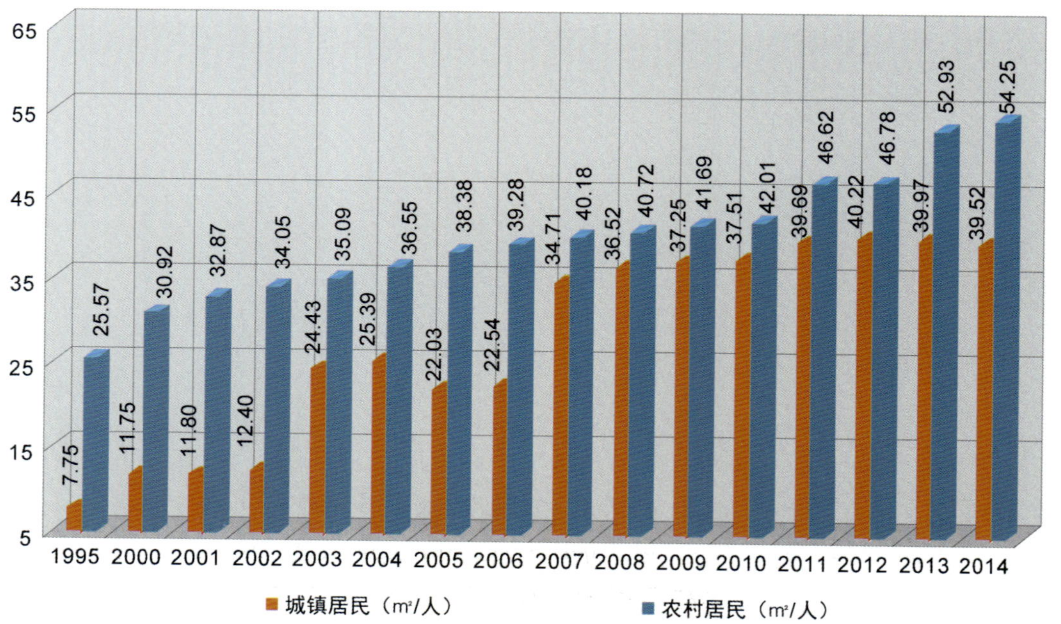

5 湖南居民消费和商品零售价格指数

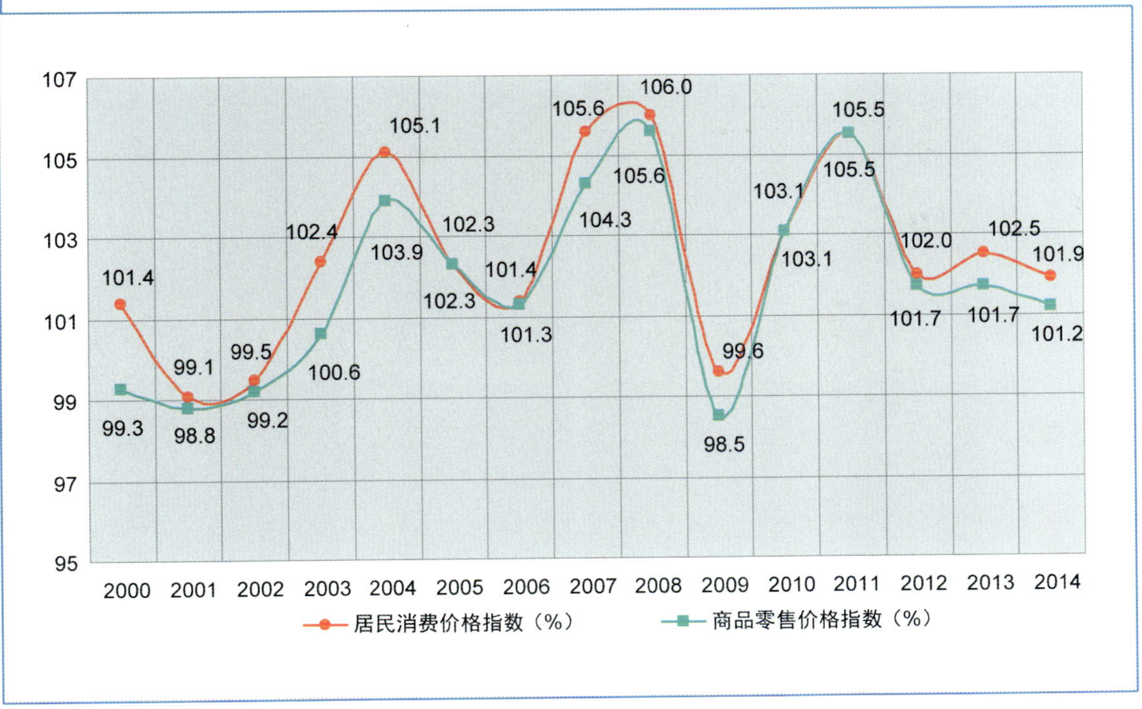

6 湖南城市与农村居民消费价格指数

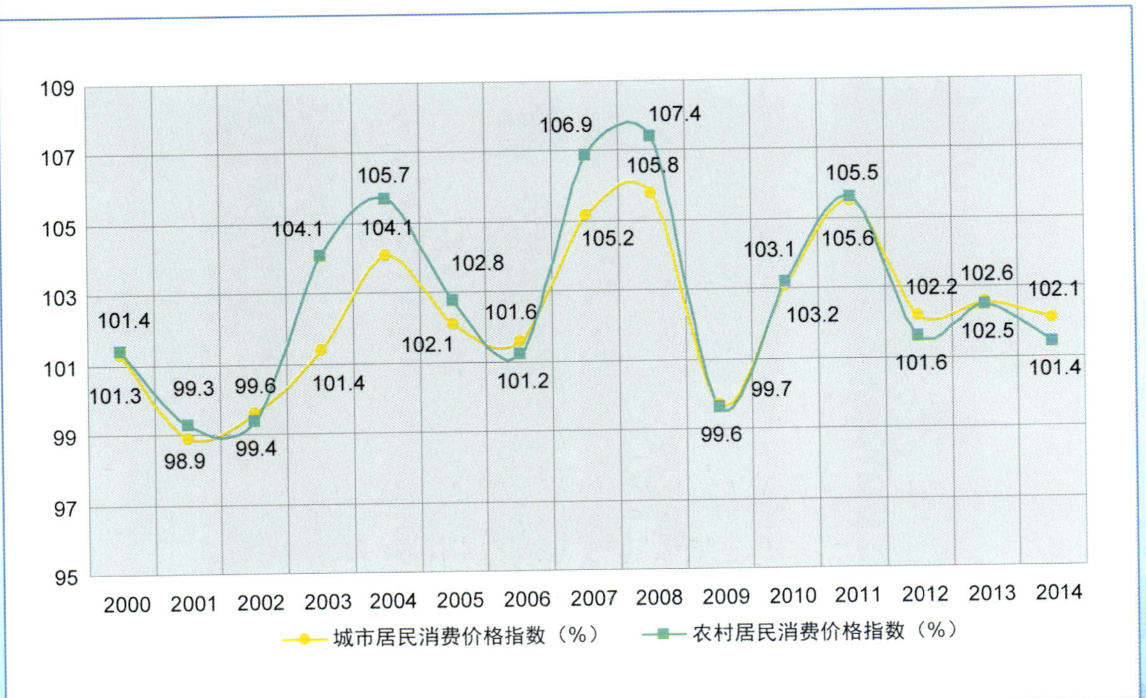

7 湖南城市与农村商品零售价格指数

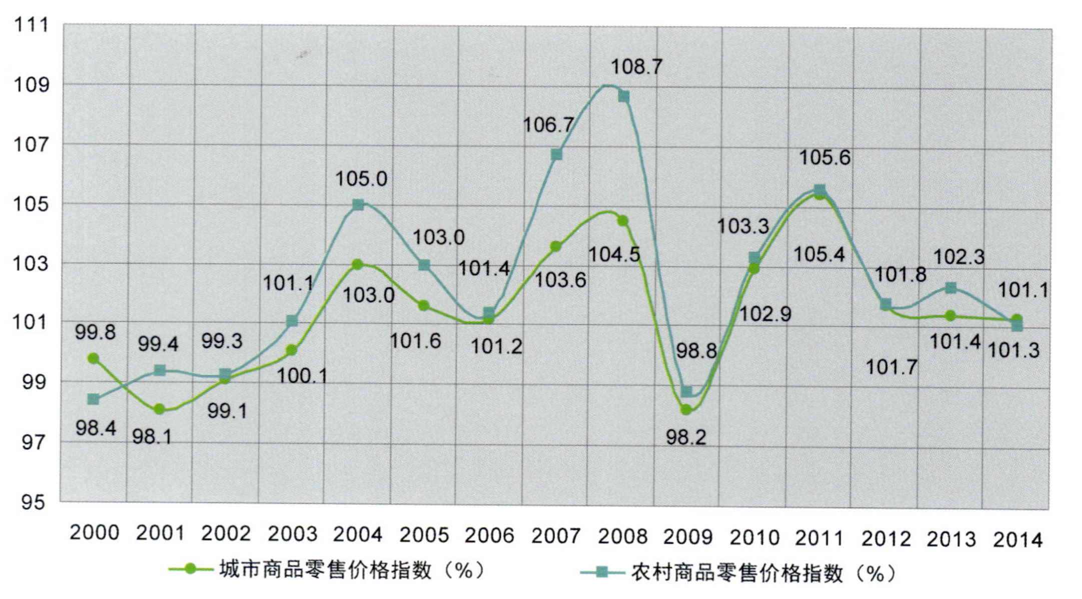

8 湖南居民消费和商品零售价格同比指数（2014年）

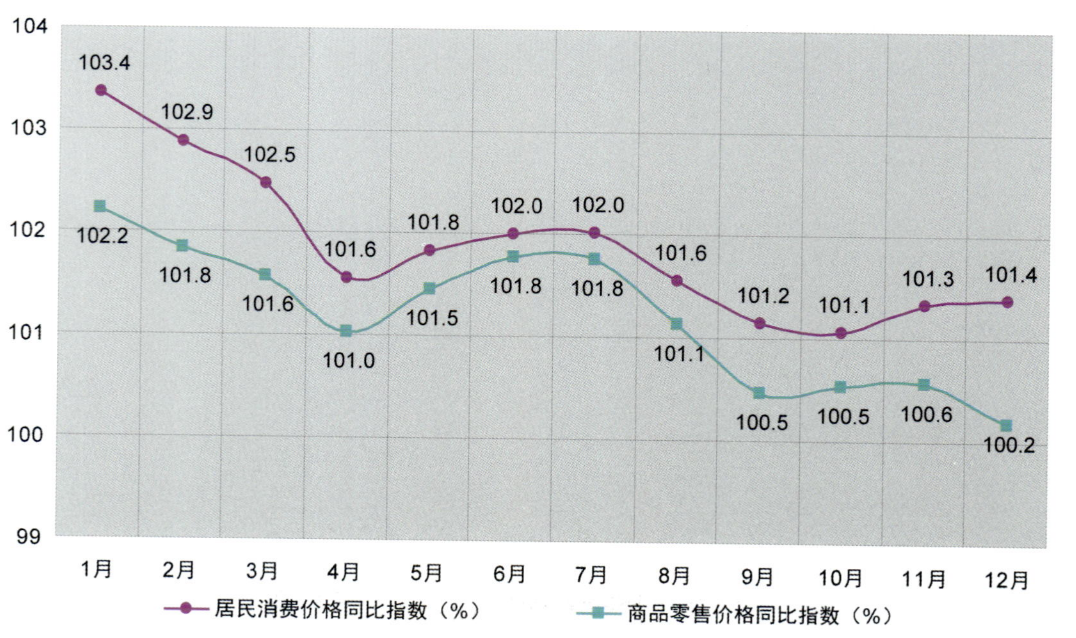

9 湖南居民消费和商品零售价格环比指数（2014年）

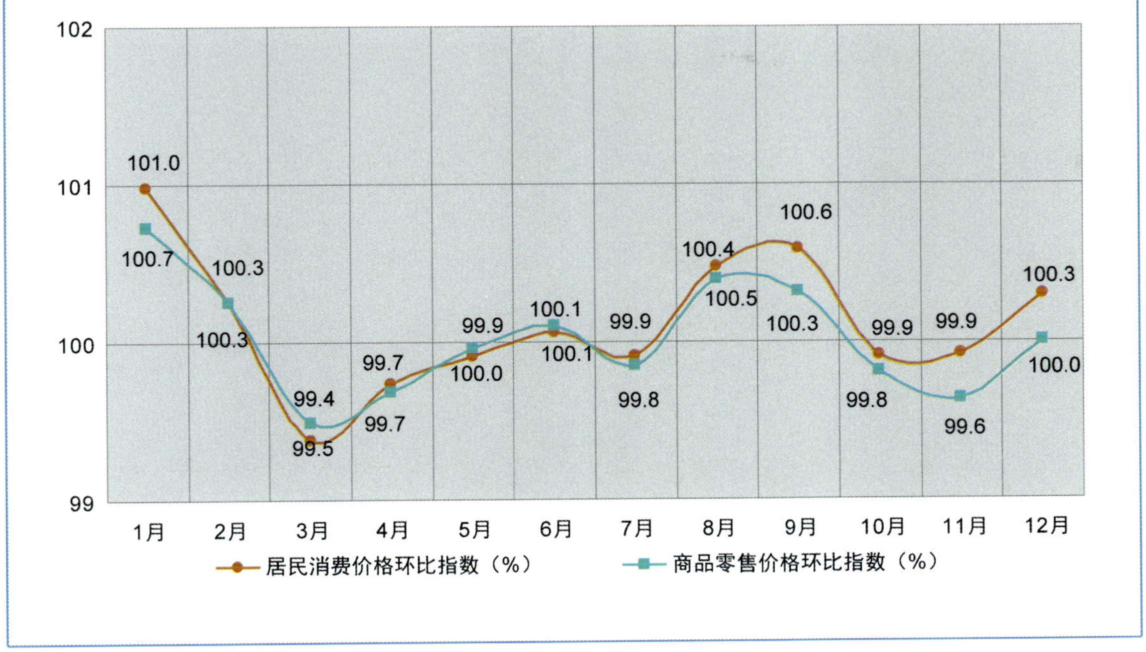

10 湖南工业生产者出厂和购进价格指数

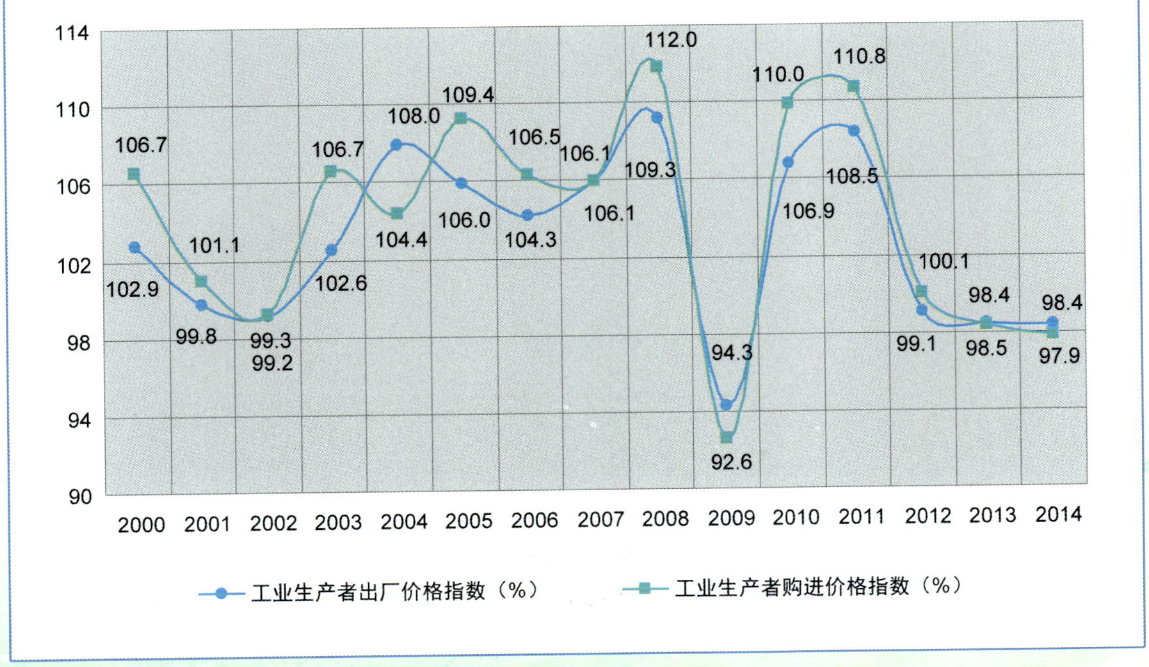

11 湖南工业生产者出厂和购进价格同比指数（2014年）

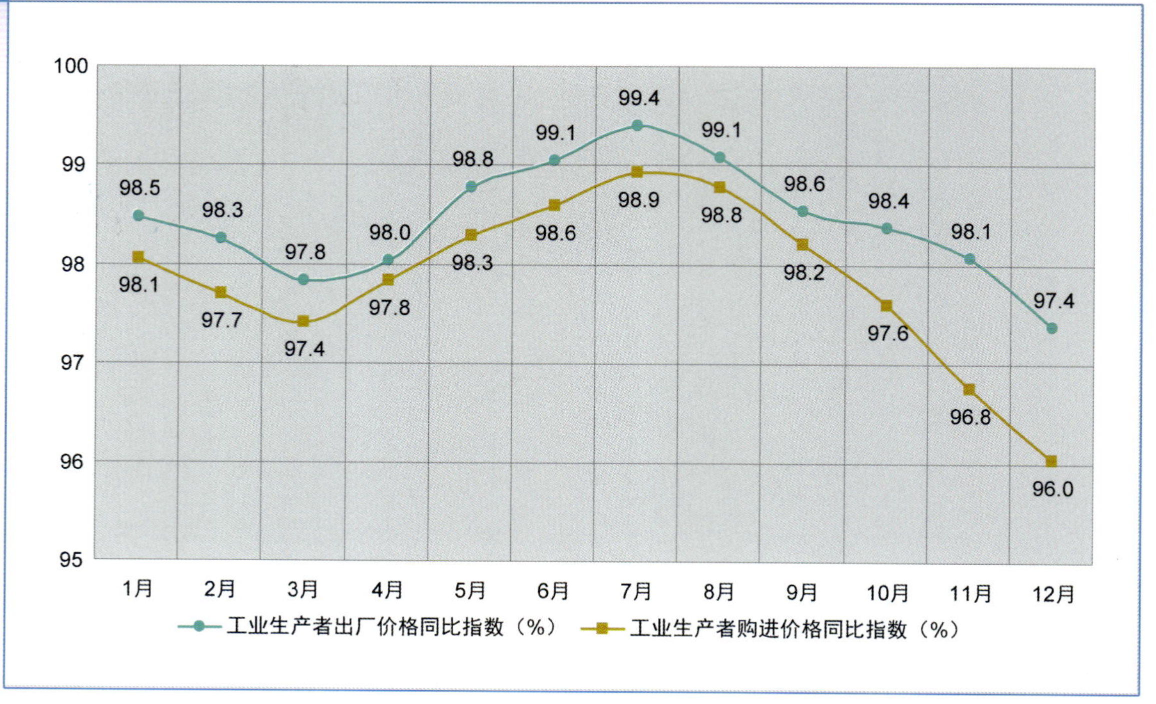

12 湖南工业生产者出厂和购进价格环比指数（2014年）

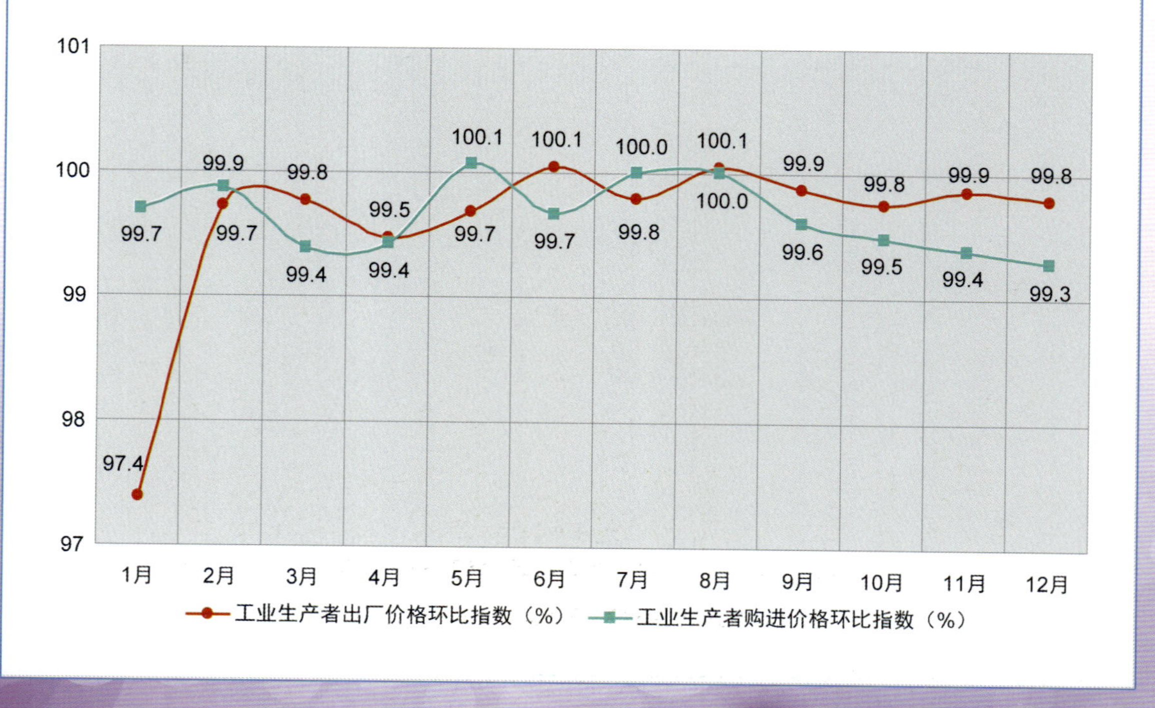

13 湖南粮食播种面积和粮食总产量

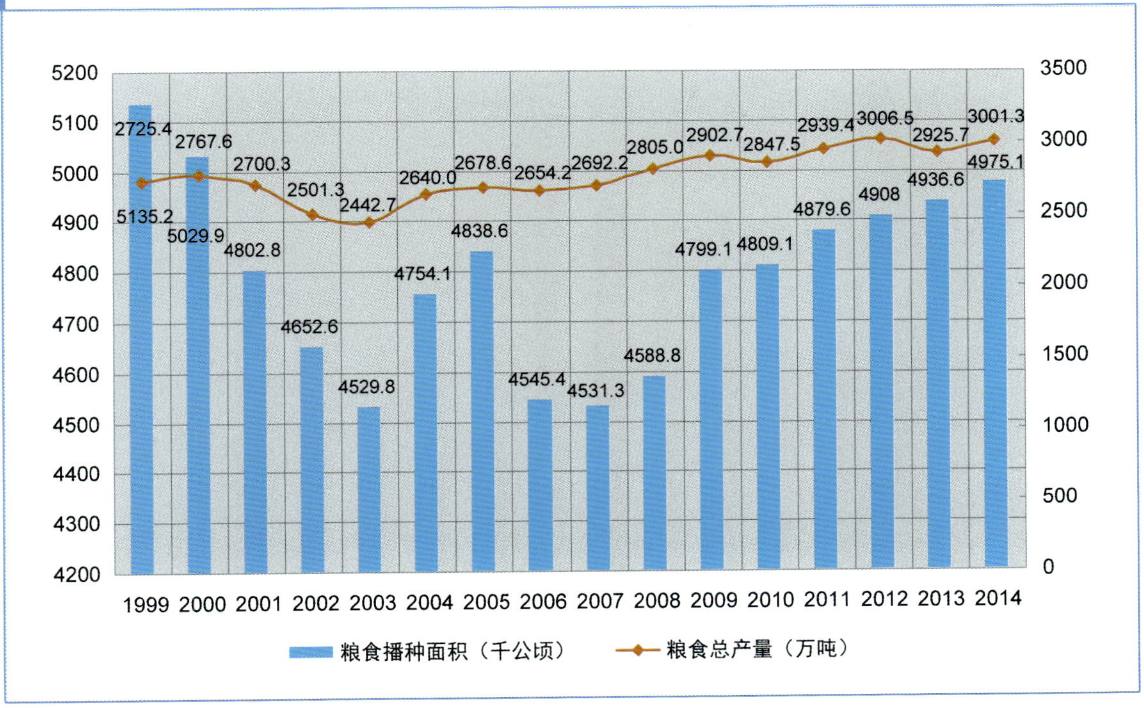

14 湖南棉花播种面积和棉花总产量

15 湖南生猪出栏量（万头）

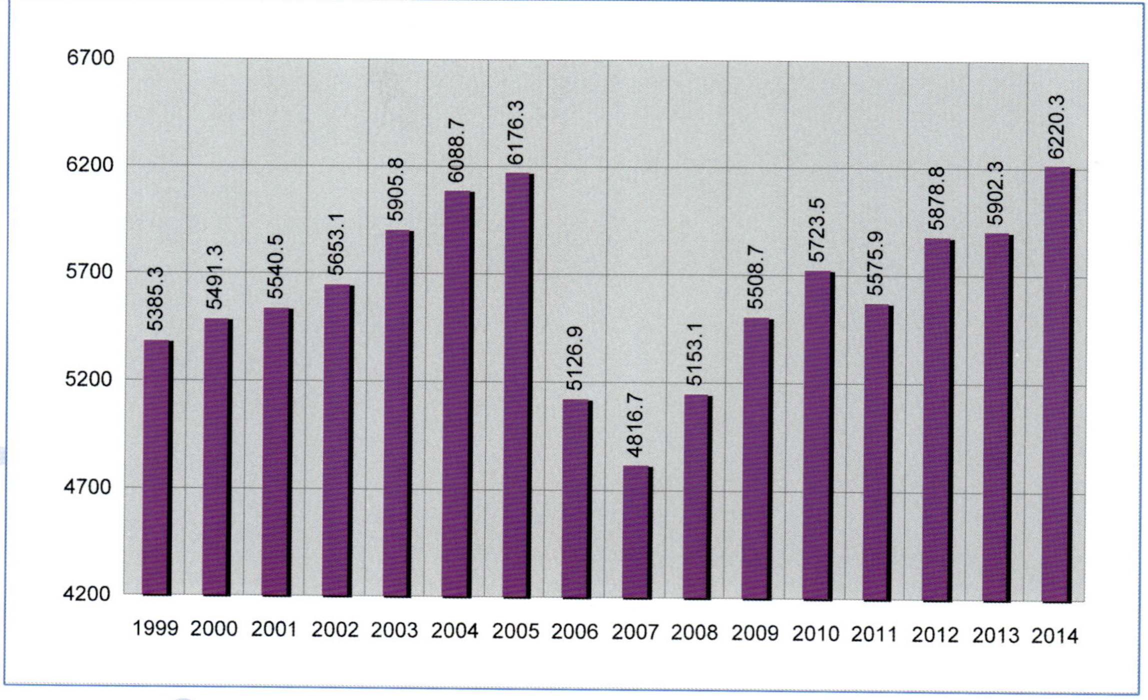

16 湖南制造业采购经理指数（2014年）

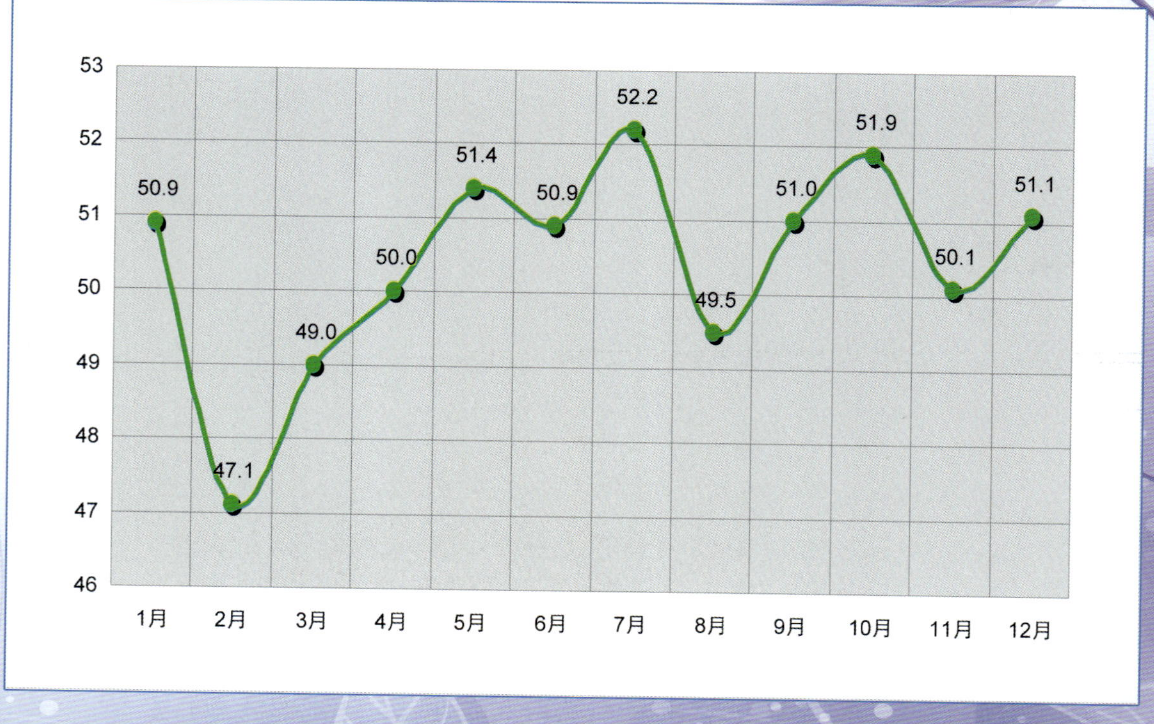

编者说明

一、《湖南调查资料—2015》是一部反映国家统计局在湖南开展社会经济调查和省委、省政府委托在湖南开展社会经济调查的资料性年刊，收录了全省及各市、州、县 2014 年在农村、城市和企业等方面的各项统计调查数据，以及重要历史年份和改革开放以来的主要统计调查数据，是一本党政部门、企事业单位、经济工作者、教学科研人员的重要工具书。

二、《湖南调查资料—2015》基本沿用 2014 年版面结构。本资料正文内容分为 6 个部分，即：1.综合；2.住户调查；3.价格调查；4.农业调查；5.工业和服务业调查；6.监测调查。附录部分有两个方面的内容，即：1.各省（市、自治区）主要社会经济指标；2.主要统计调查项目、主要统计指标解释和常见问题解答。

三、本资料以国家统计局湖南调查总队的常规统计调查资料为主，根据用户需要，增加了国家统计局反馈资料加工的各省（市、自治区）主要社会经济指标以及由相关单位公开资料加工的主要社会经济指标。

四、本资料所使用的度量衡单位均采用国际标准计量单位，根据用户需要，同时增加了部分习惯计量单位，总量指标计算所采用的价格均为现行价格。

五、本资料中部分数据合计数或相对数由于单位取舍不同而产生的计算误差，均未作机械调整。

六、符号使用说明：

“#”表示其中的主要项；

“空格”表示该项统计指标数据不足本表最小单位数、数据不详或无该项数据。

目 录

三、价格调查

四、农业调查

五、工业和服务业调查

六、监测调查

附录一 各省、市、自治区主要社会经济指标

附录二

国家统计局湖南调查总队
2014年主要统计调查数据新闻发布辞

国家统计局湖南调查总队

2015 年 1 月 21 日

2014 年，面对复杂多变的经济形势，全省上下认真贯彻落实中央和省委、省政府的决策部署，更加注重转方式调结构，更加注重优化经济发展环境，更加注重保障和改善民生，城乡居民收入和消费继续增长，市场物价基本稳定，人民生活持续改善。现将国家统计局湖南调查总队依法调查的 2014 年全省有关统计调查数据通报如下：

一、居民收入持续增加

全年全体居民人均可支配收入 17622 元，比上年名义增长 10.1%，扣除价格因素实际增长 8.0%。人均可支配收入中位数 15674 元，比上年名义增长 15.6%。

全年城镇居民人均可支配收入 26570 元，比上年名义增长 9.1%，扣除价格因素实际增长 6.9%。其中，工资性收入 14662 元，比上年名义增长 9.0%，经营净收入 3567 元，增长 9.6%，转移净收入 5713 元，增长 8.7%，财产净收入 2629 元，增长 10.1%。城镇居民人均可支配收入中位数 25711 元，比上年名义增长 14.3%。按城镇居民五等份收入分组，低收入组人均可支配收入 12142 元，中低收入组人均可支配收入 19673 元，中等收入组人均可支配收入 25541 元，中高收入组人均可支配收入 32960 元，高收入组人均可支配收入 50298 元。

全年农村居民人均可支配收入 10060 元，比上年名义增长 11.4%，扣除价格因素实际增长 9.9%。其中，工资性收入 4088 元，比上年名义增长 11.3%，经营净收入 3639 元，增长 11.8%，转移净收入 2168 元，增长 10.0%，财产净收入 166 元，增长 26.7%。农村居民人均可支配收入中位数 9297 元，比上年名义增长 12.4%。按农村居民五等份收入分组，低收入组人均可支配收入 3107 元，中低收入组人均可支配收入 6453 元，中等收入组人均可支配收入 9277 元，中高收入组人均可支配收入 12957 元，高收入组人均可支配收入 21637 元。

全年长株潭地区居民人均可支配收入 28287 元，比上年增长 9.6%，环洞庭湖地区人均可支配收入 16061 元，增长 10.1%；泛湘南地区人均可支配收入 16541 元，增长 10.0 %；大湘西地区人均可支配收入 11683 元，增长 10.2%。

2014 年城乡居民收入比由上年的 2.80:1 缩小为 2.64：1。

全年农民工人数 1707.5 万人，比上年增加 28.3 万人，增长 1.7%。外出农民工平均月收入 2998 元，比上年增加 188 元，增长 6.7%。

二、居民消费支出平稳增长

全年城镇居民人均消费支出18335元，比上年增长8.7%。其中，食品烟酒支出增长5.1%，衣着支出增长3.9%，居住支出增长4.1%，生活用品及服务支出下降0.9%，交通通信支出增长15.0%，教育文化娱乐支出增长25.9%，医疗保健支出增长18.3%。

全年农村居民人均生活消费支出9025元，比上年增长15.2%。其中，食品烟酒支出增长14.3%，衣着支出增长16.1%，居住支出增长12.3%，生活用品及服务支出增长5.9%，交通通信支出增长16.7%，教育文化娱乐支出增长25.3%，医疗保健支出增长5.1%。

三、市场物价基本稳定

全年居民消费价格总水平比上年上涨1.9%。其中，城市上涨2.1%，农村上涨1.4%。分类别看，食品价格上涨2.6%，衣着上涨1.7%，家庭设备用品及维修服务上涨1.3%，医疗保健和个人用品上涨2.1%，交通和通信上涨0.2%，娱乐教育文化用品及服务上涨3.0%，居住上涨1.4%，烟酒及用品下降0.5%。食品价格中，粮食上涨2.0%，干鲜瓜果上涨11.3%，蛋类上涨8.3%，猪肉下降2.8%，油脂下降2.7%。12月份，居民消费价格同比上涨1.4%，环比上涨0.3%。

全年工业生产者出厂价格比上年下降1.6%，其中，生产资料价格下降2.1%，生活资料价格上涨0.6%。分行业看，煤炭开采和洗选业，黑色金属冶炼及压延加工业，石油加工、炼焦及核燃料加工业产品价格下降明显，分别下降7.4%、6.7%、6.4%。12月份，工业生产者出厂价格同比下降2.6%，环比下降0.5%。全年工业生产者购进价格比上年下降2.1%，其中，12月份同比下降4.0%，环比下降0.7%。

全年农产品生产者价格比上年下降1.4%，其中，畜牧业产品价格下降4.1%，种植业、林业、渔业产品价格分别上涨0.04%、4.9%、2.7%。从主要品种看，生猪、棉花价格比上年分别下降7.1%、12.9%，稻谷、水果、牛、羊价格分别上涨1.4%、9.7%、5.6%、4.9%。

全年农业生产资料价格比上年上涨0.2%，商品零售价格上涨1.2%，固定资产投资价格上涨1.5%。

2014年1月份，长沙、岳阳、常德新建商品住宅价格同比分别上涨11.8%、11.1%、7.1%，9月份分别下降2.0%、1.2%、0.8%，12月份分别下降6.9%、3.5%、3.1%。

四、农业生产以增为主

全年粮食总产量600.3亿斤，比上年增加15.1亿斤，增长2.6%。其中，早稻产量为171亿斤，减少0.7%；中稻、晚稻产量分别为163.3亿斤、192.5亿斤，分别增长6.0%、3.4%。全年粮食播种面积7462.7万亩，比上年增加57.9万亩，增长0.8%。其中,早稻、中稻、晚稻分别为2180万亩、1760.5万亩和2240.6万亩，分别增长0.5%、0.2%和1.9%。粮食单位面积产量为每亩402.2公斤，比上年增加7.1公斤，增长1.8%。

全年生猪出栏6220.3万头，比上年增长5.4%；年末生猪存栏4188.3万头，比上年末增长

2.2%，其中,能繁母猪存栏431.6万头，比上年末下降1.0%。全年猪牛羊禽肉产量544万吨，比上年增长5.2%，其中猪肉产量458.1万吨，增长6.4%。全年禽蛋产量97.9万吨，比上年增长2.4%。

全年棉花总产量为2.6亿斤，比上年减产1.4亿斤，减少34.8%。棉花播种面积195.1万亩，比上年减少44.3万亩，减少18.5%。棉花单位面积产量每亩66.1公斤，比上年减产16.2公斤，减少19.7%。

五、规下工业较快增长

全年规模以下工业完成总产值3737.4亿元，比上年增长10.9%；主营业务收入1975.9亿元，增长7.8%；营业利润231.4亿元，增长2.8%；税金总额92.6亿元，下降4.7%；从业人员82万人，减少2.4%。

六、制造业预期向好

1-12月，制造业采购经理指数（PMI）分别为50.9%、47.1%、49.0%、50.0%、51.4%、50.9%、52.2%、49.5%、51.0%、51.9%、50.1%、51.1%。

从12月份分类指数看，生产指数为54.2%，连续十个月位于荣枯线以上；订单指数为51.9%；原材料库存指数为47.0%；从业人员指数为48.1%；配送时间指数为49.0%。从大中小型企业看，大型企业PMI为53.2%，中型企业为50.4%，小型企业为50.1%。

一、综　合

资料整理人员：欧阳鹏举

1-1　国民经济和社会发展总量指标

指　　标	2009	2010	2011	2012	2013	2014
年底总人口(万人)	6900.2	7089.53	6595.6	6638.93	6690.6	6737.2
#城镇人口	2980.89	3069.77	2974.62	3097.06	3208.81	3320.1
乡村人口	3919.31	4019.76	3620.98	3541.87	3481.79	3417.1
年底从业人员(万人)	3935.21	3982.73	4028	4100.4	4035	4056
生产总值(亿元)	13059.69	16037.96	19635.19	22154.2	24501.67	27048.5
第一产业	1969.69	2325.5	2733.66	3004.2	3099.23	3148.8
第二产业	5687.19	7343.19	9324.73	10506.4	11517.35	12481.9
第三产业	5402.81	6369.27	7576.8	8643.6	9885.09	11417.8
人均生产总值(元)	20428	24719	29828	33480	36763	40287.0
全社会固定资产投资总额(亿元)	7695.27	9821.06	11431.48	14576.6	18381.44	21950.8
国内社会消费品零售总额(亿元)	4913.75	5839.5	6809.03	7854.9	8940.64	10081.9
地方财政收入(亿元)	847.62	1081.69	1456.12	1776	2023.61	2259.9
地方财政支出(亿元)	2210.44	2702.48	3465.84	4085.9	4635.5	5024.5
物价指数 (以上年为100)						
居民消费价格指数	99.6	103.1	105.5	102	102.5	101.9
商品零售价格指数	98.5	103.1	105.5	101.7	101.7	101.2
农业生产资料价格指数	95	101.4	110.9	104.7	102.3	100.2
工业生产者出厂价格指数	94.3	106.9	108.5	99.1	98.5	98.4
工业生产者购进价格指数	92.6	110	110.8	100.1	98.4	97.9
农产品生产价格指数	90.6	109.9	121.9	100.2	102.1	98.6
农作物总播种面积(千公顷)						
粮食	4799.1	4809.1	4879.6	4908	4936.6	4975.1
早稻	1380.6	1360.5	1395.3	1424.7	1446.7	1453.3
中稻	1208.5	1228.4	1217.3	1183.4	1171.8	1173.7
晚稻	1458.1	1441.6	1453.7	1487	1466.6	1493.8
棉花	152.6	175	192.4	172.7	159.6	130.1
主要农牧业产品产量						
粮食(万吨)	2902.7	2847.5	2939.4	3006.5	2925.74	3001.3
早稻	809.7	764.5	806.4	818.7	860.5	854.8
中稻	850.3	851.5	864.4	858.1	770.4	816.5
晚稻	918.6	890	904.6	954.8	730.7	962.7
棉花(万吨)	21.2	22.7	23.6	25.1	19.8	12.9
生猪出栏头数(万头)	5508.7	5723.5	5575.9	5878.8	5902.3	6220.3
牛出栏头数(万头)	139.6	144.5	141.5	146.6	155.8	161.4
禽出笼只数(万只)	36880	38355.2	39264.2	41650.3	41283.6	40043.8
生活及消费(元/人)						
全体居民可支配收入						17621.7
城镇居民可支配收入	15084.31	16565.7	18844.05	21318.76	24352.0	26570.2
城镇居民消费性支出	10828.23	11825.33	13402.87	14608.95	16867.3	18334.7
农村居民可支配收入(纯收入)	4910	5621.96	6567.06	7440.17	9028.6	10060.2
农民生活消费支出	4020.87	4310.37	5179.36	5870.12	7832.6	9024.8

注：1.本表价值量指标均按当年价格计算。
2.粮食产量1988年起为抽样调查数，棉花产量1998年起为抽样调查数。
3.从2011年开始人口数为常住人口。
4.归口统计局的数据为统计公报数(下同)。

1-2 国内生产总值

单位：亿元

年 份	国内生产总值	第一产业	第二产业	第三产业
1978	146.99	59.83	59.82	27.34
1979	178.01	79.40	68.42	30.19
1980	191.72	81.14	76.99	33.59
1981	209.68	93.29	77.78	38.61
1982	232.52	107.99	82.51	42.02
1983	257.43	117.79	93.37	46.27
1984	287.29	128.28	104.34	54.67
1985	349.95	147.72	127.08	75.15
1986	397.68	165.28	143.31	89.09
1987	469.44	187.09	172.45	109.90
1988	584.07	217.03	221.28	145.76
1989	640.80	234.31	238.15	168.34
1990	744.44	279.09	249.98	215.37
1991	833.30	301.02	281.95	250.33
1992	986.98	323.91	337.17	325.90
1993	1244.71	383.68	470.05	390.98
1994	1650.02	532.89	589.72	527.41
1995	2132.13	685.30	770.67	676.16
1996	2540.13	793.98	920.06	826.09
1997	2849.27	855.75	1041.79	951.73
1998	3025.53	828.31	1123.08	1074.14
1999	3214.54	778.25	1192.99	1243.30
2000	3551.49	784.92	1293.18	1473.39
2001	3831.90	825.73	1412.82	1593.35
2002	4151.54	847.25	1523.50	1780.79
2003	4659.99	886.47	1777.74	1995.78
2004	5641.94	1156.80	2190.54	2294.60
2005	6511.34	1255.08	2596.71	2659.55
2006	7568.89	1332.23	3151.70	3084.96
2007	9200.00	1626.52	3916.44	3657.04
2008	11156.64	2007.40	4933.08	4216.16
2009	13059.69	1969.69	5687.19	5402.81
2010	16037.96	2325.50	7343.19	6369.27
2011	19635.19	2733.66	9324.73	7576.80
2012	22154.20	3004.20	10506.40	8643.60
2013	24501.67	3099.23	11517.35	9885.09
2014	27048.5	3148.8	12481.9	11417.8

注：本表按当年价格计算。

1-3 国内生产总值分产业构成

单位：%

年 份	第一产业	第二产业	第三产业
1978	40.7	40.7	18.6
1979	44.6	38.4	17.0
1980	42.3	40.2	17.5
1981	44.5	37.1	18.4
1982	46.4	35.5	18.1
1983	45.8	36.3	17.9
1984	44.7	36.3	19.0
1985	42.2	36.3	21.5
1986	41.6	36.0	22.4
1987	39.9	36.7	23.4
1988	37.2	37.9	24.9
1989	36.6	37.2	26.2
1990	37.5	33.6	28.9
1991	36.1	33.8	30.1
1992	32.8	34.2	33.0
1993	30.8	37.8	31.4
1994	32.3	35.7	32.0
1995	32.1	36.1	31.8
1996	31.3	36.2	32.5
1997	30.0	36.6	33.4
1998	27.4	37.1	35.5
1999	24.2	37.1	38.7
2000	22.1	36.4	41.5
2001	21.5	36.9	41.6
2002	20.4	36.7	42.9
2003	19.0	38.1	42.9
2004	20.5	38.8	40.7
2005	19.3	39.9	40.8
2006	17.6	41.6	40.8
2007	17.7	42.6	39.7
2008	18.0	44.2	37.8
2009	15.1	43.5	41.4
2010	14.5	45.8	39.7
2011	13.9	47.5	38.6
2012	13.6	47.4	39.0
2013	12.6	47.0	40.3
2014	11.6	46.2	42.2

1-4 总人口(年底数)

年 份	总人口(万人)	男	女	市镇	乡村	性别比(女=100)	城镇化水平(%)
1950	3074.34	1601.97	1472.37	245.79	2828.55	108.80	7.99
1955	3472.83	1831.58	1641.25	327.94	3144.89	111.60	9.44
1960	3569.37	1857.07	1712.30	404.63	3164.74	108.45	11.34
1965	3901.47	2022.78	1878.69	405.64	3495.83	107.67	10.40
1970	4480.76	2324.73	2156.03	481.97	3998.79	107.82	10.76
1975	4991.36	2594.18	2397.18	531.82	4459.54	108.22	10.65
1980	5280.95	2740.40	2540.55	671.05	4609.90	107.87	12.71
1985	5622.49	2928.44	2694.05	915.90	4706.59	108.70	16.29
1986	5695.73	2966.85	2728.88	963.15	4732.58	108.72	16.91
1987	5782.61	3012.59	2770.02	1003.28	4779.33	108.76	17.35
1988	5915.68	3079.65	2836.03	1044.12	4871.56	108.59	17.65
1989	6013.62	3130.76	2882.86	1049.25	4964.37	108.60	17.45
1990	6110.89	3178.31	2932.58	1072.46	5038.43	108.38	17.55
1991	6166.33	3208.42	2957.91	1147.86	5018.47	108.47	18.61
1992	6207.78	3231.73	2976.05	1217.74	4990.04	108.59	19.62
1993	6245.58	3249.20	2996.38	1205.95	5039.63	108.44	19.31
1994	6302.58	3279.07	3023.51	1356.56	4946.02	108.45	21.52
1995	6392.00	3322.27	3069.73	1550.99	4841.01	108.23	24.26
1996	6428.00	3339.25	3088.75	1606.95	4821.05	108.11	25.00
1997	6465.00	3356.43	3108.57	1629.00	4836.00	107.97	25.20
1998	6502.00	3374.33	3127.67	1684.00	4818.00	107.89	25.90
1999	6532.00	3389.32	3142.68	1724.00	4808.00	107.85	26.39
2000	6562.05	3422.77	3139.28	1952.21	4609.84	109.03	29.75
2001	6595.85	3409.72	3186.13	2031.52	4564.33	107.02	30.80
2002	6628.50	3433.56	3194.94	2121.12	4507.38	107.47	32.00
2003	6662.80	3453.33	3209.47	2232.04	4430.76	107.60	33.50
2004	6697.70	3470.75	3226.95	2377.68	4320.02	107.56	35.50
2005	6732.10	3490.59	3241.51	2490.88	4241.22	107.68	37.00
2006	6768.10	3513.35	3254.75	2619.93	4148.17	107.95	38.71
2007	6805.70	3533.87	3271.83	2752.91	4052.79	108.01	40.50
2008	6845.20	3549.30	3295.90	2885.25	3959.95	107.69	42.10
2009	6900.20	3583.24	3316.96	2980.89	3919.31	108.03	43.20
2010	7089.53	3674.49	3415.04	3069.77	4019.76	107.60	43.30
2011	7135.60	3699.10	3436.50	3218.16	3917.44	107.64	45.10
2012	6638.93	3415.68	3223.25	3097.06	3541.87	105.97	46.65
2013	6690.60	3451.50	3239.10	3208.81	3481.79	106.56	47.96
2014	6737.2	3471.1	3266.1	3320.1	3417.1	106.28	49.28

注：2012年起，总人口指标调整为常住人口。

1-5 主要年份城乡居民生活发展状况

指 标	2000		2005		2009		2010	
	城镇	农村	城镇	农村	城镇	农村	城镇	农村
户均常住人口(人)	3.09	3.97	2.93	3.94	2.90	3.89	2.90	3.88
居民可支配收入(元/人)	6218.70	2197.16	9523.97	3117.74	15084.31	4910.00	16565.70	5621.96
居民生活消费支出(元/人)	5218.79	1942.94	7504.99	2756.43	10828.23	4020.87	11825.33	4310.37
恩格尔系数(%)	37.48	54.22	35.83	51.99	38.55	48.93	36.55	48.44
文教娱乐支出(元/人)	753.80	222.50	1138.70	329.28	1207.72	291.01	1418.85	315.93
交通通讯支出(元/人)	395.60	99.38	801.30	218.96	1233.82	341.27	1541.40	343.82
医疗保健支出(元/人)	270.20	82.23	601.30	168.19	784.66	258.07	776.85	293.59
就业者负担人数(人)	1.71	1.46	2.05	1.40	2.06	1.36	2.07	1.36
居住面积(平方米/人)	11.75	30.92	22.03	38.38	37.25	41.69	37.51	42.01
耐用消费品拥有量(台/百户)								
彩色电视机	109.40	30.32	129.23	73.62	124.39	93.54	125.80	96.08
普通电话		23.13	84.96	56.19	74.05	57.76	72.00	54.56
移动电话		1.54	136.36	54.97	163.57	106.27	169.53	122.87
家用电脑	10.70	0.22	34.94	0.95	47.77	3.00	52.68	4.39
汽车			1.10		5.51	0.65	7.69	0.84
空调器	33.40	0.11	78.49	2.54	102.81	7.32	108.37	10.54

1-5 续表

指 标	2011		2012		2013		2014	
	城镇	农村	城镇	农村	城镇	农村	城镇	农村
户均常住人口(人)	2.90	3.97	2.87	3.97	2.94	3.97	2.90	3.19
居民收入(元/人)	18844.10	6567.06	21318.76	7440.17	24351.99	9028.55	26570.2	10060.2
居民生活消费支出(元/人)	13402.87	5179.36	14608.95	5870.12	16867.25	7832.64	18334.7	9024.8
恩格尔系数(%)	36.89	45.24	37.25	43.86	31.56	34.59	30.5	34.3
文教娱乐支出(元/人)	1526.10	346.62	1737.64	400.22	2016.38	733.77	2537.5	1112.1
交通通讯支出(元/人)	1975.50	421.67	2084.15	481.58	2141.20	798.84	2462.1	871.9
医疗保健支出(元/人)	790.76	396.54	918.41	497.24	1022.80	747.08	1209.8	771.4
就业者负担人数(人)	2.15	1.35	2.05	1.36	1.95	1.51	1.81	1.50
居住面积(平方米/人)	39.69	46.62	40.22	46.78	39.97	52.93	39.52	54.25
耐用消费品拥有量(台/百户)								
彩色电视机	121.58	109.00	122.62	111.24	115.03	113.72	116.58	112.17
普通电话	56.22	28.76	57.48	28.41	41.34	24.07	48.91	27.93
移动电话	189.66	183.35	198.22	192.84	213.37	238.60	223.81	227.35
家用电脑	66.36	10.30	74.77	11.95	65.77	18.49	71.28	19.34
家用汽车	12.82	2.35	15.60	2.59	17.99	0.14	21.05	0.61
空调器	128.97	22.59	134.89	24.32	121.92	33.33	129.24	34.00

二、住户调查

资料整理人员：周杰韩　梁尔郁　罗　旻

林　嘉　肖宇旻　张　毅

王子文

2-1 湖南居民收支与生活状况调查基本情况

指标	2013	2014
基本情况		
户均常住人口(人/户)	3.09	3.06
户均常住从业人口(人/户)	1.74	1.77
平均每户家庭从业人口比重(%)		
平均每一从业人口负担人数(包括从业者本人)(人)		
住户成员受教育程度(6岁以上)(%)		
未上过学	2.6	2.4
小学	21.6	21.2
初中	39.2	39.2
高中	22.1	22.4
大学专科	9.5	9.6
大学本科及以上	4.9	5.2
常住从业人员就业类型(%)		
雇主	1.9	2.1
公职人员	4.1	4.3
事业单位人员	6.5	6.1
国有企业雇员	4.5	4.1
其他雇员	30.4	32.5
农业自营	40.0	37.6
非农自营	12.6	13.3
常住从业人员从事主要行业(%)		
第一产业	40.0	38.0
第二产业	18.8	18.4
第三产业	41.2	43.6
常住劳动力文化程度(%)		
未上过学	2.3	2.1
小学	21.5	21.2
初中	39.9	39.7
高中	21.1	21.4
大学专科	9.9	10.0
大学本科及以上	9.6	10.5
常住户家庭收入与支出		
居民可支配收入(元/人)	16004.9	17621.7
居民现金可支配收入(元/人)	15116.6	16518.9
现金可支配收入占可支配收入比重(%)	94.4	93.7
居民消费支出(元/人)	11945.9	13288.7
居民现金消费支出(元/人)	9961.6	11099.4
居民现金消费支出占消费支出比重(%)	83.4	83.5

2-2 湖南居民可支配收入和现金可支配收入

指标	2013		2014	
	绝对数	构成	绝对数	构成
	(元/人)	(%)	(元/人)	(%)
可支配收入	**16004.9**		**17621.7**	
工资性收入	8124.8	50.8	8930.8	50.7
工资	7456.1	46.6	8429.0	47.8
实物福利	36.6	0.2	48.9	0.3
其他	632.2	3.9	453.0	2.6
经营净收入	3255.2	20.3	3605.8	20.5
第一产业净收入	1228.4	7.7	1301.0	7.4
农业	842.2	5.3	888.3	5.0
林业	101.8	0.6	116.2	0.7
牧业	208.2	1.3	203.3	1.2
渔业	76.1	0.5	93.1	0.5
第二产业经营净收入	294.8	1.8	407.2	2.3
第三产业经营净收入	1732.0	10.8	1897.7	10.8
财产净收入	1158.0	7.2	1293.6	7.3
转移净收入	3466.8	21.7	3791.4	21.5
转移性收入	4027.1	25.2	4401.5	25.0
养老金或离退休金	2482.7	15.5	2699.7	15.3
转移性支出	560.3		610.1	
社会保障支出	359.6		415.8	
现金可支配收入	**15116.6**		**16518.9**	
现金工资性收入	8088.2	53.5	8882.0	53.8
工资	7456.1	49.3	8429.0	51.0
其他工资性收入	632.2	4.2	453.0	2.7
现金经营净收入	3028.2	20.0	3265.4	19.8
第一产业净收入	802.9	5.3	737.7	4.5
农业	478.7	3.2	428.1	2.6
林业	51.8	0.3	58.9	0.4
牧业	175.1	1.2	162.9	1.0
渔业	74.3	0.5	87.9	0.5
第二产业净收入	326.2	2.2	445.1	2.7
第三产业净收入	1899.2	12.6	2082.6	12.6
现金财产净收入	630.2	4.2	745.7	4.5
现金转移净收入	3370.0	22.3	3625.8	21.9
现金转移性收入	3930.3	26.0	4235.8	25.6
养老金或离退休金	2482.7	16.4	2699.7	16.3
现金转移性支出	560.3		610.0	
社会保障支出	359.6		415.8	

2-3 湖南居民消费支出和现金消费支出

指标	2013		2014	
	绝对数（元/人）	构成（%）	绝对数（元/人）	构成（%）
消费支出	**11945.9**		**13288.7**	
食品烟酒	3899.1	32.6	4240.5	31.9
衣着	851.5	7.1	914.1	6.9
居住	2521.8	21.1	2708.4	20.4
生活用品及服务	783.3	6.6	796.9	6.0
交通和通信	1381.8	11.6	1600.2	12.0
教育、文化和娱乐	1353.2	11.3	1764.9	13.3
医疗保健	865.4	7.2	972.2	7.3
其他用品及服务	289.9	2.4	291.4	2.2
现金消费支出	**9961.6**		**11099.4**	
食品烟酒	3446.2	34.6	3752.5	33.8
衣着	851.1	8.5	913.8	8.2
居住	1090.1	10.9	1176.2	10.6
生活用品及服务	782.4	7.9	793.0	7.1
交通和通信	1380.3	13.9	1597.0	14.4
教育、文化和娱乐	1352.8	13.6	1764.9	15.9
医疗保健	771.5	7.7	813.6	7.3
其他用品及服务	287.2	2.9	288.4	2.6
现金消费支出占消费支出比重		**83.4**		**83.5**
食品烟酒		88.4		88.5
衣着		100.0		100.0
居住		43.2		43.4
生活用品及服务		99.9		99.5
交通和通信		99.9		99.8
教育、文化和娱乐		100.0		100.0
医疗保健		89.2		83.7
其他用品及服务		99.1		99.0

2-4 湖南居民消费支出细项

指标	2013		2014	
	绝对数（元/人）	构成（%）	绝对数（元/人）	构成（%）
消费支出	**11945.9**		**13288.7**	
食品烟酒	3899.1	32.6	4240.5	31.9
食品	3019.5	25.3	3210.4	24.2
烟酒	365.1	3.1	393.8	3.0
饮料			75.9	0.6
饮食服务	514.5	4.3	560.5	4.2
衣着	851.5	7.1	914.1	6.9
衣类	662.5	5.5	704.9	5.3
鞋类	188.9	1.6	209.3	1.6
居住	2521.8	21.1	2708.4	20.4
租赁房房租	67.5	0.6	62.4	0.5
住房维修及管理	377.7	3.2	472.8	3.6
水、电、燃料及其他	697.5	5.8	697.9	5.3
自有住房折算租金	1379.1	11.5	1475.3	11.1
生活用品及服务	783.3	6.6	796.9	6.0
家具及室内装饰品	145.7	1.2	122.9	0.9
家用器具	231.8	1.9	224.2	1.7
家用纺织品	79.8	0.7	75.0	0.6
家庭日用杂品	217.3	1.8	242.8	1.8
个人护理用品	72.5	0.6	98.1	0.7
家庭服务	36.2	0.3	34.0	0.3
交通和通信	1381.8	11.6	1600.2	12.0
交通	905.2	7.6	1067.2	8.0
通信	476.6	4.0	533.0	4.0
教育、文化和娱乐	1353.2	11.3	1764.9	13.3
教育	894.7	7.5	1125.9	8.5
文化和娱乐	458.5	3.8	639.0	4.8
医疗保健	865.4	7.2	972.2	7.3
医疗器具及药品	303.9	2.5	342.9	2.6
医疗服务	561.5	4.7	629.3	4.7
其他用品及服务	289.9	2.4	291.4	2.2
其他用品	174.2	1.5	178.9	1.3
其他服务	115.7	1.0	112.5	0.8

2-5　湖南居民现金消费支出细项

指标	2013		2014	
	绝对数（元/人）	构成（%）	绝对数（元/人）	构成（%）
现金消费支出	**9961.6**		**11099.4**	
食品烟酒	3446.2	34.6	3752.5	33.8
食品	2588.2	26.0	2758.8	24.9
烟酒	364.9	3.7	393.4	3.5
饮料			75.6	0.7
饮食服务	493.0	4.9	524.7	4.7
衣着	851.1	8.5	913.8	8.2
衣类	653.0	6.6	704.5	6.3
鞋类	188.9	1.9	209.3	1.9
居住	1090.1	10.9	1176.2	10.6
租赁房房租	67.5	0.7	62.4	0.6
住房维修及管理	377.7	3.8	472.8	4.3
水、电、燃料及其他	638.7	6.4	641.0	5.8
生活用品及服务	782.4	7.9	793.0	7.1
家具及室内装饰品	140.1	1.4	122.8	1.1
家用器具	231.8	2.3	224.2	2.0
家用纺织品	79.8	0.8	75.0	0.7
家庭日用杂品	217.3	2.2	238.9	2.2
个人护理用品	72.5	0.7	98.1	0.9
家庭服务	36.2	0.4	34.0	0.3
交通和通信	1380.3	13.9	1597.0	14.4
交通	904.7	9.1	1064.0	9.6
通信	475.6	4.8	533.0	4.8
教育、文化和娱乐	1352.8	13.6	1764.9	15.9
教育	894.7	9.0	1125.9	10.1
文化和娱乐	458.1	4.6	638.9	5.8
医疗保健	771.5	7.7	813.6	7.3
医疗器具及药品	303.6	3.0	342.7	3.1
医疗服务	561.5	5.6	470.9	4.2
其他用品及服务	287.2	2.9	288.4	2.6
其他用品	173.0	1.7	177.9	1.6
其他服务	114.3	1.1	110.6	1.0

2-6 湖南居民主要食品消费量

单位：公斤/人

指标	2013	2014
粮食	168.0	149.1
谷物	160.2	141.2
薯类	1.0	1.1
豆类	6.8	6.8
#大豆	0.7	0.7
食用油	16.7	15.0
#食用植物油	13.6	12.1
蔬菜及食用菌	111.7	106.9
#鲜菜	109.5	104.5
肉禽及其制品	38.3	39.3
#猪肉	25.5	26.2
牛肉	1.3	1.3
羊肉	0.4	0.3
家禽	8.1	9.2
水产品	11.0	11.3
蛋类	6.5	7.0
奶类	11.0	6.5
干鲜瓜果类	47.7	47.9
#鲜瓜果	45.0	43.9
坚果类	2.6	3.0
食糖	6.4	1.6

2-7 湖南居民年末主要耐用消费品拥有量

单位：平均每百户

指标	2013	2014
家用汽车(辆)	11.54	13.14
摩托车(辆)	44.66	50.76
电动助力车(台)	13.18	14.39
洗衣机(台)	79.83	82.04
电冰箱、柜(台)	87.97	90.44
微波炉(台)	25.82	26.16
彩色电视机(台)	112.20	114.27
空调(台)	76.21	79.34
热水器(台)	60.63	65.10
排油烟机(台)	37.10	37.72
固定电话(线)	32.01	37.92
移动电话(部)	215.22	225.66
计算机(台)	41.47	44.07
照相机(台)	16.72	17.19

2-8 湖南居民第一产业生产经营收支情况

单位：元

指标	2013	2014
生产经营收入	1228.4	1301.0
农业	842.2	888.3
林业	101.8	116.2
牧业	208.2	203.3
渔业	76.1	93.1
生产经营现金收入	1640.8	1838.2
农业	896.1	979.9
林业	69.0	86.2
牧业	563.8	622.4
渔业	110.2	149.6
生产经营费用支出	942.8	1182.9
农业	429.6	569.7
林业	17.3	28.7
牧业	445.4	521.7
渔业	37.2	62.9
生产经营现金费用支出	874.1	1100.5
农业	418.8	551.8
林业	17.2	27.3
牧业	389.0	459.5
渔业	35.9	61.8

2-9 历年城镇居民生活

年份	平均每人每年（元）					每一就业者负担人数（人）	人均居住面积（平方米）
	全部收入	可支配收入	指数（1978年为100）	消费支出	#食品支出		
1978	323.9	323.9	100.0	289.6	166.1	1.90	3.90
1980	475.9	475.9	125.2	425.5	244.1	1.76	4.30
1981	505.1	505.1	118.7	465.8	260.3	1.72	4.80
1982	519.0	519.0	116.8	449.4	264.5	1.70	5.10
1983	564.0	564.0	123.2	492.7	289.4	1.72	5.40
1984	645.0	645.0	138.0	540.8	310.4	1.71	5.80
1985	760.8	760.8	161.8	685.3	366.5	1.88	6.00
1986	904.4	904.4	182.5	775.3	427.9	1.90	6.40
1987	1017.8	1017.8	184.5	871.6	497.1	1.87	6.50
1988	1255.0	1255.0	181.0	1142.7	580.7	1.84	6.90
1989	1492.6	1492.6	183.5	1234.0	678.3	1.82	7.00
1990	1591.5	1591.5	194.5	1294.0	720.3	1.80	6.91
1991	1783.2	1783.2	207.3	1446.0	772.1	1.80	7.07
1992	2172.0	2166.5	221.9	1732.0	881.6	1.76	7.41
1993	2822.0	2816.5	245.8	2194.0	1049.4	1.73	8.14
1994	3893.0	3887.6	271.9	3138.0	1496.8	1.70	7.93
1995	4705.2	4699.2	278.7	3886.0	1898.1	1.67	7.75
1996	5060.0	5052.1	279.2	4098.0	1986.6	1.64	8.06
1997	5248.9	5209.7	280.1	4317.2	1972.8	1.64	8.66
1998	5474.6	5434.3	290.7	4371.0	1907.6	1.62	9.91
1999	5855.7	5815.4	312.2	4800.0	1942.2	1.66	10.77
2000	6261.2	6218.7	328.9	5218.8	1943.7	1.71	11.75
2001	6832.6	6780.6	362.6	5546.2	1943.6	1.77	11.80
2002	7371.8	6958.6	399.7	5574.7	1985.9	1.97	12.40
2003	8145.1	7674.2	434.7	6082.6	2179.3	1.89	24.43
2004	9190.2	8617.5	468.9	6884.6	2479.6	1.88	25.39
2005	10106.1	9524.0	507.6	7505.0	2689.4	2.05	22.03
2006	11146.1	10504.7	551.2	8169.3	2850.9	2.03	22.54
2007	14148.9	12293.5	613.2	8990.7	3243.9	1.99	34.71
2008	14577.3	13821.2	651.2	9945.5	3970.4	2.10	36.52
2009	16078.1	15084.3	713.1	10828.2	4174.6	2.06	37.25
2010	17657.1	16565.7	759.4	11825.3	4322.1	2.07	37.51
2011	20083.9	18844.1	819.4	13402.9	4943.9	2.15	39.69
2012	22804.6	21318.8	907.1	14609.0	5441.6	2.05	40.22
2013	26107.6	24352.0	970.6	16867.3	5323.0	1.95	39.97
2014	28796.4	26570.2	1037.6	18334.7	5596.0	1.84	39.52

注：1.1991年及以前的可支配收入均系全部收入。

2.2002年起，可支配收入剔除了出售财物收入和个人交纳的社会保障支出，消费支出中，居住支出剔除了自有房屋折算金。

2-10 历年城镇居民平均每人家庭收入及来源

单位：元

年 份	可支配收入	全部收入	工资性收入	经营净收入	财产性收入	转移性收入
1978	323.9	323.9	306.0			
1980	475.9	475.9	466.2			9.7
1981	505.1	505.1	496.6	0.3		8.2
1982	519.0	519.0	507.3	0.1		11.6
1983	564.0	564.0	549.7			14.3
1984	645.0	645.0	627.7	0.4		16.9
1985	760.8	760.8	651.1	9.5		100.2
1986	904.4	904.4	752.4	9.7		142.4
1987	1017.8	1017.8	840.4	11.2		166.2
1988	1255.0	1255.0	1078.7	21.3		155.0
1989	1492.6	1492.6	1213.2	28.2	14.2	237.0
1990	1591.5	1591.5	1327.7	23.6	16.4	223.7
1991	1783.2	1783.2	1567.0	14.4	19.8	182.1
1992	2166.6	2172.0	1768.2	18.2	28.8	356.8
1993	2821.6	2822.0	2298.9	31.2	54.5	437.4
1994	3892.7	3893.0	3154.5	27.8	81.5	629.2
1995	4699.2	4705.2	3971.1	26.0	81.6	626.5
1996	5052.1	5060.0	4309.5	44.3	86.8	619.4
1997	5209.7	5248.9	4433.6	35.2	112.0	668.1
1998	5434.3	5474.6	4517.5	35.4	142.6	779.1
1999	5815.4	5855.7	4723.6	52.4	153.9	925.8
2000	6218.7	6261.2	4954.2	140.1	158.8	1008.1
2001	6780.6	6832.6	5168.4	170.0	239.5	1254.7
2002	6958.6	7371.8	5408.2	235.4	111.0	1617.2
2003	7674.2	8145.1	5984.8	356.2	100.7	1703.4
2004	8617.5	9190.2	6807.3	494.0	92.9	1796.0
2005	9524.0	10106.1	6805.4	872.2	195.6	2232.9
2006	10504.7	11146.1	7401.7	929.8	287.2	2527.3
2007	12293.5	14148.9	8612.5	2343.4	170.9	3022.1
2008	13821.2	14577.3	9071.0	1575.1	316.5	3614.7
2009	15084.3	16078.1	9854.1	1744.4	419.2	4060.5
2010	16565.7	17657.1	10782.0	1880.9	541.1	4453.0
2011	18844.1	20083.9	11550.1	2674.2	770.7	5089.0
2012	21318.8	22804.6	13237.1	3008.3	867.8	5691.4
2013	24352.0	26107.6	13453.0	3254.8	2387.3	5256.8
2014	26570.2	28796.4	14661.7	3566.7	2628.6	5713.1

2-11 历年城镇居民平均每人消费性分类支出

单位：元

年 份	消费性支出	食品	衣着	居住	家庭设备用品及服务	医疗保健	交通和通讯	文教娱乐用品及服务	其他商品和服务
1978	289.6	166.1						99.5	24.0
1980	425.5	244.1	54.0	17.0	46.3	2.8	6.4	32.8	22.2
1981	465.8	260.3	57.8	18.5	50.6	3.8	5.8	47.0	21.9
1982	449.4	264.5	54.8	20.0	42.7	4.2	6.1	35.6	21.4
1983	492.7	289.4	61.9	21.4	46.8	4.2	7.2	39.1	22.7
1984	540.8	310.4	70.4	22.2	53.9	4.2	7.8	47.5	24.4
1985	685.3	366.5	86.5	33.0	80.2	8.3	7.6	74.8	28.6
1986	775.3	427.9	102.0	36.4	89.0	9.7	8.4	67.2	34.7
1987	871.6	497.1	101.5	36.0	96.6	10.3	9.4	77.3	43.3
1988	1142.7	580.7	132.0	54.9	168.1	18.4	11.9	110.9	65.8
1989	1234.4	678.3	146.4	51.5	144.9	21.6	14.9	108.3	68.6
1990	1294.1	720.3	170.4	60.0	124.6	19.2	26.8	122.8	50.0
1991	1445.5	772.1	197.6	71.3	142.8	25.6	33.2	135.4	67.6
1992	1731.6	881.6	237.0	95.9	164.7	41.1	39.3	176.8	95.3
1993	2194.0	1049.4	305.0	141.8	230.6	57.7	72.4	215.2	121.9
1994	3138.2	1496.8	420.7	184.5	301.9	82.1	184.6	316.6	151.0
1995	3885.6	1898.1	481.1	244.3	370.7	108.7	206.9	408.4	167.5
1996	4098.3	1986.6	507.1	267.8	334.1	149.8	210.6	460.9	181.4
1997	4317.2	1972.8	497.6	316.7	327.8	161.3	276.7	576.4	188.1
1998	4371.0	1907.6	458.4	411.2	332.2	183.9	255.8	642.7	179.2
1999	4800.0	1942.2	512.3	492.6	401.4	206.1	321.3	697.2	226.5
2000	5218.8	1943.7	495.2	576.7	544.5	270.2	395.6	753.8	239.1
2001	5546.2	1943.6	551.5	662.4	460.1	328.6	474.7	826.9	298.4
2002	5574.7	1985.9	577.7	581.9	420.4	343.7	596.0	883.6	185.6
2003	6082.6	2179.3	621.3	586.9	420.2	391.3	680.2	993.9	209.5
2004	6884.6	2479.6	689.5	640.7	388.2	475.6	881.9	1091.3	237.9
2005	7505.0	2689.4	790.7	771.5	451.0	601.3	801.3	1138.7	261.2
2006	8169.3	2850.9	868.2	871.7	513.6	632.5	965.1	1182.2	285.0
2007	8990.7	3243.9	1017.6	869.6	603.2	668.5	986.9	1285.2	315.8
2008	9945.5	3970.4	1090.7	960.8	674.8	791.0	971.1	1110.1	376.6
2009	10828.2	4174.6	1146.3	1074.7	798.4	784.7	1233.8	1207.7	408.1
2010	11825.3	4322.1	1277.5	1182.3	903.8	776.9	1541.4	1418.9	402.5
2011	13402.9	4943.9	1499.0	1292.6	940.8	790.8	1975.5	1526.1	434.3
2012	14609.0	5441.6	1624.6	1301.6	1034.3	918.4	2084.2	1737.6	466.7
2013	16867.3	5323.0	1387.9	3427.8	1108.3	1022.8	2141.2	2016.4	439.8
2014	18334.7	5596.0	1442.1	3567.6	1098.6	1209.8	2462.1	2537.5	421.0

注：1.1992年以前的数据，按现行的指标进行重新计算。
2.2013年起，居住消费中加入自有住房折算租金。

2-12 历年城镇居民平均每人消费性支出(按可支配收入分组)

单位：元

年 份	消费性支出	最低收入户	#更低收入户	低收入户	中等偏下收入户	中等收入户	中等偏上收入户	高收入户	最高收入户	#更高收入户
1978	289.6									
1980	425.5									
1981	465.9									
1982	449.4									
1983	492.7									
1984	540.8									
1985	685.3	424.4	359.6	533.9	567.7	690.9	796.1	901.8	1088.5	
1986	775.3	489.4	462.5	567.8	637.8	778.9	893.9	1023.1	1294.9	
1987	871.6	546.9	488.0	636.6	740.9	844.8	1019.8	1150.1	1398.6	
1988	1142.7	660.1	548.9	797.2	952.9	1119.8	1308.6	1504.8	2090.4	
1989	1234.4	702.0	635.0	960.0	1037.0	1250.0	1404.0	1648.0	2046.0	
1990	1294.1	769.0	714.0	962.0	1101.0	1310.0	1541.0	1792.0	1872.0	
1991	1445.5	845.9	781.6	1097.3	1274.4	1441.8	1654.0	1880.2	2262.2	
1992	1731.6	1047.9	951.2	1341.0	1518.4	1724.5	1977.7	2235.7	2584.0	
1993	2194.0	1284.7	1196.5	1584.4	1800.8	2147.2	2516.4	2810.6	3696.6	
1994	3138.2	1770.2	1620.5	2273.6	2515.7	3110.4	3496.9	4297.3	5501.3	
1995	3885.6	2347.4	1983.9	2833.6	3217.9	3803.6	4363.7	5248.8	6605.2	
1996	4098.3	2573.6	2216.1	2997.9	3512.7	3903.2	4484.0	5822.3	6624.5	
1997	4317.2	2380.7	2098.7	3035.9	3591.0	4077.2	4967.3	6159.4	7255.8	
1998	4371.0	2474.2	2247.8	3043.5	3445.9	4142.5	4933.8	6287.9	7615.0	
1999	4800.0	2508.2	2254.3	3395.5	3705.9	4467.6	5646.7	6763.4	8834.1	
2000	5218.8	2437.0	2232.9	3084.8	3817.6	5132.1	6476.3	7787.7	9266.7	
2001	5546.2	2376.7	2133.6	3205.9	4125.3	5161.1	6767.9	8075.3	11363.2	
2002	5574.7	2378.4	2249.4	3068.8	3894.8	5315.8	6814.8	8151.0	12940.2	14211.9
2003	6082.6	2592.4	2246.5	3551.6	4556.6	5808.0	7622.4	10067.4	12005.2	14140.9
2004	6884.6	3080.3	2871.5	4166.0	5330.4	6649.5	8131.5	9784.1	15731.3	18568.2
2005	7505.0	3142.8	2723.2	4033.8	5683.7	7173.5	9629.3	13276.9	17272.8	18698.6
2006	8169.3	3457.0	2818.6	4675.8	6046.2	7936.6	9925.5	14155.3	20270.5	26603.9
2007	8990.7	4183.4	3601.1	5296.1	6880.4	8894.6	10965.8	14720.6	21394.1	28841.5
2008	9945.5	4742.5	4281.0	5827.9	7897.4	9714.5	12568.2	16327.8	21641.4	24523.1
2009	10828.2	5088.5	4287.5	6351.1	8285.9	11035.1	13711.4	16720.7	24415.1	26658.1
2010	11825.3	5446.3	4941.4	6799.5	9117.3	11689.1	15372.1	19915.5	25769.0	29440.1
2011	13402.9	6247.7	5436.8	7929.9	10440.1	13000.6	17514.2	27405.4	26750.7	28028.4
2012	14609.0	7429.4	7083.8	8588.5	12003.0	14350.6	19240.9	23686.9	34330.1	38250.5
2013	16867.3	8978.8	8331.5	9490.0	12457.1	15052.2	21464.8	26191.4	34598.9	41904.7
2014	18334.7	8869.3	8313.0	11841.0	14090.7	17855.6	21432.8	29899.9	35157.3	40563.0

注：1985年以前无分组数据。2002年以前无更高收入分组。

2-13 历年城镇居民可支配收入指数

年 份	可支配收入(元)	以上年为100		以1978年为100	
		货币收入	实际收入	货币收入	实际收入
1978	323.9			100.0	100.0
1980	475.9			146.9	125.2
1985	760.8	117.0	104.6	234.9	161.8
1990	1591.5	106.0	105.4	491.4	194.5
1995	4699.2	121.0	102.5	1452.6	278.7
1999	5815.4	107.0	107.4	1795.2	312.2
2000	6218.7	106.9	105.5	1919.9	328.9
2001	6780.6	109.0	110.2	2092.7	362.6
2002	6958.6	109.8	110.2	2298.6	399.7
2003	7674.2	110.3	108.8	2534.9	434.7
2004	8617.5	112.3	107.9	2846.2	468.9
2005	9524.0	110.5	108.2	3145.6	507.6
2006	10504.7	110.3	108.6	3469.6	551.6
2007	12293.5	117.0	111.2	4059.4	613.2
2008	13821.2	112.4	106.2	4562.8	651.2
2009	15084.3	109.1	109.5	4978.0	713.1
2010	16565.7	109.8	106.5	5465.9	759.4
2011	18844.1	113.8	107.9	6220.2	819.4
2012	21318.8	113.1	110.7	7035.0	907.1
2013	24352.0	109.8	107.0	7724.4	970.6
2014	26570.2	109.1	106.9	8427.4	1037.6

注：1.实际收入指数,指扣除价格上涨因素后的指数。
2.1991年及以前的可支配收入均系全部收入。
3.2002年起，可支配收入剔除了出售财物收入和个人交纳的社会保障支出，消费支出中，居住支出剔除了自有房屋折算金。

2-14 近年城镇居民家庭基本情况

项　　目	2000	2005	2010	2011	2012	2013	2014
调查户数(户)	**1000**	**1250**	**1250**	**1250**	**1250**	**2150**	**2121**
平均每户家庭人口(人)	3.09	2.93	2.90	2.90	2.87	2.94	2.94
平均每户就业人口(人)	1.81	1.43	1.40	1.35	1.40	1.51	1.60
平均每户就业面(包括就业者)(%)	58.6	48.8	48.3	46.6	48.8	51.4	54.4
平均每人全部年收入(元)	6261.2	10106.1	17657.1	20083.9	22804.6	26107.6	28796.4
#可支配收入	**6218.7**	**9524.0**	**16565.7**	**18844.1**	**21318.8**	**24352.0**	**26570.2**
总收入中:							
工资性收入	4954.1	6805.4	10782.0	11550.1	13237.1	13453.0	14661.7
经营净收入	140.1	872.2	1880.9	2674.2	3008.3	3254.8	3566.7
财产性收入	158.8	195.6	541.1	770.7	867.8	2387.3	2628.6
转移性收入	1008.1	2232.9	4453.0	5089.0	5691.4	5256.8	5713.1
平均每人消费支出(元)	**5218.8**	**7505.0**	**11825.3**	**13402.9**	**14609.0**	**16867.3**	**18334.7**
#食品	1943.7	2689.4	4322.1	4943.9	5441.6	5323.0	5596.0
衣着	495.2	790.7	1277.5	1499.0	1624.6	1387.9	1442.1
居住	576.7	771.5	1418.9	1292.6	1301.6	3427.8	3567.6
家庭设备用品及服务	544.5	451.0	1182.3	940.8	1034.3	1108.3	1098.6
医疗保健	270.2	601.3	903.8	790.8	918.4	1022.8	1209.8
交通和通信	395.6	801.3	776.9	1975.5	2084.2	2141.2	2462.1
教育文化娱乐服务	753.8	1138.7	1541.4	1526.1	1737.6	2016.4	2537.5
其他商品和服务	239.1	261.2	402.5	434.3	466.7	439.8	421.0
可支配收入中位数					**19800.0**	**22494.0**	**25711.0**

2-15 城镇居民家庭居住情况(2013－2014年)

项　目	2013	2014
期内住户常住成员数(人/户)	2.94	2.94
自有现住房建筑面积(平方米/人)	39.97	39.52
现住房房屋来源(%)		
租赁公房	3.7	3.2
租赁私房	5.4	5.5
自建住房	22.2	22.6
购买商品房	37.5	38.9
购买房改住房	22.6	21.7
购买保障性住房	2.3	2.5
拆迁安置房	2.9	3.1
继承或获赠住房	0.9	0.9
免费借用房	0.8	0.5
雇主提供免费住房	0.5	0.5
其他来源	1.0	0.7
本住户居住空间样式(%)		
单栋楼房	20.6	21.4
单栋平房	4.1	3.9
四居室及以上单元房	7.6	7.1
三居室单元房	33.7	34.4
二居室单元房	28.0	27.9
一居室单元房	3.3	2.7
筒子楼或连片平房	1.6	1.5
其他	1.0	0.9
住户主要饮用水来源情况(%)		
经过净化处理的自来水	94.8	94.4
受保护的井水和泉水	2.8	3.0
不受保护的井水和泉水	0.9	1.0
江河湖泊水	0.1	0.2
收集雨水	0.0	0.0
桶装水	1.1	1.4
其他水源	0.1	0.0
住户厕所类型(%)		
水冲式卫生厕所	90.5	90.9
水冲式非卫生厕所	2.9	2.8
卫生旱厕	1.7	1.8
普通旱厕	2.7	2.7
无厕所	2.1	1.7
住户洗澡设施情况(%)		
统一供热水	4.2	3.6
家庭自装热水器	81.0	83.1
其他	5.5	4.6
无洗澡设施	9.2	8.5
住户主要取暖设备状况(%)		
由市政或小区集中供暖	3.2	2.5
自行供暖	77.4	78.6
无取暖设备	18.2	18.9
主要炊用能源状况(%)		
柴草	0.4	0.5
煤炭	7.8	6.6
罐装液化石油气	39.4	39.3
管道液化石油气	1.7	2.7
管道煤气	2.0	3.0
管道天然气	37.6	35.2
电	9.9	11.6
燃料用油	0.1	0.1
沼气	0.1	0.1
其他	0.1	0.1
无炊用行为	0.7	0.8

2-16 城镇居民家庭总收入与总支出(2013－2014年)

单位：元/人

项　　目	2013	2014
总收入(未扣除生产费用)	**26107.6**	**28796.4**
可支配收入	**24352.0**	**26570.2**
工资性收入	13453.0	14661.7
工资	12632.6	14039.1
实物福利	61.5	81.6
其他	758.9	541.1
经营净收入	3254.8	3566.7
第一产业经营净收入	243.1	267.5
第二产业经营净收入	376.3	520.7
第三产业经营净收入	2635.5	2778.6
批发和零售业	1639.5	1688.1
交通运输、仓储和邮政业	364.8	333.5
住宿和餐饮业	177.2	151.2
房地产业	8.0	11.1
租赁和商务服务业	52.5	40.3
居民服务、修理和其他服务业	298.5	447.6
其他	93.9	106.3
农林牧渔服务业	1.1	0.5
财产净收入	2387.3	2628.6
利息净收入	124.7	153.9
红利收入	387.8	412.1
储蓄性保险净收益	10.6	5.6
转让承包土地经营权租金净收入	2.6	4.3
出租房屋财产性净收入	659.4	795.4
出租机械、专利、版权等资产的净收入	20.3	18.2
其他财产净收入	3.3	21.5
房屋虚拟租金	1178.6	1217.6
转移净收入	5256.8	5713.1
转移性收入	6223.3	6752.8
养老金或离退休金	4954.5	5391.7
社会救济和补助	164.3	126.1
政策性生活补贴	17.6	25.5
报销医疗费	80.5	184.5
家庭外出从业人员寄回带回收入	67.6	61.1
赡养收入	583.9	594.5
其他经常转移收入	341.9	353.1
从政府和组织得到的实物产品和服务折价	3.2	8.1
现金政策性惠农补贴	9.7	8.1
转移性支出	966.4	1039.7
#个人所得税	31.7	38.0
社会保障支出	623.9	708.8

2-16 续表

项　目	2013	2014
总支出	**24098.1**	**25403.8**
消费支出	**16867.3**	**18334.7**
食品烟酒	5323.0	5596.0
衣着	1387.9	1442.1
居住	3427.8	3567.6
生活用品及服务	1108.3	1098.6
交通通信	2141.2	2462.1
教育文化娱乐	2016.4	2537.5
医疗保健	1022.8	1209.8
其他用品和服务	439.8	421.0
生产经营费用支出	492.1	834.3
第一产业经营费用支出	147.8	154.5
第二产业经营费用支出	17.3	26.8
第三产业经营费用支出	327.0	652.9
财产性支出	26.0	18.4
生活贷款利息支出	15.5	14.7
其他财产性支出	10.4	3.8
转移性支出	966.5	1039.7
个人所得税	31.7	38.0
社会保障支出	624.0	708.8
外来从业人员寄给家人的支出	0.3	1.4
赡养支出	170.1	155.9
其他转移性支出	140.4	135.6
部分商业保险支出	73.5	106.9
意外伤害保险	7.2	12.8
商业医疗保险(含大病保险)	18.8	32.2
其他非储蓄性商业保险	23.4	30.9
其他储蓄性商业保险	24.1	31.0
购置资产及非经常性转移支出	3445.9	3653.2
购置资产支出	453.4	430.4
非经常性转移支出	2992.5	3222.8
借贷性支出	2226.8	1416.7
存入储蓄款	1706.8	912.0
借出款	23.3	20.7
归还借款	127.9	131.8
购买有价证券	6.9	17.3
其他投资支出	0.4	5.6
归还住房贷款	296.9	281.1
归还汽车贷款	44.0	31.4
归还教育贷款		
归还其他贷款	13.5	15.2
其他借贷支出	7.1	1.5

2-17　分季度城镇居民人均现金收支(2014年)

单位:元

指标名称	一季度	上半年	前三季度	全年
可支配收入	**7212**	**12564**	**18894**	**26570**
工资性收入	4109	6960	10361	14662
经营净收入	1054	1771	2682	3567
财产净收入	649	1208	1806	2629
转移净收入	1399	2625	4045	5713
生活消费支出	**4692**	**8636**	**13113**	**18335**
食品烟酒	1707	2897	4180	5596
衣着	438	765	1038	1442
居住	848	1678	2639	3568
生活用品及服务	280	511	797	1099
交通通信	495	1097	1010	2462
教育文化娱乐	527	890	1652	2538
医疗保健	275	557	875	1210
其他用品和服务	123	241	323	421

2-18　城镇居民调查户基本情况(2014年)

项　　目	居民家庭总平均	按可支配收入高低分组			
		最低收入户	#更低收入户	低收入户	中等偏下收入户
调查户数(户)	**2121.2**	**210.8**	**105.2**	**212.9**	**424.6**
期内住户常住成员数(人/户)	**3.02**	**3.66**	**3.72**	**3.41**	**3.34**
常住劳动力人数	2.14	2.40	2.38	2.24	2.26
常住成员从业人数	1.67	1.78	1.68	1.77	1.78
雇主	0.05	0.07	0.04	0.06	0.04
公职人员	0.13	0.01		0.04	0.11
事业单位人员	0.19	0.02	0.02	0.07	0.15
国有企业雇员	0.14	0.02	0.03	0.07	0.09
其他雇员	0.74	1.00	0.82	0.91	0.93
农业自营	0.15	0.38	0.46	0.25	0.20
非农自营	0.27	0.28	0.32	0.37	0.25
离退休人数	0.39	0.13	0.17	0.24	0.39

2-18　续表

项　　目	按可支配收入高低分组				
	中等收入户	中等偏上收入户	高收入户	最高收入户	#更高收入户
调查户数(户)	**424.8**	**424.9**	**210.9**	**212.3**	**106.8**
期内住户常住成员数(人/户)	**2.97**	**2.74**	**2.57**	**2.46**	**2.36**
常住劳动力人数	2.14	2.02	2.06	1.87	1.75
常住成员从业人数	1.72	1.57	1.53	1.48	1.42
雇主	0.02	0.04	0.04	0.08	0.07
公职人员	0.16	0.15	0.20	0.23	0.25
事业单位人员	0.22	0.23	0.29	0.31	0.29
国有企业雇员	0.13	0.20	0.24	0.23	0.24
其他雇员	0.80	0.64	0.48	0.31	0.22
农业自营	0.10	0.08	0.02	0.04	0.07
非农自营	0.28	0.23	0.26	0.27	0.29
离退休人数	0.40	0.51	0.53	0.36	0.30

2-19 城镇居民家庭居住情况(2014年)

项目	居民家庭总平均	按家庭人均可支配收入分组								
		最低收入户	#更低收入户	低收入户	中等偏下收入户	中等收入户	中等偏上收入户	高收入户	最高收入户	#更高收入户
期内住户常住成员数(人/户)	2.94	3.54	3.70	3.37	3.22	2.90	2.72	2.50	2.36	2.27
自有现住房面积(平方米/人)	39.52	32.88	31.04	30.31	38.01	41.01	42.73	45.11	49.73	57.04
现住房房屋来源(%)										
租赁公房	3.2	5.4	5.0	4.1	2.0	1.7	4.1	4.9	1.7	1.6
租赁私房	5.5	7.2	3.5	12.5	5.3	4.4	3.2	2.8	6.6	6.6
自建住房	22.6	37.7	38.5	29.2	27.1	24.0	15.9	14.0	11.2	11.3
购买商品房	38.9	31.1	34.2	28.1	33.8	38.9	46.1	45.8	45.9	45.2
购买房改住房	21.7	9.9	9.3	19.7	24.1	22.2	22.6	23.2	26.1	25.4
购买保障性住房	2.5	0.8	1.4	2.0	1.5	1.7	2.4	5.1	5.7	6.3
拆迁安置房	3.1	2.4	2.5	3.0	4.6	3.6	3.4	1.7	1.0	0.2
继承或获赠住房	0.9	1.4	0.6	0.1	1.0	1.2	1.4		0.7	1.3
免费借用房	0.5	1.4	2.9	1.2	0.4	0.4			0.6	1.2
雇主提供免费住房	0.5	1.2				1.7				
其他来源	0.7	1.4	2.2		0.4	0.3	0.9	2.4	0.5	0.9
本住户居住空间样式(%)										
单栋楼房	21.4	34.9	31.3	27.0	23.7	22.4	16.8	12.8	14.0	14.5
单栋平房	3.9	10.0	12.6	3.6	4.6	3.5	3.7	0.8	0.7	0.8
四居室及以上单元房	7.1	2.3	1.8	2.4	5.6	5.6	10.1	11.1	13.1	16.9
三居室单元房	34.4	22.3	19.6	30.4	33.5	35.4	39.2	40.6	34.9	33.1
二居室单元房	27.9	22.5	24.6	30.5	28.8	27.5	26.8	26.4	33.4	30.1
一居室单元房	2.7	2.8	2.4	2.5	1.5	4.2	2.0	3.5	3.4	3.8
筒子楼或连片平房	1.5	2.8	4.1	2.6	2.3	1.2	1.4			
其他	0.9	2.3	3.6	1.0		0.4		4.9	0.6	0.8
住户主要饮用水来源情况(%)										
经过净化处理的自来水	94.4	88.5	85.8	90.8	92.9	96.8	96.0	96.9	96.4	94.6
受保护的井水和泉水	3.0	5.7	7.0	6.8	3.9	2.0	2.1	0.5	1.0	1.4
不受保护的井水和泉水	1.0	5.3	7.1	0.9	1.5	0.2	0.1		0.1	0.2
江河湖泊水	0.2	0.0	0.1	0.1	0.5		0.2		0.3	0.5
收集雨水	0.0				0.1					
桶装水	1.4			1.3	1.2	1.0	1.6	2.6	2.2	3.3
其他水源	0.0	0.4								
住户厕所类型(%)										
水冲式卫生厕所	90.9	76.1	78.6	88.0	90.8	93.7	92.0	93.2	98.2	98.7
水冲式非卫生厕所	2.8	4.9	3.6	4.9	2.2	3.2	3.5		0.3	0.2
卫生旱厕	1.8	4.9	8.8	2.1	2.2	0.5	1.8	0.2	1.4	0.7
普通旱厕	2.7	10.8	6.8	4.6	3.3	1.1	1.5	0.0	0.1	0.3
无厕所	1.7	3.3	2.2	0.3	0.8	1.6	1.2	6.6		
住户洗澡设施情况(%)										
统一供热水	3.6	4.1	4.2	2.1	4.8	1.5	3.3	2.1	8.8	14.3
家庭自装热水器	83.1	66.2	65.3	76.0	78.5	88.4	89.7	88.7	87.2	80.9
其他	4.6	12.3	15.3	8.3	5.6	3.7	2.2	0.3	2.7	3.0
无洗澡设施	8.5	17.4	15.1	13.6	10.6	6.4	4.9	8.9	1.3	1.8
住户主要取暖设备状况(%)										
由市政或小区集中供暖	2.5			0.1	1.3	1.8	3.3	4.0	7.6	10.5
自行供暖	78.6	65.5	61.1	71.2	76.3	80.3	84.8	82.5	84.4	83.7
无取暖设备	18.9	34.5	38.9	28.7	22.4	17.9	11.9	13.4	8.0	5.8
主要炊用能源状况(%)										
柴草	0.5	2.6	3.2	0.4	0.5	0.6	0.7		0.7	
煤炭	6.6	23.6	32.5	15.6	11.3	7.7	6.7	6.2	4.2	5.2
罐装液化石油气	39.3	6.5	6.1	5.0	5.4	4.6	3.4	3.1	2.9	3.8
管道液化石油气	2.7	1.1		0.5	0.4	1.5	2.2	3.2	2.7	1.8
管道煤气	3.0	1.3	1.3		0.6	1.9		0.5	1.6	1.5
管道天然气	35.2	1.0		4.0	3.8	3.5	5.9	11.4	14.0	19.5
电	11.6	59.4	49.5	72.0	72.2	77.3	76.5	72.2	71.8	65.2
燃料用油	0.1									
沼气	0.1					0.0				
其他	0.1	2.5	5.0	0.8	2.9	1.7	4.0	2.9	2.2	2.8
无炊用行为	0.8	2.0	2.4	1.7	2.9	0.9	0.6	0.7		

2-20 城镇居民家庭人均可支配收入(2014年)

单位：元

项目	居民家庭总平均	按家庭人均可支配收入分组								
		最低收入户	#更低收入户	低收入户	中等偏下收入户	中等收入户	中等偏上收入户	高收入户	最高收入户	#更高收入户
总收入(未扣除生产费用)	**28796.4**	**10896.7**	**8848.9**	**16246.2**	**20841.8**	**26937.7**	**34849.3**	**48537.2**	**64954.6**	**76818.8**
#可支配收入	**26570.2**	**9477.2**	**7573.3**	**14929.5**	**19672.8**	**25540.5**	**32959.6**	**42048.0**	**59040.1**	**68837.4**
工资性收入	14661.7	5098.8	3937.0	8592.0	11517.2	14971.5	19108.3	23339.8	26041.4	25601.6
工资	14039.1	4795.3	3495.6	8185.3	11171.4	14450.6	18204.5	22273.3	24744.1	24186.1
实物福利	81.6	16.1	15.2	57.9	78.1	103.9	67.1	105.5	176.5	183.3
其他	541.1	287.3	426.2	348.8	267.7	417.0	836.7	961.0	1120.8	1232.2
经营净收入	3566.7	1590.2	1107.2	1828.8	2169.9	2486.5	2845.8	5194.0	15411.8	24137.7
第一产业经营净收入	267.5	206.3	210.1	169.8	137.4	34.2	386.8	17.4	1416.9	2873.7
第二产业经营净收入	520.7	29.3	51.3	69.8	131.4	176.5	412.0	765.5	3799.7	6192.4
第三产业经营净收入	2778.6	1354.6	845.8	1589.3	1901.0	2275.8	2047.0	4411.1	10195.1	15071.5
#批发和零售业	1688.1	673.5	299.9	929.6	974.3	1143.9	1226.4	3626.2	6585.1	10265.6
交通运输、仓储和邮政业	333.5	202.3	23.5	201.2	499.2	366.2	80.9	106.7	1008.2	1289.2
住宿和餐饮业	151.2	167.7	321.9	28.3	43.8	325.2	116.2	96.1	306.8	476.9
房地产业	11.1				10.0	0.8	2.7		103.0	92.3
租赁和商务服务业	40.3	36.2	69.3	1.7	10.4	103.8	53.4	37.2		
居民服务、修理和其他服务业	447.6	256.9	133.0	439.5	328.3	302.2	449.0	336.1	1542.1	2478.2
其他	106.3	23.0	0.2	5.6	35.2	30.3	105.1	208.8	650.0	469.3
农林牧渔服务业	0.5	-5.0	-2.0	-16.7	-0.3	3.5	13.2			
财产净收入	2628.6	611.6	397.9	1152.7	1614.3	2218.0	3245.5	4447.5	8187.1	9015.3
利息净收入	153.9	21.2	19.8	80.1	89.5	118.7	169.6	208.9	625.3	713.7
红利收入	412.1	75.7	8.6	104.0	291.6	131.3	521.0	294.7	2248.5	3223.9
储蓄性保险净收益	5.6	1.3		3.2	12.0		2.1	15.6	9.1	8.4
转让承包土地经营权租金净收入	4.3	5.9	11.3	1.1	5.9	6.9	3.8		1.0	0.8
出租房屋财产性净收入	795.4	151.4	93.1	384.0	398.7	770.3	834.1	1731.8	2410.9	1989.4
房屋虚拟租金	1217.6	376.7	310.4	581.1	770.0	1199.7	1681.0	2081.9	2669.5	2674.4
转移净收入	5713.1	2176.7	2131.2	3356.0	4371.5	5864.5	7760.0	9066.7	9399.8	10082.8
转移性收入	6752.8	2694.8	2593.4	4078.5	5036.2	6813.8	9095.5	11116.6	11167.2	11813.1
#养老金或离退休金	5391.7	1787.8	1676.4	2930.7	4038.9	5327.1	7646.4	9473.8	8638.9	8564.8
社会救济和补助	126.1	290.0	336.9	225.2	124.0	95.4	44.2	34.3	106.0	4.4
政策性生活补贴	25.5	5.2	9.9	6.3	16.5	66.8	20.9	19.5	23.4	18.5
报销医疗费	184.5	95.5	81.4	92.1	94.9	187.6	260.6	194.7	500.8	828.1
家庭外出从业人员寄回带回收入	61.1	60.3	63.0	118.1	80.1	54.1	41.9	22.5	31.5	32.5
赡养收入	594.5	265.3	258.1	402.9	376.0	626.6	590.5	875.4	1590.2	2054.4
其他经常转移收入	353.1	179.5	154.1	288.9	290.2	433.4	474.1	488.2	257.4	284.9
从政府和组织得到的实物产品和服务折价	8.1	4.8	6.1	5.6	4.6	18.8	5.3	5.8	8.8	7.3
现金政策性惠农补贴	8.1	6.4	7.6	8.8	11.0	4.0	11.5	2.4	10.3	18.1
转移性支出	1039.7	518.1	462.3	722.6	664.7	949.3	1335.4	2049.9	1767.4	1730.3
#个人所得税	38.0	0.6		0.3	16.0	11.1	84.8	88.7	112.1	147.4
社会保障支出	708.8	322.2	310.0	505.7	450.3	634.6	991.4	1337.3	1148.3	965.9

2-21 城镇居民家庭现金支出(2014年)

单位：元

项目	居民家庭总平均	按家庭人均可支配收入分组								
		最低收入户	#更低收入户	低收入户	中等偏下收入户	中等收入户	中等偏上收入户	高收入户	最高收入户	#更高收入户
总支出	**25403.8**	**12105.7**	**11290.9**	**15631.8**	**19046.9**	**24290.6**	**30029.5**	**44217.1**	**48777.2**	**58176.1**
消费支出	18334.7	8869.3	8313.0	11841.0	14090.7	17855.6	21432.8	29899.9	35157.3	40563.0
食品烟酒	5596.0	3338.8	3175.7	4068.6	4752.4	5880.5	6551.2	7489.4	8555.3	9031.3
衣着	1442.1	581.9	489.1	865.4	1117.9	1419.5	1844.4	2253.2	2708.4	2820.8
居住	3567.6	1797.9	1712.0	1991.4	2575.0	3314.1	4522.8	6884.7	6087.9	6432.8
生活用品及服务	1098.6	494.2	484.7	653.8	854.3	1053.1	1199.4	2114.7	2109.5	2329.5
交通通信	2462.1	723.4	816.7	1128.3	1579.7	2330.0	2136.7	5259.7	7489.6	11543.4
教育文化娱乐	2537.5	1015.8	691.4	2075.8	2037.0	2317.8	3132.5	3405.8	5091.1	5067.8
医疗保健	1209.8	765.0	791.0	868.1	866.7	1102.5	1498.1	1892.7	2176.0	2526.3
其他用品和服务	421.0	152.3	152.3	189.7	307.7	438.1	547.8	599.7	939.4	811.2
生产经营费用支出	834.3	548.8	488.7	403.1	286.5	251.4	363.1	3960.3	2577.4	4520.6
第一产业经营费用支出	154.5	174.7	230.5	124.4	113.6	30.8	75.4	15.1	913.3	1857.2
第二产业经营费用支出	26.8	26.1	41.1	10.7	21.8	18.0	37.4	32.3	56.5	5.0
第三产业经营费用支出	652.9	348.0	217.1	268.0	151.1	202.6	250.4	3913.0	1607.7	2658.3
财产性支出	18.4	10.8	13.0	2.1	6.3	15.2	26.4	39.2	54.3	72.5
生活贷款利息支出	14.7	10.7	13.0	2.1	3.9	8.6	22.6	32.9	45.4	65.8
其他财产性支出	3.8	0.1	0.0	0.0	2.4	6.5	3.8	6.3	8.9	6.7
转移性支出	1039.7	518.1	462.3	722.6	664.7	949.3	1335.4	2049.9	1767.4	1730.3
个人所得税	38.0	0.6		0.3	16.0	11.1	84.8	88.7	112.1	147.4
社会保障支出	708.8	322.2	310.0	505.7	450.3	634.6	991.4	1337.3	1148.3	965.9
赡养支出	155.9	89.2	69.5	117.4	129.5	110.2	196.2	210.0	345.5	424.6
其他转移性支出	135.6	96.4	63.9	98.3	68.8	192.8	63.0	413.9	161.5	192.4
部分商业保险支出	106.9	32.6	55.9	90.8	77.6	86.8	174.4	129.4	191.3	153.2
意外伤害保险	12.8	0.6	0.6	2.2	5.7	14.4	26.6	4.0	38.6	35.4
商业医疗保险(含大病保险)	32.2	4.5	8.7	2.5	17.7	33.1	48.6	84.3	60.7	61.6
其他非储蓄性商业保险	30.9	2.3	0.2	49.9	20.3	29.4	41.0	26.2	61.1	20.5
其他储蓄性商业保险	31.0	25.0	46.3	36.3	33.9	9.9	58.2	14.9	30.9	35.8
购置资产及非经常性转移支出	3653.2	1750.2	1451.8	2054.5	3110.0	3699.1	4656.8	5906.5	5458.5	6108.5
购置资产支出	430.4	66.7	109.6	12.8	453.2	404.9	546.5	1502.0	169.7	302.6
非经常性转移支出	3222.8	1683.5	1342.2	2041.7	2656.9	3294.3	4110.2	4404.5	5288.8	5805.9
借贷性支出	1416.7	375.9	506.1	517.7	811.0	1433.3	2040.7	2232.0	3570.9	5028.0
存入储蓄款	912.0	133.4	87.0	417.5	593.7	901.7	1488.8	1495.3	1732.1	3219.4
借出款	20.7	6.8	2.2	11.3	3.5	4.3	16.0	1.3	173.5	204.0
归还借款	131.8	165.5	304.0	18.6	98.3	167.3	118.1	106.6	305.4	163.4
购买有价证券	17.3			0.2			17.3	3.5	172.1	350.2
其他投资支出	5.6	0.5	1.0				0.3	0.7	67.9	118.6
归还住房贷款	281.1	69.7	112.0	69.3	113.1	344.8	385.7	465.5	765.9	947.3
归还汽车贷款	31.4			0.8		3.7		26.1	354.0	25.1
归还教育贷款										
归还其他贷款	15.2				2.4	6.2	11.8	133.0		
其他借贷支出	1.5				0.1	5.2	2.7			

2-22 城镇居民消费支出(2014年)

单位：元

项目	居民家庭总平均	按家庭人均可支配收入分组								
		最低收入户	#更低收入户	低收入户	中等偏下收入户	中等收入户	中等偏上收入户	高收入户	最高收入户	#更高收入户
总支出	**25403.8**	**12105.7**	**11290.9**	**15631.8**	**19046.9**	**24290.6**	**30029.5**	**44217.1**	**48777.2**	**58176.1**
#消费支出	**18334.7**	**8869.3**	**8313.0**	**11841.0**	**14090.7**	**17855.6**	**21432.8**	**29899.9**	**35157.3**	**40563.0**
食品烟酒	5596.0	3338.8	3175.7	4068.6	4752.4	5880.5	6551.2	7489.4	8555.3	9031.3
食品	4031.2	2776.5	2736.2	3216.0	3547.7	4251.8	4610.4	4936.5	5559.1	5814.8
烟酒	470.1	211.5	158.6	255.7	394.1	499.8	583.4	722.5	770.4	899.6
饮料	94.2	53.4	45.7	64.3	93.0	104.8	95.5	121.6	143.9	150.1
饮食服务	1000.4	297.5	235.3	532.6	717.7	1024.1	1261.9	1708.9	2081.9	2166.8
衣着	1442.1	581.9	489.1	865.4	1117.9	1419.5	1844.4	2253.2	2708.4	2820.8
衣类	1120.4	445.3	365.9	658.4	850.8	1099.3	1440.8	1800.2	2120.5	2215.4
鞋类	321.7	136.6	123.2	207.0	267.0	320.2	403.6	453.1	587.9	605.4
居住	3567.6	1797.9	1712.0	1991.4	2575.0	3314.1	4522.8	6884.7	6087.9	6432.8
租赁房房租	115.4	58.5	44.6	117.5	62.1	112.6	120.2	193.7	255.9	254.9
住房维修及管理	530.5	223.9	219.9	62.1	253.8	226.2	754.4	2299.3	772.1	974.2
水电燃料及其他	914.9	619.9	609.0	742.1	830.4	990.2	997.5	1147.5	1212.0	1244.2
自有住房折算租金	2006.9	895.6	838.5	1069.6	1428.7	1985.2	2650.8	3244.2	3847.9	3959.6
生活用品及服务	1098.6	494.2	484.7	653.8	854.3	1053.1	1199.4	2114.7	2109.5	2329.5
家具及室内装饰品	149.4	64.7	48.5	91.9	110.8	119.8	112.3	345.3	414.3	615.1
家用器具	309.9	168.2	195.0	175.9	231.9	278.3	329.7	686.9	559.1	493.2
家用纺织品	103.9	33.9	33.6	60.6	96.4	87.7	119.2	180.3	214.8	213.1
家庭日用杂品	319.8	165.0	161.4	221.6	270.5	314.1	373.8	507.1	517.3	538.8
个人用品	162.4	49.7	34.3	82.4	115.5	209.9	198.7	249.4	280.4	292.0
家庭服务	53.3	12.7	12.0	21.5	29.2	43.2	65.6	145.7	123.6	177.3
交通通信	2462.1	723.4	816.7	1128.3	1579.7	2330.0	2136.7	5259.7	7489.6	11543.4
交通	1680.6	375.5	495.6	590.8	937.3	1527.3	1204.3	4136.5	6091.5	10048.1
通信	781.5	347.9	321.1	537.4	642.4	802.7	932.4	1123.1	1398.1	1495.3
教育文化娱乐	2537.5	1015.8	691.4	2075.8	2037.0	2317.8	3132.5	3405.8	5091.1	5067.8
教育	1442.4	742.7	475.8	1565.5	1426.8	1424.5	1620.3	1500.8	1928.6	2061.0
文化娱乐	1095.1	273.0	215.7	510.3	610.2	893.3	1512.2	1905.0	3162.5	3006.8
医疗保健	1209.8	765.0	791.0	868.1	866.7	1102.5	1498.1	1892.7	2176.0	2526.3
医疗器具及药品	474.3	231.8	236.2	305.6	345.6	496.4	541.6	823.9	850.5	902.7
医疗服务	735.4	533.2	554.8	562.5	521.1	606.1	956.5	1068.7	1325.5	1623.6
其他用品和服务	421.0	152.3	152.3	189.7	307.7	438.1	547.8	599.7	939.4	811.2
其他用品	245.4	113.8	110.2	97.0	175.8	223.0	378.5	320.4	513.5	396.4
其他服务	175.6	38.4	42.2	92.7	132.0	215.1	169.2	279.2	425.9	414.7

2-23 城镇居民消费支出构成(2014年)

单位：%

项目	居民家庭总平均	按家庭人均可支配收入分组 最低收入户	#更低收入户	低收入户	中等偏下收入户	中等收入户	中等偏上收入户	高收入户	最高收入户	#更高收入户
消费支出	**100.0**	**100.0**	**100.0**	**100.0**	**100.0**	**100.0**	**100.0**	**100.0**	**100.0**	**100.0**
食品烟酒	30.5	37.6	38.2	34.4	33.7	32.9	30.6	25.0	24.3	22.3
食品	22.0	31.3	32.9	27.2	25.2	23.8	21.5	16.5	15.8	14.3
烟酒	2.6	2.4	1.9	2.2	2.8	2.8	2.7	2.4	2.2	2.2
饮料	0.5	0.6	0.5	0.5	0.7	0.6	0.4	0.4	0.4	0.4
饮食服务	5.5	3.4	2.8	4.5	5.1	5.7	5.9	5.7	5.9	5.3
衣着	7.9	6.6	5.9	7.3	7.9	7.9	8.6	7.5	7.7	7.0
衣类	6.1	5.0	4.4	5.6	6.0	6.2	6.7	6.0	6.0	5.5
鞋类	1.8	1.5	1.5	1.7	1.9	1.8	1.9	1.5	1.7	1.5
居住	19.5	20.3	20.6	16.8	18.3	18.6	21.1	23.0	17.3	15.9
租赁房房租	0.6	0.7	0.5	1.0	0.4	0.6	0.6	0.6	0.7	0.6
住房维修及管理	2.9	2.5	2.6	0.5	1.8	1.3	3.5	7.7	2.2	2.4
水电燃料及其他	5.0	7.0	7.3	6.3	5.9	5.5	4.7	3.8	3.4	3.1
自有住房折算租金	10.9	10.1	10.1	9.0	10.1	11.1	12.4	10.9	10.9	9.8
生活用品及服务	6.0	5.6	5.8	5.5	6.1	5.9	5.6	7.1	6.0	5.7
家具及室内装饰品	0.8	0.7	0.6	0.8	0.8	0.7	0.5	1.2	1.2	1.5
家用器具	1.7	1.9	2.3	1.5	1.6	1.6	1.5	2.3	1.6	1.2
家用纺织品	0.6	0.4	0.4	0.5	0.7	0.5	0.6	0.6	0.6	0.5
家庭日用杂品	1.7	1.9	1.9	1.9	1.9	1.8	1.7	1.7	1.5	1.3
个人用品	0.9	0.6	0.4	0.7	0.8	1.2	0.9	0.8	0.8	0.7
家庭服务	0.3	0.1	0.1	0.2	0.2	0.2	0.3	0.5	0.4	0.4
交通通信	13.4	8.2	9.8	9.5	11.2	13.0	10.0	17.6	21.3	28.5
交通	9.2	4.2	6.0	5.0	6.7	8.6	5.6	13.8	17.3	24.8
通信	4.3	3.9	3.9	4.5	4.6	4.5	4.4	3.8	4.0	3.7
教育文化娱乐	13.8	11.5	8.3	17.5	14.5	13.0	14.6	11.4	14.5	12.5
教育	7.9	8.4	5.7	13.2	10.1	8.0	7.6	5.0	5.5	5.1
文化娱乐	6.0	3.1	2.6	4.3	4.3	5.0	7.1	6.4	9.0	7.4
医疗保健	6.6	8.6	9.5	7.3	6.2	6.2	7.0	6.3	6.2	6.2
医疗器具及药品	2.6	2.6	2.8	2.6	2.5	2.8	2.5	2.8	2.4	2.2
医疗服务	4.0	6.0	6.7	4.8	3.7	3.4	4.5	3.6	3.8	4.0
其他用品和服务	2.3	1.7	1.8	1.6	2.2	2.5	2.6	2.0	2.7	2.0
其他用品	1.3	1.3	1.3	0.8	1.2	1.2	1.8	1.1	1.5	1.0
其他服务	1.0	0.4	0.5	0.8	0.9	1.2	0.8	0.9	1.2	1.0

2-24 城镇居民全年购买商品数量(2014年)

单位：千克

项　　目	居民家庭总平均	按家庭人均可支配收入分组：最低收入户	#更低收入户	低收入户	中等偏下收入户	中等收入户	中等偏上收入户	高收入户	最高收入户	#更高收入户
谷物										
小麦	0.03	0.04	0.01	0.00	0.01	0.02	0.02		0.18	0.05
面粉	0.91	0.41	0.44	0.44	0.72	1.02	1.21	1.59	1.24	1.15
稻谷	0.93	4.09	7.16	0.74	0.76	0.33	0.34	0.30	0.41	0.72
大米	54.47	53.05	56.01	54.82	55.53	58.01	54.48	50.82	48.34	46.96
玉米	1.75	1.82	1.67	1.34	1.76	1.84	1.78	1.83	1.81	2.08
小米	0.17	0.13	0.03	0.08	0.14	0.16	0.11	0.36	0.36	0.24
薯类	3.52	2.48	2.52	3.23	3.47	3.59	3.59	5.08	3.72	3.11
红薯	0.92	0.72	0.70	0.80	1.06	0.81	0.92	1.23	0.92	0.78
马铃薯	1.59	1.06	1.11	1.45	1.38	1.77	1.61	2.52	1.72	1.59
豆类	8.30	8.34	9.10	7.34	7.79	9.30	8.14	8.55	8.61	8.81
大豆	0.34	0.20	0.12	0.33	0.25	0.40	0.37	0.45	0.47	0.40
食用油	13.49	10.91	10.74	11.86	12.99	13.93	15.16	15.16	14.42	13.65
食用植物油	11.61	8.92	8.57	9.95	10.84	12.25	13.15	13.59	12.91	11.99
食用动物油	1.88	1.99	2.18	1.91	2.15	1.67	2.00	1.56	1.51	1.66
蔬菜和食用菌	96.24	69.22	67.32	87.37	83.13	102.91	109.47	111.47	122.09	119.84
鲜菜	92.49	66.35	64.23	83.88	79.83	98.71	105.83	106.42	117.76	115.70
鲜菌	1.34	0.81	0.80	0.96	1.18	1.34	1.46	2.51	1.66	1.23
肉类	33.54	28.91	28.37	29.61	31.15	35.96	35.74	35.79	39.18	40.26
猪肉	27.29	25.67	25.39	25.33	26.30	28.71	28.59	26.69	29.41	29.80
牛肉	2.07	1.10	0.86	1.69	1.62	2.11	2.57	2.87	3.18	3.23
羊肉	0.49	0.18	0.17	0.24	0.33	0.48	0.71	0.84	0.93	0.91
禽类	9.80	7.85	7.92	8.78	8.82	10.80	10.85	10.48	11.24	12.03
鸡	5.22	4.14	4.00	4.57	4.72	5.71	5.89	5.41	6.14	6.74
鸭	3.21	2.91	2.99	3.13	2.91	3.43	3.48	3.26	3.34	3.32
鹅	0.10	0.11	0.12	0.05	0.14	0.18	0.04	0.04	0.05	0.04
水产品	14.43	9.41	8.50	11.15	12.79	15.69	16.42	18.51	19.17	21.41
鱼类	11.80	8.14	7.25	9.16	10.72	12.86	13.36	14.53	14.90	16.45
虾类	0.58	0.13	0.12	0.37	0.38	0.69	0.72	0.89	1.14	1.27
蟹类	0.07	0.02	0.01	0.03	0.02	0.04	0.11	0.17	0.17	0.22
贝类	0.15	0.07	0.07	0.12	0.14	0.16	0.14	0.16	0.33	0.38
藻类	0.49	0.43	0.47	0.49	0.49	0.51	0.43	0.52	0.59	0.73
蛋类	7.01	5.45	5.88	6.18	6.45	7.19	7.72	8.32	8.64	8.86
鲜蛋	6.44	5.09	5.58	5.70	5.90	6.59	7.00	7.71	7.94	8.12
蛋制品	0.57	0.35	0.30	0.48	0.55	0.60	0.71	0.61	0.70	0.74
奶类	10.61	4.68	6.05	7.28	8.07	11.22	12.86	15.93	18.82	21.68
鲜奶	6.22	1.91	2.44	4.02	3.97	6.57	8.21	10.18	12.32	15.55
酸奶	1.74	0.69	0.98	0.82	1.20	1.69	1.87	3.52	4.08	3.60
奶粉	0.54	0.35	0.31	0.19	0.42	0.84	0.61	0.57	0.74	1.02
干鲜瓜果类	58.72	41.07	36.77	51.10	52.74	58.28	64.62	72.51	85.19	86.17
鲜瓜果	53.44	38.05	34.11	47.15	48.06	52.68	58.19	66.05	77.73	78.13
瓜果制品	1.41	0.80	0.74	1.17	1.21	1.38	1.75	1.87	1.99	1.99
坚果类	3.87	2.21	1.92	2.79	3.47	4.22	4.68	4.59	5.48	6.05
糖果糕点类	7.45	4.84	4.84	5.86	6.87	7.56	8.25	10.18	10.24	11.66
食糖	1.42	1.12	1.15	1.30	1.46	1.38	1.64	1.28	1.74	1.84
糖果	1.12	1.03	1.08	1.01	1.03	1.02	1.12	1.19	1.88	2.39
糕点	3.57	1.86	1.76	2.29	3.47	3.81	4.28	4.46	5.03	5.44
茶叶	0.21	0.04	0.05	0.08	0.19	0.19	0.25	0.41	0.39	0.36
烟草										
卷烟(盒)	28.23	19.32	16.82	22.19	28.39	32.52	31.15	32.23	28.28	34.48
烟丝、烟叶	0.14	0.05	0.09	0.06	0.10	0.27	0.11	0.13	0.23	0.29
酒类										
啤酒	2.24	1.52	1.30	1.26	1.85	2.35	2.60	3.60	3.21	2.80
白酒	1.38	0.96	0.69	0.91	1.40	1.67	1.66	1.30	1.36	1.67
果酒	0.08	0.02	0.03	0.02	0.07	0.05	0.11	0.15	0.21	0.15

2-25 城镇居民平均每百户耐用消费品拥有量(2014年)

项目	居民家庭总平均	按家庭人均可支配收入分组								
		最低收入户	#更低收入户	低收入户	中等偏下收入户	中等收入户	中等偏上收入户	高收入户	最高收入户	#更高收入户
摩托车(辆)	30.27	38.66	35.63	35.79	39.90	30.16	26.99	17.74	16.46	16.27
助力车(辆)	17.79	14.35	9.23	20.31	21.46	17.03	22.94	7.62	12.76	17.25
家用汽车(辆)	21.05	4.89	5.52	7.23	12.88	19.66	25.24	41.46	41.34	49.74
洗衣机(台)	95.91	83.45	85.75	93.80	96.41	95.71	99.34	96.03	102.87	101.15
电冰箱(台)	96.14	85.56	88.49	94.70	96.51	95.86	98.98	98.43	99.95	100.06
彩色电视机(台)	116.58	102.89	102.91	106.48	113.99	117.41	122.37	119.98	128.90	132.30
家用电脑(台)	71.28	28.47	21.17	48.16	61.94	72.10	87.34	93.07	100.19	112.04
组合音响(套)	14.75	4.26	2.28	7.61	13.72	13.06	20.09	19.80	22.12	19.71
摄像机(架)	6.59	0.71		2.30	4.88	5.59	8.69	9.85	14.68	19.39
照相机(架)	30.41	8.04	10.64	10.12	22.24	29.10	39.34	48.91	55.63	64.46
中高档乐器(件)	4.71	0.89		0.99	2.60	3.97	7.42	7.49	9.79	10.18
微波炉(台)	45.99	15.54	17.20	21.43	36.44	47.56	59.50	65.31	70.50	68.60
空调器(台)	129.24	38.86	37.81	72.46	109.89	127.54	174.15	170.71	186.94	197.82
热水器(台)	90.93	66.16	64.20	77.24	87.73	93.47	102.53	95.91	102.48	103.11
消毒碗柜(台)	27.51	17.24	13.27	22.50	24.52	22.37	31.22	39.96	39.10	47.09
洗碗机(台)	2.80	1.00		0.80	0.78	1.07	6.12	5.31	4.91	6.96
健身器材(套)	4.82	2.04	2.51	0.89	6.18	3.36	6.34	6.88	6.57	9.01
固定电话(部)	48.91	38.43	39.35	38.12	42.60	50.00	50.92	59.01	66.47	72.68
移动电话(部)	223.81	210.88	209.33	222.36	232.14	226.86	230.31	212.19	214.01	218.57

2-26 历年农村居民生活

年 份	平均每人每年(元)					每一劳动力负担人数(人)	农村人均居住面积(平方米)
	可支配收入(纯收入)	收入指数(1978=100)	总支出	生活消费支出	#食品支出		
1978	142.56		167.10	140.07	97.93	2.33	10.50
1980	219.72	147.6	236.13	192.95	127.70	2.09	11.15
1981	241.70	160.5	265.29	207.59	135.98	1.95	11.87
1982	284.40	186.5	323.22	248.69	164.02	2.00	12.89
1983	315.70	205.0	409.19	273.86	175.62	1.77	16.10
1984	348.20	221.9	441.76	293.19	190.96	1.74	16.77
1985	395.26	239.4	519.85	348.45	219.43	1.69	18.20
1986	439.70	255.9	568.00	386.35	228.96	1.68	19.25
1987	471.30	257.4	639.14	434.75	245.68	1.67	20.01
1988	515.35	244.8	730.06	480.75	266.89	1.65	20.48
1989	558.34	236.5	786.48	516.29	290.35	1.63	21.57
1990	664.23	229.4	930.23	608.73	390.73	1.65	22.27
1991	688.91	234.4	1008.06	655.54	412.63	1.69	22.58
1992	739.40	239.7	1116.06	707.79	442.56	1.67	23.12
1993	851.90	244.5	1306.48	816.56	498.95	1.63	24.56
1994	1155.00	257.0	1766.51	1088.73	665.72	1.60	24.23
1995	1425.16	270.4	2203.36	1367.30	823.91	1.60	25.57
1996	1792.30	292.8	2784.64	1736.71	1025.32	1.56	26.88
1997	2037.06	318.9	2853.42	1815.79	1078.00	1.56	27.37
1998	2064.85	326.6	2829.93	1889.18	1107.23	1.54	28.79
1999	2147.18	344.6	2772.35	1920.15	1122.96	1.52	29.88
2000	2197.2	361.1	2964.9	1942.9	1053.4	1.46	30.92
2001	2299.5	379.5	3030.1	1990.3	1053.2	1.45	32.87
2002	2397.9	398.5	3114.7	2068.7	1086.1	1.44	34.05
2003	2532.9	417.2	3184.3	2139.2	1111.3	1.42	35.09
2004	2837.8	450.6	3729.1	2472.3	1338.7	1.40	36.55
2005	3117.7	483.0	4289.5	2756.4	1433.0	1.40	38.38
2006	3389.8	519.7	4502.7	3013.1	1463.3	1.38	39.28
2007	3904.3	562.8	5009.9	3377.4	1675.2	1.37	40.18
2008	4512.5	607.8	5695.0	3805.0	1947.5	1.37	40.72
2009	4910.0	664.3	6024.2	4020.9	1967.5	1.36	41.69
2010	5622.0	737.1	6507.9	4310.4	2087.9	1.36	42.01
2011	6567.1	815.2	8480.5	5179.4	2343.1	1.35	46.62
2012	7440.2	909.0	9356.8	5870.1	2574.8	1.36	46.78
2013	9028.6	998.0	14349.5	7832.6	2708.9	1.51	52.93
2014	10060.2	1096.8	16612.3	9024.8	3095.2	1.50	54.25

注：从2013年开始收入指标改为可支配收入，收支口径有所变化。主要变化是参与平均的人口由家庭户籍人口改为家庭常住人口。居住面积也因人口口径变化而变化，指标名称由农村人均居住面积改为农村居民人均自有现住房面积。收入指数扣除价格因素影响。

2-27 历年农村居民平均每人家庭收入及来源

单位：元

年 份	可支配收入(纯收入)	工资性收入	经营净收入	财产净收入	转移净收入
1978	142.56				
1979	177.12				
1980	219.72	104.21	88.51		26.99
1981	243.17	110.52	102.49		30.17
1982	284.39	132.32	124.55		27.52
1983	315.67	50.10	236.04		29.53
1984	348.20	52.99	266.45		28.76
1985	395.26	53.81	326.23		15.22
1986	439.66	59.18	364.40		16.08
1987	471.30	74.85	379.53		16.92
1988	515.35	86.53	409.52		19.31
1989	558.34	99.88	436.21		22.25
1990	664.23	85.11	557.10		22.03
1991	688.91	94.16	570.76		23.99
1992	739.42	114.01	601.11		24.30
1993	851.87	135.85	685.85		30.17
1994	1155.00	206.77	903.01		45.22
1995	1425.16	268.00	1095.89		61.27
1996	1792.25	352.07	1367.11		73.07
1997	2037.06	459.97	1508.55		68.54
1998	2064.85	613.10	1383.34		68.41
1999	2147.18	695.62	1372.68		78.88
2000	2197.2	789.7	1329.1	20.7	57.6
2001	2299.5	840.1	1371.1	23.2	65.1
2002	2397.9	914.3	1376.7	29.0	77.9
2003	2532.9	988.4	1427.2	32.3	85.0
2004	2837.8	1081.2	1614.6	41.9	100.1
2005	3117.7	1228.8	1713.4	42.1	133.6
2006	3389.8	1449.7	1743.5	42.5	154.2
2007	3904.3	1712.3	1963.9	39.9	188.1
2008	4512.5	1990.5	2196.6	57.1	268.3
2009	4910.0	2234.0	2257.3	81.2	337.5
2010	5622.0	2655.6	2463.9	101.6	400.9
2011	6567.1	3240.8	2725.2	112.2	488.9
2012	7440.2	3847.6	2903.2	112.8	576.6
2013	9028.6	3671.6	3255.5	130.7	1970.7
2014	10060.2	4088.1	3638.9	165.6	2167.5

注：从2013年开始收入指标改为可支配收入，口径与纯收入有所变化。主要变化是参与平均的人口由家庭户籍人口改为家庭常住人口。

2-28 历年农村居民生活消费分类支出

单位：元

年 份	生活消费支出	食品烟酒	衣着	居住	生活用品及服务	医疗保健	交通通信	教育文化娱乐	其他用品和服务
1978	140.07	97.93	14.29	18.15					
1980	192.85	127.91	20.46	27.29	3.05	3.15	0.51	7.54	2.94
1981	207.59	135.98	23.06	27.85					
1982	248.69	164.02	24.74	35.83					
1983	273.86	175.62	26.71	41.77	16.27	4.70	1.29	6.38	1.12
1984	293.19	191.19	28.81	41.51	16.15	5.53	1.62	7.03	1.33
1985	348.45	219.57	33.77	50.96	15.69	7.49	6.63	11.92	2.42
1986	386.35	229.13	36.47	66.81	23.92	8.33	2.65	16.08	2.96
1987	434.75	248.06	36.93	79.33	29.70	10.68	3.08	22.97	4.00
1988	480.75	269.77	38.69	88.38	33.00	11.61	3.86	31.52	3.92
1989	516.29	293.98	39.64	87.67	33.53	16.14	4.64	37.05	3.64
1990	608.73	390.73	37.29	82.75	28.62	18.29	8.83	39.18	3.04
1991	655.54	412.63	42.87	92.29	34.67	20.56	6.79	41.14	4.59
1992	707.29	442.56	43.51	98.80	35.92	22.69	8.23	52.59	3.49
1993	816.55	498.95	45.40	108.07	40.13	24.37	16.14	74.16	9.33
1994	1088.73	665.72	61.23	148.63	50.39	29.28	21.59	98.91	12.98
1995	1367.30	823.91	73.51	192.42	68.79	35.78	26.29	128.84	17.75
1996	1736.71	1025.32	96.04	229.74	84.74	58.66	38.70	176.96	26.55
1997	1821.13	1081.60	90.53	241.93	84.24	58.26	46.30	187.99	30.29
1998	1889.18	1107.23	91.45	251.73	85.69	61.69	45.90	206.60	38.88
1999	1920.15	1122.96	82.65	267.92	79.73	62.13	60.24	207.67	36.86
2000	1942.9	1053.4	89.8	251.9	78.1	82.2	99.4	222.5	65.7
2001	1990.3	1053.2	93.4	268.7	80.8	95.7	102.4	234.4	61.8
2002	2068.7	1086.1	97.9	271.3	84.8	102.8	118.6	248.6	58.7
2003	2139.2	1111.3	106.2	272.0	79.6	105.2	146.9	270.5	47.5
2004	2472.3	1338.7	112.4	293.2	92.4	124.1	174.5	280.0	57.1
2005	2756.4	1433.0	127.9	307.3	114.3	168.2	219.0	329.3	57.5
2006	3013.1	1463.3	137.7	420.8	129.8	196.5	249.6	341.7	73.6
2007	3377.4	1675.2	161.8	508.3	152.6	220.0	278.8	293.9	86.9
2008	3805.0	1947.5	169.1	629.8	171.1	244.2	286.0	278.7	78.7
2009	4020.9	1967.5	182.5	691.6	203.7	258.1	341.3	291.0	85.3
2010	4310.4	2087.9	209.9	719.2	243.9	293.6	343.8	315.9	96.2
2011	5179.4	2343.1	260.4	969.7	330.7	396.5	421.7	346.6	110.6
2012	5870.1	2574.8	318.0	1088.2	373.5	497.2	481.6	400.2	136.6
2013	7832.6	2708.9	403.1	1764.6	511.6	747.1	798.8	733.8	164.6
2014	9024.8	3095.2	468.0	1982.4	541.9	771.4	871.9	1112.1	181.9

注：从2013年开始支出口径有所变化。

2-29 农村居民家庭基本情况(2008-2014年)

项　　目	2008	2009	2010	2011	2012	2013	2014
调查村数 （个）	**370**	**370**	**370**	**370**	**370**	**330**	**330**
已通电话村所占比重 (%)	99.5	99.5	99.5	100.0	100.0	100.0	100.0
已通公路村所占比重 (%)	100.0	100.0	100.0	99.7	99.7	99.4	99.7
调查户数 （户）	**3700**	**3700**	**3700**	**3700**	**3700**	**3292**	**3799**
调查户人口(常住人口) (人)	14491	14402	14370	14678	14680	12932	12125
平均每户常住人口 (人)	3.92	3.89	3.88	3.97	3.97	3.97	3.19
平均每户整半劳动力 (人)	2.87	2.87	2.88	2.93	2.91	3.02	2.15
平均每个劳动力负担人口(人)	1.37	1.36	1.35	1.35	1.36	1.46	1.48
每百个常住人口中乡村企业从业人数(人)		2.21	2.78				
每百个常住人口中在外从事其他劳动人数(人)		20.46	21.27				
平均每人经营耕地面积(亩)	1.20	1.23	1.20	1.18	1.22	1.10	1.46
平均每人经营山地面积(亩)	0.53	0.53	0.53	0.83	0.82	1.35	
平均每人经营水面面积(亩)	0.05	0.05	0.05	0.04	0.03	0.04	0.06
平均每户年末拥有生产性固定资产原值(元)	4196.9	4751.6	4888.6	8652.4	8904.3	13892.5	13675.7
平均每百个劳动力中(%)							
不识字或识字很少	2.9	2.9	3.0	2.9	2.9	4.0	3.9
小学程度	28.3	27.7	27.6	26.7	26.6	32.6	32.7
初中程度	50.9	50.6	50.1	50.7	50.6	47.3	46.9
高中程度	14.3	14.8	14.8	13.7	13.8	13.3	13.6
中专程度	2.4	2.5	2.7	3.2	3.2		
大专以上	1.2	1.5	1.8	2.8	2.9	2.8	2.9

注：从2013年起，为住房一体化改革后的调整数据。

2-30 农民人均收入指数

年 份	当年价纯收入	以上年为100		以1978年为100		以1990年为100	
		按当年价格计算	扣除价格因素	按当年价格计算	扣除价格因素	按当年价格计算	扣除价格因素
1978	142.6			100.0	100.0		
1980	219.7	124.1	119.6	154.1	147.6		
1981	241.7	110.0	108.2	169.5	160.5		
1982	284.4	117.7	116.2	199.5	186.5		
1983	315.7	111.0	109.9	221.4	205.0		
1984	348.2	110.3	108.2	244.2	221.9		
1985	395.3	113.5	107.9	277.3	239.4		
1986	439.7	111.2	106.9	308.4	255.9		
1987	471.3	107.2	100.6	330.6	257.4		
1988	515.4	109.3	95.1	361.5	244.8		
1989	558.3	108.3	96.6	391.6	236.5		
1990	664.2	119.0	97.0	465.9	229.4	100.0	100.0
1991	688.9	103.7	102.2	483.2	234.4	103.7	102.2
1992	739.4	107.3	102.0	518.7	239.7	111.3	104.2
1993	851.9	115.2	102.0	597.6	244.5	128.2	106.1
1994	1155.0	135.6	105.1	810.2	257.0	173.9	111.6
1995	1425.2	123.4	105.2	999.7	270.4	214.6	117.4
1996	1792.3	125.8	108.3	1257.2	292.8	269.8	127.1
1997	2037.1	113.7	108.9	1428.9	318.9	306.7	138.5
1998	2064.9	101.4	102.4	1448.4	326.6	310.9	141.8
1999	2147.2	104.0	105.5	1506.3	344.6	323.3	149.6
2000	2197.2	102.3	104.8	1540.8	361.1	330.8	156.8
2001	2299.5	104.7	105.1	1613.2	379.5	346.2	164.8
2002	2397.9	104.3	105.0	1682.0	398.5	361.1	173.0
2003	2532.9	105.6	104.7	1776.2	417.2	381.3	181.1
2004	2837.8	112.0	108.0	1989.3	450.6	427.1	195.6
2005	3117.7	109.9	107.2	2186.2	483.0	469.4	209.7
2006	3389.7	108.7	107.6	2376.4	519.7	510.2	225.6
2007	3904.3	115.2	108.3	2737.6	562.8	587.8	244.3
2008	4512.5	115.6	108.0	3164.7	607.8	679.5	263.8
2009	4910.0	108.8	109.3	3443.2	664.3	739.3	288.3
2010	5622.0	114.5	111.0	3943.6	737.1	846.4	321.3
2011	6567.1	116.8	110.6	4606.1	815.2	988.6	355.4
2012	7440.2	113.3	111.5	5218.7	908.9	1120.1	396.3
2013	9028.6	112.5	109.8	6331.4	998.0	1359.3	435.1
2014	10060.2	111.4	109.9	7054.8	1096.8	1514.6	478.2

注：从2013年起为新口径可支配收入。

2-31　农村居民平均每人总收入(2009-2014年)

单位：元

项　　目	2009	2010	2011	2012	2013	2014
平均每人总收入	**6628.3**	**7480.4**	**9141.8**	**10030.3**	**11539.2**	**13292.2**
工资性收入	2234.0	2655.6	3240.8	3847.6	3671.4	4088.1
在非企业组织中劳动得到的收入	85.6	102.6	121.5	132.5		
在本乡地域内劳动得到的收入	752.2	884.7	1142.2	1381.9		
#在本地企业得到的收入	304.1	338.8	333.3	403.3		
常住人口外出从业得到的收入	1396.2	1668.3	1977.1	2333.2		
家庭经营收入	3697.8	4021.2	4854.0	5049.3	5544.2	6614.0
第一产业	2788.9	2971.1	3557.2	3636.6	3757.4	4364.0
农业收入	1794.8	1984.0	2275.2	2390.6	2316.6	2705.3
林业收入	65.4	74.0	91.6	88.6	199.3	223.0
牧业收入	825.4	801.7	1105.5	1071.6	1148.1	1301.4
渔业收入	103.3	111.4	84.9	85.8	91.8	134.4
第二产业	352.5	401.6	443.9	483.7	332.1	482.1
工业收入	137.3	154.9	149.1	164.8	177.3	210.1
建筑业收入	215.2	246.7	294.8	319.0	154.8	272.0
第三产业	556.5	648.5	852.9	929.0	1454.7	1767.8
交通、运输、邮电业收入	154.9	200.9	337.1	364.4	460.8	522.5
批发和零售贸易、餐饮业收入	215.2	240.7	311.7	327.5	582.8	732.2
社会服务业收入	97.3	105.9	116.9	148.5		
文教卫生业收入	42.5	49.0	39.8	44.6		
其他行业收入	45.4	51.6	46.7	43.2		
财产性收入	81.2	101.6	112.2	112.8	132.1	175.5
转移性收入	615.3	702.0	934.9	1020.7	2191.5	2414.6

注：2013、2014年为新口径数据，交通运输邮电业改为交通运输、仓储和邮政业，批发和零售贸易、餐饮业收入改为批发和零售业。

2-32 农村居民平均每人总支出(2009-2014年)

单位：元

项 目	2009	2010	2011	2012	2013	2014
平均每人总支出	**6024.2**	**6507.9**	**8480.5**	**9356.8**	**14349.5**	**16612.3**
家庭经营费用支出	1344.3	1464.5	1967.6	1984.9	2018.7	2686.7
第一产业	1116.6	1194.0	1550.2	1551.4	1607.2	2051.9
农业支出	509.4	576.4	741.8	760.9	765.6	1032.8
林业支出	8.9	10.4	34.7	27.6	25.6	47.8
牧业支出	554.8	551.4	732.1	728.7	766.0	914.2
渔业支出	43.5	55.8	41.5	34.2	26.5	57.2
第二产业	71.8	79.5	135.8	151.7	81.7	146.5
工业支出	48.3	54.5	67.4	83.9	47.5	73.9
建筑业支出	23.5	24.9	68.5	67.8	34.1	72.6
第三产业	156.0	191.0	281.6	281.8	329.8	488.3
交通运输、邮电业支出	48.4	65.3	123.7	122.9	124.7	167.8
批发和零售贸易、餐饮业支出	72.7	86.5	99.7	98.1	154.0	204.0
社会服务业支出	13.4	16.3	33.7	35.5		
文教卫生业支出	12.4	14.1	12.2	15.2		
其他行业支出	9.1	8.7	12.2	10.1		
购置生产性固定资产支出	133.5	103.3	160.9	189.1	174.2	183.3
建造生产性固定资产雇工支出	2.5	1.1	3.0	1.4	2.2	2.0
税费支出	14.8	8.9	15.8	11.6		
生活消费支出	4020.9	4310.4	5179.4	5870.1	7832.6	9024.8
财产性支出	4.9	9.0	11.5	5.5	5.5	6.2
转移性支出	503.4	610.7	1142.5	1294.4	220.8	247.0

注：2013、2014年为新口径数据，交通运输邮电业改为交通运输、仓储和邮政业，批发和零售贸易、餐饮业收入改为批发和零售业。

2-33 农村居民平均每人收入来源构成(2009-2014年)

单位：元

项目	2009	2010	2011	2012	2013	2014
平均每人纯收入(可支配收入)	**4910.0**	**5622.0**	**6567.1**	**7440.2**	**9028.6**	**10060.2**
纯收入中位数					**8271.0**	**9297.0**
按纯收入来源分						
工资性收入	2234.0	2655.6	3240.8	3847.6	3671.6	4088.1
在非企业组织中得到	85.6	102.6	121.5	132.5		
在本乡地域内劳动得到的收入	752.2	884.7	1142.2	1381.9		
在本地企业中得到	304.1	338.8	333.3	403.3		
在常住人口外出从业得到	1396.2	1668.3	1977.1	2333.2		
家庭经营纯收入	2257.3	2463.9	2725.2	2903.2	3255.5	3638.9
农业收入	1246.8	1370.3	1485.2	1579.1	1481.2	1590.0
林业收入	56.4	63.6	56.4	60.8	172.9	174.1
牧业收入	242.4	224.9	334.8	301.3	334.7	334.6
渔业收入	59.0	55.0	42.7	50.9	63.0	75.8
工业收入	84.5	95.5	70.1	73.9	119.4	125.0
建筑业收入	189.6	219.3	220.6	245.9	107.4	186.3
交通运输及邮电业收入	93.1	121.1	181.7	207.5	283.6	306.8
批发零售贸易餐饮业收入	137.5	149.7	195.8	216.9	389.4	478.1
社会服务业收入	82.9	88.2	80.3	107.5		
文教卫生业收入	28.9	34.4	24.7	27.4		
其他家庭经营收入	36.3	42.1	32.9	32.0		
财产性收入	81.2	101.6	112.2	112.8	130.7	165.6
转移性收入	337.5	400.9	488.9	576.6	1970.7	2167.5
按现金和实物分						
现金纯收入	4253.1	4793.9	5520.1	6342.2	8258.8	9036.6
实物纯收入	656.0	828.0	1047.0	1098.0	769.7	1023.6

注：从2013年开始收入指标改为可支配收入，口径与纯收入有所变化。主要变化是参与平均的人口由家庭户籍人口改为家庭常住人口。经营纯收入改为经营净收入，财产性收入改为财产净收入，转移性收入改为转移净收入。现金纯收入改为现金可支配收入，实物纯收入改为实物可支配收入。交通运输邮电业改为交通运输、仓储和邮政业，批发和零售贸易、餐饮业收入改为批发和零售业、住宿和餐饮业。

2-34 农村居民家庭平均每人生活消费支出(2009-2014年)

单位：元

项　　目	2009	2010	2011	2012	2013	2014
生活消费支出	**4020.9**	**4310.4**	**5179.4**	**5870.1**	**7832.6**	**9024.8**
按消费类别分:						
食品	1967.5	2087.9	2343.1	2574.8	2708.9	3095.2
衣着	182.5	209.9	260.4	318.0	403.1	468.0
居住	691.6	719.2	969.7	1088.2	1764.6	1982.4
家庭设备用品及服务	203.7	243.9	330.7	373.5	511.6	541.9
医疗保健	258.1	293.6	396.5	497.2	733.8	771.4
交通通信	341.3	343.8	421.7	481.6	747.1	871.9
文教娱乐用品及服务	291.0	315.9	346.6	400.2	798.8	1112.1
其他商品及服务	85.3	96.2	110.6	136.6	164.6	181.9
按消费性质分:						
货币性消费						
食品	1270.1	1358.2	1557.9	1748.3	1948.0	2285.3
衣着	182.4	209.7	260.3	317.9	402.7	467.7
居住	672.7	691.8	931.9	1069.1	770.6	855.7
家庭设备用品及服务	203.1	243.4	330.2	373.0	511.4	538.3
医疗保健	258.1	293.6	396.5	497.2	629.3	634.9
交通通信	341.3	343.8	421.7	481.6	746.5	871.4
文教娱乐用品及服务	291.0	315.9	346.6	400.2	798.7	1112.0
其他商品及服务	85.3	96.2	110.6	136.6	162.6	178.2
实物性消费						
食品	697.5	729.7	785.2	826.5	760.9	809.9
衣着	0.1	0.1	0.1	0.1	0.5	0.3
居住	18.9	27.4	37.8	19.1	994.0	1126.7

注：2013、2014年为新口径数据，食品消费指食品烟酒消费，家庭设备用品及服务改为生活用品及服务，文教用品及服务改为教育文化娱乐。

2-35 农村居民平均每人现金收入(2009-2014年)

单位：元

项　目	2009	2010	2011	2012	2013	2014
平均每人现金收入	**5763.15**	**6432.95**	**7887.10**	**8726.86**	**8258.83**	**9036.57**
工资性收入	2233.99	2655.29	3240.35	3847.53	3655.90	4066.95
家庭经营现金收入	2842.42	2987.99	3599.27	3760.80	2607.97	2775.48
第一产业	1933.52	1937.88	2302.58	2348.12	1296.78	1160.33
农业现金收入	1085.30	1111.41	1236.14	1292.74	835.94	759.79
林业现金收入	57.75	67.97	82.42	79.86	83.92	69.60
牧业现金收入	693.36	652.81	904.92	895.19	277.15	265.02
渔业现金收入	97.11	105.70	79.10	80.33	58.72	65.92
第二产业	352.44	401.60	443.80	483.70	250.39	335.59
工业现金收入	137.25	154.93	149.09	164.76	129.71	136.19
建筑业现金收入	215.19	246.67	294.71	318.94	120.69	199.41
第三产业	556.46	648.51	852.89	928.99	1060.80	1279.56
出售其他产品的现金收入	1.21	0.45	0.71	0.73		
交通运输、邮电业现金收入	154.87	200.90	337.11	364.43	336.14	377.31
批发和零售贸易、餐饮业收入	215.18	240.71	311.69	327.47	429.24	567.25
社会服务业现金收入	97.31	105.87	116.92	148.52		
文教卫生业现金收入	42.47	48.98	39.79	44.61		
其他行业现金收入	45.42	51.61	46.68	43.23		
财产性收入	75.17	91.44	114.80	104.12	132.09	169.38
转移性收入	611.56	698.23	932.68	1014.39	1862.88	2024.75
非收入现金所得	**1301.97**	**1280.86**	**2573.08**	**2405.92**	**1359.11**	**2384.82**
银行信用社得到的贷款	34.13	26.22	36.52	32.94	30.28	31.12
借入款	405.25	308.92	443.58	495.27	624.27	549.20
收回借出款	244.48	228.19	621.24	471.64	299.98	291.55
从银行信用社取回存款	289.34	349.90	743.49	680.16	1250.28	1156.21
收回投资款	12.69	16.95	40.08	20.38		

注：从2013年开始收入指标改为可支配收入，口径与纯收入有所变化。主要变化是参与平均的人口由家庭户籍人口改为家庭常住人口。经营纯收入改为经营净收入，财产性收入改为财产净收入，转移性收入改为转移净收入。交通运输邮电业改为交通运输、仓储和邮政业，批发和零售贸易、餐饮业收入改为批发和零售业、住宿和餐饮业。

2-36 农村居民平均每人现金支出(2009-2014年)

单位：元

项　　目	2009	2010	2011	2012	2013	2014
平均每人现金支出	**5130.9**	**5567.8**	**7521.8**	**8378.0**	**12362.4**	**14380.8**
生产费用支出	1314.9	1393.4	1997.5	2050.2	1894.6	2536.5
家庭经营费用支出	1178.9	1289.0	1833.6	1859.7		
第一产业	951.2	1019.1	1417.4	1428.7	1483.1	1901.8
农业支出	500.8	565.7	731.1	743.3	746.1	1000.9
林业支出	8.8	10.4	34.2	25.2	25.5	45.3
牧业支出	398.1	387.4	611.1	626.6	663.9	800.4
渔业支出	43.4	55.7	41.1	33.6	24.2	55.2
第二产业	71.7	79.4	135.8	151.2	81.7	146.5
工业支出	48.3	54.5	67.3	83.5	47.5	73.9
建筑业支出	23.5	24.9	68.5	67.8	34.1	72.6
第三产业	156.0	190.4	280.4	279.9	329.8	488.3
交通运输、邮电业支出	48.4	65.2	123.7	122.9	124.7	167.8
批发和零售贸易、餐饮业支出	72.7	86.1	99.4	97.8	154.0	204.0
社会服务业支出	13.4	16.3	32.9	33.8		
文教卫生业支出	12.4	14.1	12.2	15.2		
其他家庭经营支出	9.1	8.7	12.2	10.1		
购置生产性固定资产支出	133.5	103.3	160.9	189.1	174.2	183.3
建造生产性固定资产雇工支出	2.5	1.1	3.0	1.4	2.2	2.0
税费支出	14.8	8.9	15.8	11.5		
生活消费支出	3303.9	3552.7	4355.7	5023.9	6723.1	7042.9
财产性支出	4.9	9.0	11.5	5.5	5.5	6.2
转移性支出	492.5	603.8	1141.4	1287.1	220.8	247.0
给大中专学生生活费和学杂费	59.8	59.6	103.3	100.2		
赠送农村以外亲友	10.3	17.1	59.8	52.4		
非消费性现金支出	**1596.0**	**1858.3**	**1824.7**	**2219.6**		
归还银行信用社贷款	20.3	18.9	38.9	25.5	35.1	24.7
借出款	80.2	86.4	165.2	177.5	60.8	51.6
归还款	288.7	269.4	402.9	306.1	301.8	264.7
存入银行信用社款	857.2	1079.6	742.7	1255.9	996.8	664.3
支出投资款	6.5	6.3	13.5	11.3		

注：2013、2014为新口径数据，部分数据缺失是由于新口径指标体系中已经没有该类指标划分。交通运输邮电业改为交通运输、仓储和邮政业，批发和零售贸易、餐饮业收入改为批发和零售业、住宿和餐饮业。

2-37 农村居民平均每百户年末耐用消费品拥有量(2009-2014年)

品　名	2009	2010	2011	2012	2013	2014
自行车(辆)	47.38	47.48	25.84	27.89	10.89	11.30
吸尘器(台)	0.16	0.16	0.19	0.16		
微波炉(台)	1.46	2.54	4.59	4.84	7.93	8.14
热水器(台)	5.81	8.22	20.30	24.38	37.10	41.63
影碟机(台)	31.46	28.97	33.38	31.76		
洗衣机(台)	37.59	42.46	58.38	62.27	66.64	69.43
电冰箱(台)	32.03	40.87	74.59	77.46	81.45	85.25
摩托车(辆)	41.86	45.76	63.51	64.49	61.86	69.38
生活用汽车(台)	0.65	0.84	2.35	2.59	5.47	5.94
中高档乐器(架)	0.14	0.16	0.14	0.22	0.51	0.61
黑白电视机(台)	16.08	14.05	2.30	1.70		
彩色电视机(台)	93.54	96.08	109.00	111.24	110.42	112.17
照相机(架)	1.95	1.81	2.46	3.14	5.05	5.17
摄像机(台)					0.63	0.74
组合音响(套)					6.46	6.84
空调机(台)	7.32	10.54	22.59	24.32	31.40	34.00
抽油烟机(台)	2.19	2.76	5.70	6.81	12.30	13.09
家用计算机(台)	3.00	4.39	10.30	11.95	16.90	19.34
固定电话机(台)	57.76	54.56	28.76	28.41	12.30	27.93
移动电话机(台)	106.27	122.87	183.35	192.84	217.97	227.35

注：从2013年起为新口径数据。

2-38 农村居民住房情况(2009-2014年)

项　目	2009	2010	2011	2012	2013	2014
平均每人新建(购)房屋面积(平方米)	1.15	0.59	1.61	0.99	1.16	1.62
#砖木结构面积(平方米)	0.35	0.14	0.44	0.19		
钢筋混凝土面积(平方米)	0.80	0.43	1.16	0.71		
楼房面积(平方米)		0.52	1.42	0.77		
平均每人年末住房面积 (平方米)	41.69	42.20	46.62	46.78	47.94	54.25
#砖木结构面积(平方米)	22.51	22.80	23.89	24.16	24.58	
钢筋混凝土面积(平方米)	16.83	17.04	20.71	20.62	22.55	
年末房屋价值(元/平方米)	215.04	225.15	429.83	430.69	648.44	

注：部分数据缺失是由于新口径指标体系中已经没有该类指标划分。

2-39 农村居民拥有生产性固定资产(2009-2014年)

项　目	2009	2010	2011	2012	2013	2014
按原值计算(每户拥有)						
合计(元)	**4751.60**	**4888.63**	**8652.44**	**8904.32**	**13892.47**	**13413.36**
农业	1877.57	2031.48	2615.41	2775.88	3943.64	3916.22
林业	0.81	4.05	4.54	5.91	64.59	54.23
牧业	1495.69	1400.95	2164.50	2358.82	2930.85	2496.74
渔业	31.51	29.38	38.37	38.58	105.66	69.56
采矿业	18.38	18.92	320.27	110.81	44.04	167.65
制造业	181.15	215.65	282.22	260.66	528.70	242.80
电力煤气与水的生产及供应	8.69		0.27	0.59	198.52	122.89
建筑业	80.99	74.99	250.36	257.87	644.37	621.91
交通运输业、仓储和邮政业	695.73	794.03	1803.62	1962.12	2774.17	2269.31
批发和零售贸易业	224.99	187.21	580.32	545.21	1223.92	2377.90
住宿和餐饮业	14.16	12.30	222.62	107.16	285.55	178.06
居民服务与其他服务业	42.22	46.93	124.22	276.06	886.67	767.36
教育	15.68	4.32	0.86	4.86		
卫生、社会保障和福利业	8.28	8.82	113.95	75.30		
文化、体育和娱乐业	4.49	4.05	29.35	20.95		
其他	51.27	55.55	101.55	103.55	261.77	128.75
按实物统计(每百户拥有)						
#汽车(辆)	1.36	1.71	2.57	2.81	5.47	5.94
大中型拖拉机(台)	0.38	0.57	0.49	0.51	0.74	0.66
小型和手扶拖拉机(台)	2.19	2.20	3.59	4.03	6.52	6.36
机动脱粒机(台)	22.20	21.45	17.03	18.00	15.50	16.86
胶轮大车(辆)	4.07	4.04	1.65	1.65		
农用动力机械(台)	33.91	35.40	31.14	31.89	12.10	12.71
水泵(台)	27.89	29.80	28.35	29.51		
收割机(台)	1.17	0.75	0.92	1.22	1.35	1.74
役畜(头)	17.40	17.08	12.64	11.00	16.62	13.69
产品畜(头)	21.24	19.03	26.54	22.49	75.90	103.37

注：部分数据缺失是由于新口径指标体系中已经没有该类指标划分。
交通运输邮电业改为交通运输、仓储和邮政业，批发和零售贸易、餐饮业收入改为批发和零售业。

2-40 农村住户平均每户购买商品情况(2011-2014年)

项目	2011		2012		2013		2014	
	实物量	金额(元)	实物量	金额(元)	实物量	金额(元)	实物量	金额(元)
购买食品		**5211.4**		**5482.5**		**7247.89**		**7208.1**
粮食(原粮)(公斤)	121.80	388.0	129.80	436.0	172.67	667.29	137.08	691.9
食用植物油(公斤)	13.09	182.1	12.83	190.8	17.03	249.62	14.24	210.1
动物油(公斤)	12.82	224.8	13.21	219.9	12.71	188.28	10.77	146.2
蔬菜(公斤)	49.13	211.2	43.11	223.0	58.8	324.98	63.67	371.6
猪肉(公斤)	50.46	1197.5	54.06	1248.9	65.6	1516.98	65.37	1455.0
牛肉(公斤)	2.14	76.5	1.51	66.6	1.98	111.99	1.89	113.2
羊肉(公斤)	0.44	15.8	0.36	16.1	0.56	31.13	0.55	32.5
鸡(公斤)	7.28	151.2	6.98	144.4	9.04	195.63	7.69	179.2
鸭(公斤)	3.58	62.7	3.34	61.3	4.22	81.47	4.07	84.7
鲜蛋(公斤)	7.01	92.4	7.85	99.8	7.34	107	7.06	109.2
鲜奶(公斤)	0.64	6.5	0.64	7.1	2.62	20.91	3.37	27.5
卷烟(盒)	121.30	603.0	113.74	628.2	118.76	785.14	113.01	786.1
啤酒(公斤)	15.38	71.9	13.31	64.4	14.05	72.6	11.88	64.7
白酒(公斤)	8.25	108.8	7.01	112.3	8.76	153.44	7.40	137.2
果酒(公斤)	0.05	0.8	0.08	1.5	0.12	2.09	0.09	2.6
茶叶(公斤)	0.42	13.0	0.36	14.3	0.23	13.45	0.28	18.3
豆制品(公斤)		71.1		71.8		96.22		102.6
水果(公斤)	46.99	258.2	55.77	297.5	105.1	483	99.35	660.0
糕点(公斤)		98.3		98.9		127.62		134.4
糖果(公斤)		48.3		49.7		67.03		59.9
购买衣着		**1083.8**		**1255.8**		**1508.68**		**1476.8**
服装(件)	12.24	780.0	13.86	916.1		1154.67		1115.5
鞋类(双)	6.80	247.8	6.67	286.3		354.01		361.4
购买居住用品		**2622.4**		**2810.9**		**3571.06**		**2702.5**
水泥(公斤)	526.31	231.6	449.38	194.0				
玻璃(平方米)	0.31	1.7	0.06	0.6				
煤(吨)	407.91	314.9	331.54	262.4	317.4	282.7	220.85	196.6
生活用水(吨)	10.88	17.0	10.80	18.9	21.93	36.79	25.86	49.6
生活用电(度)	650.67	397.3	802.54	490.4	1089.67	662.43	1120.83	683.5

2-40 续表

项　　目	2011		2012		2013		2014	
	实物量	金额(元)	实物量	金额(元)	实物量	金额(元)	实物量	金额(元)
购买文化体育用品		**401.8**		**418.2**		**442.66**		**553.2**
收录机(台)		0.1		0.2				
组合音响(台)		1.2		1.6		2.86		4.2
彩色电视机(台)	0.05	82.6	0.05	93.3	0.05	104.94	0.06	120.8
黑白电视机(台)		0.1		0.1				
录放象机(台)		0.3		0.1				
购买日用品		**1331.2**		**1423.4**		**1853.92**		**1699.8**
洗衣机(台)	0.05	70.4	0.05	69.1	0.06	84.23	0.05	70.0
缝纫机(架)		1.1		0.3				
电风扇(台)	0.15	17.3	0.13	16.0				
电冰箱(台)	0.08	146.2	0.05	99.5	0.06	109.06	0.05	91.4
空调机(台)	0.03	84.4	0.03	85.2	0.04	133.46	0.03	88.4
购买交通、通讯工具和用品		**817.6**		**977.2**		**2871.85**		**2690.8**
自行车(辆)	0.04	9.7	0.04	10.6	0.05	13.87	0.04	15.0
电动自行车(辆)	0.01	42.1	0.01	36.9	0.02	48.29	0.01	29.5
摩托车(辆)	0.05	216.6	0.06	240.1	0.06	260.57	0.04	158.3
汽车(辆)					0.01	359.62	0.01	359.5
固定电话(部)	0.03	4.2	0.03	3.0	0.02	4.79	0.02	3.0
手机(部)	0.25	117.7	0.25	118.4	0.47	250.86	0.45	231.7
购买药品及医疗用品药品(元)		**709.6**		**783.9**		**772.32**		**730.2**
购买生产资料		**5869.2**		**6026.4**		**5313.79**		**6016.2**
小麦种籽(公斤)	0.52	1.5	0.27	1.7	0.33	1.60	0.52	2.6
稻谷种籽(公斤)	5.40	135.0	4.52	136.0	8.86	143.89	10.22	131.0
玉米种籽(公斤)	0.83	19.9	0.96	22.0	0.99	24.24	1.04	25.3
化肥(公斤)	633.27	1159.7	565.89	1158.1	492.70	1074.49	529.42	1161.7
农药(公斤)		454.7		463.7		399.38		413.8
农用薄膜(公斤)	1.37	18.6		1.4	0.63	9.97	0.90	15.0
购买农林牧渔业机械		**187.2**		**206.7**		**262.44**		**195.2**
大中型铁木农具(元)		13.0		38.0				
小型拖拉机(台)		14.3		15.2		33.27		16.9
大中型拖拉机(台)		2.9		2.2		1.87		40.0
机动脱粒机(台)	0.02	10.9		11.5	0.01	6.59		5.4
胶轮大车(辆)		0.3		0.1				
水泵(台)	0.06	23.7		9.9				
役畜(头)	0.01	35.2	0.01	36.8	0.01	43.43	0.01	36.5
产品畜(头)	0.01	21.1	0.01	18.6	0.02	45.58	0.01	14.4

注：部分数据缺失是由于新口径指标体系中已经没有该类指标划分。

2-41 农村居民全年主要消费品消费量(2008-2014年)

单位：公斤/人

指　标	2008	2009	2010	2011	2012	2013	2014
粮食(原粮)	228.29	225.44	207.77	198.82	198.55	165.59	182.84
小麦	1.66	1.53	1.42	3.52	3.83	4.66	7.35
稻谷	219.86	216.60	199.39	186.43	187.46	150.69	162.18
玉米	1.02	1.52	1.42	3.84	2.54	2.18	1.96
薯类	1.09	1.01	0.89	1.82	2.13	1.12	1.38
豆类及豆制品	2.09	2.15	1.64	2.22	1.94	3.83	5.60
#大豆	1.56	1.55	1.13	1.84	1.54	0.67	0.99
蔬菜	138.86	139.16	133.39	122.99	121.79	92.53	109.42
油脂类	7.80	7.71	7.29	7.97	8.34	8.95	15.99
#植物油	4.36	4.14	3.98	4.60	4.75	5.95	12.30
动物油	3.44	3.57	3.30	3.36	3.58	2.99	3.70
肉禽及其制品	22.62	25.04	24.58	27.32	26.59	26.87	35.64
#猪肉	15.47	17.51	17.11	17.96	17.66	18.70	25.18
牛肉	0.29	0.29	0.39	0.55	0.39	0.46	0.62
羊肉	0.09	0.18	0.15	0.14	0.11	0.17	0.20
家禽	5.42	5.49	5.10	6.48	6.08	6.42	8.05
其他肉禽及制品	1.35	1.57	1.82	2.18	2.35	1.12	0.46
蛋类及蛋制品	3.64	3.71	3.86	4.65	4.92	4.93	6.85
奶和奶制品	0.69	0.75	0.96	1.30	1.32	2.39	3.08
水产品	6.32	6.19	5.92	6.65	6.23	6.10	8.55
#鱼类	5.86	5.80	5.57	6.26	5.81	5.69	7.94
虾贝蟹类	0.09	0.07	0.05	0.07	0.08	0.08	0.13
澡类	0.07	0.11	0.09	0.10	0.10	0.10	0.13
其他水产品	0.29	0.20	0.21	0.23	0.24	0.22	0.35
食糖	1.13	1.11	1.07	1.10	1.05	0.97	1.81
酒	5.18	5.78	5.53	6.84	6.05	5.88	6.55
#白酒	1.79	1.89	1.86	2.08	1.76	1.98	2.76
啤酒	2.76	3.17	2.97	3.88	3.35	3.18	3.76
果酒	0.01	0.01	0.02	0.01	0.02	0.03	0.03
干鲜瓜果类	24.22	24.46	22.86	27.66	27.09	27.39	38.67
坚果及果仁制品	1.08	1.09	1.09	1.48	1.44	1.46	2.29

2-42 农村居民主要农、牧产品生产情况(2008-2014年)

项　目	2008	2009	2010	2011	2012	2013	2014
粮食(公斤/人)	572.53	562.64	538.98	519.96	538.55	454.97	571.03
棉花(公斤/人)	28.77	26.14	20.37	23.96	26.20	15.11	16.45
油料(公斤/人)	21.01	23.89	20.70	23.97	22.71	17.61	25.58
麻类(公斤/人)	1.09	0.35	0.11	0.03	0.05		
糖料(公斤/人)	1.75	1.18	2.07	2.34	4.54		
烟叶(公斤/人)	6.79	9.15	7.15	8.88	8.72		
蔬菜(公斤/人)	188.37	183.93	174.30	172.07	167.16		
水果(公斤/人)	66.56	74.47	62.89	69.52	77.68		
茶叶(公斤/人)	0.25	0.26	0.32	1.74	2.39		
猪肉(公斤/户)	130.29	155.65	152.98	150.84	155.54		
牛羊肉(公斤/户)	1.54	1.85	2.42	2.96	3.11		
家禽(公斤/户)	25.71	22.12	18.08	21.34	21.60		
禽蛋(公斤/户)	12.56	13.86	13.27	16.06	16.49		
水产品(公斤/户)	46.86	55.06	52.09	48.33	36.23		

注：部分数据缺失是由于新口径指标体系中已经没有该类指标划分。

2-43 农村居民主要农、牧产品出售情况(2008-2014年)

项　　目	2008	2009	2010	2011	2012	2013	2014
粮食(公斤/人)	225.07	283.89	245.41	206.85	200.79	243.23	316.77
棉花(公斤/人)	16.49	30.04	16.74	22.23	25.31	18.01	11.84
油料(公斤/人)	8.87	11.41	10.97	11.71	10.00	8.37	11.34
麻类(公斤/人)	1.00	0.56	1.01	0.09	0.06	0.09	0.16
糖料(公斤/人)	1.11	0.91	1.85	2.86	3.64	2.07	4.65
烟叶(公斤/人)	6.31	8.63	6.85	8.65	8.07	10.65	12.25
蔬菜(公斤/人)	55.71	53.35	50.54	57.90	55.77	47.45	60.14
水果(公斤/人)	60.64	66.28	57.20	48.37	70.49	94.24	100.95
茶叶(公斤/人)	0.17	0.15	0.25	1.63	2.29	1.05	1.22
猪肉(公斤/户)	111.52	135.60	133.21	135.54	141.42	152.42	145.80
牛肉(公斤/户)	1.16	1.09	1.39	1.44	1.76	4.50	3.59
羊肉(公斤/户)	0.35	0.70	0.93	1.38	1.28	1.32	2.85
家禽(公斤/户)	13.96	9.57	6.72	6.74	8.33	14.16	12.83
禽蛋(公斤/户)	4.62	5.30	4.22	5.61	6.30	10.11	19.26
水产品(公斤/户)	35.59	43.23	46.47	26.62	28.22	43.25	34.59

2-44 分季度农村居民收入与支出(2014年)

单位:元/人

指标名称	一季度	上半年	前三季度	全年
可支配收入	**2777**	**4617**	**6991**	**10060**
工资性收入	1150	2136	3238	4088
经营净收入	894	1268	2048	3639
财产净收入	41	78	116	166
转移净收入	691	1135	1588	2168
生活消费支出	**2348**	**3962**	**5872**	**9025**
食品消费支出	759	1189	1255	3095
衣着	164	257	336	468
居住	470	894	1332	1982
家庭设备.用品及服务	173	279	407	542
交通和通讯	235	420	645	872
文化教育.娱乐用品及服务	314	445	719	1112
医疗保健	181	375	596	771
其他商品和服务	52	103	143	182

2-45 按户数五等份分组的农村住户家庭基本情况(2014年)

项　　目	低收入户	中低收入户	中等收入户	中高收入户	高收入户
调查户数(户)	**760.67**	**760.58**	**760.08**	**760.92**	**756.67**
调查户人口(常住人口)(人)	2737.75	2540.92	2477.00	2263.83	2105.29
平均每户整半劳动力(人)	2.17	2.09	2.14	2.14	2.18
平均每百个劳动力中:					
未上过学	6.25	5.10	3.81	2.46	1.67
小学	39.72	37.00	34.89	28.35	22.89
初中	39.53	44.47	46.07	53.21	51.78
高中	11.63	11.07	12.63	13.81	19.16
大学专科	2.52	1.83	2.08	1.73	3.29
大学本科	0.36	0.53	0.42	0.42	1.09
研究生			0.09		0.11
期末住房面积(平方米/人)	45.64	48.13	53.53	59.18	68.85
期末住房价值(万元/人)	2.21	2.68	3.18	3.99	5.54
期内新建(购)住房面积(平方米/人)	1.04	1.66	0.98	3.40	2.23
新建(购)住房价值(万元/人)	0.09	0.13	0.10	0.32	0.21
期末实际经营的土地面积(亩/人)					
耕地面积	1.13	1.37	1.42	1.69	2.05
林地面积	1.77	1.78	1.13	2.48	0.96
园地面积	0.07	0.08	0.07	0.11	0.04
牧草地面积		0.00			0.00
养殖水面面积	0.01	0.03	0.04	0.07	0.09
全部住户耐用消费品拥有情况(每百户)					
家用汽车(辆)	3.67	3.03	3.91	8.09	11.00
摩托车(辆)	54.57	67.47	71.87	75.62	77.34
助力车(辆)	5.90	10.88	11.34	12.57	15.82
洗衣机(台)	58.21	63.63	69.11	74.61	81.57
电冰箱(柜)	73.40	81.43	87.95	89.48	93.99
微波炉(台)	4.80	6.30	5.38	10.90	13.32
彩色电视机(台)	106.33	109.91	111.90	113.52	119.20
空调(台)	16.51	20.58	29.56	37.97	65.33
热水器(台)	29.13	35.25	42.45	44.97	56.31
消毒碗柜(台)	9.62	13.03	14.14	16.65	14.59
洗碗机(台)	0.55	0.66	0.62	0.81	0.36
排油烟机(台)	6.75	6.50	11.31	15.59	25.29
固定电话(部)	24.23	25.46	30.84	30.00	29.11
移动电话(部)	208.60	222.03	227.35	235.06	243.67
计算机(台)	12.86	14.26	17.15	22.48	29.96
摄像机(部)	0.66	0.31	1.12	0.25	1.37
照相机(部)	4.29	2.64	5.34	5.59	7.99
中高档乐器(个)	0.17	0.42	0.69	0.58	1.20
健身器材(个)			0.12	0.27	1.46
组合音响(个)	4.94	5.79	6.08	8.70	8.68

2-46　按户数五等份分组的农产品生产经营情况(2014年)

单位：公斤/人

项　　目	低收入户	中低收入户	中等收入户	中高收入户	高收入户
谷物产量	343.87	464.25	527.78	680.81	939.42
薯类产量	13.43	15.94	16.56	16.33	9.24
豆类产量	4.98	7.13	5.59	5.06	5.56
棉花产量	7.83	20.42	23.04	18.10	13.18
油料产量	15.47	29.08	29.82	29.00	25.79

2-47　按户数五等份分组的人均出售产品情况(2014年)

项　　目	低收入户	中低收入户	中等收入户	中高收入户	高收入户
谷物(公斤)	153.89	219.13	271.52	384.06	614.32
薯类(公斤)	1.05	1.14	2.83	2.92	1.03
豆类(公斤)	1.69	2.25	2.99	2.04	1.69
棉花(公斤)	3.91	13.31	16.00	19.19	7.35
油料(公斤)	6.97	12.31	13.97	13.04	10.88
麻类(公斤)	0.00	0.01	0.76		0.01
糖料(公斤)	0.01		4.07	8.64	13.00
烟草(公斤)	2.94	3.60	7.69	13.47	39.79
蔬菜(公斤)	72.52	68.09	68.40	31.56	55.65
瓜类(公斤)	9.04	12.96	16.03	29.43	68.34
水果(公斤)	111.70	95.16	88.65	122.15	84.82
茶叶(公斤)	1.91	0.46	2.05	1.32	0.12
竹(根)	1.31	5.49	4.24	5.78	4.11
木材(立方米)	0.05	0.06	0.05	0.16	0.06
肉猪及猪肉(公斤)	61.24	21.71	34.26	28.09	76.73
肉猪(头)	0.51	0.19	0.32	0.27	0.75
自宰猪肉(公斤)	2.01	2.76	1.82	2.80	2.88
家禽(公斤)	9.85	1.67	2.18	1.87	4.03
蛋类(公斤)	12.35	2.15	1.00	3.71	11.48
鱼类(公斤)	1.67	5.75	3.89	18.25	17.84
虾类(公斤)	0.06	0.11	0.39	0.20	0.82

2-48 按户数五等份分组的农村居民可支配收入(2014年)

单位：元/人

项　　目	全省农户	低收入户	中低收入户	中等收入户	中高收入户	高收入户
可支配收入	**10060.2**	**3106.6**	**6452.9**	**9277.1**	**12957.3**	**21636.7**
#实物可支配收入	1023.6	635.2	1070.5	1072.0	1187.9	1241.7
工资性收入	4088.1	1079.1	2368.2	3925.3	5730.5	8650.6
工资	3688.4	916.5	2109.6	3570.4	5058.3	8006.2
按月发放的工资	2019.0	396.5	1012.8	1722.3	2936.3	4794.7
补发工资	55.7	5.3	28.4	49.3	44.8	177.7
不按月发放的奖金、津贴、过节费等	1613.6	514.6	1068.4	1798.8	2077.3	3033.8
实物福利	21.2	1.8	2.7	10.4	34.1	69.2
从单位或雇主得到的实物产品折价	4.7	0.3	1.0	0.8	7.9	16.1
食品	3.9	0.2	0.9	0.8	6.4	13.4
衣着	0.1				0.7	0.0
居住	0.0	0.1				
家庭设备和日用品	0.1	0.0	0.1	0.1	0.2	0.3
交通、通信工具及用品	0.0				0.1	
教育文化娱乐用品	0.1		0.0	0.0	0.4	0.0
医疗保健用品	0.0				0.1	
其他用品	0.4		0.0	0.0	0.1	2.3
从单位或雇主得到的服务折价	16.5	1.5	1.7	9.5	26.2	53.0
免费或低价提供的工作餐	14.8	1.5	1.6	6.9	23.8	48.9
免费或低价提供的住宿	0.0					0.2
单位缴纳的水电费、取暖费、物业费等						
免费或低价提供的交通和通信服务	0.3					2.0
单位缴纳的教育入学赞助费						
免费或低价提供的旅游服务						
其他服务	1.3		0.1	2.7	2.4	1.9
单位或雇主实物福利报销所得						
其他	378.6	160.8	255.9	344.5	638.1	575.2
住房公积金	12.5	14.4	0.0	3.6	3.6	46.3
辞退金	0.3	0.9		0.4		0.1
自由职业劳动所得(如稿费、翻译费)	10.5	2.2	0.4	4.8	27.1	22.6
安家费	0.5	1.6	0.3	0.4	0.2	0.0
股票期权						
其他劳动所得	354.8	141.8	255.2	335.3	607.2	506.1

2-48 续

单位：元/人

项　　目	全省农户	低收入户	中低收入户	中等收入户	中高收入户	高收入户
经营净收入	3638.9	997.5	2216.7	2913.0	4423.3	8972.7
第一产业经营净收入	2174.4	854.7	1740.5	2005.1	2539.5	4286.0
农业	1590.0	812.7	1246.0	1468.4	1818.6	2956.8
林业	174.1	86.5	161.0	150.1	229.8	274.1
牧业	334.6	-66.9	283.1	338.1	429.1	827.6
渔业	75.8	22.4	50.4	48.6	62.1	227.4
第二产业经营净收入	311.2	-9.9	34.7	124.8	446.6	1164.3
采矿业	10.7	-0.1	6.2	14.8	11.3	25.3
制造业	102.0	0.1	15.6	33.7	100.0	432.5
电力、热力、燃气及水生产和供应业	12.2		-0.2	11.7	8.4	49.4
建筑业	186.3	-9.9	13.1	64.7	326.9	657.0
第三产业经营净收入	1153.3	152.7	441.5	783.0	1437.2	3522.5
批发和零售业	478.1	41.3	159.6	317.1	553.2	1576.3
交通运输、仓储和邮政业	306.8	46.7	124.7	190.0	497.5	812.2
住宿和餐饮业	81.0	11.9	5.9	49.3	90.9	295.8
房地产业	**4.7**			**0.0**	**24.5**	
租赁和商务服务业	23.9	4.4	4.8	5.4	11.8	110.1
居民服务、修理和其他服务业	161.7	49.0	90.1	156.0	143.4	430.7
其他	20.3	-10.9	35.9	17.6	5.6	62.4
农林牧渔服务业	76.8	10.2	20.5	47.5	110.2	234.9
财产净收入	165.6	27.1	74.0	97.6	180.2	532.5
利息净收入	48.9	10.1	22.2	38.3	54.4	141.2
红利收入	60.3	5.3	5.5	26.4	74.9	227.6
集体分配的红利	13.4	2.7	3.8	16.5	20.8	28.0
其他红利收入	46.9	2.6	1.8	9.9	54.1	199.6
储蓄性保险净收益	0.7	0.1	1.2		0.5	2.0
转让承包土地经营权租金净收入	23.6	6.1	20.5	19.9	12.7	67.8
出租房屋财产性收入	21.7	2.1	21.6	0.2	22.3	73.4
出租机械、专利、版权等资产的收入	4.4	0.7	0.4	5.3	9.4	7.5
其他财产净收入	6.0	2.9	2.5	7.4	5.9	13.1
房屋虚拟租金						
转移净收入	2167.5	1002.8	1794.0	2341.2	2623.3	3480.9

2-49 按户数五等份分组的农村居民总收入(2014年)

单位：元/人

项　　目	全省农户	低收入户	中低收入户	中等收入户	中高收入户	高收入户
全年总收入	**13292.2**	**6666.8**	**8534.9**	**11989.9**	**16466.7**	**26199.0**
工资性收入	4088.1	1079.1	2368.2	3925.3	5730.5	8650.6
(一)工资	3688.4	916.5	2109.6	3570.4	5058.3	8006.2
(二)实物福利	21.2	1.8	2.7	10.4	34.1	69.2
(三)其他	378.6	160.8	255.9	344.5	638.1	575.2
经营性收入	6614.0	4327.5	4100.0	5372.4	7660.0	13181.7
第一产业经营收入	4364.0	3601.6	3325.8	3867.0	4689.3	6933.9
第一产业经营收入(不含惠农补贴)	4364.0	3601.6	3325.8	3867.0	4689.3	6933.9
农业	2705.3	1722.4	2203.8	2564.5	3044.7	4446.1
林业	223.0	144.8	210.2	179.0	301.2	308.7
牧业	1301.4	1702.4	822.7	1038.9	1103.8	1908.3
渔业	134.4	32.0	89.1	84.6	239.6	270.7
第二产业经营收入	482.1	58.3	67.3	238.4	720.7	1600.6
采矿业	23.0		24.2	20.9	22.4	55.8
制造业	**170.4**	**0.6**	**18.1**	**68.5**	**297.5**	**570.8**
电力、热力、燃气及水生产和供应业	16.6			16.0	10.8	67.1
建筑业	272.0	57.7	25.0	133.0	390.0	906.8
第三产业经营收入	1767.8	667.7	706.9	1267.0	2249.9	4647.2
批发和零售业	732.2	287.7	228.0	501.0	845.4	2117.7
交通运输、仓储和邮政业	522.5	158.5	226.7	388.4	835.1	1194.9
住宿和餐饮业	113.0	49.2	17.9	69.2	159.3	319.6
房地产业	6.9			0.0	36.3	
租赁和商务服务业	27.0	7.6	4.8	6.0	14.0	121.2
居民服务、修理和其他服务业	224.4	123.5	133.5	197.3	193.2	542.4
其他	34.1	11.5	50.9	26.5	11.5	77.8
农林牧渔服务业	107.7	29.6	45.2	78.6	155.0	273.6
财产性收入	175.5	37.3	75.5	103.0	185.9	563.2
利息收入	54.4	20.2	23.5	40.6	59.7	150.1
红利收入	60.3	5.3	5.5	26.4	74.9	227.6
储蓄性保险净收益	0.7	0.1	1.2		0.5	2.0
转让承包土地经营权租金净收入	23.6	6.1	20.5	19.9	12.7	67.8
出租房屋财产性净收入	21.7	2.1	21.6	0.2	22.3	73.4
出租机械、专利、版权等资产的净收入	8.2	0.7	0.4	7.3	9.4	27.6
其他财产净收入	6.7	3.0	2.7	8.6	6.4	14.7
房屋虚拟租金						

2-49 续

单位：元/人

项　　目	全省农户	低收入户	中低收入户	中等收入户	中高收入户	高收入户
转移性收入	2414.6	1222.8	1991.3	2589.2	2890.3	3803.5
养老金或离退休金	424.9	176.5	223.0	328.0	535.2	1005.9
社会救济和补助	66.3	73.4	64.7	59.0	79.7	52.6
政策性生活补贴	**25.9**	**12.9**	**24.7**	**26.0**	**29.2**	**41.0**
家庭外出从业人员寄回带回收入	1106.1	564.7	975.8	1295.5	1356.2	1488.2
赡养收入	447.2	215.4	446.3	539.2	476.6	615.4
报销医疗费	**136.7**	**42.8**	**79.5**	**145.7**	**185.9**	**268.7**
从政府和组织得到的实物产品和服务折价	6.2	7.0	7.1	3.5	6.9	6.1
现金政策性惠农补贴	145.9	101.8	139.4	134.6	168.1	201.7
其他转移性收入	55.5	28.4	30.8	57.7	52.3	124.0
非收入所得	2384.8	1614.4	2449.5	2040.6	2912.9	3155.5
出售资产所得	481.8	54.8	681.0	132.8	1033.4	600.8
出售住房本金所得	0.7	1.3		1.8		0.1
出售住房溢价所得(含亏损)						
出售股票、基金、收藏品本金所得	6.2	0.1	0.2		0.2	36.4
出售股票、基金、收藏品所得(含亏损)						
出售生产性固定资产所得	30.4	2.7	15.3	16.5	21.2	114.0
拆迁征地补偿所得	390.7	15.9	612.0	71.5	932.5	387.1
出售其他财物和收回其他投资本金所得	53.7	34.7	53.4	43.1	79.5	63.2
非经常性转移所得	1736.3	1190.3	1703.7	1843.9	1742.5	2373.0
博彩所得	**52.3**	**10.7**	**45.4**	**42.9**	**56.1**	**123.5**
婚丧嫁娶礼金所得	658.7	315.4	636.3	764.4	612.7	1071.6
遗产及一次性馈赠所得	576.5	419.2	571.1	626.5	615.6	690.2
一次性赔偿所得	23.0	33.2	32.9	4.4	25.5	16.3
提取住房公积金	3.9	1.6			13.0	6.3
调查补贴	272.1	226.0	251.9	269.7	298.3	332.9
其他非经常性转移所得	149.9	184.2	166.1	136.0	121.3	132.1
其他非收入所得	166.8	369.3	64.9	63.9	137.0	181.6
借贷性所得	2099.9	1861.3	1646.4	1639.0	2620.5	2963.3
提取储蓄存款	1156.2	878.6	981.8	853.6	1537.9	1684.1
借入款	549.2	553.5	374.9	553.0	516.4	796.7
收回借出款	291.6	221.1	248.1	198.3	451.0	374.0
收回储蓄性保险本金	4.0		0.7	1.6	10.4	9.0
住房贷款	3.8	16.8				
汽车贷款	3.1				16.5	
教育贷款	0.1	0.6				
其他贷款	24.1	20.8	16.9	6.3	41.5	39.3
其他借贷所得	67.8	169.9	24.0	26.2	46.8	60.2

2-50 按户数五等份分组的农村居民总支出(2014年)

单位：元/人

项　　目	全省农户	低收入户	中低收入户	中等收入户	中高收入户	高收入户
家庭总支出	**16612.3**	**11622.3**	**12754.3**	**15196.4**	**20503.7**	**25517.9**
消费支出	9024.8	5686.3	7301.6	8736.1	10709.1	14137.5
生产经营费用支出	2686.7	3063.3	1706.6	2222.8	2931.7	3706.5
第一产业经营费用支出	2051.9	2601.8	1479.2	1740.5	2008.3	2464.4
农业	1032.8	837.1	888.7	1017.9	1136.4	1379.3
林业	47.8	57.9	48.0	28.7	69.3	32.5
牧业	914.2	1697.6	506.7	659.4	626.3	1010.5
渔业	57.2	9.2	35.8	34.5	176.3	42.0
第二产业经营费用支出	146.5	52.2	29.7	86.3	254.5	371.9
采矿业	8.8		17.3	2.6	9.1	17.1
制造业	63.3	0.4	0.7	32.8	188.2	123.2
电力、热力、燃气及水生产和供应业	1.8			3.5	2.3	3.6
建筑业	72.6	51.8	11.7	47.4	54.9	227.9
第三产业经营费用支出	488.3	409.3	197.7	396.0	668.9	870.2
批发和零售业	204.0	211.2	43.4	151.2	233.7	427.8
交通运输、仓储和邮政业	167.8	85.7	73.9	160.1	285.0	274.6
住宿和餐饮业	28.3	36.8	11.9	19.0	57.6	15.6
房地产业	2.2				11.8	
租赁和商务服务业	3.1	3.2	0.0	0.5	2.1	11.1
居民服务、修理和其他服务业	46.5	43.2	34.0	29.3	39.8	95.2
其他	11.1	19.8	12.3	8.3	2.5	10.7
农林牧渔服务业	25.3	9.4	22.2	27.5	36.3	35.2
财产性支出	6.2	10.2	1.5	3.4	5.8	10.5
生活贷款利息支出	5.5	10.1	1.2	2.3	5.3	8.9
住房贷款利息支出	1.9	2.8	0.4		0.4	6.4
其他生活贷款利息支出	3.6	7.3	0.8	2.3	4.9	2.4
其他财产性支出	0.7	0.1	0.2	1.1	0.5	1.6
非储蓄性财产保险支出	0.2	0.0	0.0	0.4	0.3	0.4
其他财产性支出	0.4	0.1	0.2	0.8	0.2	1.2

2-50 续

单位：元/人

项　　目	全省农户	低收入户	中低收入户	中等收入户	中高收入户	高收入户
转移性支出	247.0	219.9	197.1	248.1	266.9	322.7
个人所得税	0.2	0.0		0.1	0.1	0.7
社会保障支出	168.2	156.0	134.7	147.9	198.3	217.4
个人缴纳的养老保险	85.3	85.1	56.1	67.8	108.9	117.2
个人缴纳的医疗保险	81.1	70.1	76.6	79.2	87.6	96.6
个人缴纳的失业保险	0.7	0.7	0.1	0.5	0.5	2.2
其他社会保障支出	1.0	0.2	1.9	0.3	1.4	1.4
城镇外来从业人员寄给家人的支出						
农村外来从业人员寄给家人的支出						
外来从业人员寄给家人的支出	2.0	1.6		6.9	1.4	
赡养支出	31.3	22.3	22.1	37.5	32.4	45.9
其他转移性支出	45.3	39.9	40.3	55.6	34.7	58.6
部分商业保险支出	22.2	14.4	4.0	11.9	27.7	62.0
意外伤害保险	1.4	0.8	0.8	1.4	2.7	1.6
商业医疗保险(含大病保险)	3.8	1.7	0.8	3.3	8.1	6.1
其他非储蓄性商业保险	8.2	6.3	0.3	4.8	5.7	28.0
其他储蓄性商业保险	8.7	5.7	2.1	2.3	11.2	26.3
购置资产及非经常性转移支出	3617.3	2243.3	2574.0	3200.6	4927.7	5809.2
购置资产支出	1185.6	835.9	780.2	1006.9	1866.8	1617.4
建造住房支出	945.8	723.3	647.4	806.8	1560.9	1097.9
购买住房支出	35.3	5.8	0.3	72.1	72.7	32.8
购建第一产业生产性固定资产	94.6	76.7	85.5	63.9	97.7	163.1
购建第二产业生产性固定资产支出	14.8		0.0	0.2	3.7	83.5
购建第三产业生产性固定资产支出	73.9	3.7	32.4	55.6	93.2	221.1
购建其他资产支出	21.2	26.3	14.5	8.3	38.6	19.0
非经常性转移支出	2431.7	1407.4	1793.8	2193.6	3060.9	4191.8
博彩支出	37.3	11.0	30.3	29.6	38.0	89.8
婚丧嫁娶礼金支出	1611.1	942.8	1122.5	1410.1	2093.3	2825.6
一次性赔偿支出	6.1	1.4	1.8	5.4	7.6	17.0
一次性馈赠支出	661.1	299.0	486.9	671.0	823.2	1173.4
其他非经常性转移支出	116.1	153.3	152.3	77.6	98.8	86.0
借贷性支出	1008.1	384.9	969.5	773.6	1634.8	1469.6
存入储蓄款	664.3	133.5	772.1	410.4	1194.9	947.8
借出款	51.6	19.8	39.4	45.7	73.2	92.6
归还借款	264.7	210.6	153.9	289.7	318.0	387.7
购买有价证券	0.2	0.8				
其他投资支出	2.7			9.0	4.1	0.5
归还住房贷款	7.0	11.7		7.9		16.4
归还汽车贷款	3.0		1.3			16.0
归还教育贷款						
归还其他贷款	14.0	8.7	2.8	10.7	41.5	8.6
其他借贷支出	0.7			0.3	3.2	

2-51 按户数五等份分组的农村居民生活消费支出(2014年)

单位：元/人

项目	全省农户	低收入户	中低收入户	中等收入户	中高收入户	高收入户
生活消费支出	**9024.8**	**5686.3**	**7301.6**	**8736.1**	**10709.1**	**14137.5**
食品烟酒	3095.2	2169.3	2673.0	2982.8	3626.4	4409.0
食品	2516.9	1869.2	2281.0	2458.3	2880.7	3345.1
谷物	485.1	416.5	453.0	484.9	535.5	561.2
薯类	37.1	27.5	36.7	32.6	52.9	37.9
豆类	37.5	31.7	38.5	35.7	40.3	43.1
食用油	145.2	99.9	127.2	142.4	172.1	201.8
蔬菜和食用菌	278.9	206.7	237.4	267.8	312.9	403.3
肉类	619.2	482.6	576.8	607.2	697.8	782.2
禽类	189.4	133.5	179.8	182.3	226.8	243.0
水产品	131.9	73.1	103.2	127.3	162.8	218.2
蛋类	92.8	68.4	82.5	91.2	107.9	123.2
奶类	70.7	44.2	75.1	72.7	74.6	93.6
干鲜瓜果类	218.6	149.9	188.6	212.6	247.3	323.5
糖果糕点类	88.6	61.0	80.1	82.5	102.7	127.9
其他食品	121.9	74.0	102.0	119.2	146.9	186.3
烟酒	329.2	182.8	246.4	292.7	411.6	581.7
烟草	252.0	135.0	183.2	222.6	319.3	455.8
酒类	77.2	47.8	63.3	70.0	92.4	125.9
饮料	60.4	37.9	52.4	59.1	75.2	85.4
饮食服务	188.7	79.4	93.2	172.7	258.9	396.8
食堂用餐	31.0	11.3	12.1	27.8	41.9	73.1
其他在外饮食	151.5	61.7	75.7	137.5	211.3	317.3
食品加工服务费	6.2	6.3	5.3	7.5	5.7	6.4
衣着	468.0	272.1	336.8	431.6	584.0	810.3
衣类	353.8	201.6	249.3	320.3	442.2	631.1
鞋类	114.2	70.5	87.6	111.3	141.8	179.2
居住	1982.4	1183.1	1497.9	1929.7	2297.2	3377.3
租赁房房租	17.6	13.6	14.3	12.6	20.3	30.0
住房维修及管理	424.1	125.0	250.1	474.2	509.7	889.2
水电燃料及其他	514.6	354.9	431.4	476.7	596.8	787.3
自有住房折算租金	1026.1	689.6	802.0	966.3	1170.5	1670.8

2-51 续

单位：元/人

项　　目	全省农户	低收入户	中低收入户	中等收入户	中高收入户	高收入户
生活用品及服务	541.9	319.9	407.2	507.6	664.0	914.3
家具及室内装饰品	100.4	64.8	58.8	81.2	124.6	197.0
家用器具	151.7	81.9	107.3	140.6	204.8	255.5
家用纺织品	50.6	22.2	39.1	50.8	55.0	97.8
家庭日用杂品	177.8	115.3	155.3	179.6	207.7	254.1
个人用品	43.8	24.6	32.7	40.5	50.5	79.8
家庭服务	17.7	11.1	14.1	14.8	21.4	30.2
交通通信	871.9	410.9	625.5	745.0	1133.9	1660.0
交通	548.9	220.9	374.6	441.3	732.8	1132.1
交通工具	186.2	32.1	110.8	123.4	252.5	489.1
交通费	127.5	91.9	113.8	133.3	143.1	167.8
交通工具用燃料	154.8	72.0	111.6	128.1	216.0	283.7
交通工具使用及维修	80.5	24.9	38.4	56.4	121.3	191.5
#车辆保险支出	19.4	3.2	6.6	9.6	24.5	63.1
通信	323.0	190.0	250.9	303.7	401.1	527.9
通信工具	77.1	35.7	60.0	76.3	91.9	138.7
通信服务	245.9	154.3	190.9	227.5	309.2	389.2
教育文化娱乐	1112.1	769.3	971.4	1201.0	1329.9	1398.2
教育	858.5	615.6	786.5	976.7	1018.3	953.7
学前教育	84.6	61.6	114.8	77.7	91.7	77.5
小学教育	148.0	149.6	162.6	148.0	149.6	125.4
初中教育	165.9	135.7	164.8	195.3	188.1	147.6
高中教育	178.8	104.4	134.2	251.1	245.9	172.8
中专职高教育	25.2	18.7	16.5	46.7	24.7	19.9
大专及以上教育	218.7	137.7	168.8	213.0	260.5	350.4
成人教育	37.2	7.8	24.7	45.0	57.9	60.1
文化娱乐	253.6	153.7	185.0	224.3	311.5	444.5
文娱耐用消费品	69.0	44.7	39.9	62.5	87.1	126.1
其他文娱用品	105.9	69.6	91.9	97.2	132.7	152.8
文化娱乐服务	78.6	39.4	53.1	64.7	91.7	165.5
医疗保健	771.4	457.8	644.1	773.0	865.4	1245.5
医疗器具及药品	231.8	165.7	208.0	225.9	245.3	342.3
医疗服务	539.6	292.1	436.0	547.1	620.1	903.2
门诊总费用	226.5	155.1	236.9	218.6	221.6	323.7
住院总费用	313.2	137.0	199.1	328.6	398.5	579.5
其他用品和服务	181.9	103.7	145.6	165.4	208.3	322.9
其他用品	122.7	68.8	92.9	98.1	150.1	231.4
其他服务	59.2	34.9	52.7	67.2	58.1	91.5

2-52　按户数五等份分组的农村住户现金收支情况(2014年)

单位：元/人

项　　目	低收入户	中低收入户	中等收入户	中高收入户	高收入户
期内现金收入	**5584.6**	**7118.1**	**10547.4**	**14811.1**	**24341.4**
现金工资性收入	1077.3	2365.5	3915.0	5696.4	8581.4
现金经营性收入	3297.0	2772.4	4089.4	6231.3	11668.0
第一产业现金经营收入	2571.0	1998.2	2584.0	3260.7	5420.3
第二产业现金经营收入	58.3	67.3	238.4	720.7	1600.6
第三产业现金经营收入	667.7	706.9	1267.0	2249.9	4647.2
现金财产性收入	37.3	75.5	103.0	185.9	563.2
现金转移性收入	1173.0	1904.7	2440.0	2697.4	3528.8
非收入所得	1614.4	2449.5	2040.6	2912.9	3155.5
借贷性所得	1861.3	1646.4	1639.0	2620.5	2963.3
期内现金支出	**9945.9**	**10806.6**	**13080.4**	**17940.8**	**22416.4**
现金消费支出	4190.0	5523.4	6752.0	8308.8	11129.3
食品烟酒	1488.8	1882.6	2190.0	2707.5	3503.2
衣着	271.9	336.7	431.4	583.2	810.0
居住	416.2	596.6	890.5	1011.9	1555.6
生活用品及服务	317.3	404.1	504.5	659.4	909.2
交通通信	410.9	625.1	745.0	1133.7	1658.0
教育文化娱乐	769.3	971.4	1201.0	1329.5	1398.2
医疗保健	415.8	564.5	627.3	679.4	976.8
其他用品和服务	99.8	142.3	162.4	204.3	318.3
生产经营现金费用支出	2883.2	1537.1	2090.8	2769.0	3613.2
第一产业经营现金费用支出	2421.7	1309.7	1608.5	1845.6	2371.1
农业	800.7	855.4	989.6	1097.8	1358.0
林业	55.0	43.8	25.9	67.4	32.5
牧业	1556.7	375.1	559.3	513.2	938.7
渔业	9.2	35.4	33.7	167.3	41.9
第二产业经营现金费用支出	52.2	29.7	86.3	254.5	371.9
采矿业		17.3	2.6	9.1	17.1
制造业	0.4	0.7	32.8	188.2	123.2
电力、热力、燃气及水生产和供应业			3.5	2.3	3.6
建筑业	51.8	11.7	47.4	54.9	227.9
第三产业经营现金费用支出	409.3	197.7	396.0	668.9	870.2
批发和零售业	211.2	43.4	151.2	233.7	427.8
交通运输、仓储和邮政业	85.7	73.9	160.1	285.0	274.6
住宿和餐饮业	36.8	11.9	19.0	57.6	15.6
房地产业				11.8	
租赁和商务服务业	3.2	0.0	0.5	2.1	11.1
居民服务、修理和其他服务业	43.2	34.0	29.3	39.8	95.2
7.其他	19.8	12.3	8.3	2.5	10.7
8.农林牧渔服务业	9.4	22.2	27.5	36.3	35.2
现金财产性支出	10.2	1.5	3.4	5.8	10.5
现金转移性支出	219.9	197.1	248.1	266.9	322.7
部分商业保险支出	14.4	4.0	11.9	27.7	62.0
购置资产及非经常性转移支出	2243.3	2574.0	3200.6	4927.7	5809.2
借贷性支出	384.9	969.5	773.6	1634.8	1469.6

2-53 各市州住户调查主要指标（2014年）

地 区	全体居民人均可支配收入(元)	城镇居民人均可支配收入		农村居民人均可支配收入		居民自有现住房面积(平方米)
		绝对值(元)	增速(%)	绝对值(元)	增速(%)	
长沙市	32219.7	36826.4	9.4	21723.3	10.2	46.5
株洲市	24363.9	31338.5	9.2	14366.1	11.3	51.2
湘潭市	21535.5	27067.7	9.1	14092.1	11.2	51.9
衡阳市	18546.0	24370.0	9.3	13242.0	11.5	46.7
邵阳市	11955.4	19340.6	9.6	7785.7	12.3	48.1
岳阳市	17332.8	23121.0	9.1	11062.1	11.4	48.8
常德市	15792.0	22634.0	9.0	10737.0	11.5	52.7
张家界市	11341.0	18055.0	8.9	6332.0	11.7	46.5
益阳市	15260.0	20688.0	9.3	11304.0	11.6	47.6
郴州市	16589.0	23621.0	9.2	10786.0	11.3	44.5
永州市	13963.0	20175.0	8.9	9873.0	11.4	54.1
怀化市	11446.0	19205.0	8.9	6474.0	10.7	39.7
娄底市	12735.9	20324.3	8.8	7835.8	11.0	52.3
湘西州	10391.6	17898.2	8.7	5891.2	12.0	35.6

注：与以前的城镇居民人均可支配收入、农村居民人均纯收入相比，2013年分市州城乡居民人均可支配收入在指标名称、口径、范围上有较大变化。主要包括：农村居民人均纯收入指标改为农村居民人均可支配收入；城镇范围由原来的市区和城关镇扩大到了县以下的建制镇和城乡结合区；指标口径城乡都有变化，新的城镇居民人均可支配收入包含从单位获得的实物、免费午餐和居民自有住房折算的租金等项目，同时转移性收入也要减去个人所得税、社会保障支出、赡养支出等转移性支出，只计算净额。农村居民收入由于打工时间较长的农民工计算为城镇常住人口而减少了参与平均的人口。

地 区	居民文教娱乐服务消费支出占消费总支出比重(%)	居民文教娱乐服务消费支出(元)	家庭消费总支出(元)	基尼系数	恩格尔系数(%)	城乡居民收入比(以农村为1)
长沙市	14.0	3172.7	22620.8	0.2761	27.2	1.7
株洲市	14.6	2305.0	15825.2	0.3545	30.5	2.2
湘潭市	14.1	2190.2	15537.8	0.2991	31.93	1.92
衡阳市	14.2	1826.0	12881.0	0.2807	33.9	1.8
邵阳市	12.6	1047.0	8280.0	0.3871	36.4	2.5
岳阳市	12.8	1742.5	13647.6	0.3565	31.5	2.1
常德市	13.8	1790.6	13016.8	0.3382	32.2	2.1
张家界市	11.4	1072.0	9406.0	0.4429	29.4	2.9
益阳市	11.9	1393.3	11719.0	0.3318	35.6	1.8
郴州市	14.0	1599.1	11445.0	0.3751	34.5	2.2
永州市	12.3	1224.0	9928.0	0.3957	39.3	2.0
怀化市	11.9	1043.0	8787.0	0.4065	37.2	3.0
娄底市	13.5	1355.5	10032.5	0.4066	35.1	2.6
湘西州	13.6	1041.0	7641.0	0.4319	34.6	3.0

2-54 各市州全体居民

项　目	长沙	株洲	湘潭	衡阳	邵阳
家庭总收入	**39331.9**	**27111.0**	**24619.3**	**20875.0**	**13629.7**
#可支配收入	32219.7	24363.8	21535.5	18546.0	11955.4
工资性收入	16613.7	14650.6	11851.9	10368.9	6395.6
经营净收入	6372.0	3624.4	3506.9	3649.8	2204.8
财产净收入	3926.1	1816.7	1378.6	1131.6	587.9
转移净收入	5307.9	4272.2	4798.0	3787.7	2767.1
非收入所得	2686.7	2222.4	1852.4	907.3	1016.4
出售资产所得	1015.4	301.6	28.0	34.7	121.6
非经常性转移所得	1668.0	1846.3	1820.8	871.0	894.3
其他非收入所得	3.4	74.5	3.6	1.7	0.4
借贷性所得	2132.0	1088.9	2269.1	864.8	1016.6
家庭总支出	**35870.1**	**23123.9**	**23654.1**	**17824.8**	**12218.0**
消费支出	22620.8	15825.2	15537.8	12880.9	8279.9
食品烟酒	6158.7	4819.0	4960.5	4369.3	3013.5
衣着	1578.8	1165.1	1284.9	1035.3	554.9
居住	4856.5	2995.1	3021.0	2361.2	1551.7
生活用品及服务	1277.2	1000.4	1091.1	771.5	498.7
交通通信	3734.4	2203.8	1587.2	1209.5	697.4
交通	2823.0	1530.2	935.1	701.5	363.6
通信	911.4	673.6	652.1	508.1	333.8
教育文化娱乐	3172.7	2305.0	2190.2	1825.8	1046.9
医疗保健	1391.4	988.9	1082.5	983.2	786.9
其他用品和服务	451.0	347.8	320.3	325.1	129.9
生产经营费用支出	5637.1	1465.4	2089.3	1673.4	1164.0
第一产业经营费用支出	2216.9	566.6	1643.0	1108.3	757.2
第二产业经营费用支出	2372.2	261.3	63.9	44.5	43.4
第三产业经营费用支出	1048.0	637.5	382.4	520.7	363.3
财产性支出	38.1	60.0	2.2	9.1	4.7
生活贷款利息支出	31.6	58.7	2.1	6.7	4.6
其他财产性支出	6.5	1.4	0.1	2.4	0.1
转移性支出	882.3	929.8	754.8	391.9	308.6
个人所得税	26.2	15.0	9.5	6.0	0.8
社会保障支出	623.4	663.6	589.1	212.3	179.8
外来从业人员寄给家人的支出	0.0	12.5	4.7		2.7
赡养支出	127.0	188.9	111.9	83.2	72.0
其他转移性支出	105.8	49.8	39.6	90.5	53.3
部分商业保险支出	94.9	71.2	125.0	39.9	10.2
购置资产及非经常性转移支出	4164.4	3716.1	4124.2	1922.1	2065.4
购置资产支出	345.9	516.1	310.5	355.4	651.4
非经常性转移支出	3818.5	3199.9	3813.7	1566.7	1414.0
借贷性支出	2432.5	1056.2	1020.7	907.6	385.2
存入储蓄款	1880.1	265.2	608.2	673.1	96.7
借出款	23.8	115.6	48.0	2.3	23.1
归还借款	205.4	171.6	100.2	104.5	189.3
购买有价证券	61.0	6.6	3.6		
其它投资支出	1.5	0.1		1.0	
归还住房贷款	199.8	427.0	218.3	91.7	75.0
归还汽车贷款	10.9		34.6	9.8	0.4
归还教育贷款					
归还其他贷款	50.1	68.9	7.6	23.6	0.8
其他借贷支出	0.0	1.1	0.1	1.6	0.0

收支情况(2014年)

单位：元/人

岳阳	常德	张家界	益阳	郴州	永州	怀化	娄底	湘西
19634.5	**19417.9**	**13053.9**	**18206.3**	**18539.0**	**16455.9**	**13628.2**	**14550.7**	**12388.2**
17332.8	15791.7	11340.6	15260.0	16589.2	13963.4	11446.3	12735.9	10391.6
10710.1	6120.2	5742.3	6276.8	7792.8	5602.8	6387.4	7039.3	5325.9
2668.3	4823.8	1977.4	4147.4	5375.8	4181.9	2218.9	1459.7	2199.0
642.2	904.4	1027.0	780.6	1445.2	871.1	416.4	559.1	336.2
3312.2	3943.3	2593.9	4055.0	1975.3	3307.6	2423.6	3677.7	2530.5
2288.1	3941.1	1987.1	2489.7	753.6	985.3	1123.5	1224.7	819.3
254.9	1346.1	312.3	160.9	30.0	248.1	194.8	55.3	131.9
2026.9	2535.0	1639.7	2322.3	722.6	736.7	923.7	1113.9	686.4
6.2	59.9	35.2	6.5	1.0	0.5	5.0	55.4	0.9
1581.6	2671.4	1436.2	1746.6	1230.3	1313.6	948.8	1989.6	624.2
21343.2	**23727.0**	**15274.3**	**19831.2**	**16237.4**	**14814.2**	**13651.9**	**14768.6**	**11275.0**
13647.6	13016.8	9406.2	11719.3	11445.0	10127.7	8786.6	10032.5	7641.2
4301.2	4190.8	2769.9	4168.3	3945.0	4021.9	3265.4	3522.8	2646.0
1134.3	849.9	688.4	780.0	965.1	524.5	641.5	775.5	554.2
2679.9	2652.7	2174.3	2416.0	2184.4	2141.7	1597.0	1943.1	1469.6
890.2	898.4	776.1	777.4	659.2	547.9	530.9	618.6	465.5
1531.9	1376.3	1044.0	1019.4	1145.8	804.7	861.5	779.1	685.5
946.0	880.4	690.4	554.0	673.7	444.0	416.7	366.8	315.4
586.0	495.9	353.7	465.5	472.1	360.6	444.8	412.3	370.1
1742.5	1790.6	1072.5	1393.3	1599.1	1224.0	1043.2	1355.5	1041.3
1064.4	1008.9	675.1	889.3	717.9	732.9	698.8	825.6	516.0
303.1	249.2	206.0	275.7	228.5	130.2	148.4	212.3	263.1
1238.7	2645.5	1245.9	2151.3	1142.6	1833.0	1562.7	1345.3	1415.1
814.7	1561.5	903.7	1840.5	920.1	1522.0	1201.3	870.9	810.0
32.1	162.0	96.7	35.5	44.2	90.6	39.5	16.0	48.7
391.9	922.0	245.5	275.3	178.3	220.4	322.0	458.5	556.4
6.8	13.3	5.4	10.2	10.9	16.8	13.7	7.3	19.6
5.3	9.3	5.1	10.0	9.6	4.3	11.3	7.0	14.8
1.5	4.0	0.3	0.2	1.2	12.5	2.3	0.4	4.8
826.4	555.3	253.7	437.6	456.3	268.2	444.9	284.8	370.8
84.6	10.1	8.1	0.8	3.6	0.9	12.3	1.2	1.8
491.5	420.2	215.4	255.5	341.7	169.2	326.5	126.4	198.5
1.2			3.3	0.3	0.5	0.9		
111.8	42.9	20.1	83.6	73.9	64.1	66.8	95.8	18.2
137.4	82.2	10.2	94.4	36.8	33.5	38.4	61.4	152.3
88.5	21.9	35.9	62.7	20.3	18.4	31.7	25.4	10.5
4514.0	4900.7	3813.5	4436.7	2200.2	1846.8	2219.0	2412.3	1615.0
379.8	966.9	1032.4	944.0	711.5	611.6	710.4	881.1	333.4
4134.2	3933.7	2781.2	3492.7	1488.7	1235.2	1508.6	1531.2	1281.6
1021.2	2573.5	513.6	1013.4	962.3	703.3	593.3	661.0	202.8
397.1	2141.0	185.5	489.9	719.8	408.1	345.8	408.5	39.9
33.7	52.5	58.1	161.2	21.5	56.4	12.2	9.1	8.7
308.8	336.6	201.1	328.0	66.9	70.5	93.0	123.1	132.9
3.6				1.3	0.2			
				3.4	49.9	7.9	3.5	0.4
233.6	31.5	43.3	33.6	134.6	78.8	121.0	110.0	14.7
37.1		16.9		4.0	34.3	0.6	4.0	
6.8	11.1	6.8	0.1	3.0	5.0	11.0	2.5	3.3
0.4	0.7	1.8	0.6	8.0	0.2	1.7	0.3	2.8

2-55 各市州城镇居民

项　目	长沙	株洲	湘潭	衡阳	邵阳
家庭总收入	**43373.8**	**34313.8**	**29378.5**	**26311.1**	**20772.9**
#可支配收入	36826.4	31338.5	27067.7	24370.2	19340.6
工资性收入	19470.9	19091.1	15119.5	14816.9	11243.8
经营净收入	5605.6	3597.8	2974.9	3269.0	2366.9
财产净收入	5393.5	2711.9	2080.2	2104.3	1408.1
转移净收入	6356.4	5937.7	6893.2	4179.9	4321.8
非收入所得	2430.3	2261.2	1952.0	1203.4	791.0
出售资产所得	637.1	106.3	5.7	11.8	0.9
非经常性转移所得	1788.3	2150.0	1945.1	1189.0	789.6
其他非收入所得	4.9	4.9	1.2	2.7	0.4
借贷性所得	2130.5	1262.1	2890.2	1155.2	730.3
家庭总支出	**39156.7**	**28452.7**	**27468.4**	**22594.3**	**15363.3**
消费支出	26778.6	19906.5	18951.8	17220.5	11644.7
食品烟酒	7082.1	5927.6	6158.7	5698.1	4242.3
衣着	1915.4	1582.2	1781.2	1633.7	978.1
居住	5749.0	3451.7	3330.3	2883.8	2125.9
生活用品及服务	1471.1	1267.9	1416.6	1060.7	670.7
交通通信	4595.6	2977.1	1978.5	1741.3	1013.6
交通	3513.2	2137.1	1112.0	977.2	471.5
通信	1082.4	840.1	866.6	764.1	542.1
教育文化娱乐	3807.7	3103.0	2737.6	2636.1	1501.2
医疗保健	1610.4	1136.8	1176.9	1148.9	937.0
其他用品和服务	547.2	460.1	371.9	417.9	175.9
生产经营费用支出	4721.8	1222.9	956.2	971.1	674.8
第一产业经营费用支出	307.2	408.6	472.8	147.9	45.0
第二产业经营费用支出	3287.2	112.0	23.1	47.2	35.5
第三产业经营费用支出	1127.4	702.3	460.3	776.0	594.3
财产性支出	34.8	100.3	3.9	17.9	12.9
生活贷款利息支出	26.0	98.0	3.7	13.7	12.8
其他财产性支出	8.7	2.3	0.2	4.2	0.1
转移性支出	1163.1	1376.9	1107.1	661.1	536.8
个人所得税	37.6	25.4	16.6	12.2	2.2
社会保障支出	825.2	969.7	884.0	334.4	325.2
外来从业人员寄给家人的支出	0.0	13.1			
赡养支出	159.4	287.4	152.8	150.2	145.2
其他转移性支出	140.8	81.3	53.7	164.4	64.3
部分商业保险支出	113.8	88.5	206.1	76.7	7.8
购置资产及非经常性转移支出	3992.6	4311.1	4729.3	2317.5	1907.7
购置资产支出	167.7	658.8	366.3	239.4	44.6
非经常性转移支出	3824.9	3652.2	4363.0	2078.1	1863.2
借贷性支出	2352.2	1446.5	1514.0	1329.4	578.6
存入储蓄款	1818.8	302.1	889.3	1039.5	134.5
借出款	30.5	71.6	61.2	2.3	2.1
归还借款	114.5	237.1	111.7	47.7	234.4
购买有价证券	87.7	11.2	6.4		
其它投资支出	2.1	0.1		0.9	
归还住房贷款	264.1	724.8	380.5	165.7	207.6
归还汽车贷款	15.7		60.4	20.6	
归还教育贷款					
归还其他贷款	18.7	97.6	4.4	49.5	
其他借贷支出	0.0	1.9	0.2	3.6	

收支情况(2014年)

单位：元/人

岳阳	常德	张家界	益阳	郴州	永州	怀化	娄底	湘西
25231.9	**25676.3**	**19049.3**	**22457.7**	**25279.3**	**21762.2**	**20935.5**	**21262.5**	**19437.0**
23121.1	22634.4	18055.2	20688.1	23620.8	20175.2	19204.7	20324.3	17898.2
15339.0	9723.8	9915.6	9795.5	12356.1	9440.5	12058.9	10892.0	10709.8
2405.9	4369.7	1992.8	3191.8	6135.3	4249.8	2362.3	2754.0	1678.7
1085.1	2008.0	2302.3	1503.6	2874.3	1982.2	940.4	1409.0	853.7
4291.0	6533.0	3844.5	6197.3	2255.1	4502.6	3843.0	5269.0	4656.0
2162.4	2768.9	1566.2	2060.2	797.1	1238.6	909.2	1623.2	818.4
77.1	445.9	621.7	63.7	27.4	578.4	43.5	131.3	63.2
2084.7	2305.6	927.4	1985.2	769.6	659.1	860.5	1444.3	752.9
0.6	17.4	17.2	11.3	0.1	1.1	5.2	47.6	2.3
1790.3	1929.7	657.2	1971.1	1381.7	1251.4	881.0	817.8	837.7
25044.7	**25651.7**	**17739.7**	**21828.6**	**21384.3**	**16640.4**	**18801.5**	**16987.0**	**15336.6**
16777.4	16924.0	13528.7	14500.5	16042.8	12386.3	13134.8	13254.8	11163.0
5408.2	5575.8	3679.1	5403.6	5451.4	4775.5	4684.3	4431.2	3593.5
1649.6	1281.5	1189.3	1093.7	1620.1	801.3	1063.4	1321.7	921.7
2804.2	3189.0	3258.9	2663.4	2819.1	2605.1	2280.3	2101.3	2305.1
1087.0	1207.8	1180.4	1020.5	905.5	624.0	732.7	882.8	708.1
2045.8	1814.7	1647.3	1225.0	1747.0	1007.5	1311.1	1201.0	919.7
1247.5	1123.6	1107.9	600.3	1065.6	547.1	641.5	560.1	375.9
798.3	691.0	539.5	624.7	681.4	460.4	669.6	640.9	543.8
2238.4	2307.2	1505.6	1600.7	2171.7	1640.6	1788.3	1965.0	1470.5
1130.9	1231.4	787.7	1116.7	964.7	783.3	1010.0	1008.2	722.9
413.4	316.6	280.3	377.0	363.3	149.0	264.7	343.8	521.6
522.7	1603.2	450.2	787.0	335.2	730.6	651.2	355.3	723.9
183.7	296.0	129.5	460.9	44.8	264.3	50.6	11.7	134.0
49.4	86.0	57.3	15.5	25.8	169.1	66.4	32.5	30.3
2889.7	1221.2	263.4	310.6	264.6	297.1	534.2	311.1	559.6
5.4	23.9	2.6	23.6	21.8	9.3	32.4	15.7	49.1
3.6	19.0	1.9	23.1	19.1	8.0	27.0	15.2	36.5
1.9	4.9	0.6	0.4	2.7	1.3	5.4	0.5	12.6
1343.3	929.7	380.3	717.3	809.9	472.2	886.3	337.2	563.2
162.7	22.9	18.9	1.9	7.9	2.3	30.7	2.0	4.5
800.7	741.2	311.9	396.7	610.3	270.0	651.2	96.6	265.7
			7.7	0.6	1.2			
178.0	79.5	31.4	145.3	138.8	143.6	136.5	161.5	36.1
201.9	86.0	18.1	165.7	52.4	54.9	67.9	77.2	256.8
120.0	33.0	56.6	76.7	33.0	38.5	61.9	41.9	25.9
4816.5	4714.5	2713.2	4557.7	2673.3	2044.1	2951.7	2219.0	2454.2
165.2	424.8	310.6	718.9	439.3	409.1	1026.6	97.5	573.5
4651.3	4289.7	2402.6	3838.8	2234.0	1634.9	1925.1	2121.6	1880.7
1459.3	1423.5	608.1	1165.8	1468.3	959.4	1083.2	762.9	357.3
569.1	1237.7	224.3	676.7	1114.6	518.7	653.7	395.9	72.1
45.3	39.5	72.9	237.4	6.7	79.2	24.6	6.3	17.1
328.6	81.6	170.7	170.9	32.1	54.2	68.5	95.9	228.5
					0.5			
6.9								
					124.6	20.3		
427.5	63.2	100.4	79.7	296.2	169.8	309.7	258.0	39.3
68.4		39.6		8.7	10.7	1.7	0.9	
13.1			0.2	5.3	1.4	0.8	5.9	0.2
0.4	1.5		0.8	4.6	0.5	3.9		0.0

2-56 各市州农村居民

项　目	长沙	株洲	湘潭	衡阳	邵阳
家庭总收入	**30122.4**	**16786.2**	**18215.9**	**15924.6**	**9596.6**
#可支配收入	21723.3	14366.1	14092.1	13241.7	7785.7
工资性收入	10103.5	8285.4	7455.6	6317.9	3658.3
经营净收入	8118.1	3662.5	4222.8	3996.5	2113.3
财产净收入	582.8	533.4	434.7	245.6	124.8
转移净收入	2918.9	1884.8	1978.9	2681.6	1889.3
非收入所得	3271.0	2166.8	1718.3	637.6	1143.6
出售资产所得	1877.2	581.6	58.0	55.5	189.8
非经常性转移所得	1393.8	1410.9	1653.6	581.3	953.5
其他非收入所得		174.3	6.8	0.8	0.4
借贷性所得	2135.4	840.5	1433.4	600.4	1178.2
家庭总支出	**28381.6**	**15485.3**	**18522.2**	**13481.1**	**10442.2**
消费支出	13147.4	9975.0	10944.5	8928.7	6380.2
食品烟酒	4054.8	3229.9	3348.4	3159.1	2319.7
衣着	812.0	567.1	617.2	490.3	315.9
居住	2823.0	2340.6	2604.8	1885.2	1227.5
生活用品及服务	835.3	617.0	653.2	508.2	401.6
交通通信	1772.4	1095.4	1060.8	725.2	518.9
交通	1250.5	660.3	697.1	450.3	302.7
通信	521.9	435.1	363.6	274.9	216.3
教育文化娱乐	1725.8	1161.2	1453.6	1087.8	790.5
医疗保健	892.4	777.0	955.6	832.4	702.2
其他用品和服务	231.8	186.8	250.9	240.5	103.9
生产经营费用支出	7722.5	1813.0	3613.9	2312.9	1440.2
第一产业经营费用支出	6568.3	793.1	3217.4	1982.9	1159.3
第二产业经营费用支出	287.4	475.4	118.9	41.9	47.9
第三产业经营费用支出	866.9	544.6	277.6	288.1	233.0
财产性支出	45.7	2.2		1.1	
生活贷款利息支出	44.3	2.2		0.3	
其他财产性支出	1.4			0.8	
转移性支出	242.4	288.8	280.9	146.8	179.8
个人所得税				0.4	
社会保障支出	163.4	224.8	192.3	101.1	97.8
外来从业人员寄给家人的支出		11.6	11.1		4.2
赡养支出	53.0	47.7	56.8	22.1	30.7
其他转移性支出	26.0	4.8	20.7	23.1	47.1
部分商业保险支出	52.1	46.5	16.0	6.3	11.6
购置资产及非经常性转移支出	4556.0	2863.1	3310.1	1562.0	2154.5
购置资产支出	751.9	311.5	235.4	461.1	994.0
非经常性转移支出	3804.1	2551.6	3074.7	1100.9	1160.4
借贷性支出	2615.5	496.7	356.9	523.4	276.0
存入储蓄款	2019.6	212.2	229.9	339.3	75.3
借出款	8.6	178.8	30.4	2.3	35.0
归还借款	412.5	77.8	84.8	156.2	163.8
购买有价证券					
其它投资支出				1.1	
归还住房贷款	53.1			24.4	0.1
归还汽车贷款					0.7
归还教育贷款					
归还其他贷款	121.7	27.9	11.9	0.1	1.2
其他借贷支出					0.1

收支情况(2014年)

单位：元/人

岳阳	常德	张家界	益阳	郴州	永州	怀化	娄底	湘西
13570.6	**14794.5**	**8581.9**	**15108.1**	**12976.4**	**12962.0**	**8945.5**	**10216.5**	**8162.4**
11062.1	10736.5	6332.2	11303.7	10786.3	9873.3	6474.5	7835.8	5891.2
5695.4	3458.0	2629.4	3712.5	4026.9	3076.0	2753.0	3898.0	2098.2
5185.9	5159.4	1966.0	4843.7	4749.1	4137.1	2127.0	1710.9	2510.9
171.0	89.0	75.7	253.7	265.9	139.5	80.6	62.8	25.9
2518.3	2030.1	1661.2	2493.8	1744.4	2520.8	1514.0	2164.1	1256.2
2424.2	4807.1	2301.0	2802.7	717.6	818.5	1260.8	967.4	819.8
447.6	2011.2	81.4	231.7	32.1	30.7	291.8	6.3	173.1
1964.3	2704.6	2171.0	2568.0	683.8	787.7	964.2	900.6	646.6
12.3	91.3	48.6	3.1	1.7	0.1	4.8	60.4	0.1
1355.6	3219.4	2017.2	1582.9	1105.4	1354.5	992.2	2746.3	496.1
17333.2	**22305.1**	**13435.4**	**18375.7**	**11989.9**	**13611.7**	**10351.9**	**13336.1**	**8840.0**
10256.9	10130.3	6331.3	9692.6	7650.6	8640.6	6000.2	7951.6	5529.8
3101.9	3167.6	2091.7	3268.0	2701.7	3525.8	2356.1	2936.3	2078.0
576.2	531.1	314.9	551.4	424.5	342.2	371.1	422.8	333.9
2545.3	2256.5	1365.3	2235.7	1660.5	1836.5	1159.2	1841.0	968.7
677.1	669.8	474.5	600.2	455.9	497.8	401.5	448.0	320.1
975.2	1052.5	594.0	869.6	649.7	671.1	573.4	506.7	545.1
619.3	700.7	378.9	520.3	350.2	376.2	272.6	242.0	279.1
355.9	351.8	215.0	349.4	299.4	294.9	300.7	264.7	266.0
1205.3	1409.1	749.4	1242.1	1126.6	949.7	565.7	961.9	783.9
992.4	844.5	591.0	723.6	514.3	699.6	499.3	707.6	392.0
183.6	199.4	150.5	201.9	117.3	117.9	74.0	127.4	108.1
2014.4	3415.6	1839.4	3145.5	1808.9	2558.8	2146.9	1984.6	1829.5
1498.3	2496.4	1481.1	2845.9	1642.4	2350.0	1938.7	1425.7	1215.3
13.3	218.1	126.1	50.0	59.4	38.9	22.2	5.3	59.7
502.7	701.1	232.2	249.6	107.1	169.8	186.0	553.6	554.5
8.3	5.5	7.6	0.4	1.8	21.8	1.7	1.9	1.9
7.3	2.1	7.5	0.4	1.8	1.8	1.3	1.7	1.9
1.1	3.4	0.1			20.0	0.4	0.3	
266.5	278.8	159.3	233.8	164.5	133.9	162.0	250.9	255.4
	0.7					0.5	0.7	0.2
156.4	183.1	143.4	152.6	120.1	102.8	118.5	145.6	158.3
2.6			0.1	0.0		1.5		
40.0	15.8	11.6	38.6	20.4	11.7	22.1	53.4	7.4
67.6	79.3	4.3	42.5	24.0	19.4	19.5	51.3	89.6
54.4	13.7	20.5	52.4	9.7	5.2	12.4	14.7	1.3
4186.3	5038.1	4634.2	4348.6	1809.7	1716.9	1749.4	2537.0	1111.9
612.3	1367.5	1570.7	1108.1	936.1	744.8	507.8	1387.1	189.4
3574.0	3670.7	3063.5	3240.5	873.6	972.0	1241.6	1150.0	922.5
546.5	3423.1	443.1	902.4	544.7	534.6	279.3	595.2	110.2
210.8	2808.3	156.6	353.7	393.9	335.4	148.5	416.7	20.6
21.0	62.1	47.0	105.6	33.6	41.3	4.3	11.0	3.6
287.4	525.1	223.8	442.5	95.6	81.2	108.7	140.6	75.5
				2.4				
				6.1	0.6		5.7	0.7
23.6	8.2	0.7		1.2	18.8		14.4	
3.2					49.8		6.0	
	19.3	11.9		1.0	7.5	17.6	0.4	5.2
0.4	0.1	3.2	0.6	10.7		0.3	0.5	4.5

2-57 各市州全体居民

项　目	长沙	株洲	湘潭	衡阳	邵阳
消费支出	**22620.8**	**15825.2**	**15537.8**	**12880.9**	**8279.9**
食品	4339.5	3493.7	3398.3	2981.1	2533.8
谷物	476.4	478.8	486.9	2981.1	380.7
薯类	35.5	18.1	9.5	28.2	25.6
豆类	54.7	56.3	33.0	69.5	53.9
食用油	257.0	212.5	229.8	200.0	132.0
蔬菜和食用菌	656.6	497.8	511.4	389.9	291.7
肉类	964.8	735.7	685.7	602.1	677.4
禽类	279.8	215.0	144.0	174.1	234.4
水产品	332.4	267.4	233.5	222.9	128.3
蛋类	140.3	96.6	109.9	104.5	79.1
奶类	202.7	147.8	143.6	102.2	104.4
干鲜瓜果类	552.5	444.1	381.4	376.0	272.6
糖果糕点类	158.0	143.9	95.1	128.4	86.8
饮料	107.3	64.4	334.6	118.5	50.6
烟酒	691.4	490.0	548.1	520.5	241.0
烟草	497.8	382.9	432.6	367.8	166.3
酒类	193.6	107.1	115.5	152.7	74.7
饮食服务	1020.5	770.9	935.0	749.3	188.1
食堂用餐	157.9	96.7	105.4	43.9	14.7
其他在外饮食	856.9	672.6	826.7	700.3	170.4
食品加工服务费	5.7	1.6	2.9	5.0	3.1

2-58 各市州城镇居民

项　目	长沙	株洲	湘潭	衡阳	邵阳
消费支出	**26778.6**	**19906.5**	**18951.8**	**17220.5**	**11644.7**
食品	4897.8	4161.0	3997.2	3801.8	3471.2
谷物	460.1	492.1	383.5	453.5	409.8
薯类	36.5	17.9	13.8	19.9	27.2
豆类	70.2	74.2	47.6	85.7	78.3
食用油	274.8	231.0	273.1	261.3	184.3
蔬菜和食用菌	773.8	624.4	609.4	542.3	471.0
肉类	1090.0	888.8	842.1	786.0	954.4
禽类	277.3	244.5	176.3	209.3	283.9
水产品	395.2	339.1	308.3	293.6	195.8
蛋类	137.9	101.8	110.7	116.8	83.7
奶类	244.5	200.7	211.5	138.5	158.1
干鲜瓜果类	692.3	580.3	522.3	540.1	421.1
糖果糕点类	185.6	183.0	130.2	155.7	118.9
饮料	131.9	78.1	368.3	146.4	63.6
烟酒	795.3	528.9	647.7	514.7	272.8
烟草	559.8	400.3	505.4	371.3	184.5
酒类	235.5	128.5	142.3	143.4	88.2
饮食服务	1257.1	1159.7	1417.3	1235.2	434.7
食堂用餐	116.8	138.0	172.5	71.8	35.9
其他在外饮食	1138.5	1020.7	1241.8	1160.9	396.1
食品加工服务费	1.8	1.0	3.0	2.5	2.8

食品类消费情况(2014年)

单位：元/人

岳阳	常德	张家界	益阳	郴州	永州	怀化	娄底	湘西
13647.6	**13016.8**	**9406.2**	**11719.3**	**11445.0**	**10127.7**	**8786.6**	**10032.5**	**7641.2**
3283.9	3032.5	2093.4	3249.9	3105.5	3486.8	2678.9	2911.7	2162.2
497.4	426.5	379.3	517.8	444.7	580.9	411.2	472.0	421.2
19.0	7.5	24.0	24.5	24.4	113.0	12.0	102.3	2.5
51.7	38.6	36.1	39.9	42.7	68.0	41.8	37.7	37.9
190.2	207.0	112.9	220.4	169.8	149.2	161.0	147.1	136.4
444.1	467.6	263.7	489.0	372.1	320.1	336.0	294.5	303.2
735.1	734.4	612.1	761.1	782.5	898.4	696.8	824.9	622.2
179.0	188.0	90.3	190.8	242.6	381.7	236.1	187.9	118.7
280.2	238.7	73.1	307.6	191.6	237.7	113.6	161.5	56.6
101.5	91.5	59.4	104.9	74.2	106.5	81.9	98.4	57.1
124.4	84.1	70.0	47.2	107.9	95.3	118.0	103.3	71.9
354.0	280.8	175.3	275.5	367.9	305.8	278.6	318.5	187.0
121.3	111.2	68.4	86.5	138.7	114.7	103.8	84.2	70.9
52.3	83.5	87.6	54.4	106.2	61.5	41.9	43.8	50.0
439.6	519.7	167.9	471.0	370.4	240.3	251.4	303.7	212.2
344.0	393.1	57.7	366.0	229.5	172.5	178.0	252.1	159.9
95.5	126.6	87.6	105.0	140.9	67.8	73.4	51.6	52.4
525.4	555.1	363.4	393.1	362.9	233.4	293.3	263.6	221.5
15.8	56.5	74.3	74.1	11.3	3.3	35.3	42.6	2.9
502.8	489.5	280.4	313.8	350.9	227.4	252.7	219.4	211.7
6.9	9.1	8.7	5.1	0.6	2.6	5.3	1.7	6.9

食品类消费情况(2014年)

单位：元/人

岳阳	常德	张家界	益阳	郴州	永州	怀化	娄底	湘西
16777.4	**16924.0**	**13528.7**	**14500.5**	**16042.8**	**12386.3**	**13134.8**	**13254.8**	**11163.0**
3988.4	3884.0	2534.5	4150.1	4102.6	4006.3	3699.7	3558.3	2907.3
577.5	388.6	337.0	527.3	428.8	443.6	428.6	400.9	497.7
23.9	4.3	29.5	22.7	15.8	30.0	18.7	27.4	4.2
69.3	60.7	49.0	58.5	59.8	74.3	60.1	50.0	51.2
216.1	230.2	126.2	253.8	220.6	195.6	208.6	195.0	185.5
582.5	684.9	350.4	711.8	538.8	460.4	508.6	443.6	414.4
854.4	942.5	763.4	1000.3	1009.8	1109.1	938.9	1130.1	819.7
204.7	231.6	113.0	225.7	325.6	460.8	346.3	210.0	173.4
349.7	329.9	113.1	445.4	301.4	319.5	181.6	226.3	89.6
101.5	95.8	62.5	99.2	90.6	97.2	97.1	89.5	69.2
161.9	113.9	93.1	76.1	166.4	126.2	203.2	119.1	126.3
473.1	436.0	246.0	384.9	535.6	410.8	447.3	446.0	285.4
143.1	147.7	84.4	88.7	204.6	138.6	146.4	100.6	94.4
67.7	98.7	100.9	59.4	142.0	69.5	68.3	57.8	75.7
458.3	609.8	203.9	516.3	468.7	232.9	319.0	378.5	238.1
357.1	452.8	83.4	401.4	271.2	163.7	220.4	318.1	177.9
101.2	157.0	100.9	115.0	197.5	69.3	98.6	60.4	60.2
893.9	983.3	756.3	677.8	738.1	466.8	597.3	436.7	372.3
22.1	83.6	173.8	82.1	14.6	7.4	87.7	33.7	6.8
869.7	894.4	578.8	593.3	723.3	458.1	505.6	402.0	360.4
2.1	5.3	3.7	2.4	0.2	1.3	3.9	1.0	5.1

2-59 各市州农村居民

项 目	长沙	株洲	湘潭	衡阳	邵阳
消费支出	**13147.4**	**9975.0**	**10944.5**	**8928.7**	**6380.2**
食品	3067.5	2537.2	2592.7	2233.6	2004.5
谷物	513.6	459.6	626.1	409.0	364.3
薯类	33.3	18.5	3.6	35.7	24.6
豆类	19.2	30.8	13.4	54.7	40.1
食用油	216.4	186.1	171.7	144.1	102.4
蔬菜和食用菌	389.6	316.4	379.7	251.1	190.4
肉类	679.5	516.1	475.2	434.6	521.0
禽类	285.4	172.7	100.4	142.1	206.4
水产品	189.4	164.6	133.0	158.5	90.2
蛋类	145.7	89.1	108.9	93.4	76.6
奶类	107.4	72.0	52.2	69.3	74.0
干鲜瓜果类	234.0	248.9	191.7	226.6	188.8
糖果糕点类	95.0	87.8	47.8	103.5	68.7
饮料	51.3	44.8	289.1	93.0	43.3
烟酒	454.7	434.3	414.1	525.9	223.0
烟草	356.4	358.0	334.7	364.7	156.0
酒类	98.3	76.3	79.4	161.2	67.0
饮食服务	481.3	213.6	286.2	306.7	48.9
食堂用餐	251.6	37.6	15.1	18.6	2.7
其他在外饮食	215.2	173.5	268.3	280.8	43.0
食品加工服务费	14.4	2.5	2.7	7.3	3.2

食品类消费情况(2014年)

单位：元/人

岳阳	常德	张家界	益阳	郴州	永州	怀化	娄底	湘西
10256.9	**10130.3**	**6331.3**	**9692.6**	**7650.6**	**8640.6**	**6000.2**	**7951.6**	**5529.8**
2520.7	2403.4	1764.3	2593.9	2282.7	3144.7	2024.7	2494.3	1715.5
410.7	454.4	411.0	510.8	457.7	671.2	400.0	517.9	375.3
13.7	9.8	20.0	25.7	31.5	167.6	7.7	150.7	1.6
32.7	22.3	26.5	26.3	28.6	63.9	30.1	29.8	29.9
162.1	189.8	103.1	196.0	127.8	118.6	130.4	116.1	106.9
294.2	307.0	199.1	326.6	234.5	227.7	225.4	198.2	236.5
605.8	580.6	499.2	586.8	594.9	759.7	541.7	627.8	503.7
151.1	155.9	73.4	165.4	174.2	329.6	165.5	173.7	86.0
204.8	171.3	43.3	207.2	101.0	183.9	70.1	119.6	36.9
101.4	88.2	57.0	109.0	60.7	112.6	72.1	104.1	49.9
83.9	62.1	52.9	26.1	59.5	75.0	63.4	93.1	39.3
225.0	166.1	122.6	195.8	229.5	236.7	170.4	236.2	128.0
97.7	84.3	56.4	84.9	84.4	99.0	76.4	73.7	56.8
35.7	72.2	77.7	50.6	76.6	56.2	24.9	34.7	34.6
419.2	453.2	141.0	438.0	289.2	245.2	208.1	255.4	196.7
329.9	349.0	38.4	340.3	195.0	178.4	150.8	209.4	149.0
89.4	104.2	77.7	97.7	94.2	66.8	57.3	46.0	47.6
126.3	238.7	70.3	185.5	53.2	79.7	98.5	151.9	131.2
8.9	36.6	0.1	68.2	8.6	0.6	1.7	48.3	0.5
105.2	190.3	57.8	110.2	43.6	75.6	90.7	101.4	122.6
12.1	11.8	12.4	7.1	1.0	3.4	6.1	2.2	8.0

2-60 各市州全体

项 目	长沙	株洲	湘潭	衡阳	邵阳
期内住户常住成员数(人/户)	**3.47**	**3.09**	**3.09**	**3.44**	**3.25**
居住空间样式(%)					
单栋楼房	50.8	47.0	45.3	51.0	52.7
单栋平房	6.9	8.3	4.9	10.0	24.8
四居室及以上单元房	6.5	5.2	2.7	8.0	2.0
三居室单元房	17.8	20.4	22.3	18.0	8.8
二居室单元房	15.8	17.8	20.4	9.0	6.5
一居室单元房	1.4	0.1	3.4	2.0	0.8
筒子楼或连片平房	0.5	1.3	0.8	1.0	2.2
其他	0.2		0.2		2.3
现住房房屋来源(%)					
租赁公房	0.1	0.9	1.6		1.1
租赁私房	5.0	3.6	0.5	1.0	1.1
自建住房	57.7	53.2	49.0	64.0	80.2
购买商品房	17.3	22.6	30.8	24.0	8.0
购买房改住房	11.9	13.3	14.2	8.0	4.7
购买保障性住房	1.8	1.9	0.9		0.2
拆迁安置房	3.1	3.4	1.3	1.0	0.8
继承或获赠住房	0.7	0.4	0.8	1.0	2.3
免费借用房	0.2	0.2		1.0	1.3
雇主提供免费住房	0.2				
其他来源	1.9	0.5	0.0		0.2
现住房总建筑面积(平方米/人)	**50.32**	**51.18**	**52.70**	**47.33**	**48.79**
住户主要饮用水来源情况(%)					
经过净化处理的自来水	58.7	62.0	63.9	55.0	59.4
受保护的井水和泉水	24.7	27.5	28.1	30.0	22.4
不受保护的井水和泉水	14.0	7.9	6.2	15.0	14.7
江河湖泊水	0.4	0.2	0.5		1.4
收集雨水					0.1
桶装水	1.9	2.2			0.5
其他水源	0.3	0.2	1.3		1.5
住户厕所类型(%)		**1.0**			
水冲式卫生厕所	88.5	67.3	71.0	50.0	36.4
水冲式非卫生厕所	2.9	1.1	8.9	1.0	3.4
卫生旱厕	3.4	16.3	15.8	15.0	9.2
普通旱厕	4.7	15.1	3.9	34.0	49.9
无厕所	0.6	0.2	0.5	1.0	1.0
住户洗澡设施情况(%)					
统一供热水	3.2	4.5	1.4	2.0	1.1
家庭自装热水器	78.7	64.5	65.9	57.0	40.3
其他	10.0	20.7	12.9	15.0	23.2
无洗澡设施	8.0	10.3	19.7	26.0	35.3
住户主要取暖设备状况(%)					
由市政或小区集中供暖	3.0	3.8	0.8	1.0	0.8
自行供暖	89.7	84.8	81.5	57.0	56.9
无取暖设备	7.2	11.4	17.6	42.0	42.3
主要炊用能源状况(%)					
柴草	6.2	9.5	17.4	19.0	31.0
煤炭	10.7	30.4	5.0	20.0	16.6
罐装液化石油气	47.7	16.0	28.3	34.0	17.8
管道液化石油气	2.8	0.4	0.7		1.1
管道煤气	1.1	1.1			0.6
管道天然气	26.0	38.0	35.7	13.0	4.7
电	2.0	4.4	8.8	12.0	27.0
燃料用油	0.1				
沼气	2.8	0.3	4.1		0.9
其他			0.1	1.0	0.2
无炊用行为	0.5				0.0

居民住房情况(2014年)

岳阳	常德	张家界	益阳	郴州	永州	怀化	娄底	湘西
3.01	**3.33**	**3.17**	**2.82**	**3.23**	**2.9**	**2.97**	**3.00**	**3.70**
48.0	61.2	49.3	48.5	35.5	53.7	27.7	51.0	39.4
14.0	22.1	35.5	16.7	28.6	25.9	38.8	14.0	44.9
6.0	2.0	1.1	0.9	3.3	1.6	1.6	3.0	0.7
21.0	4.8	8.7	16.8	21.0	7.7	17.6	14.0	7.0
8.0	6.7	2.7	13.3	8.4	5.5	10.4	13.0	5.3
2.0	0.6	0.4	1.3	0.7	0.8	0.7	3.0	0.8
1.0	2.5	0.4	1.8	1.5	1.6	1.4	1.0	0.5
1.0	0.1	1.8	0.6	1.1	3.2	1.9	1.0	1.3
1.0	0.8	0.1	0.1	3.0	0.5	1.6		1.3
1.0	1.6	0.4	1.5	2.7	2.4	2.6	2.0	0.8
63.0	80.4	83.6	71.5	64.5	79.7	65.7	67.0	81.3
22.0	9.5	9.7	13.6	21.1	9.2	14.7	10.0	9.2
9.0	6.9	1.2	8.8	4.1	4.7	10.0	18.0	2.9
1.0	0.1	1.4	0.5	0.3	0.2	0.9		2.2
1.0		0.9	0.6	2.4	0.9	1.1		0.3
1.0	0.3	2.2	1.1	1.4	1.0	0.9	1.0	1.5
	0.1	0.4	0.3	0.0	0.5	1.5	2.0	0.2
	0.1	0.1	1.3	0.1	0.4	0.4		
1.0	0.2	0.1	0.7	0.2	0.6	0.7		0.2
49.97	**52.69**	**46.8**	**48.79**	**45.87**	**54.10**	**41.63**	**52.31**	**35.40**
68.0	69.1	50.3	67.3	66.0	50.0	44.7	64.0	53.8
17.0	12.1	9.9	14.7	24.5	26.1	23.2	24.0	16.7
12.0	15.4	30.3	16.3	5.7	20.9	25.1	9.0	23.9
2.0	0.7	4.3	1.2	0.4	0.4	1.2		2.3
		2.9			0.1	1.0		
	1.8	0.3		3.1	0.4	1.6	1.0	1.6
1.0	0.9	1.9		0.4	2.1	3.2	2.0	1.6
63.0	64.5	40.4	65.0	61.5	36.9	40.3	41.0	38.0
2.0	6.5	3.2	2.1	2.1	2.1	4.3	1.0	1.2
23.0	15.7	8.1	18.4	5.8	13.1	7.3	9.0	8.9
12.0	12.9	48.2	14.0	27.1	44.5	47.0	40.0	45.0
	0.3	0.3	0.6	3.5	3.4	1.1	9.0	6.9
2.0	2.4	2.1	1.1	0.9	0.8	0.8		0.3
73.0	70.0	38.4	63.6	56.1	34.6	40.2	46.0	40.3
12.0	10.1	20.5	9.1	16.0	29.6	15.4	28.0	13.0
13.0	17.5	38.9	26.2	27.0	35.0	43.6	26.0	46.4
9.0	0.2	2.0	0.4	0.1	0.3	1.3	1.0	0.2
66.0	60.5	45.1	38.1	78.2	58.0	58.1	90.0	51.3
25.0	39.3	52.9	61.5	21.7	41.7	40.6	9.0	48.5
7.0	26.3	51.5	20.7	9.1	30.1	52.4	11.0	50.5
10.0	14.0	4.3	12.7	18.5	9.2	2.5	39.0	5.4
48.0	5.7	35.6	49.6	51.2	27.0	33.0	12.0	27.4
8.0	0.1	0.1	0.3	0.1		0.1		0.1
	1.0	0.1		0.9	0.2		2.0	
19.0	0.2	1.1	10.8	1.0	0.1	0.1		1.6
7.0	51.3	6.0	4.3	18.3	33.1	11.8	35.0	13.2
		0.2	0.0					0.1
1.0	0.1	1.1	1.3	0.6	0.2	0.2	1.0	0.1
	0.4	0.1		0.3	0.1			1.5
	0.8	0.1	0.3					

2-61 各市州城镇

项　目	长沙	株洲	湘潭	衡阳	邵阳
期内住户常住成员数(人/户)	**2.98**	**2.87**	**2.90**	**3.27**	**3.15**
居住空间样式(%)					
单栋楼房	32.9	24.7	18.0	23.0	39.3
单栋平房	2.4	5.5	1.2	2.0	8.4
四居室及以上单元房	9.7	7.7	4.4	16.0	4.8
三居室单元房	27.5	32.0	36.4	36.0	23.4
二居室单元房	24.5	28.0	33.4	18.0	16.8
一居室单元房	2.1	0.1	5.6	5.0	2.0
筒子楼或连片平房	0.8	2.0	1.0		4.5
其他	0.2				0.8
现住房房屋来源(%)					
租赁公房	0.2	1.5	2.2	1.0	2.7
租赁私房	7.3	5.7	0.9	2.0	2.4
自建住房	34.7	26.6	17.4	29.0	53.1
购买商品房	26.8	35.4	49.9	48.0	20.6
购买房改住房	18.8	20.9	23.3	15.0	12.7
购买保障性住房	2.8	3.0	1.4		0.6
拆迁安置房	4.8	5.3	2.1	2.0	2.1
继承或获赠住房	0.8	0.6	1.3	1.0	2.6
免费借用房	0.4	0.4		1.0	2.8
雇主提供免费住房	0.4				
其他来源	3.0	0.7	1.5		0.5
现住房总建筑面积(平方米/人)	**49.92**	**46.49**	**42.33**	**43.75**	**50.18**
住户主要饮用水来源情况(%)					
经过净化处理的自来水	85.2	91.6	97.5	98.0	93.9
受保护的井水和泉水	8.0	4.4	0.8	2.0	4.1
不受保护的井水和泉水	3.6	3.5	0.9		1.3
江河湖泊水	0.2		0.8		0.5
收集雨水					
桶装水	3.0	0.4			0.2
其他水源		0.1			
住户厕所类型(%)					
水冲式卫生厕所	96.6	89.9	90.6	96.0	82.3
水冲式非卫生厕所	1.3	0.5	6.1	1.0	3.0
卫生旱厕	0.4	4.1	1.5		5.0
普通旱厕	0.8	5.3	1.0	2.0	7.9
无厕所	0.9	0.2	0.8		1.8
住户洗澡设施情况(%)		**1.0**			
统一供热水	4.4	7.0	1.5	4.0	0.7
家庭自装热水器	86.9	77.9	87.6	86.0	76.9
其他	4.0	11.6	5.0	6.0	9.4
无洗澡设施	4.7	3.5	5.8	4.0	13.0
住户主要取暖设备状况(%)					
由市政或小区集中供暖	4.5	6.0	0.8	1.0	0.9
自行供暖	90.7	86.9	88.3	76.0	82.6
无取暖设备	4.7	7.2	11.0	24.0	16.5
主要炊用能源状况(%)					
柴草	1.3	0.2	0.7		1.9
煤炭	2.7	20.7	3.2	14.0	14.4
罐装液化石油气	46.2	11.6	30.3	47.0	32.2
管道液化石油气	4.2	0.6	1.1	1.0	2.6
管道煤气	1.6	1.3			1.6
管道天然气	41.1	59.8	58.3	26.0	12.6
电	1.9	5.6	5.7	12.0	34.6
燃料用油	0.2				
沼气	0.2	0.3	0.7		
其他					
无炊用行为	0.8				0.1

居民住房情况(2014年)

岳阳	常德	张家界	益阳	郴州	永州	怀化	娄底	湘西
2.93	**2.93**	**3.55**	**2.68**	**3.14**	**3.10**	**2.96**	**3.00**	**3.50**
25.0	57.1	51.2	19.1	25.4	46.2	14.4	20.0	51.7
7.0	6.1	17.0	3.5	4.5	11.4	5.3	3.0	14.2
11.0	4.1	2.1	2.1	6.0	3.0	3.5	8.0	1.0
39.0	10.5	21.6	37.8	39.6	19.7	44.8	35.0	15.8
13.0	15.2	6.8	30.0	17.7	13.9	26.4	28.0	12.9
4.0	1.2	0.9	2.9	1.5	2.2	1.8	6.0	1.5
	5.6	0.3	3.4	3.0	2.3	3.2		1.3
	0.3	0.2	1.1	2.4	1.3	0.6		1.5
1.0	1.7	0.2	0.2	6.3	1.2	3.8		3.4
1.0	3.4	0.9	3.3	5.4	3.0	5.9	5.0	1.5
36.0	56.9	65.3	36.4	28.2	53.8	16.4	23.0	59.7
40.0	21.5	23.9	30.6	44.1	23.9	37.5	24.0	20.4
16.0	15.0	2.2	19.9	8.9	12.1	25.2	42.0	7.3
2.0	0.2	3.5	1.1	0.7	0.4	2.2		5.4
1.0		2.1	1.3	5.2	2.3	2.4	1.0	0.8
	0.8	0.9	2.6	0.6	1.3	0.5	1.0	0.8
		0.5	0.7	0.1	0.8	3.5	2.0	0.3
	0.2	0.3	3.0	0.2	0.5	1.1	1.0	
2.0	0.3	0.3	1.0	0.4	0.7	1.4	1.0	0.5
44.42	**48.86**	**46.1**	**40.39**	**43.79**	**51.50**	**37.24**	**40.48**	**40.20**
98.0	98.1	90.2	99.9	96.3	86.2	86.3	95.0	88.9
1.0	1.3	3.3	0.1	2.1	8.6	5.9	2.0	1.0
1.0		5.4		1.0	4.1	2.5		4.6
	0.6	1.1		0.1	0.2	0.7		0.8
		0.3						
		0.3		0.5	0.1	4.0	3.0	3.9
		0.3		0.0	0.8	0.5		0.8
96.0	91.3	82.3	93.7	93.6	77.7	88.6	79.0	77.8
1.0	3.3	1.7	2.5	1.2	3.4	2.6	1.0	3.1
2.0	1.5	3.2	1.0	1.1	6.3	1.7		4.4
1.0	3.4	12.7	1.6	3.0	9.9	5.6	1.0	10.3
	0.6	0.3	1.3	1.0	2.7	1.6	19.0	4.4
3.0	4.4	5.3	1.5	1.5	0.9	1.9		0.8
89.0	83.5	67.1	81.7	80.2	63.0	80.8	74.0	75.7
4.0	3.8	13.6	2.6	9.8	17.9	8.0	10.0	5.4
4.0	8.3	14.0	14.2	8.5	18.2	9.3	16.0	18.1
16.0	0.3	4.9	0.8	0.1	0.1	1.0		
65.0	79.4	63.3	57.9	91.0	66.0	81.2	89.0	71.8
19.0	20.3	31.8	41.3	8.9	33.9	17.7	11.0	28.2
1.0	3.6	12.0	1.3	0.6	6.4	2.6		8.0
2.0	11.5	2.9	8.2	12.3	10.8	3.5	42.0	10.6
42.0	7.1	73.2	60.3	62.3	40.2	73.3	16.0	55.6
16.0	0.3	0.2	0.7	0.3		0.2		0.3
	1.9	0.2		1.9			5.0	
35.0	0.4	2.8	24.4	2.0	0.1	0.2		2.1
4.0	73.2	9.0	4.4	20.5	42.1	20.3	37.0	20.1
		0.2	0.1					0.3
	0.2	0.2			0.1			
	0.9	0.2		0.0	0.2			3.1
	0.9	0.2	0.7		0.1			

2-62 各市州农村

项　目	长沙	株洲	湘潭	衡阳	邵阳
期内住户常住成员数(人/户)	**3.65**	**3.49**	**3.40**	**3.60**	**3.31**
居住空间样式(%)					
单栋楼房	81.8	86.0	88.3	79.0	60.6
单栋平房	14.8	13.2	10.7	18.0	34.5
四居室及以上单元房	1.0	0.8			0.3
三居室单元房	1.0		0.1		0.1
二居室单元房	0.7				0.3
一居室单元房	0.3				0.1
筒子楼或连片平房	0.2		0.4	2.0	0.8
其他	0.3		0.4		3.2
现住房房屋来源(%)					
租赁公房			0.7		0.1
租赁私房	0.8				0.3
自建住房	97.5	99.5	98.7	99.0	96.4
购买商品房	1.0	0.1	0.5		0.5
购买房改住房					
购买保障性住房					
拆迁安置房					
继承或获赠住房	0.7	0.0			2.1
免费借用房					0.4
雇主提供免费住房					
其他来源		0.3			0.1
现住房总建筑面积(平方米/人)	**59.92**	**57.91**	**66.66**	**50.59**	**48.00**
住户主要饮用水来源情况(%)					
经过净化处理的自来水	12.7	10.3	10.9	11.0	38.8
受保护的井水和泉水	53.8	67.9	71.2	58.0	33.3
不受保护的井水和泉水	32.1	15.8	14.5	30.0	22.7
江河湖泊水	0.7	0.4			1.9
收集雨水					0.1
桶装水		5.2			0.7
其他水源	0.8	0.3	3.4		2.4
住户厕所类型(%)					
水冲式卫生厕所	74.4	27.8	40.1	3.0	9.1
水冲式非卫生厕所	5.6	2.1	13.3	1.0	3.6
卫生旱厕	8.5	37.7	38.3	29.0	11.7
普通旱厕	11.5	32.2	8.4	66.0	74.9
无厕所		0.2		1.0	0.6
住户洗澡设施情况(%)					
统一供热水	1.3	0.2	1.2		1.4
家庭自装热水器	64.6	41.0	31.8	27.0	18.6
其他	20.4	36.7	25.4	24.0	31.3
无洗澡设施	13.8	22.1	41.6	48.0	48.6
住户主要取暖设备状况(%)					
由市政或小区集中供暖	0.3		0.9	1.0	0.8
自行供暖	88.1	81.3	70.9	39.0	41.5
无取暖设备	11.6	18.7	28.2	61.0	57.6
主要炊用能源状况(%)					
柴草	14.8	25.8	43.7	37.0	48.3
煤炭	24.7	47.3	7.8	27.0	18.0
罐装液化石油气	50.4	23.5	25.1	22.0	9.3
管道液化石油气	0.3				0.2
管道煤气	0.3	0.8			
管道天然气					
电	2.3	2.2	13.6	12.0	22.4
燃料用油					
沼气	7.2	0.4	9.5	1.0	1.5
其他			0.3	1.0	0.2
无炊用行为					

居民住房情况(2014年)

岳阳	常德	张家界	益阳	郴州	永州	怀化	娄底	湘西
3.11	**3.64**	**3.05**	**2.94**	**3.32**	**2.90**	**2.98**	**3.00**	**3.85**
74.0	64.5	48.1	72.0	44.2	58.3	36.2	71.0	31.2
22.0	34.8	48.1	27.2	49.6	34.8	60.4	22.0	65.4
	0.3	0.4		0.9	0.7	0.3	1.0	0.5
	0.3	0.4	0.1	4.7	0.3			1.2
2.0		0.4		0.3	0.4	0.0	3.0	0.2
	0.1	0.4		0.0				0.3
1.0		0.5	0.5	0.2	1.2	0.3	1.0	
1.0		2.9	0.2	0.0	4.3	2.8	2.0	1.2
		0.4		0.1		0.2		
	0.2	0.4		0.4	2.0	0.5		0.3
95.0	99.0	96.1	99.6	96.2	95.7	97.4	96.0	95.7
1.0	0.1	0.1		1.1	0.2	0.0		1.7
	0.4	0.5			0.1	0.1	2.0	
	0.1	0.5						
1.0		0.5				0.2		
1.0		3.0		2.1	0.8	1.2	1.0	2.1
1.0	0.1	0.4			0.4	0.2	1.0	0.2
		0.4			0.3			
	0.1	0.4	0.4	0.1	0.5	0.2		
55.97	**55.53**	**47.4**	**54.92**	**47.59**	**55.80**	**44.44**	**59.96**	**32.50**
34.0	46.2	23.3	41.1	39.6	27.7	17.8	43.0	30.5
35.0	20.7	14.3	26.4	43.9	37.0	34.4	38.0	27.1
25.0	27.7	47.1	29.3	9.9	31.2	39.7	15.0	36.7
5.0	0.7	6.5	2.1	0.6	0.4	1.5		3.3
		4.9			0.1	1.6		
1.0	3.2	0.6		5.3	0.6	0.1		0.2
1.0	1.5	3.3	1.1	0.6	3.0	5.0	4.0	2.2
25.0	43.3	12.0	42.1	33.5	11.7	9.3	15.0	11.5
4.0	9.0	4.3	1.7	2.9	1.4	5.4	1.0	
47.0	27.0	11.5	32.4	9.8	17.2	10.9	16.0	11.8
25.0	20.5	72.2	23.8	48.2	65.8	73.6	66.0	68.1
	0.1	0.2		5.6	3.9	0.8	2.0	8.6
1.0	0.7	0.2	0.8	0.3	0.7	0.0		
54.0	59.3	18.9	49.1	35.2	17.0	14.0	27.0	16.8
23.0	15.1	25.2	14.4	21.3	36.8	20.1	39.0	18.0
22.0	24.8	55.9	35.8	43.2	45.5	65.8	34.0	65.2
	0.1	0.2	0.1	0.2	0.1	1.4	2.0	0.3
68.0	45.5	32.8	22.4	67.0	53.4	43.2	90.0	37.8
32.0	54.4	67.2	77.6	32.8	46.5	55.4	8.0	61.9
14.0	44.4	78.4	36.2	16.5	44.7	84.4	8.0	78.7
18.0	16.0	5.2	16.2	24.0	8.2	1.9	61.0	1.9
54.0	4.6	10.1	41.0	41.6	18.8	7.0	1.0	8.8
		0.2						
	0.3	0.2			0.3			
	0.1	0.2						1.4
11.0	34.0	4.1	4.3	16.5	27.5	6.4	30.0	8.6
		0.4						
3.0		1.9	2.3	1.0	0.3	0.2		0.2
1.0	0.1	0.2		0.5	0.2			0.5
	0.6	0.2						

2-63 各市州全体居民平均每百户拥有耐用消费品数量(2014年)

项　目	长沙	株洲	湘潭	衡阳	邵阳	岳阳	常德
摩托车(辆)	62.21	64.70	72.98	58.00	45.82	64.00	53.05
助力车(辆)	22.22	8.80	32.96	11.00	8.46	12.00	23.94
家用汽车(辆)	39.92	20.31	21.01	11.00	7.64	18.00	8.05
洗衣机(台)	99.61	93.11	97.65	80.00	72.62	95.00	81.78
电冰箱(台)	98.74	94.92	96.30	90.00	73.17	100.00	91.80
彩色电视机(台)	121.55	128.87	130.80	112.00	104.29	114.00	118.01
家用电脑(台)	66.76	65.64	57.77	44.00	27.57	43.00	35.12
组合音响(套)	19.02	12.75	16.42	9.00	6.35	15.00	8.71
摄像机(架)	7.09	5.41	7.43	1.00	2.03	4.00	1.83
照相机(架)	33.53	29.24	30.11	13.00	9.88	16.00	9.91
钢琴(架)	3.60						
其他中高档乐器(件)		3.38		1.00	1.08	2.00	2.30
微波炉(台)	45.16	34.75	43.95	23.00	14.95	36.00	21.93
空调器(台)	153.16	109.53	140.90	70.00	25.09	109.00	80.40
淋浴热水器(台)	83.16	66.59	72.52	70.00	42.93	84.00	73.79
消毒碗柜(台)	14.42	14.82	9.46	15.00	22.95	8.00	8.41
洗碗机(台)	2.52	1.04	3.62	1.00	1.39	1.00	1.54
健身器材(套)	2.68	3.61	9.89	4.00	2.05	1.00	2.72
普通电话(部)	49.99	42.00	46.58	46.00	29.12	41.00	39.95
移动电话(部)	247.89	249.36	246.19	231.00	185.77	238.00	211.26

2-63 续表

项　目	张家界	益阳	郴州	永州	怀化	娄底	湘西
摩托车(辆)	42.00	45.4	51.1	20.00	41.22	45.00	34.41
助力车(辆)	4.00	23.9	6.4	5.00	2.59		2.37
家用汽车(辆)	5.00	6.3	9.6	2.00	3.98	6.00	3.40
洗衣机(台)	63.00	94.9	68.1	20.00	59.87	88.00	70.13
电冰箱(台)	71.00	92.6	89.4	28.00	77.15	86.00	71.37
彩色电视机(台)	106.00	118.7	106.7	36.00	102.42	102.00	106.80
家用电脑(台)	25.00	40.8	31.1	8.00	21.11	28.00	27.40
组合音响(套)	4.00	8.5	6.8	2.00	5.56	6.00	7.94
摄像机(架)	2.00	1.7	2.1		1.21	4.00	1.86
照相机(架)	10.00	8.9	13.2	2.00	10.86	15.00	11.03
钢琴(架)							
其他中高档乐器(件)	1.00	1.0	0.9		2.03	3.00	1.65
微波炉(台)	17.00	22.6	12.2	5.00	12.45	11.00	9.79
空调器(台)	41.00	95.1	40.0	8.00	28.13	47.00	28.35
淋浴热水器(台)	53.00	72.7	60.0	14.00	42.21	47.00	45.39
消毒碗柜(台)	6.00	5.2	49.0	15.00	5.96	19.00	4.85
洗碗机(台)	•	0.2	1.6				0.21
健身器材(套)	2.00	0.7	2.7		0.64	2.00	0.93
普通电话(部)	21.00	24.4	30.8	8.00	37.80	21.00	14.02
移动电话(部)	231.00	230.9	206.3	65.00	193.88	206.00	218.76

2-64 各市州城镇居民平均每百户耐用消费品拥有量(2014年)

项 目	长沙	株洲	湘潭	衡阳	邵阳	岳阳	常德
摩托车(辆)	36.02	40.99	50.82	42.00	34.16	41.00	27.33
助力车(辆)	17.58	8.96	44.31	17.00	12.73	9.00	18.75
家用汽车(辆)	45.40	25.15	26.60	16.00	14.91	25.00	12.16
洗衣机(台)	98.86	98.95	99.56	93.00	90.97	101.00	97.27
电冰箱(台)	98.48	97.80	97.36	92.00	85.83	104.00	97.02
彩色电视机(台)	117.06	130.39	127.14	119.00	113.30	111.00	118.81
家用电脑(台)	83.76	86.17	79.82	69.00	52.19	64.00	51.84
组合音响(套)	18.67	14.77	18.16	13.00	8.15	19.00	10.62
摄像机(架)	10.81	8.04	11.37	2.00	4.75	7.00	2.89
照相机(架)	46.82	42.31	43.44	22.00	18.61	27.00	16.34
钢琴(架)							
其他中高档乐器(件)	4.55	4.78		3.00	1.61	3.00	4.12
微波炉(台)	60.49	47.48	64.59	38.00	27.03	60.00	37.67
空调器(台)	180.17	141.98	183.93	118.00	58.63	139.00	117.47
淋浴热水器(台)	94.12	83.31	97.06	98.00	75.00	100.00	89.95
消毒碗柜(台)	21.42	21.53	12.21	25.00	38.27	14.00	9.81
洗碗机(台)	3.79	1.39	4.54	1.00	1.49	1.00	1.10
健身器材(套)	4.04	4.93	16.11	6.00	4.93	2.00	5.54
普通电话(部)	59.79	49.18	53.26	52.00	33.16	44.00	43.68
移动电话(部)	229.91	238.35	246.35	241.00	203.22	228.00	207.58

2-64 续表

项 目	张家界	益阳	郴州	永州	怀化	娄底	湘西
摩托车(辆)	36.00	29.27	34.60	16.00	29.38	38.00	23.50
助力车(辆)	6.00	14.85	8.09	6.00	4.32		3.10
家用汽车(辆)	10.00	9.27	16.56	4.00	7.47	13.00	5.16
洗衣机(台)	93.00	97.79	93.96	28.00	90.16	96.00	95.09
电冰箱(台)	89.00	94.25	97.36	30.00	95.07	96.00	93.29
彩色电视机(台)	108.00	109.83	111.04	36.00	104.61	104.00	111.10
家用电脑(台)	47.00	56.36	57.26	14.00	45.48	55.00	54.49
组合音响(套)	6.00	9.68	10.61	4.00	4.67	11.00	9.55
摄像机(架)	5.00	3.10	4.29	1.00	2.19	9.00	3.87
照相机(架)	21.00	15.85	26.60	5.00	22.74	32.00	22.72
钢琴(架)							
其他中高档乐器(件)	1.00	0.87	1.73		4.92	8.00	3.36
微波炉(台)	35.00	39.46	22.32	8.00	25.00	20.00	21.43
空调器(台)	85.00	125.68	75.39	17.00	65.39	98.00	60.43
淋浴热水器(台)	80.00	88.23	82.18	22.00	78.31	78.00	78.31
消毒碗柜(台)	14.00	9.13	50.87	16.00	9.81	25.00	11.10
洗碗机(台)		0.16	2.35				
健身器材(套)	4.00	1.36	5.36	1.00	1.25	4.00	2.32
普通电话(部)	31.00	37.26	47.65	11.00	40.71	30.00	14.98
移动电话(部)	240.00	212.17	223.96	64.00	217.94	226.00	246.48

2-65 各市州农村居民平均每百户耐用消费品拥有量(2014年)

项　目	长沙	株洲	湘潭	衡阳	邵阳	岳阳	常德
摩托车(辆)	107.52	106.11	107.90	100.00	52.75	91.00	73.42
助力车(辆)	30.25	8.52	15.09	30.00	5.92	16.00	28.05
家用汽车(辆)	30.45	11.86	12.20		3.32	10.00	4.80
洗衣机(台)	100.90	82.91	94.65	67.00	61.71	88.00	69.52
电冰箱(台)	99.18	89.91	94.64	88.00	65.65	96.00	87.68
彩色电视机(台)	129.32	126.21	136.57	105.00	98.93	117.00	117.38
家用电脑(台)	37.36	29.78	23.05	20.00	12.93	19.00	21.89
组合音响(套)	19.62	9.24	13.68	5.00	5.27	10.00	7.21
摄像机(架)	0.66	0.81	1.22		0.41		0.99
照相机(架)	10.52	6.42	9.12	4.00	4.69	4.00	4.82
钢琴(架)							
其他中高档乐器(件)	1.97	0.92			0.77		0.85
微波炉(台)	18.64	12.51	11.43	7.00	7.77	9.00	9.46
空调器(台)	106.42	52.86	73.11	22.00	5.15	75.00	51.05
淋浴热水器(台)	64.20	37.40	33.86	41.00	23.85	65.00	60.99
消毒碗柜(台)	2.30	3.11	5.13	6.00	13.84	1.00	7.30
洗碗机(台)	0.33	0.45	2.15		1.33	1.00	1.89
健身器材(套)	0.33	1.31	0.10	1.00	0.33		0.48
普通电话(部)	33.04	29.46	36.05	39.00	26.72	38.00	36.99
移动电话(部)	279.01	268.59	245.93	222.00	175.39	249.00	214.18

2-65 续表

项　目	张家界	益阳	郴州	永州	怀化	娄底	湘西
摩托车(辆)	46.00	58.32	65.54	22.00	48.85	51.00	41.66
助力车(辆)	3.00	31.09	4.95	4.00	1.47		1.89
家用汽车(辆)	1.00	3.96	3.44	1.00	1.73	1.00	2.23
洗衣机(台)	43.00	92.50	45.58	14.00	40.35	84.00	53.54
电冰箱(台)	58.00	91.20	82.43	27.00	65.60	79.00	56.80
彩色电视机(台)	105.00	125.73	102.92	36.00	101.01	101.00	103.95
家用电脑(台)	10.00	28.29	8.23	4.00	5.41	10.00	9.40
组合音响(套)	2.00	7.52	3.48	2.00	6.13	3.00	6.86
摄像机(架)	1.00	0.57	0.26		0.57	1.00	0.51
照相机(架)	2.00	3.40	1.56	1.00	3.20	4.00	3.26
钢琴(架)							
其他中高档乐器(件)		1.10	0.22		0.17		0.51
微波炉(台)	4.00	9.06	3.41	4.00	4.36	5.00	2.06
空调器(台)	11.00	70.65	9.19	2.00	4.12	12.00	7.04
淋浴热水器(台)	35.00	60.34	40.59	9.00	18.95	27.00	23.51
消毒碗柜(台)		2.04	47.43	14.00	3.48	15.00	0.69
洗碗机(台)		0.00	1.02				0.34
健身器材(套)		0.00	0.37		0.25	1.00	
普通电话(部)	15.00	14.06	16.06	7.00	35.92	16.00	13.38
移动电话(部)	224.00	245.83	190.83	65.00	178.38	193.00	200.34

2-66 各县(市、区)住户调查主要指标(2014年)

地区	全体居民人均可支配收入(元)	城镇居民人均可支配收入		农村居民人均可支配收入		人均住房使用面积(平方米)	教育文化娱乐服务消费支出占消费总支出比重(%)	居民人均教育文化娱乐服务消费支出(元)	家庭人均消费总支出(元)	恩格尔系数(%)
		绝对值(元)	增速(%)	绝对值(元)	增速(%)					
芙蓉区	38817.2	38817.2	9.4			33.8	15.5	4681.7	30183.5	30.4
天心区	41514.0	41514.0	9.0			39.3	10.3	3139.7	30565.7	30.8
岳麓区	32162.7	34507.6	10.1			32.5	15.5	3187.2	20588.8	28.3
开福区	33980.1	33980.1	10.0			31.9	10.9	2503.8	22936.5	25.5
雨花区	40497.4	40497.4	9.0			38.9	15.7	5209.0	33216.4	23.1
望城区	28900.4	34174.8	9.0	23631.9	10.1	58.3	14.1	2291.4	16284.6	27.8
长沙县	28504.4	33512.6	9.7	22872.4	10.0	46.2	13.1	2559.4	19611.8	23.1
宁乡县	24889.3	31124.7	9.1	19719.1	10.2	54.7	12.8	2121.0	16569.5	30.6
浏阳市	28469.6	33816.0	9.0	23185.8	10.2	53.8	15.2	2614.1	17244.6	26.2
荷塘区	32406.5	33132.2	9.1	21664.7	9.0	35.9	14.8	3338.0	22532.9	31.0
芦淞区	32071.8	34460.2	9.7	19776.4	9.5	42.7	18.1	3370.2	18598.3	33.2
石峰区	32409.4	33480.2	9.2	16468.1	9.1	39.4	16.2	3026.0	18692.9	32.8
天元区	33711.2	38245.6	9.6	19696.2	9.3	49.9	16.1	4091.4	25439.3	25.8
株洲县	16408.3	24637.1	10.5	13472.3	9.1	42.2	11.4	1166.1	10219.4	34.6
攸　县	23544.7	28189.2	10.0	18872.8	9.0	85.4	12.7	1741.4	13686.4	30.2
茶陵县	15087.0	24271.3	9.7	6659.9	9.2	51.5	13.2	1180.2	8911.3	34.0
炎陵县	12467.3	21007.5	9.7	6155.2	9.0	59.5	15.7	1447.4	9200.5	29.2
醴陵市	23912.5	28636.0	10.1	19091.5	9.4	55.5	12.0	1788.5	14947.4	31.1
雨湖区	27401.2	27820.3	8.9	22379.8	12.6	44.2	14.0	2817.3	20179.5	33.7
岳塘区	26927.0	27219.3	9.2	22455.2	11.0	39.9	14.6	3044.5	20874.3	32.1
湘潭县	17298.4	25653.0	9.1	13344.4	11.4	59.0	13.8	1520.7	11042.4	32.4
湘乡市	17231.7	25683.6	9.2	13182.9	11.2	58.1	13.9	1903.0	13645.6	28.3
韶山市	24839.4	29649.2	10.1	18588.1	12.1	46.8	15.8	2574.4	16288.8	30.1
珠晖区	25129.0	25460.0	9.4	14675.0	12.8	35.2	15.9	3124.0	19648.0	31.0
雁峰区	24566.0	24566.0	8.6	14504.0	12.0	38.9	14.7	2280.0	15516.0	38.0
石鼓区	25896.0	25896.0	8.9	14554.0	12.0	35.3	14.0	2554.0	18232.0	37.1
蒸湘区	24969.0	25069.0	9.2	14623.0	12.5	35.1	15.4	2705.0	17561.0	36.1
南岳区	28252.0	28517.0	9.1	14672.0	12.0	42.2	14.2	2850.0	20044.0	27.1
衡阳县	16256.0	23853.0	9.8	12306.0	12.6	46.1	14.3	1725.0	12069.0	33.1
衡南县	17902.0	23534.0	9.8	14898.0	12.3	50.4	15.0	1677.0	11204.0	32.0
衡山县	17988.0	23817.0	9.5	15003.0	12.3	44.9	15.2	1893.0	12454.0	32.2
衡东县	17501.0	23799.0	9.6	14415.0	12.4	56.6	14.1	1755.0	12474.0	33.0
祁东县	13527.0	19202.0	9.2	10240.0	8.0	55.7	11.4	965.0	8475.0	39.7
耒阳市	19524.0	24968.0	9.4	14845.0	12.0	40.3	13.1	1602.0	12269.0	35.5
常宁市	16981.0	23238.0	9.8	11740.0	12.3	57.1	13.2	1507.0	11396.0	35.0

注：与以前的城镇居民人均可支配收入、农村居民人均纯收入相比，2013年分市县城乡居民人均可支配收入在指标名称、口径、范围上有较大变化。主要包括：农村居民人均纯收入指标改为农村居民人均可支配收入；城镇范围由原来的市区和城关镇扩大到了县以下的建制镇和城乡结合区；指标口径城乡都有变化，新的城镇居民人均可支配收入包含从单位获得的实物、免费午餐和居民自有住房折算的租金等项目，同时转移性收入也要减去个人所得税、社会保障支出、赡养支出等转移性支出，只计算净额。农村居民收入由于打工时间较长的农民工计算为城镇常住人口而减少了参与平均的人口。

2-66 续表 1

地 区	全体居民人均可支配收入(元)	城镇居民人均可支配收入		农村居民人均可支配收入		人均住房使用面积(平方米)	教育文化娱乐服务消费支出占消费总支出比重(%)	居民人均教育文化娱乐服务消费支出(元)	家庭人均消费总支出(元)	恩格尔系数(%)
		绝对值(元)	增速(%)	绝对值(元)	增速(%)					
双清区	18692.4	19963.9	10.0	12648.0	11.0	37.2	11.5	1433.5	12490.9	40.6
大祥区	17804.1	19503.0	9.9	12558.7	11.2	61.4	10.4	1496.9	14407.0	34.9
北塔区	15978.7	17852.3	9.7	11553.6	11.3	51.3	10.1	952.8	9468.9	45.0
邵东县	17303.7	22472.9	10.0	13501.2	13.0	52.4	14.6	1525.9	10418.2	36.0
新邵县	10637.4	18994.3	9.2	7268.7	11.7	50.6	12.6	1189.8	9413.2	38.3
邵阳县	10657.8	19063.5	9.3	7039.9	11.5	53.4	14.5	1110.0	7642.2	38.4
隆回县	9272.8	18316.6	9.5	6358.1	12.8	34.9	13.1	672.0	5125.9	41.3
洞口县	11060.3	19592.3	9.0	6919.7	12.0	68.5	13.7	1208.4	8848.9	35.3
绥宁县	9261.4	17522.1	9.3	6592.1	12.5	39.7	14.0	832.7	5964.8	34.1
新宁县	10167.5	18068.6	9.5	6375.2	11.4	43.5	11.5	893.2	7763.7	36.3
城步县	7953.8	16914.6	8.8	4686.6	13.2	41.8	12.9	643.3	4974.5	36.6
武冈市	11416.0	19054.0	9.9	7596.0	13.0	39.3	10.8	730.3	6737.6	30.4
岳阳楼区	23927.9	25528.3	9.0	13940.0	11.4	44.7	15.8	3113.4	19701.9	32.2
云溪区	21541.3	26823.4	8.9	13940.0	11.4	43.6	12.8	1950.3	15239.0	33.1
君山区	17787.5	22442.3	9.3	12804.5	12.8	46.2	8.4	1042.4	12391.2	36.3
岳阳县	15046.4	20350.0	9.6	11494.4	13.4	42.4	11.6	992.1	8532.1	33.5
华容县	16514.0	20825.2	9.6	13674.7	12.7	47.4	15.2	1609.2	10570.9	37.0
湘阴县	16859.0	22368.0	10.3	13079.8	13.9	66.4	11.0	1554.9	14138.7	28.7
平江县	10466.7	17034.8	8.0	6828.1	1.2	39.2	11.2	1141.0	10173.6	29.3
汨罗市	17578.7	22535.1	9.5	12733.7	10.8	48.3	12.3	1691.4	13805.7	31.1
临湘市	15049.2	20067.8	9.2	11234.1	12.3	53.6	9.8	1084.8	11118.9	33.6
武陵区	26378.6	17553.0	9.6	22413.9	13.5	52.9	12.6	2835.2	22413.9	27.8
鼎城区	24184.7	10998.4	9.3	14812.4	11.8	48.9	12.1	1788.7	14812.4	35.3
安乡县	19664.2	10966.6	8.7	10672.0	11.4	53.1	14.7	1566.5	10672.0	34.9
汉寿县	22285.3	11496.7	9.0	11822.4	12.0	56.8	13.1	1545.7	11822.4	35.8
澧 县	21312.8	10691.1	9.0	12339.5	12.0	52.5	14.3	1769.1	12339.5	32.1
临澧县	23336.0	11987.5	8.8	12551.3	11.1	53.6	13.6	1707.5	12551.3	29.9
桃源县	21600.2	10213.2	9.0	10244.0	11.1	50.4	15.1	1546.6	10244.0	32.5
石门县	18245.1	8065.9	8.8	10553.6	11.1	56.5	14.3	1508.8	10553.6	28.8
津市市	24158.1	10312.0	9.3	13665.4	11.9	37.8	15.5	2118.4	13665.4	37.1
永定区	13390.0	20231.0	8.7	6640.0	9.7	40.3	9.2	1032.0	11217.0	28.4
武陵源区	16276.0	20826.0	9.2	8899.0	13.2	56.6	13.1	1073.0	8191.0	24.0
慈利县	10910.0	17379.0	8.8	7091.0	13.5	59.3	13.9	1260.0	9065.0	29.9
桑植县	7057.0	11687.0	9.3	4719.0	11.7	40.5	13.8	806.0	5841.0	34.6
资阳区	17243.0	21136.0	9.5	13478.0	12.4	49.5	13.2	1728.0	13102.4	35.1
赫山区	20846.0	25773.0	9.6	13185.0	13.9	47.1	12.4	1833.3	14756.0	35.1
南 县	14800.0	20182.0	9.1	11568.0	12.2	45.0	10.3	1192.9	11537.9	36.5
桃江县	14577.0	21082.0	8.5	10976.0	13.4	62.6	15.5	2009.5	13429.0	32.1
安化县	8037.0	13092.0	9.4	6196.0	8.3	47.1	9.9	650.9	6602.6	35.7
沅江市	18130.0	24107.0	9.3	13202.0	12.2	52.2	12.7	1679.1	13190.9	34.4

2-66 续表 2

地 区	全体居民人均可支配收入(元)	城镇居民人均可支配收入		农村居民人均可支配收入		人均住房使用面积(平方米)	教育文化娱乐服务消费支出占消费总支出比重(%)	居民人均教育文化娱乐服务消费支出(元)	家庭人均消费总支出(元)	恩格尔系数(%)
		绝对值(元)	增速(%)	绝对值(元)	增速(%)					
北湖区	23805.6	25842.4	9.3	15643.6	11.5	41.0	12.5	1843.5	14741.3	29.8
苏仙区	21051.2	25033.5	9.5	14656.7	11.6	43.2	12.4	1846.2	14850.7	33.4
桂阳县	18511.9	24923.0	8.9	14182.5	11.6	39.5	15.0	1825.4	12130.0	37.3
宜章县	12515.0	22138.8	9.1	6534.3	11.4	54.3	13.8	1501.1	10847.5	32.6
永兴县	17243.3	23371.7	9.3	13028.3	11.7	40.0	18.4	1623.1	8817.3	39.8
嘉禾县	15427.7	20528.3	9.1	11957.0	8.0	43.4	11.7	987.2	8410.3	37.6
临武县	12113.1	20076.5	8.9	8040.7	11.5	37.6	10.3	887.8	8584.7	38.4
汝城县	9453.6	15680.5	8.8	6847.1	11.1	36.6	13.1	1096.4	8379.0	35.0
桂东县	9273.3	14655.5	9.0	6419.2	11.2	44.0	13.2	1006.6	7652.8	34.8
安仁县	11327.6	17838.9	9.0	7461.4	11.0	72.4	11.8	1156.3	9761.3	30.7
资兴市	20492.2	24705.7	9.4	14499.9	11.8	47.6	17.3	1800.3	10425.5	30.0
零陵区	17121.3	20564.6	9.4	13431.3	11.7	57.8	13.1	1488.0	11390.9	32.2
冷水滩区	19558.1	22524.6	9.4	14357.5	11.8	37.4	15.2	1603.4	10569.5	31.6
祁阳县	14627.6	21768.5	7.7	9904.2	11.0	50.6	9.0	971.5	10751.5	37.6
东安县	13889.8	20998.7	10.1	10259.8	12.1	49.3	12.2	1314.1	10740.4	34.9
双牌县	10423.5	18044.7	8.9	6106.4	11.4	37.1	6.8	467.1	6819.6	40.8
道 县	13924.1	19097.6	8.3	11017.5	10.4	37.5	14.0	1454.5	10394.6	32.7
江永县	9928.1	17177.3	8.2	6895.4	10.3	45.4	12.9	1087.1	8435.3	31.5
宁远县	12730.0	18502.3	9.2	9584.5	11.7	50.5	9.8	951.8	9709.6	36.0
蓝山县	13872.1	19792.9	7.6	9928.2	11.4	71.2	15.2	1302.2	8593.9	32.5
新田县	9892.2	17550.8	10.1	6377.3	12.0	49.0	18.9	1472.6	7793.2	41.3
江华县	10056.9	17306.3	9.9	6981.1	12.0	59.7	20.6	1650.5	8023.4	27.3
鹤城区	22473.0	23705.0	8.8	9608.0	13.0	32.7	15.5	2499.0	16126.0	34.1
中方县	10933.0	19973.0	8.9	7577.0	10.9	43.5	8.6	769.0	8914.0	37.9
沅陵县	9624.0	16361.0	8.8	6402.0	12.7	44.7	11.9	937.0	7895.0	40.8
辰溪县	9770.0	16471.0	9.4	6693.0	10.9	32.0	8.2	631.0	7717.0	40.0
溆浦县	10429.0	16856.0	9.5	7575.0	9.1	54.4	10.7	882.0	8249.0	39.4
会同县	9198.0	15817.0	9.6	6672.0	8.9	35.6	10.7	932.0	8748.0	38.7
麻阳县	8650.0	16658.0	7.6	5373.0	12.1	38.7	8.7	569.0	6568.0	39.9
新晃县	7974.0	14582.0	9.5	5393.0	10.7	33.7	13.5	953.0	7065.0	33.4
芷江县	8895.0	16990.0	9.3	5838.0	11.9	42.9	13.5	878.0	6516.0	33.1
靖州县	10465.0	15910.0	9.3	6435.0	13.2	28.1	15.7	1156.0	7386.0	34.2
通道县	7473.0	15005.0	9.4	4784.0	11.9	29.8	7.8	348.0	4445.0	44.6
洪江市	11103.0	17235.0	7.8	7519.0	4.5	44.1	8.0	676.0	8480.0	38.6
娄星区	21832.9	23229.9	9.1	12255.6	11.5	50.3	14.1	2295.8	16247.3	29.1
双峰县	9819.8	15451.3	8.7	7916.1	9.5	55.2	14.2	1145.9	8058.1	36.9
新化县	8308.3	15117.2	8.6	5818.9	12.0	50.9	14.0	1144.7	8152.2	35.1
冷水江市	23524.4	25574.4	8.9	16921.3	9.8	49.2	16.7	2222.9	13309.8	33.7
涟源市	9288.5	15837.1	8.7	6639.3	11.4	68.4	12.8	1114.3	8735.7	33.7
吉首市	17608.1	21761.0	8.6	7018.0	11.9	39.8	15.3	1745.2	11406.4	29.7
泸溪县	9572.4	16736.7	8.4	5256.1	11.7	28.2	10.6	781.7	7405.4	39.3
凤凰县	9479.7	17557.3	8.7	6414.6	11.9	35.0	13.6	1014.3	7455.5	36.3
花垣县	9774.4	17537.2	8.7	5509.4	12.4	36.6	13.7	950.9	6950.0	32.6
保靖县	9469.2	15786.4	9.0	6168.5	12.5	36.7	13.4	894.9	6692.4	34.7
古丈县	8282.8	15480.5	9.2	4626.4	12.1	27.1	10.1	547.8	5398.6	33.9
永顺县	8389.5	15683.2	8.8	4905.8	12.5	37.7	10.4	731.9	7039.2	36.5
龙山县	9126.2	15599.5	8.9	6095.2	11.5	35.7	16.0	1110.0	6923.7	36.5

2-67 各县(市、区)全体居民

地区名称	调查户数(户)	人均可支配收入(元)	工资性收入	经营净收入	财产净收入	转移净收入	人均消费支出(元)
芙蓉区	62.3	38817.2	15124.4	7039.9	11495.6	5157.2	30183.5
天心区	59.5	41514.0	18969.2	6284.6	5740.4	10519.8	30565.7
岳麓区	83.8	32162.7	21780.8	1459.1	2355.4	6567.5	20588.8
开福区	72.8	33980.1	14964.3	999.0	3715.4	14301.3	22936.5
雨花区	69.8	40497.4	23114.7	5991.7	3298.4	8092.7	33216.4
望城区	121.0	28900.4	16665.8	8305.4	2042.9	1886.2	16284.6
长沙县	118.3	28504.4	17725.4	4815.5	4629.0	1334.5	19611.8
宁乡县	118.0	24889.3	12657.4	5533.6	2321.0	4377.2	16569.5
浏阳市	118.0	28469.6	13712.2	8833.6	2910.0	3013.8	17244.6
荷塘区	60.0	32406.5	20844.3	1411.9	2224.8	7925.6	22532.9
芦淞区	52.0	32071.8	23313.2	2026.1	3135.8	3596.7	18598.3
石峰区	52.0	32409.4	23219.3	2539.6	2221.6	4428.8	18692.9
天元区	58.0	33711.2	24361.7	1418.1	3402.3	4529.1	25439.3
株洲县	115.0	16408.3	10446.0	2136.0	515.0	3311.2	10219.4
攸县	132.0	23544.7	8161.2	8659.2	2107.0	4617.3	13686.4
茶陵县	111.0	15087.0	6623.6	3883.9	801.6	3777.9	8911.3
炎陵县	120.0	12467.3	7325.5	2236.8	360.7	2544.2	9200.5
醴 陵	124.0	23912.5	10538.4	7284.9	1607.9	4481.3	14947.4
雨湖区	80.0	27401.2	14493.5	3388.9	1816.2	7702.6	20179.5
岳塘区	60.0	26927.0	16257.6	972.8	2049.1	7647.5	20874.3
湘潭县	140.0	17298.4	9707.5	4365.8	545.4	2679.6	11042.4
湘乡市	130.0	17231.7	8809.6	3316.4	1907.5	3198.2	13645.6
韶山市	60.0	24839.4	14622.2	6773.3	630.9	2813.0	16288.8
珠晖区	60.0	25129.1	17648.8	1640.8	2463.0	3376.5	19648.0
雁峰区	50.0	24566.5	16658.1	1460.5	1119.8	5328.0	15516.2
石鼓区	50.0	25896.4	13210.0	2427.3	2078.2	8180.9	18231.6
蒸湘区	50.0	24968.8	13046.9	1185.4	3054.1	7682.4	17561.5
南岳区	60.0	28252.4	13877.4	10067.7	1258.9	3048.4	20044.4
衡阳县	120.0	16256.2	9197.3	3812.3	760.1	2486.2	12068.9
衡南县	140.0	17902.0	7814.8	5136.1	1077.6	3837.5	11204.0
衡山县	120.0	17987.8	8891.9	6297.9	592.3	2205.8	12454.2
衡东县	120.0	17500.6	10332.1	4129.5	171.5	2867.5	12474.3
祁东县	130.0	13527.3	4689.3	3554.2	910.4	4373.5	8474.7
耒阳市	120.0	19523.7	10545.1	3807.0	890.6	4281.0	12269.0
常宁市	120.0	16981.5	10087.9	2848.8	1758.2	2286.7	11396.4

可支配收入及消费支出(2014年)

单位：元/人

食品烟酒	衣着	居住	生活用品及服务	医疗保健	交通通信	教育文化娱乐服务	其他用品和服务
9187.0	2145.5	6367.5	1554.1	1347.2	4416.1	4681.7	484.4
9410.0	2200.5	6536.0	1671.8	3426.3	3689.1	3139.7	492.3
5836.6	1582.2	4914.2	1152.0	504.8	2960.1	3187.2	451.6
5859.0	1302.6	5130.7	1096.6	2590.8	4246.2	2503.8	206.9
7684.2	2196.2	6883.7	1362.8	2107.5	6986.3	5209.3	786.4
4527.5	1251.2	3339.9	1037.1	1090.5	2410.9	2291.4	336.0
4532.9	1304.7	4175.8	1514.9	853.5	4483.8	2559.4	186.8
5075.4	1184.5	3561.9	1225.1	817.2	2456.7	2121.0	127.7
4518.4	1205.1	3855.1	1004.7	871.8	2555.3	2614.1	620.1
6979.6	1780.5	3133.2	1328.3	3078.3	3338.0	2219.6	675.5
6165.5	1713.1	3667.2	923.7	1800.6	3370.2	628.8	329.3
6137.7	1294.8	2875.9	1298.7	2381.4	3026.0	1261.7	416.6
6572.0	1892.8	4171.3	1326.0	5447.3	4091.4	1584.5	354.1
3539.6	589.6	2046.4	686.2	1269.3	1166.1	790.4	131.8
4126.5	845.0	3693.6	764.4	1307.6	1741.4	840.5	367.3
3029.7	598.3	1981.0	545.1	784.1	1180.2	436.9	356.0
2683.4	906.1	1439.8	1053.3	902.0	1407.4	490.6	317.9
4645.7	1062.9	3362.3	1211.3	1678.4	1788.5	816.4	381.8
6802.6	1792.1	3530.3	1501.3	1390.1	2005.9	2817.3	339.8
6695.1	1810.3	3785.7	1509.5	1346.8	2286.6	3044.5	395.7
3576.6	747.2	2401.2	622.2	929.9	985.2	1520.7	259.3
3855.4	1098.1	2977.8	904.1	881.6	1648.1	1903.0	377.3
4906.1	1922.8	2683.8	2175.5	502.6	1374.4	2574.4	149.1
6094.4	1607.4	3773.6	1349.2	1232.6	1959.2	3124.4	507.2
5900.6	1327.8	2358.8	905.9	460.7	1604.9	2279.7	677.8
6772.7	1408.3	2840.0	1260.5	1544.1	1381.5	2554.3	470.2
6338.0	1769.9	3148.1	725.2	649.0	1799.9	2704.6	426.8
5430.2	2189.1	3652.8	1762.0	970.4	2333.6	2850.3	822.9
3997.8	999.3	2189.5	707.0	860.4	1220.4	1725.0	369.7
3589.5	492.4	2679.6	631.2	1033.1	970.7	1677.0	129.4
4010.9	968.2	2819.9	676.0	668.2	1180.5	1893.4	237.1
4114.8	903.3	2090.1	931.7	1017.9	1301.9	1755.0	359.5
3366.0	325.2	2060.6	441.3	653.9	584.6	965.3	77.7
4350.5	1300.9	1686.3	565.5	1418.0	1114.0	1602.0	231.9
3988.2	719.7	2429.4	777.5	858.8	870.0	1507.0	245.9

2-67 续表 1

地区名称	调查户数（户）	人均可支配收入（元）	工资性收入	经营净收入	财产净收入	转移净收入	人均消费支出（元）
双清区	60.00	18692.4	10196.1	1606.0	1603.9	5286.5	12490.9
大祥区	60.00	17804.1	12698.6	744.6	757.6	3603.3	14407.0
北塔区	60.00	15978.7	10473.4	1268.6	2285.1	1951.7	9468.9
邵东县	119.92	17303.7	8048.9	4280.3	2051.5	2923.1	10418.2
新邵县	140.00	10637.4	5732.0	1535.0	281.3	3089.0	9413.2
邵阳县	143.00	10657.8	3896.7	2913.9	313.7	3533.6	7642.2
隆回县	113.25	9272.8	4542.2	2045.9	206.6	2478.1	5125.9
洞口县	140.08	11060.3	7387.7	1240.1	405.1	2027.4	8848.9
绥宁县	122.25	9261.4	4605.1	2417.4	179.6	2059.3	5964.8
新宁县	142.00	10167.5	5217.5	2232.0	464.0	2254.1	7763.7
城步县	118.00	7953.8	4951.1	1805.1	134.0	1063.6	4974.5
武冈市	116.00	11416.0	6417.5	1915.3	158.3	2924.8	6737.6
岳阳楼区	82.92	23927.9	17566.9	2335.0	1223.0	2803.0	19701.9
云溪区	51.00	21541.3	13690.3	2315.1	655.7	4880.3	15239.0
君山区	78.92	17787.5	8117.2	4445.4	191.8	5033.1	12391.2
岳阳县	119.00	15046.4	9409.1	3030.8	543.2	2063.3	8532.1
华容县	114.08	16514.0	6587.0	6916.7	1254.9	1755.4	10570.9
湘阴县	131.75	16859.0	8961.2	3102.0	393.1	4402.7	14138.7
平江县	148.00	10466.7	6959.0	758.0	245.9	2503.8	10173.6
汨罗市	136.00	17578.7	10744.0	3514.0	548.7	2771.9	13805.7
临湘市	114.00	15049.2	8742.3	3056.7	822.4	2427.8	11118.9
武陵区	107.00	25449.1	14558.0	2354.1	3682.8	4854.2	22413.9
鼎城区	116.00	16610.4	4881.3	6898.7	1044.5	3785.8	14812.4
安乡县	126.00	13970.8	3981.0	5009.6	454.3	4526.0	10672.0
汉寿县	130.00	14843.1	5334.3	6233.9	299.9	2975.1	11822.4
澧　县	130.00	14471.9	3895.3	5591.8	516.5	4468.3	12339.5
临澧县	118.00	16530.8	8988.9	2979.4	840.3	3722.1	12551.3
桃源县	120.00	13594.5	5436.4	5551.3	554.5	2052.3	10244.0
石门县	130.00	11498.2	4069.5	3938.7	510.2	2979.8	10553.6
津市市	96.00	19089.9	8496.2	4555.5	883.6	5154.6	13665.4
永定区	120.00	13390.3	6325.7	1837.3	1729.8	3497.6	11176.9
武陵源区	60.00	16276.2	9041.5	2860.8	3136.7	1237.1	12747.3
慈利县	130.00	10910.4	6259.4	2166.7	248.8	2235.4	9059.0
桑植县	120.00	7056.8	3376.8	1846.4	267.9	1565.6	5844.8
资阳区	108	17243	8002.8	3430.4	956.7	4853.6	13102.4
赫山区	110	20846	9610.0	4050.6	815.2	6370.1	14756.0
南　县	114	14800	4968.8	5344.5	836.3	3650.8	11537.9
桃江县	130	14577	5351.7	5002.4	558.6	3664.4	13429.0
安化县	120	8037	4392.5	1273.1	155.5	2215.6	6602.6
沅江市	117	18130	7285.8	7107.2	1470.7	2266.3	13190.9
北湖区	103.00	23805.6	13985.4	3515.6	3214.3	3090.4	14741.3
苏仙区	97.00	21051.2	14446.4	3506.8	1115.2	1982.8	14850.7
桂阳县	129.00	18511.9	6483.8	8153.4	1784.2	2090.5	12130.0
宜章县	119.00	12515.0	6037.5	5367.6	583.5	526.3	10847.5

单位：元/人

食品烟酒	衣着	居住	生活用品及服务	医疗保健	交通通信	教育文化娱乐服务	其他用品和服务
5074.8	729.4	2018.4	515.7	972.8	1582.5	1433.5	163.6
5034.4	1356.2	2597.7	707.9	1628.9	1349.6	1496.9	235.5
4265.4	658.8	1846.7	459.8	640.3	523.4	952.8	121.6
3749.1	747.5	2196.7	600.8	715.6	762.8	1525.9	119.9
3606.6	600.7	1587.6	472.2	1044.6	716.1	1189.8	195.5
2931.8	429.7	1399.5	410.2	749.9	490.6	1110.0	120.5
2119.2	294.5	726.3	298.2	554.0	400.9	672.0	60.9
3126.3	643.6	1621.5	515.3	650.3	859.6	1208.4	223.9
2035.8	421.9	1134.7	384.2	500.9	596.8	832.7	57.7
2814.7	396.9	1507.8	558.9	702.9	788.0	893.2	101.4
1821.1	311.8	1158.2	214.2	241.8	354.4	643.3	229.7
2048.6	397.2	1395.1	638.9	804.7	654.7	730.3	68.1
6342.4	2038.3	3097.8	1117.0	1275.0	2295.3	3113.4	422.7
5049.5	1341.6	2860.8	1306.3	656.8	1656.8	1950.3	416.9
4498.2	1022.2	2494.0	887.5	692.5	1651.0	1042.4	103.4
2856.9	729.7	2122.1	522.6	289.3	982.9	992.1	36.5
3910.3	726.9	1990.8	533.0	630.1	1027.4	1609.2	143.2
4056.8	951.6	3275.3	850.0	1576.6	1587.3	1554.9	286.2
2985.3	755.6	2029.8	706.9	1060.6	1166.5	1141.0	327.9
4288.8	1074.6	2869.6	923.7	910.0	1797.4	1691.4	250.2
3735.0	883.6	2303.9	692.4	1329.8	877.1	1084.8	212.3
6231.1	1710.4	5087.7	2208.8	2230.6	2835.2	1712.2	397.8
5233.5	869.0	1859.5	944.5	2980.8	1788.7	695.6	440.9
3720.3	588.0	2427.0	667.1	806.5	1566.5	702.5	194.1
4236.5	827.9	2114.6	692.9	1306.4	1545.7	882.5	215.9
3962.9	769.7	2539.2	783.3	1319.9	1769.1	910.7	284.6
3752.4	899.6	3065.6	832.6	977.8	1707.5	1108.3	207.5
3332.4	637.3	1875.9	680.5	1044.8	1546.6	1004.2	122.4
3038.8	595.3	2168.9	616.8	1247.1	1508.8	1179.2	198.7
5075.3	975.5	2409.4	846.0	1005.0	2118.4	1113.7	122.0
3175.2	745.1	2867.0	962.6	793.8	1324.8	1032.2	276.2
3056.6	961.4	3512.6	591.3	843.4	1976.3	1673.3	132.4
2706.8	795.8	1656.2	751.1	687.8	994.5	1259.6	207.2
2022.2	396.2	1252.1	485.2	401.5	398.3	805.5	83.7
4596.5	823.5	2546.4	900.3	1070.2	1093.6	1728.0	344.1
5178.9	1035.4	2428.7	930.1	1218.2	1784.5	1833.3	347.0
4210.3	777.9	2635.7	712.3	757.8	943.4	1192.9	307.5
4170.5	889.7	2471.2	868.5	1299.0	958.1	2009.5	312.9
2357.1	451.4	1409.9	467.8	697.2	508.4	650.9	59.8
4542.8	802.0	2415.2	905.6	953.5	1585.5	1679.1	307.2
4387.3	1181.2	2967.4	707.6	1783.7	1843.5	1617.1	253.7
4959.0	1520.6	2339.7	1014.0	1868.9	1846.2	901.6	400.7
4522.8	972.4	2030.4	733.5	1120.3	1825.4	611.1	314.3
3535.9	987.7	2529.8	675.6	982.9	1501.1	469.5	165.0

2-67 续表 2

地区名称	调查户数(户)	人均可支配收入(元)	工资性收入	经营净收入	财产净收入	转移净收入	人均消费支出(元)
永兴县	118.0	17243.3	9234.8	2781.2	662.8	4564.6	8817.3
嘉禾县	116.0	15427.7	10366.3	2543.2	465.6	2052.6	8410.3
临武县	131.0	12113.1	7334.0	2138.6	1257.0	1383.5	8584.7
汝城县	115.0	9453.6	5636.7	1258.5	663.6	1894.9	8379.0
桂东县	117.0	9273.3	4027.5	2876.7	554.0	1815.1	7652.8
安仁县	133.0	11327.6	5544.6	2363.3	711.7	2708.0	9761.3
资兴市	105.0	20492.2	6903.5	8234.6	1652.2	3701.9	10425.5
零陵区	100.0	17121.3	5625.7	6845.9	1554.7	3095.1	11702.9
冷水滩	100.0	19558.1	8650.4	4783.3	2486.9	3637.4	10569.5
祁阳县	120.0	14627.6	6433.2	2844.0	587.4	4763.0	11623.6
东安县	120.0	13889.8	5574.0	3789.9	635.5	3890.5	10740.4
双牌县	120.0	10423.5	7139.0	2096.8	312.9	874.8	6819.6
道县	140.0	13924.1	5659.0	5384.6	479.5	2400.9	10394.6
江永县	140.0	9928.1	3307.5	4885.4	386.3	1349.0	8435.3
宁远县	140.0	12730.0	4890.6	3830.5	459.6	3549.5	9709.6
蓝山县	120.0	13872.1	3589.2	7022.3	820.9	2439.6	8593.9
新田县	120.0	9892.2	3207.2	2472.5	1523.4	2689.1	8010.9
江华县	120.0	10056.9	5183.1	1240.1	484.3	3149.5	8023.4
鹤城区	100.0	22473.4	14668.1	1441.4	1315.5	5048.4	16125.6
中方县	120.0	10933.2	6612.3	2900.2	233.5	1187.2	8913.7
沅陵县	119.0	9623.8	6203.8	1483.1	329.7	1607.2	7894.6
辰溪县	120.0	9770.2	5310.1	1470.4	240.5	2749.3	7717.5
溆浦县	134.0	10428.9	5305.3	2305.6	316.9	2501.1	8249.2
会同县	140.0	9198.3	4276.0	1466.2	190.6	3265.5	8747.9
麻阳县	117.0	8649.7	4377.3	2567.3	222.2	1483.0	6567.9
新晃县	120.0	7973.8	4522.3	1571.4	213.8	1666.3	7064.8
芷江县	124.0	8895.3	3111.5	3965.9	312.9	1505.0	6516.1
靖州县	120.0	10464.6	5832.6	2627.3	125.7	1879.1	7385.6
通道县	112.0	7473.2	4385.5	1582.7	153.3	1351.8	4444.8
洪江市	120.0	11102.8	5465.6	3185.8	309.4	2142.0	8480.0
娄星区	100.0	21832.9	11039.7	3429.1	1887.1	5477.1	16247.3
双峰县	119.0	9819.8	4658.6	1928.7	244.7	2987.8	8058.1
新化县	138.0	8308.3	3763.0	1301.8	780.0	2463.6	8151.2
冷水江市	122.0	23524.4	15709.1	670.0	620.9	6524.5	13309.8
涟源市	127.0	9288.5	5010.0	1131.7	256.1	2890.7	8735.7
吉首市	111.0	17608.1	11742.5	1135.9	634.7	4095.0	11406.4
泸溪县	120.0	9572.4	3392.9	2270.8	507.9	3400.8	7405.4
凤凰县	114.0	9479.7	3133.2	3164.2	130.8	3051.6	7455.5
花垣县	120.0	9774.4	5686.2	1532.8	327.2	2228.3	6950.0
保靖县	128.0	9469.2	3865.8	2147.4	389.4	3066.5	6692.4
古丈县	118.2	8282.8	5719.4	1017.9	315.1	1230.4	5398.6
永顺县	130.1	8389.5	5503.6	1748.7	285.2	852.1	7039.2
龙山县	124.0	9126.2	4468.1	2729.3	337.6	1591.2	6923.7

单位：元/人

食品烟酒	衣着	居住	生活用品及服务	医疗保健	交通通信	教育文化娱乐服务	其他用品和服务
3510.3	1158.0	1134.2	353.6	658.7	1623.1	309.1	70.3
3161.4	563.5	1903.5	647.4	722.6	987.2	237.5	187.3
3297.1	736.6	1414.8	483.3	777.1	887.8	825.7	162.3
2936.5	553.4	1669.7	486.7	1160.7	1096.4	354.9	120.7
2663.8	580.3	1689.8	526.4	719.1	1006.6	425.0	41.8
2996.1	634.6	2378.1	589.1	790.7	1156.3	1016.4	200.0
3122.5	567.4	2167.1	377.8	1451.0	1800.3	771.3	168.0
4334.0	552.5	2881.9	636.6	635.9	1077.8	1488.0	96.4
4068.3	805.2	1610.5	551.6	934.9	852.8	1603.4	142.8
5119.2	587.1	2453.6	672.2	1045.9	748.0	883.5	114.0
4250.8	708.0	2010.6	596.2	653.6	1020.0	1314.1	187.2
3252.6	488.2	1311.8	321.3	372.5	501.4	467.1	104.8
3860.5	485.0	2509.3	575.0	721.6	671.0	1454.5	117.6
3224.6	469.6	1491.3	466.0	676.0	849.7	1087.1	170.8
3944.7	331.4	2157.9	481.2	704.6	973.2	951.8	164.9
3168.0	439.7	1984.8	534.5	447.6	565.0	1302.2	152.0
3652.2	325.1	1434.1	379.0	601.1	457.4	1039.6	122.3
2554.0	365.4	1843.4	371.9	573.5	624.0	1650.5	40.7
5495.9	1132.3	2687.0	593.1	1544.3	1798.2	2498.9	375.8
3381.3	899.5	1301.9	739.8	956.5	749.4	769.0	116.3
3220.7	539.4	1491.7	459.7	378.8	757.7	936.8	109.8
3089.0	513.0	1527.0	538.5	646.5	719.2	631.1	53.2
3248.0	613.6	1791.8	507.9	393.8	665.0	882.3	146.8
3388.8	533.8	1540.2	494.7	934.8	807.9	931.9	115.9
2620.7	495.8	1362.4	561.6	287.5	610.7	569.2	60.1
2362.0	465.6	1280.8	502.5	608.3	722.3	953.5	169.9
2156.4	434.5	1207.8	418.3	589.5	702.8	878.1	128.9
2527.9	441.8	1146.7	651.1	537.8	787.8	1156.5	135.9
1980.6	294.6	771.9	359.3	183.4	452.8	347.9	54.2
3276.2	888.9	1706.9	584.1	381.4	866.9	676.4	99.1
4734.4	1210.4	2925.6	1266.3	1051.2	2407.1	2295.8	356.4
2971.2	555.4	1662.0	467.2	634.2	557.7	1145.9	64.5
2861.3	605.2	1128.9	621.6	887.2	595.5	1144.7	307.8
4488.7	1370.3	1798.3	750.5	1015.4	1200.3	2222.9	463.4
2941.0	586.7	1786.1	466.19.	895.3	757.9	1114.3	188.3
3388.1	861.4	2361.8	639.5	967.2	1745.2	798.4	644.9
2908.5	534.8	1815.4	467.6	476.9	781.7	274.3	146.1
2703.8	418.9	1376.1	450.5	764.7	1014.3	422.0	305.1
2263.1	567.4	1473.4	475.5	554.6	950.9	523.4	141.8
2323.9	377.3	1154.1	401.5	565.9	894.9	830.3	144.4
1830.1	506.4	921.4	424.6	496.3	547.8	477.2	194.7
2569.9	731.1	1301.9	450.5	726.1	731.9	347.2	180.5
2529.6	474.9	1139.2	392.2	606.7	1110.0	501.9	169.2

2-68 各县(市、区)城镇居民可支配

地区名称	调查户数(户)	可支配收入	工资性收入	经营净收入	财产净收入	转移净收入	消费支出
芙蓉区	62.3	38817.2	15124.4	7039.9	11495.6	5157.2	30183.5
天心区	59.5	41514.0	18969.2	6284.6	5740.4	10519.8	30565.7
岳麓区	72.0	34507.6	22799.7	1331.8	2617.9	7758.2	21942.2
开福区	72.8	33980.1	14964.3	999.0	3715.4	14301.3	22936.5
雨花区	62.7	40497.4	23114.7	5991.7	3298.4	8092.7	33216.3
望城区	52.0	34174.8	18095.0	10019.0	3742.3	2318.4	19021.8
长沙县	48.3	33512.6	23649.2	1747.4	7350.6	765.3	27126.6
宁乡县	48.0	31124.7	16639.7	4019.2	4615.5	5850.3	20967.6
浏阳市	50.0	33816.0	18549.0	7401.8	5364.1	2501.2	20623.0
荷塘区	50.0	33132.2	21303.5	1243.2	2276.5	8309.1	23126.5
芦淞区	42.0	34460.2	24338.4	2492.0	3214.4	4415.4	19575.9
石峰区	42.0	33480.1	24326.1	2267.6	2325.9	4560.5	19046.3
天元区	38.0	38245.6	27910.0	1178.7	4043.9	5113.0	29100.6
株洲县	38.0	24637.1	13686.2	1195.6	724.1	9031.3	14055.1
攸县	73.0	28189.2	9719.7	8702.8	3841.4	5925.4	13895.7
茶陵县	48.0	24271.3	9463.2	6519.6	1555.1	6733.4	12377.5
炎陵县	50.0	21007.5	13596.5	2110.3	778.2	4522.5	14664.3
醴　陵	66.0	28636.0	11867.8	8099.8	2772.4	5896.0	17575.9
雨湖区	60.0	27820.3	14336.1	3384.9	1889.1	8210.2	20182.8
岳塘区	50.0	27219.3	16520.3	795.4	1930.2	7973.3	21328.0
湘潭县	50.0	25653.0	15864.8	5061.4	1166.8	3560.1	13120.7
湘乡市	50.0	25681.8	12226.0	2100.2	4897.8	6459.6	19401.5
韶山市	30.0	29649.2	21250.9	3267.9	846.8	4283.6	20024.3
珠晖区	60.0	25460.5	17789.2	1685.1	2538.5	3447.6	19840.0
雁峰区	50.0	24566.5	16658.1	1460.5	1119.8	5328.0	15516.2
石鼓区	50.0	25896.4	13210.0	2427.3	2078.2	8180.9	18231.6
蒸湘区	50.0	25069.5	12953.6	1077.5	3111.8	7926.6	17537.4
南岳区	60.0	28516.9	13329.8	10629.6	1376.7	3180.8	20446.7
衡阳县	50.0	23853.2	16202.8	3162.1	1536.5	2951.8	18910.9
衡南县	50.0	23533.5	9033.0	8052.2	2676.7	3771.6	13870.7
衡山县	50.0	23817.3	15297.3	5869.7	932.0	1718.4	14592.3
衡东县	40.0	23798.6	16624.1	1252.2	341.7	5580.6	19101.1
祁东县	60.0	19201.8	8633.6	4205.3	2132.3	4230.6	12171.5
耒阳市	50.0	24968.1	14069.0	4243.8	1746.1	4909.3	17067.5
常宁市	50.0	23238.1	14579.1	3174.8	3730.6	1753.6	14066.4
双清区	40.0	19963.9	10600.3	1482.3	1666.2	6215.1	13148.2
大祥区	30.0	19503.0	14052.0	205.9	946.3	4298.8	15860.6
北塔区	40.0	17852.3	11172.9	973.3	3162.8	2543.3	9917.6
邵东县	50.0	22472.9	8325.7	6162.2	3869.0	4116.0	14054.6
新邵县	51.0	18994.3	12500.6	774.3	721.2	4998.3	11408.2
邵阳县	52.0	19063.5	8567.2	3710.6	1019.1	5766.6	10431.0

收入及消费支出(2014年)

单位：元/人

食品烟酒	衣着	居住	生活用品及服务	医疗保健	交通通信	教育文化娱乐服务	其他用品和服务
9187.0	2145.5	6367.5	1554.1	1347.2	4416.1	4681.7	484.4
9410.0	2200.5	6536.0	1671.8	3426.3	3689.1	3139.7	492.3
5869.4	1526.2	5435.7	1273.1	518.9	3160.4	3635.9	522.5
5859.0	1302.6	5130.7	1096.6	2590.8	4246.2	2503.8	206.9
7684.2	2196.2	6883.7	1362.8	2107.5	6986.3	5209.3	786.4
5129.8	1628.0	3862.6	1151.7	886.3	2873.5	3025.7	464.2
5724.0	1885.0	5477.0	2097.5	646.3	7452.1	3524.2	320.5
6018.9	1769.0	4845.4	1747.9	978.0	2704.9	2683.6	219.8
5050.8	1524.4	4462.0	1134.0	756.1	3708.4	3245.7	741.7
7136.8	1814.6	3080.3	1359.8	3176.8	3506.8	2346.5	705.1
6444.8	1853.3	3713.7	991.2	1764.8	3785.3	659.8	363.1
6296.3	1336.1	2854.1	1348.1	2429.7	3128.6	1219.4	434.0
7044.8	2194.9	4823.2	1500.0	6652.3	4888.2	1581.8	415.3
4945.4	1161.4	1833.3	1153.2	1711.0	2249.7	888.6	112.6
4231.4	989.7	3706.8	755.6	1350.9	1685.1	800.1	376.1
4431.0	898.9	2536.9	763.8	1048.8	1400.0	688.7	609.4
3822.1	1868.2	2149.5	2140.5	1410.2	2050.0	581.8	642.1
5666.6	1311.8	3660.0	1442.7	2188.6	2187.7	638.3	480.2
6922.6	1808.2	3434.6	1512.5	1388.3	1969.1	2796.8	350.6
6868.3	1883.1	3726.0	1546.9	1349.0	2342.4	3204.2	408.2
4368.4	1222.2	2319.8	859.5	739.6	1452.5	1915.2	243.5
5154.7	2267.7	3941.4	1308.4	965.0	2234.1	2889.2	641.0
5869.9	2269.5	3117.0	2900.0	704.7	1840.1	3124.2	198.9
6113.3	1636.6	3804.8	1361.7	1237.7	1993.2	3178.5	514.2
5900.6	1327.8	2358.8	905.9	460.7	1604.9	2279.7	677.8
6772.7	1408.3	2840.0	1260.5	1544.1	1381.5	2554.3	470.2
6402.2	1786.6	3036.7	729.6	641.0	1820.2	2705.5	415.7
5661.8	2228.7	3615.8	1828.0	978.3	2472.9	2759.4	901.8
6081.7	2029.6	2843.5	1138.9	1293.7	2215.2	2993.9	314.4
4305.5	730.9	2741.2	638.1	1697.0	1450.7	2149.6	157.7
4641.6	1579.4	2712.9	919.5	717.3	1608.5	2139.5	273.6
5849.0	1767.9	2744.4	1770.3	1186.0	2138.7	2710.3	934.6
4862.3	598.5	3069.3	378.1	627.3	792.5	1500.6	42.9
5400.2	2238.1	2496.3	761.3	1321.6	1797.9	2655.0	396.9
4904.1	886.0	2878.4	995.8	944.3	958.7	2186.2	312.9
5367.6	755.4	2009.1	550.7	1075.0	1651.9	1578.5	160.0
5464.9	1637.2	2722.8	792.5	1850.0	1528.1	1614.9	250.2
4569.4	642.4	2044.0	401.2	631.4	486.6	1087.9	54.6
4671.3	1024.3	3397.7	822.6	398.5	1223.8	2307.7	208.8
5025.9	1129.3	1611.4	585.9	638.1	744.0	1472.7	200.9
3916.4	924.5	1569.3	546.8	919.3	660.8	1679.5	214.3

2-68 续表 1

地区名称	调查户数(户)	可支配收入	工资性收入	经营净收入	财产净收入	转移净收入	消费支出
隆回县	40.0	18316.6	12212.5	1999.7	761.4	3343.1	7725.3
洞口县	52.0	19592.3	14969.3	1059.3	1125.7	2438.0	11962.0
绥宁县	53.3	17522.1	10848.6	3269.0	585.6	2818.8	10259.1
新宁县	52.0	18068.6	10322.4	2333.2	1354.3	4058.7	11379.0
城步县	38.0	16914.6	12470.8	2008.0	500.7	1935.2	5900.4
武冈市	57.0	19054.0	10524.2	2196.9	409.1	5923.7	9291.3
岳阳楼区	73.9	25528.3	19242.6	2050.4	1358.9	2876.4	20910.6
云溪区	30.0	26823.4	16403.3	1674.4	977.2	7768.4	17274.2
君山区	28.9	22442.3	11079.9	4926.3	347.4	6088.6	15186.1
岳阳县	38.0	20350.0	12778.1	3396.3	1313.2	2862.3	9026.8
华容县	53.8	20825.2	10646.2	5323.7	2152.6	2702.8	11648.0
湘阴县	50.8	22368.0	13586.5	3320.0	851.3	4610.2	16400.5
平江县	50.0	17034.8	12226.9	448.0	327.5	4032.4	13878.3
汨罗市	50.0	22535.1	15732.1	3504.5	1092.8	2205.7	14920.5
临湘市	39.0	20067.8	10717.9	3885.3	1795.9	3668.8	15150.2
武陵区	50.0	26378.6	15092.1	2017.8	4004.0	5264.6	23060.4
鼎城区	49.0	24184.7	5600.8	11470.7	2185.9	4927.3	20584.0
安乡县	49.0	19664.2	7743.6	1169.5	1238.7	9512.5	13471.2
汉寿县	50.0	22285.3	8683.6	6952.7	907.2	5741.9	13687.6
澧　县	50.0	21312.8	5222.3	6627.9	1250.9	8211.7	14314.7
临澧县	40.0	23336.0	13248.1	1768.6	1952.6	6366.8	15714.9
桃源县	50.0	21600.2	11186.2	5691.1	1815.2	2907.7	15310.5
石门县	50.0	18245.1	6772.2	5039.1	1426.9	5006.8	14466.4
津市市	57.0	24158.1	11660.8	3841.4	1351.7	7304.2	16761.6
永定区	50.0	20321.1	10117.4	1851.0	3340.2	5012.5	15081.6
武陵源区	30.0	20825.5	10782.0	3957.9	4942.8	1142.8	15397.1
慈利县	50.0	17379.0	11653.3	1331.9	643.7	3750.0	13436.3
桑植县	50.0	11687.4	6657.0	2636.3	782.2	1611.9	8663.0
资阳区	50.0	21136.0	9538.0	2140.4	1570.3	7887.4	14131.0
赫山区	50.0	25773.0	12130.3	3193.7	1198.8	9250.2	16708.9
南县	47.0	20182.0	9480.4	4556.7	1724.0	4420.9	14734.7
桃江县	50.0	21082.0	9714.6	4314.1	1351.3	5702.1	17581.7
安化县	40.0	13092.0	7405.6	1448.7	488.8	3749.2	11428.5
沅江市	39.0	24107.0	12400.3	5259.2	2974.3	3473.0	15630.7
北湖区	57.0	25842.4	15680.8	3058.6	3923.6	3179.4	15877.9
苏仙区	57.0	25033.5	17906.2	2994.6	1583.3	2549.4	17211.0
桂阳县	50.0	24923.0	12192.1	7478.0	3767.6	1485.4	18312.3
宜章县	40.0	22138.8	9201.7	11045.0	1430.2	461.9	17331.8
永兴县	40.0	23371.7	10700.6	3967.0	1238.0	7466.1	10431.2
嘉禾县	40.0	20528.3	13349.4	2951.5	1112.9	3114.4	9835.5

单位：元/人

食品烟酒	衣着	居住	生活用品及服务	医疗保健	交通通信	教育文化娱乐服务	其他用品和服务
3146.2	603.4	1111.3	493.4	410.1	855.2	1025.4	80.3
4313.9	1276.0	1866.6	730.8	579.5	1020.5	1966.7	207.9
3738.4	969.3	1642.1	607.5	670.5	1238.9	1239.9	152.4
3721.4	773.6	2295.9	980.2	970.8	1010.9	1422.9	203.3
2067.0	371.2	1481.0	161.7	318.4	310.9	934.7	255.5
3247.8	549.9	1749.0	614.0	1406.3	880.0	788.3	56.0
6682.4	2214.1	3178.0	1177.3	1410.6	2475.1	3337.7	435.3
5903.5	1674.9	2805.9	1611.0	725.3	1988.2	1981.0	584.3
5913.2	1472.8	2494.1	1062.8	570.3	2159.5	1439.0	74.4
3473.4	1016.9	1915.2	529.8	267.4	734.3	1049.5	40.3
4546.2	878.2	1927.1	481.7	544.6	1401.1	1647.6	221.4
4678.0	1529.5	3448.8	868.2	1184.2	2503.6	1826.2	362.1
4337.7	1260.2	1879.9	1006.3	1369.4	1715.5	1758.8	550.6
4607.4	1398.8	2855.0	959.1	960.7	1722.4	2156.1	261.0
4802.4	1395.7	2893.8	888.2	2223.4	1198.2	1481.1	267.5
6377.3	1766.5	5087.5	2337.0	2272.8	2980.7	1821.1	417.5
6633.5	1224.8	2354.4	1122.8	5561.9	2203.9	795.7	687.1
5282.2	826.4	2634.2	720.6	1062.4	1833.8	941.6	170.0
5520.6	1236.2	1977.6	940.3	997.8	1903.0	832.0	280.0
5124.7	1214.4	2657.0	773.0	1233.7	2119.8	855.7	336.4
5264.9	1268.5	3808.6	1091.0	1191.9	2183.3	656.6	250.2
4734.7	1248.4	2329.4	906.8	2131.3	2412.0	1353.5	194.4
4116.0	1083.6	2501.6	684.7	1942.7	1948.8	1930.1	258.9
6352.2	1220.6	2677.0	1058.3	1142.7	2748.0	1407.8	155.0
4206.9	1168.2	3945.6	1296.9	940.3	1953.1	1303.5	267.1
3672.3	1273.4	4890.2	722.1	854.6	1836.6	2001.0	147.1
3376.2	1569.1	2163.3	1319.2	913.8	1686.3	1978.7	429.6
2617.9	695.9	2290.0	817.3	162.6	671.1	1252.0	156.3
5510.1	906.1	2543.8	943.5	1159.3	910.7	1806.5	351.0
6063.9	1303.7	2377.6	1095.7	1498.5	1817.6	2075.0	476.9
5324.9	1166.8	3027.6	1088.3	1024.9	1418.2	1189.2	494.8
4968.0	1458.3	3109.1	1123.0	2028.0	1411.6	3001.7	481.9
4397.9	1034.6	2085.8	1062.6	966.2	732.3	1095.0	54.2
6105.1	1128.3	2938.5	942.7	468.5	1868.2	1836.4	343.1
4611.0	1306.8	3069.4	687.5	1958.3	2123.8	1823.6	297.5
5743.1	1924.0	2586.8	1088.4	2402.0	2177.9	814.9	473.9
6898.7	1843.8	2905.7	1096.1	1822.0	2412.1	773.5	560.3
5732.9	2054.1	3379.9	1210.8	1742.1	2369.4	520.7	321.8
4101.6	1635.5	1101.3	296.4	805.3	2015.4	444.5	31.3
3580.7	711.8	2232.1	605.4	739.0	1385.2	324.7	256.6

2-68 续表 2

地区名称	调查户数(户)	可支配收入	工资性收入	经营净收入	财产净收入	转移净收入	消费支出
临武县	50.0	20076.5	12325.2	2868.7	3185.4	1697.2	12231.7
汝城县	38.0	15680.5	10623.1	289.8	2123.1	2644.5	12412.1
桂东县	40.0	14655.5	9817.8	2010.2	1354.8	1472.6	10267.8
安仁县	40.0	17838.9	10249.0	2290.7	1771.1	3528.1	12474.5
资兴市	56.0	24705.7	8154.1	8856.6	2448.2	5246.8	10919.2
零陵区	60.0	20564.6	7782.0	5737.6	2288.0	4757.1	12066.3
冷水滩	60.0	22524.6	11229.7	3908.7	3848.2	3538.0	12494.1
祁阳县	50.0	21768.5	11026.3	2098.4	1414.8	7228.9	13041.2
东安县	50.0	20998.7	9430.9	4152.2	1826.0	5589.6	14764.4
双牌县	40.0	18044.7	13933.7	3517.2	820.8	-227.0	9158.7
道　县	50.0	19097.6	8580.6	5901.2	1150.4	3465.5	12657.3
江永县	50.0	17177.3	7045.1	5977.2	1172.2	2982.9	12569.6
宁远县	70.0	18502.3	9250.8	3800.8	1226.4	4224.4	10996.6
蓝山县	50.0	19792.9	5691.5	9904.3	1890.0	2307.1	11294.2
新田县	40.0	17550.8	7623.1	846.5	4630.0	4451.2	10437.9
江华县	40.0	17306.3	10816.8	1613.0	935.9	3940.6	13103.9
鹤城区	60.0	23705.0	15758.9	1053.4	1422.7	5470.1	17027.6
中方县	50.0	19973.0	14793.9	2934.1	676.5	1568.5	12850.8
沅陵县	50.0	16361.2	13914.9	1204.3	374.3	867.7	11385.8
辰溪县	40.0	16470.7	10343.8	524.0	677.9	4925.2	10221.1
溆浦县	48.0	16856.3	9963.4	3362.3	782.8	2747.8	11108.3
会同县	48.0	15817.4	9991.5	175.1	415.6	5235.1	12790.9
麻阳县	40.0	16657.9	7923.7	5799.9	764.1	2170.3	11506.1
新晃县	40.0	14582.0	8657.0	784.1	758.4	4382.4	10291.7
芷江县	49.0	16990.4	7498.9	6154.4	939.8	2397.2	10760.1
靖州县	40.0	15909.9	7454.4	5259.8	239.5	2956.3	9016.7
通道县	36.0	15004.7	10172.7	1627.2	561.4	2643.4	7435.3
洪江市	50.0	17234.6	6742.4	5323.1	819.0	4350.0	10555.6
娄星区	43.0	23229.9	11666.4	3414.6	2098.8	6050.2	16966.6
双峰县	49.0	15451.3	7569.7	1865.1	848.6	5168.0	10399.9
新化县	48.0	15117.2	7080.8	2270.0	2779.8	2986.6	14734.1
冷水江市	62.0	25574.4	16535.0	-6.0	737.9	8307.6	13386.2
涟源市	48.0	15837.1	9098.1	1669.7	874.7	4194.6	10999.8
吉首市	59.0	21761.0	15244.1	768.7	858.2	4890.1	12784.9
泸溪县	39.0	16736.7	6241.7	3597.3	1325.3	5572.3	11093.4
凤凰县	50.0	17557.3	7757.4	2121.4	462.1	7216.5	11290.7
花垣县	60.0	17537.2	9983.4	1295.7	878.3	5379.8	10476.2
保靖县	49.8	15786.4	7585.4	1943.7	1045.2	5212.0	10781.8
古丈县	51.2	15480.5	11533.9	785.4	909.6	2251.7	8988.6
永顺县	59.3	15683.2	12790.8	770.7	854.2	1267.5	11605.3
龙山县	47.0	15599.5	9086.8	2804.8	946.9	2761.0	9070.0

单位：元/人

食品烟酒	衣着	居住	生活用品及服务	医疗保健	交通通信	教育文化娱乐服务	其他用品和服务
4784.8	1327.5	1790.5	707.1	1081.0	1338.2	962.1	240.5
3914.9	1071.1	2324.1	595.9	2188.2	1774.2	377.1	166.7
3369.6	1040.5	2078.5	794.4	1049.6	1475.5	393.9	65.8
3719.8	952.3	2965.5	668.3	1004.3	1468.7	1460.6	235.0
3059.4	653.1	2106.9	361.3	1637.3	1992.5	915.2	193.4
4677.1	723.3	2654.1	529.8	499.8	1057.9	1768.3	156.0
4552.4	954.5	1806.6	600.5	1088.4	1059.0	2298.4	134.2
6203.7	800.5	2630.4	727.6	936.7	698.5	903.5	140.2
5391.2	1463.4	2942.2	816.1	632.5	1483.3	1837.1	198.6
4458.1	747.9	2156.7	533.7	314.8	570.5	248.9	128.0
4462.6	731.9	3633.3	725.0	378.5	749.6	1875.4	100.9
4191.8	900.3	2243.7	624.1	1070.2	1598.2	1650.7	290.6
3765.6	422.0	2395.7	491.5	1060.8	1542.6	1150.1	168.4
4163.6	619.4	2267.8	719.7	741.5	754.1	1826.5	201.6
3980.7	564.5	2108.6	543.9	921.1	612.5	1623.7	83.0
4364.9	692.5	3353.2	274.1	764.7	766.1	2801.4	87.0
5736.7	1195.8	2788.3	627.9	1659.6	1923.0	2690.1	406.2
4083.4	1590.4	1616.5	1284.1	976.7	1368.2	1648.0	283.5
4783.9	1046.4	2047.4	662.4	447.7	866.7	1306.7	224.6
3912.8	673.8	1757.6	578.6	994.8	1012.4	1165.1	126.1
4445.6	1062.9	2416.5	627.4	267.0	764.4	1359.5	165.1
4997.0	1056.1	1981.6	706.0	1416.6	1141.2	1301.7	190.6
4113.9	1124.9	2462.3	1058.6	461.7	1249.8	942.3	92.6
3613.4	688.0	1773.5	648.5	854.7	790.0	1666.1	257.5
3672.2	870.2	2096.4	726.9	688.6	935.3	1474.3	296.2
3231.6	580.8	1449.5	723.0	400.6	968.8	1438.8	223.5
3253.6	590.9	1378.2	671.0	256.7	508.1	730.7	46.2
3751.4	1141.8	1890.8	1192.2	366.8	1078.4	1016.6	117.6
4994.3	1277.5	2932.4	1332.2	1107.5	2449.3	2481.9	391.4
3743.9	856.9	1911.6	692.0	824.6	829.2	1464.2	77.6
4854.7	1412.1	2268.5	1168.6	921.4	1027.0	2387.9	694.0
4548.0	1562.6	1308.9	714.2	1137.2	1304.2	2288.2	523.0
3672.5	978.5	2028.6	622.9	1069.3	1090.0	1390.2	147.9
3648.3	970.5	2680.8	738.5	981.1	2045.8	840.6	879.3
4506.2	871.4	2907.4	732.7	607.6	865.6	365.5	237.0
3821.4	708.0	2374.9	686.4	1156.2	1200.9	656.5	686.5
3545.2	887.9	2237.1	786.4	715.6	1362.9	706.1	235.1
3706.0	689.4	1998.8	679.3	704.9	1506.9	1213.8	282.6
2921.2	1113.6	2116.1	517.1	485.7	720.0	893.4	221.5
3779.6	1386.4	1955.3	760.5	1140.0	1395.0	769.1	419.3
2733.3	890.3	1739.6	630.7	904.0	1395.8	452.6	323.7

2-69 各县(市、区)农村居民可支配

地区名称	调查户数(户)	可支配收入	工资性收入	经营净收入	财产净收入	转移净收入	消费支出
望城区	69.0	23631.9	15238.2	6593.8	345.4	1454.5	13550.5
长沙县	70.0	22872.4	11063.8	8265.7	1568.4	1974.6	11161.1
宁乡县	70.0	19719.1	9355.4	6789.3	418.5	3155.8	12922.7
浏阳市	68.0	23185.8	8932.2	10248.7	484.7	3520.3	13905.9
株洲县	77.0	13472.3	9290.0	2471.6	440.4	1270.3	8850.9
攸县	59.0	18872.8	6593.6	8615.4	362.4	3301.4	13475.8
茶陵县	63.0	6659.9	4018.2	1465.5	110.3	1066.0	5730.8
炎陵县	70.0	6155.2	2690.6	2330.3	52.2	1082.1	5162.1
醴　陵	58.0	19091.5	9181.5	6453.1	419.4	3037.4	12264.6
湘潭县	90.0	13344.4	6793.4	4036.7	251.4	2263.0	10058.8
湘乡市	80.0	13182.9	7172.9	3899.0	475.1	1635.8	10888.3
韶山市	30.0	18588.1	6007.0	11329.3	350.2	901.5	11433.7
衡阳县	70.0	12306.4	5555.6	4150.4	356.4	2244.1	8511.6
衡南县	90.0	14897.7	7164.9	3580.4	224.5	3927.9	9781.3
衡山县	70.0	15003.3	5612.5	6517.1	418.4	2455.4	11359.6
衡东县	80.0	14414.8	7249.3	5539.3	88.1	1538.1	9227.4
祁东县	70.0	10239.6	2404.0	3177.0	202.4	4456.3	6332.8
耒阳市	70.0	14845.3	7517.0	3431.8	155.5	3741.0	8145.6
常宁市	70.0	11740.4	6325.7	2575.7	105.9	2733.2	9159.9
邵东县	69.9	13501.2	7845.2	2895.9	714.5	2045.6	7743.3
新邵县	89.0	7268.7	3003.6	1841.7	103.9	2319.4	8609.0
邵阳县	91.0	7039.9	1886.4	2571.0	10.0	2572.4	6441.8
隆回县	73.3	6358.1	2070.2	2060.9	27.8	2199.3	4288.2
洞口县	88.1	6919.7	3708.3	1327.8	55.4	1828.2	7338.1
绥宁县	69.0	6592.1	2587.6	2142.2	48.5	1813.9	4577.3
新宁县	90.0	6375.2	2767.3	2183.4	36.6	1387.9	6028.4
城步县	80.0	4686.6	2209.4	1731.1	0.3	745.8	4637.0
武冈市	59.0	7596.0	4363.7	1774.5	32.9	1425.0	5460.4
君山区	50.0	12804.5	4945.5	3930.5	25.3	3903.2	9399.1
岳阳县	81.0	11494.4	7152.7	2786.0	27.5	1528.2	8200.8
华容县	60.3	13674.7	3913.6	7965.8	663.7	1131.5	9861.5
湘阴县	81.0	13079.8	5788.2	2952.4	78.8	4260.4	12587.2
平江县	98.0	6828.1	4040.6	929.8	200.7	1657.0	8121.3
汨罗市	86.0	12733.7	5868.1	3523.3	16.9	3325.3	12716.0
临湘市	75.0	11234.1	7240.6	2426.7	82.4	1484.4	8054.4
武陵区	57.0	17553.0	10020.3	5210.7	954.1	1368.0	16921.3

收入及消费支出(2014年)

单位：元/人

食品烟酒	衣着	居住	生活用品及服务	医疗保健	交通通信	教育文化娱乐服务	其他用品和服务
3925.8	874.8	2817.9	922.5	1294.6	1948.9	1558.0	208.0
3193.5	652.2	2712.5	859.8	1086.5	1145.9	1474.4	36.3
4293.0	699.8	2497.7	791.6	683.9	2251.0	1654.5	51.3
3992.3	889.6	3255.2	877.0	986.2	1415.7	1989.9	499.9
3038.0	385.6	2122.4	519.5	1111.7	779.5	755.4	138.6
4021.0	699.5	3680.3	773.4	1264.0	1798.0	881.2	358.4
1743.9	322.4	1470.9	344.5	541.3	978.5	205.9	123.5
1841.8	195.0	915.3	249.7	526.3	932.5	423.3	78.2
3603.7	808.8	3058.4	975.2	1157.7	1381.1	998.2	281.4
3201.9	522.4	2439.8	509.8	1020.0	764.1	1334.0	266.8
3233.0	537.8	2516.3	710.5	841.6	1367.4	1430.6	251.0
3653.5	1472.2	2120.9	1233.8	239.9	769.2	1859.9	84.4
2914.3	463.6	1849.5	482.3	635.1	703.2	1065.3	398.4
3207.5	365.1	2647.0	627.5	678.9	716.1	1424.9	114.4
3688.0	655.2	2874.8	551.4	643.0	961.4	1767.4	218.4
3265.1	479.7	1769.6	520.8	935.5	892.0	1287.0	77.8
2499.1	166.9	1476.3	304.1	669.3	464.1	655.1	97.9
3448.4	495.5	990.3	397.3	1500.8	526.4	697.0	90.0
3221.0	580.4	2053.3	594.6	787.1	795.7	938.1	189.7
3070.8	543.8	1313.2	437.6	948.9	423.7	950.8	54.5
3034.5	387.7	1578.1	426.4	1208.4	704.9	1075.8	193.3
2507.9	216.8	1326.5	351.4	676.9	417.3	864.9	80.0
1788.2	194.9	602.2	235.3	600.4	254.4	558.1	54.7
2549.9	336.7	1502.6	410.7	684.6	781.5	840.4	231.6
1485.7	245.0	970.8	312.0	446.1	389.4	701.1	27.2
2379.5	216.0	1129.6	356.6	574.4	681.0	638.9	52.5
1731.4	290.2	1040.5	233.4	213.9	370.3	537.0	220.3
1448.8	320.9	1218.1	651.3	503.8	542.0	701.3	74.1
2983.3	539.9	2493.8	700.0	823.4	1106.6	617.7	134.4
2444.0	537.4	2260.8	517.8	303.9	1149.4	953.6	34.0
3491.4	627.2	2032.7	566.8	686.5	781.3	1583.9	91.7
3630.6	555.2	3156.3	837.5	1845.8	958.7	1368.8	234.2
2236.2	476.1	2112.8	541.1	889.5	862.4	798.8	204.6
3977.3	757.8	2883.9	889.1	860.4	1870.7	1237.1	239.7
2923.6	494.3	1855.5	543.5	650.5	633.1	783.5	170.4
4989.4	1234.1	5089.1	1119.7	1872.4	1599.1	787.1	230.5

2-69 续表 1

地区名称	调查户数(户)	可支配收入	工资性收入	经营净收入	财产净收入	转移净收入	消费支出
鼎城区	67.0	10998.4	4348.3	3511.1	198.9	2940.1	10536.1
安乡县	77.0	10966.6	1995.6	7035.9	40.3	1894.8	9195.0
汉寿县	80.0	11496.7	3828.3	5910.7	26.8	1730.9	10983.7
澧 县	80.0	10696.1	3162.8	5019.9	111.2	2402.2	11249.4
临澧县	78.0	11987.5	6145.3	3787.8	97.8	1956.5	10439.2
桃源县	70.0	10213.2	3007.9	5492.2	22.0	1691.1	8104.1
石门县	80.0	8065.9	2694.6	3378.9	43.8	1948.6	8563.0
津市市	39.0	10312.0	3015.3	5792.3	72.9	1431.6	8302.8
永定区	70.0	6639.7	2632.6	1823.8	161.2	2022.1	7373.8
武陵源区	30.0	8898.6	6219.0	1081.7	207.8	1390.1	8450.0
慈利县	80.0	7090.5	3074.2	2659.7	15.6	1341.0	6474.1
桑植县	70.0	4719.2	1720.9	1447.7	8.3	1542.3	4422.1
资阳区	58.0	13478.0	6518.0	4678.1	363.1	1919.2	12107.6
赫山区	60.0	13185.0	5691.2	5383.1	218.8	1891.8	11719.5
南 县	67.0	11568.0	2259.1	5817.7	303.0	3188.3	9617.8
桃江县	80.0	10976.0	2936.7	5383.4	119.8	2536.6	10430.5
安化县	80.0	6196.0	3295.2	1209.1	34.1	1657.1	4845.3
沅江市	78.0	13202.0	3068.5	8631.0	230.9	1271.3	11179.2
北湖区	46.0	15643.6	7191.2	5347.2	371.7	2733.6	10186.6
苏仙区	40.0	14656.7	8890.8	4329.4	363.5	1073.0	11060.7
桂阳县	79.0	14182.5	2628.9	8609.5	444.9	2499.1	7955.1
宜章县	79.0	6534.3	4071.2	1839.4	57.4	566.4	6817.9
永兴县	78.0	13028.3	8226.6	1965.6	267.1	2569.0	7707.3
嘉禾县	76.0	11957.0	8336.3	2265.4	25.2	1330.0	7440.6
临武县	81.0	8040.7	4781.6	1765.2	270.8	1223.0	6719.8
汝城县	77.0	6847.1	3549.4	1663.9	52.7	1581.1	6690.8
桂东县	77.0	6419.2	957.0	3336.2	129.3	1996.6	6266.1
安仁县	93.0	7461.4	2751.1	2406.5	82.6	2221.1	8150.3
资兴市	49.0	14499.9	5125.0	7350.0	520.2	1504.7	9723.5
零陵区	40.0	13431.3	3314.8	8033.7	768.8	1314.0	11313.4
冷水滩	40.0	14357.5	4128.7	6316.7	100.3	3811.9	7195.3
祁阳县	70.0	9904.2	3395.0	3337.2	40.2	3131.9	10686.0

单位：元/人

食品烟酒	衣着	居住	生活用品及服务	医疗保健	交通通信	教育文化娱乐服务	其他用品和服务
4196.1	605.4	1492.8	812.4	1068.4	1481.0	621.5	258.5
2896.2	462.2	2317.7	638.9	671.4	1425.5	576.3	206.8
3659.1	644.3	2176.2	581.6	1445.1	1385.1	905.2	187.1
3321.7	524.2	2474.2	789.1	1367.5	1575.5	941.1	256.1
2742.6	653.3	2569.5	660.2	834.9	1389.9	1409.8	179.0
2740.1	379.2	1684.3	584.9	586.0	1181.1	856.6	92.0
2490.8	346.8	1999.7	582.3	893.3	1285.0	797.3	168.0
2863.7	551.1	1945.9	478.4	766.4	1028.0	604.5	64.9
2170.3	333.1	1816.4	637.0	651.1	712.9	767.8	285.2
2058.3	455.4	1278.6	379.2	825.1	2203.0	1142.0	108.6
2311.4	339.1	1356.7	415.6	554.4	586.0	835.0	75.9
1721.5	244.8	728.2	317.6	522.1	260.6	580.1	47.1
3712.8	743.6	2548.8	858.5	984.0	1270.5	1652.0	337.3
3802.6	618.3	2508.3	672.5	782.3	1732.9	1457.5	145.0
3540.8	544.3	2400.3	486.6	597.4	658.2	1195.2	195.0
3729.1	575.0	2118.1	727.6	895.4	705.7	1460.4	219.4
1613.9	239.1	1163.7	251.2	599.3	426.9	489.2	61.9
3254.6	532.9	1983.7	875.1	1353.4	1352.4	1549.5	277.6
3490.6	677.7	2558.9	788.1	1083.8	720.0	789.4	78.0
3700.0	872.9	1942.8	894.6	1012.9	1313.6	1040.8	283.2
2918.3	383.8	1439.2	488.7	646.4	1429.2	501.3	148.1
2170.6	325.0	2001.5	343.0	511.1	961.5	437.6	67.5
3103.6	829.7	1156.8	392.9	557.8	1353.3	216.0	97.2
2876.2	462.6	1679.8	675.9	711.5	716.4	178.1	140.1
2536.4	434.3	1222.7	368.9	621.7	657.4	756.0	122.4
2526.9	336.7	1395.7	441.0	730.6	812.7	345.6	101.5
2289.5	336.3	1483.7	384.2	543.9	758.0	441.5	29.1
2566.4	446.0	2029.4	542.1	663.8	970.8	752.6	179.3
3212.4	445.6	2252.7	401.3	1186.0	1527.0	566.6	132.0
3966.3	369.3	3125.9	751.1	781.7	1099.1	1187.6	32.5
3219.7	543.4	1266.6	465.9	665.7	491.4	384.9	157.8
4401.9	445.9	2336.7	635.6	1118.1	780.8	870.3	96.8

2-69 续表 2

地区名称	调查户数(户)	可支配收入	工资性收入	经营净收入	财产净收入	转移净收入	消费支出
东安县	70.0	10259.8	3604.6	3604.9	27.5	3022.8	8685.6
双牌县	80.0	6106.4	3290.1	1292.3	25.2	1498.9	5494.6
道　县	90.0	11017.5	4017.7	5094.4	102.5	1802.9	9123.4
江永县	90.0	6895.4	1743.9	4428.6	57.5	665.4	6705.8
宁远县	70.0	9584.5	2514.6	3846.6	41.7	3181.7	9008.3
蓝山县	70.0	9928.2	2188.9	5102.6	108.8	2527.9	6795.1
新田县	80.0	6377.3	1180.5	3218.8	97.6	1880.4	6897.1
江华县	80.0	6981.1	2792.8	1081.8	292.7	2813.8	5867.8
鹤城区	40.0	9608.39	3274.14	5493.75	196.49	644.01	6703.67
中方县	70.0	7576.9	3574.6	2887.7	68.9	1045.7	7451.9
沅陵县	69.0	6401.8	2516.1	1616.4	308.3	1960.9	6225.0
辰溪县	80.0	6692.8	2998.3	1905.0	39.6	1749.9	6567.6
溆浦县	86.0	7575.3	3237.3	1836.5	110.1	2391.5	6979.8
会同县	92.0	6672.1	2094.7	1958.9	104.7	2513.8	7204.9
麻阳县	77.0	5373.2	2926.3	1244.7	0.5	1201.7	4547.5
新晃县	80.0	5393.3	2907.7	1878.8	1.2	605.6	5804.6
芷江县	75.0	5837.9	1454.4	3139.4	76.1	1168.0	4913.2
靖州县	80.0	6434.8	4632.5	679.1	41.4	1081.9	6178.5
通道县	76.0	4783.8	2319.0	1566.8	7.5	890.5	3376.8
洪江市	70.0	7519.0	4719.4	1936.6	11.5	851.5	7267.0
娄星区	57.0	12255.6	6743.4	3528.4	435.7	1548.1	11316.2
双峰县	70.0	7916.1	3674.5	1950.1	40.6	2250.9	7266.5
新化县	90.0	5818.9	2549.9	947.8	48.8	2272.4	5745.7
冷水江市	60.0	16921.3	13048.7	2847.6	244.0	781.0	13063.8
涟源市	79.0	6639.3	3356.1	914.1	5.9	2363.2	7819.7
吉首市	52.0	7018.0	2813.5	2072.5	64.8	2067.2	7891.1
泸溪县	81.0	5256.1	1676.5	1471.6	15.4	2092.5	5183.5
凤凰县	64.0	6414.6	1378.5	3559.8	5.0	1471.2	6000.2
花垣县	60.0	5509.4	3325.2	1663.0	24.5	496.7	5012.6
保靖县	78.2	6168.5	1922.4	2253.8	46.7	1945.5	4555.7
古丈县	67.0	4626.4	2765.6	1136.1	13.1	711.5	3574.9
永顺县	70.8	4905.8	2022.9	2215.8	13.4	653.6	4858.3
龙山县	77.0	6095.2	2305.5	2693.9	52.3	1043.5	5918.7

单位：元/人

食品烟酒	衣着	居住	生活用品及服务	医疗保健	交通通信	教育文化娱乐服务	其他用品和服务
3668.4	322.3	1534.9	483.9	664.3	783.4	1047.0	181.4
2569.7	341.0	833.2	201.0	405.2	462.2	590.6	91.6
3522.2	346.3	1877.9	490.8	914.4	626.9	1218.1	126.9
2820.1	289.4	1176.5	399.9	511.1	536.7	851.4	120.7
4042.2	282.1	2028.3	475.5	510.5	662.9	843.8	162.9
2504.8	320.0	1796.3	411.1	251.8	439.1	953.0	119.0
3501.5	215.3	1124.6	303.3	454.2	386.2	771.6	140.4
1785.7	226.6	1202.9	413.4	492.3	563.7	1162.2	21.0
2981.05	469.32	1628.45	229.83	339.81	495.15	501.70	58.37
3120.7	643.0	1185.1	537.8	949.0	519.6	442.6	54.3
2473.2	297.0	1225.9	362.8	345.8	705.6	759.8	55.0
2710.7	439.1	1421.0	520.1	486.5	584.5	385.9	19.7
2716.3	414.1	1514.5	454.9	450.1	620.9	670.4	138.6
2775.0	334.5	1371.7	414.0	750.9	680.7	790.8	87.4
2009.7	238.4	912.4	358.2	216.2	349.2	416.6	46.8
1873.2	378.8	1088.4	445.4	512.0	695.8	675.2	135.8
1583.8	269.9	872.1	301.7	552.1	615.0	653.0	65.7
2007.1	339.0	922.6	597.9	639.3	653.9	947.5	71.2
1526.0	188.8	555.4	248.0	157.3	433.1	211.2	57.1
2998.4	741.0	1599.5	228.8	390.0	743.3	477.6	88.3
2952.8	750.4	2879.1	814.3	665.4	2117.9	1019.7	116.7
2710.0	453.5	1577.7	391.2	569.8	465.9	1039.3	60.1
2132.5	310.2	712.2	421.6	874.8	437.8	690.2	166.5
4297.8	751.1	3374.7	867.1	623.3	865.5	2012.8	271.6
2645.1	428.2	1688.0	402.8	824.9	623.5	1002.6	204.6
2724.6	583.0	1548.2	387.0	931.8	978.6	690.7	47.1
1945.9	332.0	1157.5	307.8	398.2	731.2	219.4	91.4
2279.7	309.3	997.1	361.0	616.2	943.5	333.0	160.4
1558.7	391.4	1053.8	304.6	466.1	724.6	423.0	90.4
1601.8	214.3	712.7	256.3	493.2	575.2	630.0	72.2
1275.9	197.9	314.6	377.7	501.7	460.4	265.7	181.1
1992.1	418.1	989.8	302.4	528.4	415.2	145.7	66.5
2434.2	280.3	858.0	280.5	467.5	976.2	525.0	96.8

2-70 分区域全体居民可支配收入及消费支出(2014年)

单位：元/人

项　　目	全省	长株潭城市群	大湘西地区	湘南地区	洞庭湖生态经济区
可支配收入	**17621.7**	**28286.8**	**11683.3**	**16543.1**	**16061.1**
工资性收入	8930.8	15221.1	6296.9	8083.2	7399.0
经营净收入	3605.8	5167.2	2057.8	4448.1	4058.3
财产净收入	1293.6	2933.0	537.9	1185.1	799.9
转移净收入	3791.4	4965.4	2790.7	2826.6	3803.9
消费支出	**13288.7**	**19641.8**	**8716.9**	**11521.2**	**12831.6**
食品烟酒	4240.5	5610.2	3094.0	4078.9	4214.3
衣着	914.1	1424.4	626.7	863.6	907.4
居住	2708.4	4061.0	1671.1	2228.1	2595.2
生活用品及服务	796.9	1175.9	545.9	665.9	863.1
交通通信	1600.2	2955.3	780.4	1074.5	1320.5
教育文化娱乐	1764.9	2777.0	1101.6	1584.8	1668.9
医疗保健	972.2	1236.6	722.4	791.3	991.1
其他用品和服务	291.4	401.2	174.8	234.1	271.0

2-71 分区域城镇居民可支配收入及消费支出(2014年)

单位：元/人

项　　目	全省	长株潭城市群	大湘西地区	湘南地区	洞庭湖生态经济区
可支配收入	**26570.2**	**33958.7**	**19158.0**	**23071.2**	**22286.6**
工资性收入	14661.7	18633.4	11337.1	12552.1	11491.1
经营净收入	3566.7	4719.8	2030.2	4630.0	3455.8
财产净收入	2628.6	4245.2	1273.1	2386.4	1591.1
转移净收入	5713.1	6360.4	4517.7	3502.6	5748.5
消费支出	**18334.7**	**23951.2**	**12430.2**	**15596.5**	**16256.4**
食品烟酒	5596.0	6675.2	4247.5	5359.3	5479.4
衣着	1442.1	1821.0	1073.9	1419.5	1347.9
居住	3567.6	4838.3	2291.4	2825.1	2934.3
生活用品及服务	1098.6	1418.3	777.4	888.2	1122.1
交通通信	2462.1	3795.2	1170.0	1565.5	1735.3
教育文化娱乐	2537.5	3471.3	1656.5	2229.3	2104.5
医疗保健	1209.8	1434.0	924.6	976.7	1170.7
其他用品和服务	421.0	498.1	288.8	332.9	362.3

2-72 分区域农村居民可支配收入及消费支出(2014年)

单位：元/人

项　　目	全省	长株潭城市群	大湘西地区	湘南地区	洞庭湖生态经济区
可支配收入	**10060.2**	**17918.2**	**7073.2**	**11298.5**	**10976.1**
工资性收入	4088.1	8983.2	3188.3	4493.0	4056.6
经营净收入	3638.9	5985.3	2074.8	4302.0	4550.4
财产净收入	165.6	534.4	84.6	220.0	153.6
转移净收入	2167.5	2415.4	1725.6	2283.6	2215.5
消费支出	**9024.8**	**11763.6**	**6426.7**	**8247.3**	**10034.1**
食品烟酒	3095.2	3663.4	2382.5	3050.1	3181.0
衣着	468.0	699.3	350.9	416.9	547.5
居住	1982.4	2640.2	1288.5	1748.5	2318.3
生活用品及服务	541.9	732.9	403.1	487.4	651.5
交通通信	871.9	1420.0	540.1	680.0	981.7
教育文化娱乐	1112.1	1507.8	759.3	1067.1	1313.2
医疗保健	771.4	875.9	597.6	642.5	844.4
其他用品和服务	181.9	224.1	104.5	154.7	196.4

三、价格调查

资料整理人员：陈　浩　向小明　王　璐　梁　可
傅磊峰　邵　羽　刘于惠　曾　郁

3-1 历年各种物价总指数

年 份	居民消费价格指数	商品零售价格指数	农产品生产者价格指数	工业生产者购进价格指数	工业品出厂价格指数	固定资产投资价格指数
上年=100						
1985	110.9	111.1	111.6			105.2
1986	105.3	104.8	105.7			108.8
1987	109.8	110.6	110.2			109.1
1988	125.6	125.9	123.1			119.2
1989	118.2	118.1	106.8	122.5	118.1	105.7
1990	100.4	99.4	94.1	103.3	100.6	107.3
1991	104.4	104.1	94.3	110.4	104.7	108.1
1992	110.7	109.5	99.1	116.2	111.1	116.4
1993	116.8	115.1	114.7	139.7	128.9	129.5
1994	125.3	124.5	114.1	119.6	117.6	113.5
1995	119.0	115.5	117.2	117.6	121.4	109.5
1996	107.7	105.2	104.9	105.7	105.6	104.9
1997	102.8	100.3	95.3	100.1	99.2	101.8
1998	100.2	97.9	90.4	94.8	95.9	102.7
1999	100.5	97.6	91.1	96.2	98.5	100.5
2000	101.4	99.3	96.8	106.7	102.9	102.3
2001	99.1	98.8	100.9	101.1	99.8	101.3
2002	99.5	99.2	99.9	99.3	99.2	100.4
2003	102.4	100.6	106.8	106.7	102.6	102.8
2004	105.1	103.9	127.3	114.4	108.0	105.5
2005	102.3	102.3	99.5	109.4	106.0	103.6
2006	101.4	101.3	100.7	106.5	104.3	103.1
2007	105.6	104.3	130.6	106.1	106.1	105.8
2008	106.0	105.6	126.7	112.0	109.3	109.9
2009	99.6	98.5	90.6	92.6	94.3	99.7
2010	103.1	103.1	109.9	110.0	106.9	104.0
2011	105.5	105.5	121.9	110.8	108.5	107.2
2012	102.0	101.7	100.2	100.1	99.1	101.7
2013	102.5	101.7	102.1	98.4	98.5	101.3
2014	101.9	101.2	98.6	97.9	98.4	101.5
1978年=100						
1985	143.6	137.1	190.3			111.3
1986	151.2	143.7	201.1			121.0
1987	166.0	158.9	221.6			132.1
1988	208.5	200.1	272.8			157.4
1989	246.4	236.3	291.4	122.5	118.1	166.4
1990	247.4	234.9	274.2	126.5	118.8	178.5
1991	258.3	244.5	258.6	139.7	124.4	193.0
1992	285.9	267.7	256.3	162.3	138.2	224.6
1993	333.9	308.2	294.0	226.7	178.1	290.9
1994	418.4	383.6	335.5	271.1	209.4	330.2
1995	497.9	443.1	393.2	318.8	254.2	361.6
1996	536.2	466.1	412.5	337.0	268.4	379.3
1997	551.2	467.5	393.1	337.3	266.3	386.1
1998	552.3	457.7	355.4	319.8	255.4	396.5
1999	555.1	446.7	323.8	307.6	251.6	398.5
2000	562.9	443.6	313.4	328.2	258.9	407.7
2001	557.8	438.3	316.2	331.8	258.4	413.0
2002	555.0	434.8	315.9	329.5	256.3	414.6
2003	568.3	437.4	337.4	351.6	263.0	426.2
2004	597.3	454.5	429.5	402.2	284.0	449.7
2005	611.0	465.0	427.4	440.0	301.0	465.9
2006	619.6	471.0	430.4	468.6	313.9	480.3
2007	654.3	491.3	562.1	497.2	333.0	508.2
2008	693.6	518.8	712.2	556.9	364.0	558.5
2009	690.8	511.0	645.3	515.7	343.3	556.8
2010	712.2	526.8	654.3	567.3	367.0	579.1
2011	751.4	555.8	797.6	628.6	398.2	620.8
2012	766.4	565.2	799.2	629.2	394.6	631.1
2013	785.6	574.8	816.0	619.1	388.7	639.3
2014	800.5	581.7	804.6	606.1	328.5	648.9

注：1.主要原材料、燃料、动力购进价格指数和工业品出厂价格指数以1988年为100。
2.固定资产投资价格指数以1982年为100。
3.房屋销售价格指数以2000年为100。

3-2 历年居民消费价格指数

年 份	居民消费价格指数(上年=100)	城 市	农 村	居民消费价格指数(1985年=100)	城 市	农 村
1985	110.9	111.9	110.2	100	100	100
1986	105.3	105.4	105.3	105.3	105.4	105.3
1987	109.8	111.3	108.8	115.6	117.3	114.6
1988	125.6	125.7	125.4	145.2	147.5	143.7
1989	118.2	117.3	119.1	171.6	173.0	171.1
1990	100.4	100.6	100.2	172.3	174.0	171.4
1991	104.4	105.1	103.8	179.9	182.9	178.0
1992	110.7	113.5	107.9	199.2	207.6	192.0
1993	116.8	117.4	116.4	232.6	243.7	223.5
1994	125.3	124.8	125.6	291.5	304.1	280.7
1995	119.0	118.1	119.5	346.9	359.2	335.7
1996	107.7	107.2	108.2	373.6	385.1	363.2
1997	102.8	103.0	102.5	384.1	396.7	372.3
1998	100.2	100.5	100.1	384.9	398.7	372.7
1999	100.5	99.6	101.4	386.8	397.1	377.9
2000	101.4	101.3	101.4	392.2	402.3	383.2
2001	99.1	98.9	99.3	388.7	397.9	380.5
2002	99.5	99.6	99.4	386.8	396.3	378.2
2003	102.4	101.4	104.1	396.1	401.8	393.7
2004	105.1	104.1	105.7	416.3	418.3	416.2
2005	102.3	102.1	102.8	425.8	427.1	427.9
2006	101.4	101.6	101.2	431.8	433.9	433.0
2007	105.6	105.2	106.9	456.0	456.5	462.9
2008	106.0	105.8	107.4	483.4	483.0	497.2
2009	99.6	99.7	99.6	481.5	480.5	495.2
2010	103.1	103.1	103.2	496.4	495.4	511.1
2011	105.5	105.5	105.6	523.7	522.6	539.7
2012	102.0	102.2	101.6	534.2	534.1	548.3
2013	102.5	102.6	102.5	547.6	548.0	562.0
2014	101.9	102.1	101.4	558.0	559.5	569.9

3-3　历年城市居民消费价格分类指数

上年=100

年　份	消费价格指　　数	食品	衣着	家庭设备用品及维修服务	医疗保健和个人用品	交通和通　信	娱乐教育文化用品及服务	居住
1978	99.4	100.2	100.0	100.1	98.0		100.7	100.0
1979	103.3	102.3	99.6	101.3	100.4		101.0	100.1
1980	113.6	111.9	99.8	101.6	100.5		100.4	100.4
1981	102.6	101.4	99.1	103.1	98.9		100.4	100.2
1982	101.6	102.5	97.7	99.9	101.0		100.7	100.0
1983	102.7	102.9	98.1	98.6	102.9		96.5	100.1
1984	103.4	105.7	100.8	101.6	104.0		100.1	101.1
1985	111.9	114.7	101.3	103.8	102.5		101.4	102.7
1986	105.4	104.9	103.8	105.6	97.4		100.4	102.1
1987	111.3	114.5	106.0	109.3	105.3		100.7	101.7
1988	125.7	130.1	114.0	116.4	147.0		125.0	125.6
1989	117.3	114.7	121.9	113.1	117.5		115.5	117.1
1990	100.6	98.5	106.1	99.8	99.7		89.6	96.1
1991	105.1	105.7	103.3	101.2	103.6		96.3	110.7
1992	113.5	116.8	102.9	101.4	115.5		94.2	109.9
1993	117.4	124.5	107.8	111.3	112.4		104.2	136.7
1994	124.8	131.9	121.8	111.9	108.7	106.7	115.6	117.9
1995	118.1	124.1	111.2	105.2	116.9	100.3	106.8	114.2
1996	107.2	105.8	102.9	102.7	111.7	100.6	114.7	112.3
1997	103.0	100.3	103.3	100.5	101.3	95.9	103.2	109.8
1998	100.5	98.1	98.3	98.2	100.3	97.3	96.7	105.7
1999	99.6	97.6	96.0	97.8	99.0	96.1	97.6	98.5
2000	101.3	98.7	98.6	97.8	100.1	91.4	99.6	106.2
2001	98.9	98.3	96.4	95.8	98.9	98.2	103.3	99.6
2002	99.6	100.8	98.3	97.5	95.7	98.5	100.6	100.0
2003	101.4	104.4	97.3	96.6	103.4	97.6	99.4	104.8
2004	104.1	110.2	99.8	98.8	99.8	97.9	101.4	105.2
2005	102.1	104.0	98.5	100.5	98.9	98.6	102.4	105.8
2006	101.6	101.8	99.0	102.0	101.6	100.7	100.6	105.5
2007	105.2	113.0	100.3	101.0	102.2	99.4	100.8	104.7
2008	105.8	115.0	96.9	100.0	101.4	99.0	101.2	106.4
2009	99.7	100.7	99.9	100.9	99.9	98.0	100.3	96.6
2010	103.1	105.6	100.5	100.5	101.9	100.2	101.3	105.6
2011	105.5	111.9	100.9	101.1	103.4	100.9	101.2	105.8
2012	102.2	103.6	101.2	101.5	103.4	99.7	101.1	102.0
2013	102.6	104.2	102.2	102.1	102.1	99.7	102.4	102.3
2014	102.1	102.7	101.7	101.6	102.6	100.1	104.1	101.4

3-4 历年农村相关价格指数

上年=100

年 份	消费价格指数	农业生产资料价格指数	农产品生产者价格指数
1978	99.4	100.1	101.7
1979	103.3	100.0	127.1
1980	113.6	102.0	111.2
1981	102.6	100.1	107.3
1982	101.6	103.2	103.7
1983	102.7	104.1	105.4
1984	102.9	107.5	102.9
1985	110.2	108.0	111.6
1986	105.3	102.5	105.7
1987	108.8	114.6	110.2
1988	125.4	128.3	123.1
1989	119.1	124.4	106.8
1990	100.2	99.9	94.1
1991	103.8	101.2	94.3
1992	107.9	105.6	99.1
1993	116.4	114.6	114.7
1994	125.6	118.6	144.1
1995	119.5	129.3	117.2
1996	108.2	107.3	104.9
1997	102.5	97.9	95.3
1998	100.1	89.5	90.4
1999	101.4	95.3	91.1
2000	101.4	99.3	96.8
2001	99.3	98.4	100.9
2002	99.4	98.9	99.9
2003	104.1	102.6	106.8
2004	105.7	112.1	127.3
2005	102.8	111.2	99.5
2006	101.2	100.7	100.7
2007	106.9	113.0	130.6
2008	107.4	126.5	126.7
2009	99.6	95.0	90.6
2010	103.2	101.4	109.9
2011	105.6	110.9	121.9
2012	101.6	104.7	100.2
2013	102.5	102.3	102.1
2014	101.4	100.2	98.6

3-5 居民消费价格分类指数(2008-2014年)

类　别	2008	2009	2010	2011	2012	2013	2014
居民消费价格指数(%)	**106.0**	**99.6**	**103.1**	**105.5**	**102.0**	**102.5**	**101.9**
服务项目价格指数	101.3	100.9	101.8	103.3	101.4	102.5	102.3
消费品价格指数	107.6	99.3	103.5	106.4	102.2	102.6	101.7
食品	114.9	100.3	105.4	111.2	103.3	104.2	102.6
粮食	112.5	104.3	107.2	116.1	105.3	105.5	102.0
淀粉	101.9	102.2	105.9	103.1	100.9	107.4	104.4
干豆类及豆制品	134.0	102.5	106.7	104.9	101.4	106.9	105.2
油脂	129.7	84.4	103.9	112.0	102.5	102.2	97.3
肉禽及其制品	118.0	89.4	101.8	120.2	98.5	103.7	100.9
蛋	103.8	101.0	107.2	114.9	100.1	104.5	108.3
水产品	122.2	102.6	105.4	108.4	110.9	104.5	102.2
菜	118.6	116.2	108.6	106.5	110.8	104.5	102.8
调 味 品	104.0	103.4	103.6	102.8	102.4	102.4	101.2
糖	102.2	102.4	106.7	110.0	102.6	98.8	99.3
茶及饮料	101.9	99.9	100.9	102.9	103.1	101.6	100.5
干鲜瓜果	110.9	111.4	122.7	110.6	99.2	106.4	111.3
糕点饼干	107.2	105.0	100.8	103.4	102.6	102.3	100.3
液体乳及乳制品	112.4	103.4	101.6	101.4	100.5	102.6	105.2
在外用膳食品	109.8	103.0	102.9	106.2	105.9	104.9	102.5
其他食品	105.9	100.4	100.8	103.5	102.8	102.0	101.2
烟酒及用品	101.6	100.2	100.7	101.6	102.0	103.1	99.5
烟草	101.0	99.9	100.0	100.0	101.3	104.0	100.0
酒	103.1	101.2	102.3	105.2	103.5	101.4	98.3
衣着	97.3	100.0	100.7	101.0	101.1	102.3	101.7
服装	96.4	99.3	101.0	101.0	101.2	102.4	101.9
衣着材料	101.5	100.7	102.9	105.1	101.2	103.7	102.5
鞋袜帽	99.1	101.6	99.8	100.4	100.6	101.1	100.6
衣着加工服务费	103.4	104.0	102.9	104.3	107.0	113.8	107.5
家庭设备用品及维修服务	99.8	100.5	100.5	101.0	101.4	101.8	101.3
耐用消费品	98.5	98.4	99.4	99.9	100.1	100.7	100.6
室内装饰品	101.3	99.6	100.5	101.5	101.1	101.0	100.1
床上用品	98.4	100.2	100.3	100.7	100.6	101.1	100.9
家庭日用杂品	101.1	102.6	101.2	101.5	101.3	101.7	102.1
家庭服务及加工维修服务	103.3	105.5	104.3	106.2	110.2	109.1	103.0
医疗保健和个人用品	101.5	100.2	101.8	103.3	102.7	101.7	102.1
医疗保健	101.6	100.1	101.8	103.3	102.6	101.7	102.9
个人用品及服务	101.3	100.3	101.9	103.5	103.1	101.7	100.1
交通和通信	99.2	98.2	100.5	101.1	99.9	100.0	100.2
交通	101.7	99.6	101.9	102.5	100.2	100.4	100.6
通信	97.0	96.9	98.8	99.4	99.4	99.5	99.7
娱乐教育文化用品及服务	100.9	101.1	101.7	101.5	101.2	102.1	103.0
文娱用耐用消费品及服务	93.4	93.1	97.3	98.9	97.9	99.1	99.2
教育	102.6	102.5	102.5	102.6	101.9	102.5	102.9
文化娱乐类	100.7	104.0	101.1	100.9	100.9	100.8	100.8
旅游	102.7	99.8	104.1	101.4	103.6	106.5	111.0
居住	107.6	96.9	105.1	106.6	101.7	101.8	101.4
建房及装修材料	105.0	100.7	103.7	106.5	102.7	102.1	102.0
租房	100.1	102.7	106.9	105.2	101.2	103.4	103.0
自有住房	101.3	94.1	101.6	107.0	100.6	102.8	101.9
水、电、燃料	111.8	94.7	107.0	106.2	102.9	100.0	100.0

3-6 城市居民消费价格分类指数(2008-2014年)

分类名称	2008	2009	2010	2011	2012	2013	2014
居民消费价格指数(%)	**105.8**	**99.7**	**103.1**	**105.5**	**102.2**	**102.6**	**102.1**
服务项目价格指数	101.4	100.5	101.6	103.0	101.6	103.0	102.9
消费品价格指数	107.2	99.4	103.6	106.5	102.4	102.4	101.8
食品	115.0	100.7	105.6	111.9	103.6	104.2	102.7
粮食	111.2	104.3	106.7	115.6	105.1	105.3	101.8
淀粉	102.6	101.9	105.6	102.8	100.6	107.6	104.7
干豆类及豆制品	132.0	101.8	107.6	104.9	100.7	106.9	105.1
油脂	129.5	81.9	102.3	116.0	103.7	101.2	95.3
肉禽及其制品	119.2	91.2	101.3	121.4	98.9	103.5	100.1
蛋	105.0	101.4	107.0	117.2	100.6	104.6	108.5
水产品	122.3	105.1	104.5	108.3	111.4	105.4	100.9
菜	115.3	116.5	109.1	105.7	109.6	103.4	103.2
调 味 品	102.9	102.5	103.7	102.8	103.2	102.9	101.8
糖	102.4	100.1	104.2	109.1	103.6	101.4	100.0
茶及饮料	101.9	100.1	101.0	102.8	103.8	102.4	100.5
干鲜瓜果	108.5	104.5	124.1	115.2	99.2	104.2	113.7
糕点饼干	105.7	102.0	100.8	103.3	102.3	102.1	100.1
液体乳及乳制品	113.5	104.0	101.8	101.9	100.9	103.5	106.0
在外用膳食品	111.6	101.7	102.7	106.6	106.7	106.3	103.2
其他食品	105.6	100.2	101.0	102.9	102.2	101.2	101.2
烟酒及用品	103.1	100.9	101.0	101.3	102.1	100.2	98.9
烟草	102.0	100.3	100.3	99.5	100.9	100.0	99.5
酒	105.7	102.3	102.4	105.4	104.8	100.4	97.6
衣着	96.9	99.9	100.5	100.9	101.2	102.2	101.7
服　装	95.7	99.0	100.7	100.9	101.2	102.1	101.9
衣着材料	102.0	100.5	102.3	103.0	101.1	102.3	101.1
鞋袜帽	99.1	101.9	99.6	100.4	100.8	101.6	100.8
衣着加工服务费	104.0	104.6	103.3	104.5	108.7	116.2	108.3
家庭设备用品及维修服务	100.0	100.9	100.5	101.1	101.5	102.1	101.6
耐用消费品	98.8	98.4	99.3	99.7	99.8	100.8	100.8
室内装饰品	101.5	99.4	100.7	100.6	101.4	101.1	100.0
床上用品	98.5	100.0	100.2	100.2	100.8	101.4	100.7
家庭日用杂品	101.3	103.6	101.3	101.9	101.9	101.9	102.6
家庭服务及加工维修服务	103.5	107.5	105.0	109.0	111.2	111.2	103.6
医疗保健和个人用品	101.4	99.9	101.9	103.4	103.4	102.1	102.6
医疗保健	101.4	100.1	102.1	103.2	103.1	101.9	103.6
个人用品及服务	101.5	99.5	101.6	104.0	104.0	102.4	100.5
交通和通信	99.0	98.0	100.2	100.9	99.7	99.7	100.1
交通	101.9	99.6	101.8	102.2	100.0	99.9	100.5
通信	97.2	96.9	98.7	99.2	99.3	99.5	99.6
娱乐教育文化用品及服务	101.2	100.3	101.3	101.2	101.1	102.4	104.1
文娱用耐用消费品及服务	93.9	91.8	97.3	98.9	98.0	98.9	99.8
教育	102.8	101.3	101.5	102.1	101.3	102.7	104.0
文化娱乐类	100.4	104.0	101.0	101.0	101.1	100.8	100.8
旅游	102.9	99.7	104.3	101.5	103.7	106.8	111.7
居住	106.4	96.6	105.6	105.8	102.0	102.3	101.4
建房及装修材料	106.9	102.6	103.7	104.9	101.9	100.7	100.7
租房	100.2	100.8	107.1	106.7	102.0	104.8	103.5
自有住房	101.4	93.3	101.7	105.9	101.1	103.8	102.2
水、电、燃料	108.6	94.7	107.6	105.7	103.2	100.4	100.2

3-7 农村居民消费价格分类指数(2008-2014年)

分类名称	2008	2009	2010	2011	2012	2013	2014
居民消费价格指数(%)	**107.4**	**99.6**	**103.2**	**105.6**	**101.6**	**102.5**	**101.4**
服务项目价格指数	101.2	102.0	102.6	103.8	100.9	101.3	100.9
消费品价格指数	109.1	98.9	103.4	106.2	101.9	102.8	101.6
食品	116.2	99.4	104.7	109.8	102.6	104.2	102.3
粮食	113.7	104.6	108.5	117.2	105.7	105.8	102.4
淀粉	98.3	103.1	106.8	107.0	104.0	105.8	101.9
干豆类及豆制品	139.3	104.7	103.4	104.5	106.6	107.6	106.1
油脂	133.6	87.3	104.8	106.0	100.3	103.8	100.8
肉禽及其制品	120.1	87.0	103.0	117.9	97.6	104.1	102.4
蛋	99.9	100.1	107.9	110.0	98.9	104.3	108.0
水产品	123.4	97.5	107.2	108.5	109.7	102.5	105.3
菜	128.3	115.1	107.8	108.8	114.1	107.3	102.0
调 味 品	105.6	104.7	103.1	102.7	101.3	101.8	100.3
糖	103.3	103.9	108.3	110.8	101.9	96.8	98.7
茶及饮料	102.0	99.7	100.5	103.0	101.6	100.0	100.5
干鲜瓜果	113.1	123.9	111.9	101.4	99.1	111.2	106.2
糕点饼干面包	110.1	109.6	101.0	103.8	103.2	102.5	100.5
液体乳及乳制品	104.7	100.4	100.5	99.9	99.3	100.2	102.8
在外用膳食品	105.8	104.9	103.0	105.4	104.3	102.1	100.8
其他食品	105.5	100.7	100.6	104.3	103.5	103.2	101.3
烟酒及用品	99.8	99.5	100.5	102.0	101.9	107.5	100.3
烟草	100.1	99.5	99.7	100.6	102.0	109.9	100.8
酒	98.9	100.0	102.3	105.1	101.7	102.7	99.3
衣着	97.6	100.5	101.9	101.2	100.9	102.5	101.6
服　　装	97.2	100.4	102.2	101.2	101.3	103.1	101.9
衣着材料	100.8	100.9	104.1	107.2	101.2	105.2	103.9
鞋袜帽	97.8	100.7	100.6	100.2	100.0	100.1	100.1
衣着加工服务费	100.2	100.9	100.7	103.6	100.5	104.1	103.9
家庭设备用品及维修服务	100.0	99.7	100.5	100.7	101.1	100.9	100.8
耐用消费品	98.5	98.3	99.7	100.4	100.8	100.2	100.2
室内装饰品	100.3	100.0	100.0	103.9	100.1	100.5	100.5
床上用品	99.8	100.7	100.5	101.9	100.0	100.5	101.4
家庭日用杂品	100.8	100.7	101.0	100.6	100.2	101.2	101.2
家庭服务及加工维修服务	104.5	101.4	102.7	100.3	108.0	104.3	101.6
医疗保健和个人用品	101.6	100.7	101.6	103.1	101.4	101.0	101.0
医疗保健	101.6	100.1	101.2	103.4	101.6	101.4	101.6
个人用品及服务	101.6	101.7	102.3	102.3	100.8	99.8	99.2
交通和通信	99.6	98.7	101.0	101.8	100.3	100.7	100.3
交通	101.3	99.5	102.3	103.1	100.6	101.4	100.6
通信	96.1	96.9	98.8	99.8	99.8	99.6	99.8
娱乐教育文化用品及服务	100.8	102.8	102.8	102.2	101.5	101.5	100.6
文娱用耐用消费品及服务	93.8	95.0	96.9	99.1	97.5	99.6	97.9
教育	102.2	104.4	104.5	103.4	102.8	102.1	101.1
文化娱乐类	102.7	104.5	101.3	100.7	100.3	100.8	100.8
旅游	100.3	100.2	98.0	100.2	102.2	102.1	102.8
居住	109.1	97.4	104.6	108.0	101.3	101.0	101.3
建房及装修材料	104.3	99.4	103.8	107.3	103.0	102.9	102.6
租房	100.0	105.8	105.9	101.7	99.2	100.1	101.6
自有住房	100.5	96.2	101.6	109.8	99.3	100.4	100.9
水、电、燃料	117.8	94.6	106.2	107.9	102.0	98.9	99.6

3-8 居民消费价格分类指数(2014年)

类　别	以上年价格为100	以2000年价格为100	以2005年价格为100	以2010年价格为100
居民消费价格指数(%)	**101.9**	**142.4**	**131.0**	**112.4**
服务项目价格指数	102.3	136.5	118.2	109.9
工业品价格指数	101.0		111.3	106.2
扣除食品和能源价格指数	101.7		112.2	107.2
消费品价格指数	101.7	145.1	135.9	113.4
食品	102.6	206.1	171.9	122.8
粮食	102.0	235.2	182.3	131.5
淀粉	104.4	135.4	127.3	116.7
干豆类及豆制品	105.2	258.2	193.5	119.7
油脂	97.3	188.7	160.2	114.1
肉禽及其制品	100.9	228.0	171.7	123.9
蛋	108.3	265.8	176.0	130.2
水产品	102.2	211.0	178.9	128.4
菜	102.8	268.5	215.3	126.7
调 味 品	101.2	136.7	126.9	109.1
糖	99.3	131.7	133.5	110.7
茶及饮料	100.5	108.1	111.9	108.3
干鲜瓜果	111.3	295.2	244.0	129.9
糕点饼干	100.3	128.5	130.5	108.8
液体乳及乳制品	105.2	143.0	133.8	110.0
在外用膳食品	102.5	157.6	151.0	120.9
其他食品	101.2	113.8	118.5	109.9
烟酒及用品	99.5	114.8	114.5	106.3
烟草	100.0	115.4	113.7	105.4
酒	98.3	114.9	117.9	108.5
衣着	101.7	98.7	104.1	106.2
服　　装	101.9	98.5	101.9	106.6
衣着材料	102.5	122.8	122.0	113.1
鞋袜帽	100.6	94.5	106.1	102.8
衣着加工服务费	107.5	162.0	154.9	136.5
家庭设备用品及维修服务	101.3	101.2	111.3	105.6
耐用消费品	100.6	83.5	99.6	101.3
室内装饰品	100.1	102.6	106.5	103.8
床上用品	100.9	100.3	102.2	103.4
家庭日用杂品	102.1	117.4	120.5	106.8
家庭服务及加工维修服务	103.0	200.4	172.6	131.6
医疗保健和个人用品	102.1	120.4	117.4	110.1
医疗保健	102.9	120.6	116.2	111.0
个人用品及服务	100.1	120.1	120.3	108.7
交通和通信	100.2	91.1	99.5	101.2
交通	100.6	116.2	113.6	103.7
通信	99.7	71.7	87.0	98.0
娱乐教育文化用品及服务	103.0	123.4	113.2	108.1
文娱用耐用消费品及服务	99.2	57.6	75.9	95.2
教育	102.9	148.0	121.6	110.2
文化娱乐类	100.8	121.4	113.0	103.4
旅游	111.0	125.0	131.2	124.1
居住	101.4	154.6	134.5	111.9
建房及装修材料	102.0	146.1	137.3	113.9
租房	103.0	138.5	130.2	113.4
自有住房	101.9	127.5	120.9	112.7
水、电、燃料	100.0	178.4	136.2	109.4

3-9 城市居民消费价格分类指数(2014年)

类　　别	以上年价格为100	以2000年价格为100	以2005年价格为100	以2010年价格为100
居民消费价格指数(%)	**102.1**	**139.3**	**131.1**	**112.9**
服务项目价格指数	102.9	133.3	118.8	110.9
工业品价格指数	101.0		109.1	105.5
扣除食品和能源价格指数	101.9		111.3	107.3
消费品价格指数	101.8	141.4	135.5	113.7
食品	102.7	207.0	174.7	124.1
粮食	101.8	224.9	176.5	130.3
淀粉	104.7	127.0	129.3	116.4
干豆类及豆制品	105.1	242.9	183.2	118.6
油脂	95.3	177.4	157.8	116.0
肉禽及其制品	100.1	220.6	174.6	124.4
蛋	108.5	262.9	182.6	133.8
水产品	100.9	204.8	185.4	128.3
菜	103.2	257.4	203.6	123.5
调 味 品	101.8	137.0	126.4	111.1
糖	100.0	134.8	131.2	114.5
茶及饮料	100.5	114.1	113.0	109.8
干鲜瓜果	113.7	266.1	236.9	135.5
糕点饼干	100.1	125.1	125.5	108.0
液体乳及乳制品	106.0	150.3	140.2	112.9
在外用膳食品	103.2	167.9	156.3	124.8
其他食品	101.2	117.9	115.8	107.7
烟酒及用品	98.9	115.0	114.1	102.5
烟草	99.5	112.0	110.4	100.0
酒	97.6	121.8	122.6	108.2
衣着	101.7	92.8	102.4	106.1
服装	101.9	92.5	99.4	106.2
衣着材料	101.1	112.7	113.0	107.6
鞋袜帽	100.8	88.1	106.1	103.7
衣着加工服务费	108.3	173.9	163.4	142.9
家庭设备用品及维修服务	101.6	99.6	111.2	106.5
耐用消费品	100.8	82.5	99.2	101.1
室内装饰品	100.0	102.7	106.0	103.2
床上用品	100.7	97.4	102.4	103.2
家庭日用杂品	102.6	115.8	119.8	108.6
家庭服务及加工维修服务	103.6	208.3	186.3	139.5
医疗保健和个人用品	102.6	115.9	120.1	112.0
医疗保健	103.6	114.6	119.1	112.4
个人用品及服务	100.5	119.9	122.5	111.2
交通和通信	100.1	89.1	97.7	100.4
交通	100.5	117.4	112.3	102.6
通信	99.6	72.8	87.6	97.6
娱乐教育文化用品及服务	104.1	122.1	113.8	109.1
文娱用耐用消费品及服务	99.8	59.6	76.1	95.6
教育	104.0	142.2	120.0	110.4
文化娱乐类	100.8	126.4	113.7	103.7
旅游	111.7	126.9	133.1	125.6
居住	101.4	156.0	134.3	111.9
建房及装修材料	100.7	147.2	133.2	108.3
租房	103.5	145.8	135.9	118.0
自有住房	102.2	130.4	122.8	113.6
水、电、燃料	100.2	170.7	135.5	109.6

3-10 农村居民消费价格分类指数(2014年)

类　别	以上年价格为100	以2000年价格为100	以2005年价格为100	以2010年价格为100
居民消费价格指数(%)	**101.4**	**148.6**	**133.2**	**111.5**
服务项目价格指数	100.9	144.2	117.3	107.1
工业品价格指数	101.0		116.4	107.5
扣除食品和能源价格指数	101.1		114.3	107.1
消费品价格指数	101.6	152.0	138.5	113.0
食品	102.3	206.4	169.7	120.1
粮食	102.4	259.5	194.1	134.2
淀粉	101.9	156.6	126.9	119.9
干豆类及豆制品	106.1	302.6	225.5	127.2
油脂	100.8	203.6	167.8	111.2
肉禽及其制品	102.4	246.3	174.5	122.7
蛋	108.0	254.5	157.6	122.5
水产品	105.3	222.8	171.1	128.5
菜	102.0	321.8	284.9	135.9
调 味 品	100.3	135.7	126.6	106.2
糖	98.7	128.0	134.8	107.9
茶及饮料	100.5	100.8	109.0	105.2
干鲜瓜果	106.2	309.8	214.4	118.6
糕点饼干	100.5	134.0	139.0	110.4
液体乳及乳制品	102.8	110.6	108.6	102.2
在外用膳食品	100.8	141.3	139.2	113.1
其他食品	101.3	109.0	121.2	112.9
烟酒及用品	100.3	115.7	116.1	112.2
烟草	100.8	125.7	123.8	113.7
酒	99.3	106.7	112.2	108.9
衣着	101.6	112.7	107.2	106.3
服　　装	101.9	114.4	106.4	107.7
衣着材料	103.9	140.1	137.4	118.6
鞋袜帽	100.1	105.2	103.2	100.4
衣着加工服务费	103.9	119.8	120.1	112.6
家庭设备用品及维修服务	100.8	105.7	112.3	103.6
耐用消费品	100.2	87.1	101.7	101.7
室内装饰品	100.5	102.3	108.3	105.1
床上用品	101.4	107.2	104.1	103.8
家庭日用杂品	101.2	118.9	120.3	103.2
家庭服务及加工维修服务	101.6	192.4	152.2	114.7
医疗保健和个人用品	101.0	125.0	113.2	106.7
医疗保健	101.6	127.9	110.9	108.2
个人用品及服务	99.2	117.5	115.7	102.1
交通和通信	100.3	97.4	105.1	103.1
交通	100.6	116.2	117.6	105.9
通信	99.8	66.6	83.9	99.0
娱乐教育文化用品及服务	100.6	125.8	112.5	105.9
文娱用耐用消费品及服务	97.9	56.1	77.2	94.2
教育	101.1	155.1	123.5	109.8
文化娱乐类	100.8	109.5	112.0	102.7
旅游	102.8	92.7	105.8	107.4
居住	101.3	154.6	135.9	112.0
建房及装修材料	102.6	146.3	139.5	116.7
租房	101.6	117.7	114.9	102.5
自有住房	100.9	118.7	115.5	110.4
水、电、燃料	99.6	191.1	138.6	108.4

3-11 主要商品和服务消费价格指数(2007-2014年)

品　　名	2007	2008	2009	2010	2011	2012	2013	2014
大　　米	110.9	111.6	103.0	108.6	120.0	104.7	103.8	101.3
面　　粉	106.2	105.0	104.5	105.8	108.8	102.9	107.8	104.6
豆 制 品	108.3	136.2	104.0	101.8	105.9	104.0	108.3	104.9
植物油制品	125.7	127.5	79.5	104.7	112.9	103.6	101.4	95.3
猪　　肉	153.3	119.7	78.2	99.7	130.7	92.6	101.0	97.2
牛　　肉	110.9	139.2	104.9	98.9	102.4	117.6	124.0	111.0
鸡	124.5	104.3	98.6	105.5	110.3	103.9	99.5	104.4
鸭	126.9	109.9	100.1	106.4	114.4	103.6	107.3	104.9
鲜　　蛋	121.7	103.4	101.0	107.4	115.0	99.8	104.7	108.6
淡 水 鱼	106.0	123.9	100.7	105.2	108.1	111.7	103.0	101.8
鲜　　菜	103.8	119.8	117.9	107.7	106.8	111.8	104.8	102.5
食　　盐	100.4	101.0	100.2	100.1	99.7	103.2	102.4	102.2
酱　　油	101.6	102.4	101.5	101.5	103.6	102.5	104.1	100.2
食　　醋	100.6	107.4	109.9	102.5	101.1	101.6	100.8	100.5
味　　精	101.6	104.0	104.5	109.5	105.6	101.2	101.1	101.0
食　　糖	94.7	94.3	104.4	125.4	126.0	101.3	96.9	97.8
糖　　果	100.8	105.3	101.1	100.2	107.4	103.6	98.2	99.9
茶　　叶	100.6	102.3	99.6	102.3	102.7	100.7	100.2	100.2
巴氏杀菌奶或消毒奶	100.3	116.4	106.8	102.7	101.6	100.0	105.0	108.8
酸　　奶	102.4	111.1	100.5	99.7	103.8	100.1	98.9	104.6
奶　　粉	104.4	109.8	100.8	101.4	100.7	101.2	102.4	103.5
高档卷烟					100.0	99.9	99.7	98.6
中档卷烟					99.2	101.2	100.1	99.4
白　　酒	101.4	103.9	101.3	101.6	107.1	104.6	101.0	97.1
葡 萄 酒	99.8	102.2	102.9	108.8	101.4	102.5	101.4	100.4
啤　　酒	99.3	99.5	100.1	101.0	101.2	101.3	102.1	99.9
衬　　衫	98.0	96.1	98.5	100.7	100.2	102.1	102.6	103.1
西　　服	97.9	96.8	99.1	100.2	100.8	100.4	102.2	101.6
裙　　子	99.2	91.9	98.1	101.7	101.2	102.0	102.9	101.2
男　　鞋	104.6	99.8	101.7	99.8	100.4	100.5	100.9	100.5
女　　鞋	102.3	98.0	101.9	99.6	100.4	100.3	100.9	100.6
童　　鞋	101.1	100.4	101.4	99.9	100.1	101.1	102.1	100.9
洗 衣 机	99.1	99.4	99.0	99.0	98.7	98.8	99.5	100.3
电 风 扇	99.0	97.7	98.9	100.3	100.6	100.7	101.8	100.5
电冰箱(柜)	100.3	98.2	97.9	98.8	99.0	98.8	99.7	99.9
吸排油烟机	100.7	99.3	99.5	98.3	98.7	97.9	98.6	102.2
空 调 器	102.9	98.5	97.2	98.2	100.5	100.2	100.9	101.0
热 水 器	100.0	97.6	99.8	99.4	99.3	99.0	100.0	100.7
微 波 炉	98.5	97.0	100.3	101.3	98.3	99.5	99.7	100.4
中 药 材	118.7	111.0	100.0	108.1	122.5	106.7	103.8	109.7
中 成 药	105.4	102.7	101.3	100.7	101.7	105.5	104.7	105.1
抗微生物药	96.9	100.3	100.9	100.7	99.7	99.0	99.6	99.9
消化系统用药	101.7	100.3	97.7	100.0	100.4	103.9	100.9	102.1
呼吸系统用药	99.3	100.4	99.4	103.5	102.9	101.3	102.3	101.9
解热镇痛及非甾体抗炎药	100.6	100.2	100.7	99.4	99.2	100.3	100.4	101.0
挂号费	100.1	100.5	100.2	100.0	99.5	100.2	100.4	103.1

3-11 续表

品名	2007	2008	2009	2010	2011	2012	2013	2014
注射费	100.4	99.8	99.9	100.1	100.2	100.0	100.0	100.7
检查费	95.3	95.0	99.5	102.8	100.9	103.7	103.3	99.9
手术费	100.4	100.1	100.4	100.3	100.0	100.8	100.6	101.7
床位费					99.9	99.6	100.4	101.3
理疗费	100.4	99.9	100.4	100.4	101.3	100.8	99.9	100.6
化验费	95.9	99.7	100.6	108.6	101.3	98.5	97.5	101.1
洗发用品	101.2	99.9	100.9	102.0	100.1	102.3	103.4	100.1
洗浴用品	101.0	100.2	100.4	99.8	101.1	102.8	103.3	100.7
美容	100.5	99.9	99.8	99.9	99.7	104.4	101.4	103.3
理(烫)发	104.2	102.6	102.4	101.2	108.0	107.8	106.4	101.5
助动自行车					100.1	100.3	99.7	99.7
轿车	96.4	95.7	97.4	103.7	100.2	95.9	97.8	98.9
自行车	99.5	98.8	100.0	100.6	99.8	99.8	100.5	100.8
汽油	102.6	115.3	89.0	114.0	115.4	102.8	99.0	98.9
柴油	105.6	116.2	88.6	113.7	112.7	102.5	99.1	96.4
公共汽车票	101.0	100.2	98.5	102.0	96.7	99.6	100.0	99.2
出租汽车	103.6	100.8	103.0	100.5	104.0	101.6	101.0	100.5
飞机票	98.1	101.1	97.6	103.1	104.0	100.8	110.1	102.5
火车票	99.5	100.0	100.6	100.0	99.8	99.7	99.0	100.0
长途汽车	103.4	104.8	102.3	102.0	102.5	101.0	105.0	104.2
固定电话机	93.3	94.3	97.8	98.7	99.9	99.7	99.0	99.8
移动电话机	88.1	84.3	82.8	93.5	95.1	96.6	96.3	99.0
市内电话费	100.2	100.0	100.0	100.0	100.0	99.9	100.0	100.0
长途电话费	100.0	100.0	100.0	100.0	100.0	99.8	99.9	100.0
电视机	96.3	92.3	91.0	96.6	98.0	95.1	97.8	97.7
照相机	93.9	93.0	95.1	96.6	99.2	99.1	97.9	99.4
家用音响	99.1	96.9	94.4	95.8	97.6	98.3	99.2	100.1
电脑	95.1	92.7	91.1	97.3	99.1	98.1	99.4	99.6
工具书	99.1	102.2	102.1	100.0	100.1	101.1	100.6	100.1
教材	95.7	100.5	99.5	99.9	100.4	100.7	101.8	101.3
参考书	96.8	99.7	99.9	101.0	100.9	100.1	100.0	99.9
学前教育	110.2	112.1	113.0	108.1	107.0	103.9	104.7	104.2
专业技能培训	101.3	103.1	101.3	101.9	103.9	101.2	103.7	103.5
书籍	100.7	101.2	102.5	99.9	100.1	100.0	100.0	100.0
报纸	104.1	100.0	102.1	101.4	101.1	103.0	102.4	100.3
杂志	100.3	100.4	106.6	101.0	101.0	101.5	103.0	100.8
旅行社收费	99.7	103.6	99.1	105.6	101.7	104.7	108.7	115.3
木地板	102.0	102.0	101.1	102.4	101.4	101.5	102.0	101.7
水泥	113.7	104.7	97.5	107.7	115.0	102.3	110.0	102.2
私房房租	101.7	100.2	101.8	110.3	106.1	100.6	103.1	103.3
物业管理费用	100.7	100.0	102.5	103.8	101.5	101.6	101.1	101.4
维护修理费用	100.2	98.2	100.9	101.5	102.6	100.5	104.0	110.4
水	114.9	98.6	109.2	111.1	103.7	110.1	103.2	101.8
电	104.2	100.0	100.1	100.1	100.0	100.6	100.7	100.0
液化石油气	101.5	119.8	76.1	124.8	113.1	105.2	99.5	101.0
管道燃气	103.2	100.6	101.2	102.6	107.7	100.0	100.0	99.1

3-12 13个调查市县居民消费价格分类指数(2014年)

类　别	全省	长沙市	株洲市	湘潭市	邵阳市	岳阳市	常德市
居民消费价格指数(%)	**101.9**	**102.7**	**102.2**	**101.9**	**101.9**	**101.2**	**101.9**
食品	102.6	104.3	102.1	102.2	103.1	100.7	102.5
粮食	102.0	102.4	101.0	101.6	102.9	99.5	102.3
淀粉	104.4	102.4	101.4	102.2	102.8	99.6	113.4
干豆类及豆制品	105.2	104.4	101.6	107.0	107.9	104.0	104.0
油脂	97.3	97.1	94.6	98.3	93.7	94.5	93.8
肉禽及其制品	100.9	101.7	98.8	99.4	102.3	100.4	99.6
蛋	108.3	108.4	101.8	116.6	110.2	101.8	108.6
水产品	102.2	101.2	102.3	101.3	101.1	100.9	99.0
菜	102.8	106.7	106.1	105.6	103.5	85.9	103.0
调 味 品	101.2	103.3	100.6	100.6	99.1	102.0	101.4
糖	99.3	99.8	101.0	100.1	100.6	97.5	99.8
茶及饮料	100.5	101.5	100.6	99.3	100.8	100.6	102.9
干鲜瓜果	111.3	118.2	105.6	104.9	111.9	111.4	113.3
糕点饼干	100.3	99.2	101.6	100.9	101.6	99.0	100.6
液体乳及乳制品	105.2	109.7	104.9	102.8	105.4	103.2	108.3
在外用膳食品	102.5	103.2	104.3	102.2	102.8	107.6	102.6
其他食品	101.2	100.8	101.0	101.3	100.4	99.4	100.7
烟酒及用品	99.5	100.0	96.2	101.0	97.5	96.8	99.3
烟草	100.0	99.3	100.5	99.9	98.0	99.7	98.8
酒	98.3	101.5	87.8	103.2	96.2	90.4	100.0
衣着	101.7	101.9	101.5	102.6	102.4	101.4	102.2
服装	101.9	102.0	102.0	102.5	103.1	101.2	102.6
衣着材料	102.5	100.1	99.7	100.0	102.0	100.0	100.5
鞋袜帽	100.6	100.6	100.1	102.3	100.3	102.0	100.7
衣着加工服务费	107.5	115.1	100.6	111.8	107.1	100.0	108.2
家庭设备用品及维修服务	101.3	102.1	102.1	103.0	101.1	100.5	101.0
耐用消费品	100.6	101.2	100.2	103.2	101.1	100.9	101.8
室内装饰品	100.1	100.0	100.0	103.1	100.9	100.0	99.7
床上用品	100.9	100.0	102.8	98.9	100.8	102.3	100.0
家庭日用杂品	102.1	105.0	100.8	102.9	101.0	99.3	100.4
家庭服务及加工维修服务	103.0	100.1	116.0	106.2	101.5	100.0	100.9
医疗保健和个人用品	102.1	102.1	104.1	101.9	103.2	101.9	102.4
医疗保健	102.9	103.2	106.5	100.6	104.7	102.8	103.7
个人用品及服务	100.1	100.1	99.6	104.3	100.1	99.7	99.8
交通和通信	100.2	99.6	100.3	99.0	100.3	100.2	99.9
交通	100.6	99.3	100.8	100.1	100.5	100.6	100.1
通信	99.7	100.0	99.8	97.7	100.0	99.8	99.8
娱乐教育文化用品及服务	103.0	106.3	101.9	103.6	100.8	103.0	103.5
文娱用耐用消费品及服务	99.2	100.1	100.0	100.1	100.0	99.7	99.9
教育	102.9	106.8	103.3	102.5	100.7	101.5	102.0
文化娱乐类	100.8	100.3	99.8	100.9	100.5	102.7	100.0
旅游	111.0	115.6	101.6	113.2	102.0	112.4	113.2
居住	101.4	100.7	104.2	101.4	101.0	102.0	100.9
建房及装修材料	102.0	102.2	101.2	101.1	98.7	100.2	99.4
租房	103.0	100.4	104.9	112.4	102.1	105.4	100.8
自有住房	101.9	100.8	107.8	101.0	103.3	103.8	101.3
水、电、燃料	100.0	100.1	100.3	100.1	98.5	99.8	100.6

3-12 续表

类 别	益阳市	郴州市	怀化市	耒阳市	慈利县	道县	新化县
居民消费价格指数(%)	**101.7**	**102.0**	**102.2**	**101.2**	**101.2**	**101.2**	**102.3**
食品	102.2	102.5	102.5	102.4	101.3	100.8	104.4
粮食	101.4	102.8	103.8	104.4	101.8	98.2	101.8
淀粉	111.1	101.0	108.9	101.2	98.2	102.8	103.8
干豆类及豆制品	111.8	103.9	105.9	104.3	112.4	110.5	103.7
油脂	92.4	93.6	93.5	100.2	97.4	104.1	100.7
肉禽及其制品	96.5	100.0	99.0	102.6	99.4	102.1	105.0
蛋	114.3	110.9	107.3	110.3	105.1	109.1	104.9
水产品	99.0	102.4	103.1	106.7	103.9	102.3	105.8
菜	103.6	109.0	104.8	101.6	106.9	91.7	110.6
调 味 品	99.9	102.0	102.9	100.5	100.0	100.0	100.5
糖	101.4	100.5	100.1	98.3	99.1	100.5	97.6
茶及饮料	96.7	101.0	100.0	100.1	102.5	100.8	99.5
干鲜瓜果	128.0	106.2	117.7	107.0	98.0	106.6	111.6
糕点饼干	98.4	101.9	101.3	97.5	102.3	106.6	100.1
液体乳及乳制品	102.4	103.6	102.1	104.0	104.0	99.6	101.5
在外用膳食品	100.8	101.5	100.3	100.0	101.9	100.0	102.5
其他食品	103.7	100.9	105.8	102.7	101.3	100.5	98.5
烟酒及用品	98.8	101.4	93.7	99.1	102.8	102.3	99.0
烟草	97.8	101.3	98.4	99.5	103.8	103.6	98.1
酒	100.6	101.5	86.1	98.3	100.9	99.1	100.9
衣着	101.0	100.0	101.7	101.1	102.8	102.1	100.9
服装	100.9	100.2	101.5	101.2	104.0	102.5	101.1
衣着材料	104.0	99.6	107.2	105.6	100.2	103.8	103.5
鞋袜帽	100.6	99.2	100.9	100.0	100.0	100.6	99.7
衣着加工服务费	103.8	100.6	107.0	102.4	101.5	101.9	112.0
家庭设备用品及维修服务	99.0	102.3	100.7	100.9	100.8	100.9	100.4
耐用消费品	97.0	100.3	100.2	100.1	100.2	100.7	100.0
室内装饰品	96.9	97.2	102.0	100.0	100.0	101.8	101.3
床上用品	100.0	102.0	101.3	100.0	100.3	105.8	100.9
家庭日用杂品	101.9	104.7	100.2	102.3	100.6	100.1	100.0
家庭服务及加工维修服务	100.6	110.3	103.7	100.0	105.8	100.0	104.1
医疗保健和个人用品	101.4	104.5	103.9	101.2	100.2	100.1	102.0
医疗保健	102.2	106.9	105.2	102.2	100.4	100.3	102.3
个人用品及服务	100.0	99.8	101.2	98.0	99.6	99.5	101.3
交通和通信	103.5	100.3	99.5	100.2	100.3	99.6	101.4
交通	107.3	100.8	99.3	100.3	100.5	99.7	102.6
通信	100.1	99.8	99.8	100.0	100.0	99.4	99.4
娱乐教育文化用品及服务	103.7	102.0	104.8	99.9	101.6	100.0	101.9
文娱用耐用消费品及服务	98.3	98.6	99.6	97.7	100.0	97.3	97.2
教育	105.7	101.8	102.8	100.2	102.3	100.0	103.2
文化娱乐类	103.3	99.8	100.2	101.8	100.2	100.2	100.0
旅游	102.8	108.0	119.5	98.1	100.0	111.0	104.6
居住	100.5	101.7	102.5	100.7	101.1	103.6	100.6
建房及装修材料	98.7	101.0	101.2	102.1	102.2	106.4	100.6
租房	101.5	104.8	106.0	100.0	102.7	102.5	102.9
自有住房	103.8	101.9	102.1	100.0	100.1	102.7	101.9
水、电、燃料	99.9	101.3	102.8	99.6	100.7	100.1	97.9

3-13 居民消费价格分月指数(2014年)

上年同月=100

类别	1月	2月	3月	4月	5月	6月	7月	8月	9月	10月	11月	12月
居民消费价格指数(%)	**103.4**	**102.9**	**102.5**	**101.6**	**101.8**	**102.0**	**102.0**	**101.6**	**101.2**	**101.1**	**101.3**	**101.4**
服务项目价格指数	103.8	103.2	102.9	102.7	102.6	102.2	102.3	102.3	102.0	101.5	101.3	101.3
工业品价格指数	101.5	101.5	101.4	101.4	101.4	101.2	101.1	100.9	100.5	100.4	100.4	100.0
扣除食品和能源价格指数	102.6	102.4	102.1	102.0	101.8	101.6	101.6	101.6	101.3	101.0	101.1	101.1
消费品价格指数	103.2	102.7	102.3	101.2	101.6	101.9	101.9	101.3	100.8	100.9	101.3	101.4
食品	105.2	104.2	103.4	100.9	101.7	102.7	102.8	101.7	101.2	101.5	102.4	103.1
粮食	104.3	103.3	102.4	101.8	101.6	101.6	101.2	101.2	101.5	101.6	101.7	101.9
淀粉	105.7	102.2	102.2	103.3	104.2	103.7	103.7	104.9	105.5	105.7	106.0	106.2
干豆类及豆制品	108.7	108.1	106.9	105.3	105.2	105.4	105.0	104.6	104.1	104.2	102.8	102.8
油脂	99.1	97.8	97.1	96.6	96.5	97.2	96.7	96.9	97.4	97.4	97.4	97.6
肉禽及其制品	102.2	99.0	98.3	98.8	102.3	102.1	101.2	101.2	101.4	101.5	101.8	101.5
蛋	99.6	98.5	100.3	105.8	112.4	112.6	112.9	111.3	111.9	111.4	112.7	111.5
水产品	105.1	102.4	103.8	102.0	100.8	101.9	102.6	101.1	101.0	102.1	102.1	101.0
菜	112.1	116.9	118.0	95.8	95.2	102.4	104.2	94.8	92.0	94.7	102.7	110.8
调 味 品	101.6	101.6	101.5	101.6	101.6	101.6	101.0	101.1	100.8	100.6	100.6	100.6
糖	97.8	98.7	98.8	98.9	98.7	98.3	99.9	99.9	100.2	100.2	100.0	100.0
茶及饮料	101.0	100.9	100.6	100.3	100.7	100.6	100.3	100.1	100.2	100.2	100.3	100.5
干鲜瓜果	116.9	113.9	108.4	107.5	109.0	111.1	114.5	116.2	113.0	110.8	109.0	106.5
糕点饼干	101.2	99.8	99.6	100.1	100.2	100.1	99.8	100.0	100.0	100.4	101.0	101.2
液体乳及乳制品	104.9	104.8	104.8	104.1	104.3	105.0	105.2	106.0	106.1	105.9	105.9	105.5
在外用膳食品	105.2	104.6	103.8	103.6	102.6	101.6	101.4	101.3	101.3	101.6	101.4	101.5
其他食品	100.7	100.6	100.5	100.9	100.9	101.2	101.2	101.5	101.6	101.8	101.7	101.8
烟酒及用品	99.3	99.4	99.4	99.6	99.4	99.0	98.7	99.3	99.5	99.9	100.1	100.2
烟草	99.8	99.9	99.8	100.4	100.1	99.7	99.1	99.8	100.1	100.5	100.5	100.8
酒	98.1	98.5	98.4	98.1	97.8	97.5	97.8	98.1	98.2	98.7	99.2	98.9
衣着	102.3	102.3	102.0	101.5	101.5	101.4	101.4	101.3	100.9	101.2	102.0	102.4
服　　装	102.5	102.5	102.2	101.6	101.7	101.7	101.7	101.6	101.1	101.3	102.2	102.6
衣着材料	103.1	103.0	102.0	101.1	101.2	101.7	102.3	102.4	102.5	102.1	104.5	104.5
鞋袜帽	101.1	101.1	100.9	100.7	100.6	100.5	100.3	100.2	100.0	100.3	100.6	101.0
衣着加工服务费	107.8	109.1	110.1	108.6	108.4	106.2	105.5	105.2	105.2	106.7	108.5	109.0
家庭设备用品及维修服务	101.9	101.8	101.5	101.1	101.2	101.0	101.2	101.4	101.3	101.1	101.3	101.4
耐用消费品	101.1	101.0	100.8	100.6	100.6	100.4	100.4	100.5	100.5	100.4	100.6	100.6
室内装饰品	100.2	100.1	100.2	99.9	99.9	99.9	99.9	99.9	99.9	100.1	100.6	100.7
床上用品	101.4	101.3	101.3	101.1	100.8	100.8	100.8	100.8	100.5	100.9	100.8	100.8
家庭日用杂品	102.8	102.7	102.6	101.7	102.3	102.2	102.6	102.5	102.0	101.3	101.4	101.3
家庭服务及加工维修服务	103.8	103.6	101.8	101.9	100.7	100.8	100.8	102.9	104.0	104.3	105.2	106.3
医疗保健和个人用品	102.1	102.1	102.1	102.3	102.2	101.9	102.1	102.3	102.1	101.9	101.9	101.8
医疗保健	103.3	103.3	103.3	103.4	103.2	103.0	102.8	103.1	102.7	102.5	102.3	102.2
个人用品及服务	99.4	99.4	99.4	99.7	99.8	99.6	100.5	100.6	100.6	100.7	100.9	101.1
交通和通信	101.0	100.6	100.4	100.6	101.2	101.0	100.9	100.0	100.0	99.4	99.0	98.3
交通	101.9	101.1	100.8	101.3	102.2	101.9	101.8	100.3	100.3	99.4	98.6	97.4
通信	99.7	99.8	99.9	99.7	99.7	99.7	99.7	99.6	99.6	99.6	99.6	99.6
娱乐教育文化用品及服务	105.3	104.3	104.1	104.0	103.9	103.6	103.6	103.6	102.2	101.1	100.6	100.6
文娱用耐用消费品及服务	99.6	99.5	99.5	99.6	99.6	99.4	99.1	98.7	98.9	98.9	98.9	98.9
教育	103.6	103.6	103.1	103.0	103.1	103.0	103.0	103.0	102.4	102.3	102.3	102.5
文化娱乐类	100.9	100.9	100.8	100.7	100.7	100.8	100.7	100.8	100.9	100.7	100.8	100.9
旅游	125.8	117.4	118.6	117.9	116.9	115.1	115.3	116.0	106.8	99.3	95.8	95.1
居住	102.4	102.5	102.2	102.1	101.8	101.5	101.3	101.1	100.9	100.7	100.5	99.9
建房及装修材料	104.3	104.1	103.9	103.7	102.6	101.6	101.6	100.9	100.4	100.6	100.3	100.0
租房	104.0	103.8	103.2	104.1	103.2	102.7	102.2	102.1	102.5	102.4	102.6	102.7
自有住房	103.0	103.0	102.4	101.8	101.4	101.3	101.3	101.5	101.6	101.6	101.7	101.7
水、电、燃料	100.1	100.3	100.5	101.0	101.6	101.5	101.1	100.4	99.9	99.1	98.7	96.6

3-14 城市居民消费价格分月指数(2014年)

上年同月=100

类　　别	1月	2月	3月	4月	5月	6月	7月	8月	9月	10月	11月	12月
居民消费价格指数(%)	**103.7**	**103.2**	**102.9**	**101.6**	**102.1**	**102.2**	**102.1**	**101.9**	**101.4**	**101.2**	**101.4**	**101.6**
服务项目价格指数	104.6	104.0	103.6	103.4	103.2	102.8	102.9	103.0	102.6	101.8	101.6	101.7
工业品价格指数	101.3	101.3	101.3	101.3	101.4	101.3	101.2	101.0	100.6	100.5	100.5	100.0
扣除食品和能源价格指数	102.8	102.6	102.4	102.2	102.1	101.9	101.9	101.9	101.6	101.3	101.3	101.4
消费品价格指数	103.3	102.9	102.6	101.0	101.7	102.0	101.9	101.5	101.0	101.0	101.3	101.5
食品	105.7	104.7	104.0	100.6	102.0	102.7	102.6	101.9	101.5	101.6	102.3	103.3
粮食	103.5	102.1	101.9	101.4	101.0	101.0	101.2	101.4	101.6	101.8	102.2	102.4
淀粉	106.3	102.4	102.5	103.7	104.6	104.0	104.0	105.2	105.7	106.0	106.2	106.1
干豆类及豆制品	108.0	108.1	107.0	105.6	105.4	105.7	105.3	104.3	103.6	103.3	102.7	102.6
油脂	96.9	96.0	95.7	95.0	95.2	95.7	94.7	94.6	94.9	94.9	94.7	94.7
肉禽及其制品	101.4	98.3	98.1	97.9	101.9	101.5	100.1	100.3	100.7	100.5	100.6	100.6
蛋	99.1	99.4	102.2	105.4	112.5	112.6	112.8	111.5	111.5	111.0	112.5	111.8
水产品	104.0	100.8	101.2	100.5	100.0	100.1	99.9	99.8	100.1	101.1	101.8	102.2
菜	113.8	118.7	117.6	92.1	95.1	102.2	103.0	96.1	93.5	95.6	103.2	112.8
调 味 品	102.8	102.8	102.6	102.6	102.5	102.3	101.3	101.5	101.1	100.8	100.8	100.8
糖	100.0	100.1	100.0	100.0	99.6	99.2	99.8	99.7	100.1	100.2	100.5	100.4
茶及饮料	101.3	101.2	100.6	100.2	100.7	100.8	100.3	100.0	100.0	100.0	100.2	100.5
干鲜瓜果	119.1	117.2	112.8	111.2	111.8	113.2	117.0	119.8	116.8	112.8	108.4	106.1
糕点饼干	100.7	100.1	99.6	100.1	100.1	100.1	99.6	99.8	99.8	100.3	100.7	101.0
液体乳及乳制品	106.1	105.3	105.3	104.6	104.8	105.7	106.2	107.1	107.2	106.9	106.9	106.4
在外用膳食品	106.9	106.1	105.0	104.9	103.5	102.1	101.8	101.7	101.7	102.0	101.8	102.0
其他食品	100.6	100.7	100.7	100.5	100.5	101.1	101.1	101.5	101.7	101.9	101.9	101.9
烟酒及用品	98.5	99.0	98.9	99.1	98.7	98.3	98.3	98.7	98.8	99.2	99.5	99.6
烟草	99.1	99.5	99.4	99.9	99.5	99.2	99.0	99.5	99.5	99.7	99.7	100.1
酒	97.3	97.9	97.7	97.3	97.0	96.5	96.9	97.2	97.5	98.3	99.1	98.5
衣着	102.2	102.2	102.1	101.7	101.7	101.5	101.4	101.3	101.0	101.3	102.0	102.4
服　　装	102.2	102.2	102.1	101.7	101.8	101.7	101.7	101.6	101.1	101.5	102.3	102.7
衣着材料	100.9	100.9	100.8	101.0	101.0	101.1	101.2	101.4	101.3	100.8	101.6	101.2
鞋袜帽	101.6	101.6	101.2	100.9	100.8	100.7	100.4	100.3	100.1	100.4	100.8	101.2
衣着加工服务费	108.5	109.9	111.5	110.2	110.0	107.2	106.1	105.6	105.4	106.9	109.1	109.7
家庭设备用品及维修服务	102.1	102.0	101.5	101.1	101.2	101.0	101.2	101.6	101.7	101.6	101.9	102.0
耐用消费品	101.4	101.3	100.9	100.8	100.8	100.4	100.4	100.6	100.7	100.6	100.9	100.9
室内装饰品	100.2	100.1	100.2	99.7	99.8	99.9	99.8	99.7	99.7	99.9	100.4	100.4
床上用品	101.4	101.3	101.2	100.9	100.5	100.5	100.6	100.6	100.5	100.5	100.4	100.3
家庭日用杂品	102.7	102.6	102.5	101.4	102.4	102.3	102.9	103.0	103.1	102.6	102.7	102.6
家庭服务及加工维修服务	105.1	104.7	102.3	102.3	100.8	100.8	100.9	103.7	104.2	104.7	105.9	107.3
医疗保健和个人用品	102.7	102.7	102.6	102.9	102.8	102.5	102.7	102.8	102.5	102.3	102.2	102.1
医疗保健	104.0	104.2	104.1	104.3	104.2	103.9	103.8	103.8	103.3	103.0	102.7	102.5
个人用品及服务	100.0	99.9	99.8	100.1	100.1	99.8	100.7	100.8	100.8	100.9	101.2	101.3
交通和通信	100.7	100.4	100.5	100.6	101.1	100.9	100.9	99.9	99.9	99.4	99.0	98.5
交通	101.4	100.8	100.9	101.4	102.3	101.9	101.8	100.2	100.2	99.3	98.6	97.8
通信	99.6	99.7	99.9	99.6	99.6	99.6	99.6	99.6	99.5	99.5	99.5	99.5
娱乐教育文化用品及服务	107.0	105.6	105.5	105.4	105.3	104.9	104.9	105.1	103.1	101.6	100.8	100.8
文娱用耐用消费品及服务	99.8	99.8	99.8	99.9	99.9	99.8	99.7	99.6	99.7	99.7	99.7	99.7
教育	104.5	104.6	104.2	104.1	104.3	104.1	104.1	104.1	103.6	103.4	103.4	103.7
文化娱乐类	100.8	100.8	100.7	100.6	100.6	100.6	100.6	100.8	100.9	101.0	101.1	101.3
旅游	127.7	118.5	119.9	119.2	118.1	116.1	116.3	117.0	107.1	99.1	95.3	94.6
居住	102.3	102.3	102.0	101.9	101.7	101.5	101.4	101.3	101.1	100.9	100.8	99.9
建房及装修材料	101.0	101.0	100.9	100.7	100.4	100.4	100.2	100.2	100.3	100.6	101.2	101.1
租房	104.9	104.7	103.7	104.8	103.7	103.0	102.5	102.3	103.0	102.8	103.2	103.4
自有住房	103.6	103.7	102.9	102.1	101.6	101.4	101.5	101.8	102.0	102.0	102.1	102.2
水、电、燃料	100.4	100.5	100.9	101.4	101.9	101.9	101.3	100.9	99.8	99.1	98.4	95.8

3-15 农村居民消费价格分月指数(2014年)

上年同月=100

类别	1月	2月	3月	4月	5月	6月	7月	8月	9月	10月	11月	12月
居民消费价格指数(%)	**102.7**	**102.2**	**101.7**	**101.4**	**101.3**	**101.6**	**101.8**	**100.9**	**100.6**	**100.7**	**101.2**	**101.0**
服务项目价格指数	101.8	101.5	101.0	100.9	101.0	100.9	100.8	100.7	100.8	100.6	100.6	100.4
工业品价格指数	101.9	101.8	101.6	101.5	101.4	101.1	101.0	100.7	100.3	100.2	100.2	100.0
扣除食品和能源价格指数	102.1	101.9	101.6	101.4	101.2	101.0	100.9	100.8	100.6	100.5	100.6	100.5
消费品价格指数	103.0	102.4	101.9	101.6	101.3	101.8	102.1	101.0	100.5	100.8	101.4	101.2
食品	104.2	103.0	102.3	101.6	101.3	102.7	103.4	101.3	100.7	101.5	102.8	102.6
粮食	106.1	105.9	103.6	102.6	102.7	103.0	101.2	100.6	101.1	101.2	100.5	100.7
淀粉	101.0	100.1	99.7	99.6	100.3	101.1	101.1	101.7	102.9	103.0	104.7	107.2
干豆类及豆制品	114.1	107.9	105.8	102.8	103.9	102.6	102.8	106.8	108.4	111.4	103.8	104.3
油脂	102.9	100.8	99.3	99.3	98.7	99.9	100.0	100.7	101.7	101.6	101.9	102.3
肉禽及其制品	103.8	100.3	98.6	100.6	103.2	103.5	103.4	102.8	102.7	103.3	103.9	103.1
蛋	100.8	96.4	95.9	106.8	112.3	112.5	113.3	110.8	112.8	112.4	113.1	110.8
水产品	108.0	106.5	110.7	106.1	102.8	106.7	109.8	104.3	103.1	104.9	103.0	98.2
菜	108.1	112.4	119.0	106.4	95.4	102.6	107.3	91.6	88.5	92.7	101.1	105.8
调 味 品	100.0	100.0	100.1	100.4	100.4	100.6	100.6	100.5	100.4	100.4	100.4	100.4
糖	96.1	97.6	97.8	98.0	98.0	97.6	100.0	100.1	100.2	100.2	99.6	99.7
茶及饮料	100.4	100.5	100.5	100.6	100.5	100.4	100.4	100.5	100.5	100.5	100.5	100.5
干鲜瓜果	112.4	107.3	99.3	99.8	103.0	106.7	109.3	109.0	105.3	106.3	110.4	107.4
糕点饼干	102.2	99.4	99.6	100.0	100.4	100.2	100.2	100.2	100.4	100.4	101.6	101.6
液体乳及乳制品	101.5	103.2	103.3	102.8	102.8	102.9	102.4	102.7	102.9	102.9	102.9	102.9
在外用膳食品	101.4	101.4	101.2	100.7	100.5	100.6	100.6	100.6	100.5	100.6	100.6	100.5
其他食品	100.9	100.6	100.2	101.5	101.4	101.4	101.3	101.6	101.6	101.6	101.6	101.6
烟酒及用品	100.2	100.1	100.0	100.4	100.4	100.0	99.2	100.0	100.4	100.8	101.0	101.0
烟草	100.7	100.4	100.3	101.0	101.0	100.4	99.2	100.3	100.8	101.5	101.7	101.7
酒	99.3	99.4	99.5	99.1	99.0	99.1	99.1	99.4	99.4	99.3	99.3	99.3
衣着	102.5	102.6	101.8	101.1	101.1	101.2	101.3	101.3	100.8	100.8	101.9	102.3
服　　装	103.2	103.3	102.3	101.4	101.5	101.6	101.6	101.7	100.9	100.8	102.1	102.5
衣着材料	105.3	105.2	103.3	101.3	101.4	102.3	103.3	103.4	103.6	103.5	107.3	107.6
鞋袜帽	100.1	100.1	100.1	100.0	100.0	100.0	100.0	100.0	99.9	100.1	100.2	100.6
衣着加工服务费	104.8	105.6	103.9	101.6	101.6	101.9	103.0	103.0	104.1	105.6	105.6	105.6
家庭设备用品及维修服务	101.4	101.4	101.3	101.2	101.0	101.0	101.0	100.8	100.3	100.0	99.9	100.0
耐用消费品	100.4	100.4	100.4	100.3	100.3	100.3	100.4	100.3	100.2	100.0	99.8	99.7
室内装饰品	100.1	100.2	100.2	100.2	100.2	100.2	100.2	100.5	100.7	101.0	101.2	101.5
床上用品	101.2	101.3	101.6	101.5	101.6	101.4	101.2	101.2	100.5	101.7	101.8	101.9
家庭日用杂品	103.0	103.0	102.8	102.3	102.0	101.9	102.0	101.3	99.7	98.7	98.7	98.7
家庭服务及加工维修服务	100.7	100.7	100.5	100.7	100.5	100.7	100.7	100.7	103.5	103.5	103.5	103.9
医疗保健和个人用品	100.9	100.8	100.9	100.9	100.7	100.8	100.7	101.3	101.2	101.1	101.2	101.3
医疗保健	102.0	101.8	101.8	101.7	101.4	101.3	101.0	101.8	101.6	101.6	101.6	101.6
个人用品及服务	97.5	97.9	98.4	98.6	98.7	99.2	99.9	100.0	99.8	99.9	100.0	100.3
交通和通信	101.6	101.0	100.3	100.6	101.3	101.0	101.0	100.2	100.2	99.6	99.0	97.9
交通	102.7	101.8	100.5	101.1	102.2	101.8	101.7	100.5	100.5	99.5	98.6	96.8
通信	99.9	99.9	99.9	99.9	99.9	99.9	99.8	99.8	99.8	99.7	99.6	99.6
娱乐教育文化用品及服务	101.5	101.4	101.0	100.8	100.8	100.8	100.6	100.5	100.0	100.0	99.9	99.9
文娱用耐用消费品及服务	99.0	98.8	98.7	98.8	98.7	98.3	97.6	96.8	97.0	97.2	96.9	96.9
教育	102.0	101.9	101.4	101.2	101.2	101.2	101.2	101.2	100.5	100.5	100.5	100.5
文化娱乐类	101.3	101.2	101.1	101.1	101.1	101.1	101.1	101.1	101.0	100.1	100.1	100.1
旅游	104.0	103.7	103.8	102.6	102.5	102.5	102.6	102.7	102.5	102.2	102.2	102.2
居住	102.7	102.7	102.4	102.4	102.0	101.4	101.2	100.5	100.5	100.3	100.1	99.9
建房及装修材料	106.0	105.8	105.5	105.3	103.7	102.2	102.3	101.2	100.5	100.6	99.8	99.4
租房	101.9	101.5	101.7	102.0	101.9	102.1	101.4	101.4	101.3	101.3	101.0	101.0
自有住房	101.6	101.2	101.2	101.0	100.9	101.1	100.6	100.6	100.6	100.6	100.6	100.6
水、电、燃料	98.9	99.8	99.2	99.5	100.5	100.2	100.2	99.0	100.2	99.0	99.4	99.2

3-16 居民消费价格分月环比指数(2014年)

上月=100

类　　别	1月	2月	3月	4月	5月	6月	7月	8月	9月	10月	11月	12月
居民消费价格指数(%)	**101.0**	**100.3**	**99.4**	**99.7**	**99.9**	**100.1**	**99.9**	**100.5**	**100.6**	**99.9**	**99.9**	**100.3**
服务项目价格指数	100.5	99.9	100.0	100.0	100.0	100.1	100.3	100.0	100.4	99.8	100.0	100.2
工业品价格指数	100.0	100.0	100.1	100.0	100.1	100.0	99.9	99.9	99.9	100.0	100.1	99.9
扣除食品和能源价格指数	100.3	100.0	100.0	100.0	100.0	100.1	100.2	100.0	100.2	100.0	100.2	100.1
消费品价格指数	101.1	100.4	99.2	99.6	99.9	100.0	99.8	100.6	100.7	99.9	99.9	100.3
食品	102.5	100.8	98.1	99.2	99.6	100.0	99.6	101.4	101.5	99.8	99.6	100.8
粮食	100.3	100.2	100.2	100.1	100.2	100.2	99.9	100.0	100.4	100.0	100.1	100.3
淀粉	100.2	100.3	100.5	101.1	101.1	100.1	100.2	101.1	100.6	100.2	100.2	100.3
干豆类及豆制品	100.7	100.5	99.6	100.2	100.4	100.4	100.0	100.4	100.3	100.3	99.8	100.2
油脂	100.4	99.8	99.3	99.1	99.2	100.0	99.4	100.0	100.2	99.9	99.9	100.3
肉禽及其制品	101.1	99.9	96.2	96.5	99.8	101.2	100.2	103.8	102.5	100.3	100.1	100.1
蛋	101.5	99.5	97.8	101.0	106.0	100.4	100.8	102.9	104.1	98.5	99.0	99.8
水产品	101.6	102.3	98.4	98.8	101.0	100.4	100.1	100.3	100.4	99.6	99.2	99.0
菜	112.6	103.3	94.3	99.9	93.9	96.3	98.9	102.4	105.0	100.2	98.8	106.2
调 味 品	100.0	100.0	100.0	100.1	100.1	100.2	100.0	100.0	100.0	100.1	100.0	100.0
糖	100.1	99.0	99.8	100.0	99.8	99.7	99.8	100.0	100.4	100.0	101.2	100.1
茶及饮料	99.9	100.1	100.1	100.1	100.3	100.3	99.8	99.7	100.1	100.0	100.1	100.2
干鲜瓜果	106.7	103.1	99.0	102.1	103.0	100.7	96.1	100.7	101.0	96.9	97.1	100.5
糕点饼干	100.2	99.5	100.0	100.2	100.2	100.1	100.0	100.1	100.0	100.1	100.7	100.3
液体乳及乳制品	100.5	100.6	100.3	100.3	100.7	100.8	100.4	101.1	100.5	100.0	100.3	100.1
在外用膳食品	100.2	100.2	100.1	100.0	100.0	100.1	100.0	100.2	100.3	100.4	100.1	100.1
其他食品	100.2	100.1	100.0	100.7	100.0	100.0	100.0	100.4	100.1	100.1	100.0	100.0
烟酒及用品	99.7	100.0	99.9	100.1	99.9	99.9	99.9	100.4	100.2	100.2	100.0	100.1
烟草	100.0	99.9	99.9	100.2	100.0	99.9	99.7	100.5	100.2	100.3	100.0	100.2
酒	99.0	100.1	100.0	99.9	99.9	99.8	100.3	100.1	100.2	99.9	100.1	99.7
衣着	100.0	100.1	100.2	100.0	100.1	100.1	100.0	100.0	100.0	100.3	100.9	100.4
服　　装	100.0	100.1	100.3	100.1	100.1	100.2	100.0	100.0	100.0	100.4	101.0	100.5
衣着材料	100.2	100.1	100.3	100.1	100.0	100.5	100.5	100.0	100.2	100.1	102.4	100.1
鞋袜帽	100.0	100.0	100.0	100.0	100.0	100.0	100.0	100.1	100.0	100.2	100.4	100.3
衣着加工服务费	100.0	103.1	101.0	100.0	100.0	100.1	100.2	100.0	100.2	101.4	102.3	100.5
家庭设备用品及维修服务	100.1	100.0	100.1	100.0	100.2	100.1	100.1	100.2	100.1	100.1	100.2	100.1
耐用消费品	100.0	100.0	100.0	100.0	100.1	100.0	100.0	100.1	100.1	100.1	100.2	100.0
室内装饰品	99.9	100.0	100.1	100.0	100.0	100.0	100.0	99.9	100.1	100.1	100.5	100.1
床上用品	100.1	100.0	99.9	100.0	100.0	100.0	100.0	100.1	100.0	100.4	100.3	100.1
家庭日用杂品	100.0	100.1	100.3	100.0	100.6	100.2	100.4	99.9	99.9	100.0	100.0	100.0
家庭服务及加工维修服务	100.5	100.0	100.0	100.1	100.0	100.0	100.0	102.0	101.1	100.3	100.9	101.1
医疗保健和个人用品	100.4	100.1	100.2	100.3	100.1	100.0	100.2	100.4	100.1	100.0	100.0	100.1
医疗保健	100.4	100.0	100.1	100.4	100.2	100.1	100.1	100.5	100.2	100.1	100.0	100.1
个人用品及服务	100.2	100.1	100.3	100.0	99.9	100.0	100.5	100.1	99.9	99.9	100.0	100.0
交通和通信	100.2	100.1	99.7	99.7	100.3	100.5	100.2	99.2	99.8	99.3	99.4	99.8
交通	100.4	100.1	99.5	99.6	100.5	100.8	100.4	98.7	99.7	98.9	99.0	99.7
通信	100.0	100.0	100.0	99.7	100.0	100.0	100.0	99.9	100.0	100.0	100.0	100.0
娱乐教育文化用品及服务	100.5	99.2	100.1	100.1	99.8	99.9	100.3	100.1	100.5	99.9	99.9	100.2
文娱用耐用消费品及服务	99.9	99.9	100.0	100.0	99.9	99.9	99.7	99.8	100.1	99.9	99.9	100.0
教育	100.0	100.0	100.2	100.0	100.0	100.0	100.0	100.0	101.8	100.2	100.0	100.2
文化娱乐类	100.2	100.0	100.1	99.9	100.0	100.1	100.0	100.2	100.1	100.1	100.1	100.2
旅游	103.5	94.9	100.3	100.5	98.4	99.4	102.7	100.9	96.6	98.4	99.3	100.3
居住	100.2	100.2	100.1	100.0	100.0	99.9	99.8	99.9	100.0	100.0	100.0	99.8
建房及装修材料	100.0	99.9	99.7	99.9	100.1	100.1	100.1	99.8	100.0	100.5	100.0	99.9
租房	100.3	100.1	100.1	101.0	100.1	99.8	100.0	100.1	100.4	100.1	100.3	100.1
自有住房	100.4	100.4	100.1	100.0	100.0	100.0	100.1	100.3	100.2	100.0	100.1	100.0
水、电、燃料	99.8	100.2	100.2	99.7	99.8	99.7	99.2	99.5	99.8	99.6	99.8	99.2

3-17 城市居民消费价格分月环比指数(2014年)

上月=100

类别	1月	2月	3月	4月	5月	6月	7月	8月	9月	10月	11月	12月
居民消费价格指数(%)	**101.0**	**100.2**	**99.6**	**99.8**	**99.9**	**100.0**	**100.0**	**100.4**	**100.6**	**100.0**	**99.9**	**100.3**
服务项目价格指数	100.7	99.8	100.0	100.1	99.9	100.1	100.4	100.1	100.4	99.8	100.1	100.2
工业品价格指数	99.9	100.0	100.2	100.0	100.1	100.0	99.9	99.9	99.9	100.0	100.1	99.9
扣除食品和能源价格指数	100.4	99.9	100.1	100.1	100.0	100.1	100.2	100.1	100.2	100.0	100.2	100.2
消费品价格指数	101.2	100.3	99.4	99.6	99.9	99.9	99.8	100.5	100.6	100.0	99.9	100.4
食品	102.5	100.7	98.5	99.2	99.7	99.8	99.7	101.2	101.4	100.0	99.6	100.9
粮食	100.3	100.4	100.4	100.1	100.2	100.2	99.9	100.1	100.3	100.0	100.3	100.3
淀粉	100.2	100.3	100.6	101.3	101.3	100.1	100.2	101.2	100.5	100.2	100.1	100.0
干豆类及豆制品	100.5	100.5	99.9	100.2	100.5	100.4	100.0	100.2	100.2	100.4	99.8	100.1
油脂	99.8	99.9	99.5	99.0	99.4	99.8	98.9	99.3	99.6	99.8	99.7	99.9
肉禽及其制品	100.7	99.6	97.0	96.8	100.7	100.7	100.1	103.0	102.3	100.1	99.7	100.2
蛋	100.9	100.6	99.5	100.2	105.5	100.2	100.7	103.4	103.2	99.0	99.0	99.4
水产品	101.1	101.4	99.4	99.7	100.8	99.7	99.8	100.2	100.5	100.0	99.6	100.0
菜	113.7	102.2	94.4	99.0	93.2	96.0	100.2	102.4	104.6	101.0	100.1	107.1
调 味 品	100.1	100.0	99.9	100.0	100.1	100.2	100.0	100.2	100.0	100.2	100.1	100.1
糖	100.3	100.1	99.9	99.9	99.8	99.6	100.1	99.9	100.1	100.1	100.3	100.2
茶及饮料	99.8	100.0	100.0	100.0	100.5	100.5	99.6	99.6	100.1	100.0	100.1	100.3
干鲜瓜果	106.6	103.3	100.0	102.3	102.8	100.1	96.5	100.0	101.3	97.8	96.4	99.3
糕点饼干	100.0	99.9	99.9	100.0	100.1	100.2	100.0	100.1	99.9	100.0	100.3	100.4
液体乳及乳制品	100.6	100.2	100.3	100.4	100.9	101.0	100.5	101.3	100.6	100.0	100.3	100.2
在外用膳食品	100.2	100.3	100.2	99.9	99.8	100.0	100.0	100.2	100.4	100.5	100.2	100.2
其他食品	100.4	100.1	100.1	100.2	100.0	100.1	100.0	100.4	100.3	100.2	100.1	100.0
烟酒及用品	99.7	100.1	100.0	99.9	99.9	99.7	100.1	100.1	100.1	100.0	100.1	100.1
烟草	100.0	100.0	100.0	99.9	99.9	99.8	99.9	100.0	100.0	100.1	100.0	100.4
酒	98.9	100.2	100.0	99.9	99.8	99.5	100.5	100.1	100.3	99.8	100.1	99.5
衣着	100.0	100.1	100.3	100.1	100.1	100.1	100.0	100.0	100.0	100.4	100.8	100.4
服　　装	100.0	100.1	100.4	100.1	100.2	100.2	100.0	100.0	100.0	100.5	100.9	100.5
衣着材料	100.0	100.2	100.2	100.2	100.0	99.9	99.9	100.0	100.0	100.1	100.9	99.7
鞋袜帽	100.0	100.0	100.0	100.0	100.0	100.0	100.0	100.1	100.1	100.2	100.5	100.3
衣着加工服务费	100.0	103.6	101.0	100.0	100.0	100.0	100.0	100.0	100.0	101.4	102.7	100.6
家庭设备用品及维修服务	100.1	100.0	100.1	100.0	100.3	100.1	100.2	100.4	100.1	100.1	100.3	100.1
耐用消费品	100.0	100.0	100.0	100.0	100.1	100.0	100.1	100.2	100.1	100.2	100.3	100.0
室内装饰品	99.9	99.9	100.1	100.0	100.1	100.0	100.0	99.8	100.0	100.0	100.6	100.0
床上用品	100.0	99.9	99.9	100.0	100.0	100.0	100.0	100.2	100.1	100.0	100.2	99.9
家庭日用杂品	100.0	100.1	100.5	100.0	100.9	100.4	100.5	100.1	100.1	100.0	100.0	100.0
家庭服务及加工维修服务	100.7	100.0	100.0	100.0	100.0	100.0	100.0	102.8	100.5	100.5	101.2	101.3
医疗保健和个人用品	100.5	100.1	100.2	100.4	100.1	100.0	100.3	100.2	100.0	100.0	100.0	100.0
医疗保健	100.6	100.2	100.2	100.6	100.2	100.1	100.1	100.2	100.0	100.1	100.0	100.0
个人用品及服务	100.3	100.0	100.2	100.0	99.9	99.9	100.7	100.1	100.0	99.9	100.1	100.0
交通和通信	100.2	100.1	99.7	99.6	100.2	100.6	100.2	99.2	99.7	99.4	99.5	100.0
交通	100.4	100.2	99.5	99.6	100.4	101.0	100.4	98.7	99.5	98.9	99.1	99.9
通信	100.0	100.0	100.0	99.6	100.0	100.0	100.0	99.9	100.0	100.0	100.0	100.0
娱乐教育文化用品及服务	100.7	98.9	100.2	100.1	99.7	99.9	100.5	100.2	100.6	99.8	99.9	100.2
文娱用耐用消费品及服务	99.8	99.9	100.0	100.0	100.0	100.0	99.9	100.0	100.1	99.9	100.0	100.0
教育	100.0	100.1	100.2	100.0	100.0	100.1	100.0	100.0	102.6	100.3	100.0	100.3
文化娱乐类	100.2	100.1	100.1	99.9	100.0	100.1	100.0	100.2	100.2	100.1	100.2	100.2
旅游	103.7	94.5	100.4	100.6	98.3	99.4	102.9	100.9	96.3	98.2	99.3	100.4
居住	100.1	100.2	100.2	100.0	99.9	99.9	99.7	100.1	100.1	100.0	100.1	99.7
建房及装修材料	100.0	99.9	99.9	100.2	100.0	100.0	100.0	100.0	100.1	100.2	100.7	100.0
租房	100.5	100.1	100.1	101.3	100.1	99.7	100.0	100.1	100.6	100.2	100.4	100.2
自有住房	100.6	100.5	100.2	100.1	100.0	99.9	100.1	100.4	100.2	100.0	100.1	100.1
水、电、燃料	99.4	100.0	100.3	99.7	99.8	99.7	98.9	99.8	99.7	99.8	99.7	99.0

3-18 农村居民消费价格分月环比指数(2014年)

上月=100

类　　别	1月	2月	3月	4月	5月	6月	7月	8月	9月	10月	11月	12月
居民消费价格指数(%)	**100.9**	**100.4**	**99.0**	**99.7**	**99.9**	**100.3**	**99.8**	**100.6**	**100.7**	**99.8**	**99.9**	**100.2**
服务项目价格指数	100.2	100.1	99.9	99.9	100.1	100.2	100.1	99.8	100.3	99.9	100.0	100.0
工业品价格指数	100.1	100.0	100.0	100.0	100.1	100.0	100.0	99.9	100.0	100.0	100.0	100.0
扣除食品和能源价格指数	100.1	100.0	99.9	100.0	100.1	100.1	100.0	100.0	100.2	100.1	100.1	100.1
消费品价格指数	101.1	100.5	98.7	99.6	99.8	100.3	99.7	100.9	100.8	99.7	99.9	100.2
食品	102.3	101.1	97.2	99.2	99.5	100.6	99.3	102.0	101.7	99.5	99.7	100.5
粮食	100.5	99.8	99.6	100.3	100.1	100.1	99.9	99.9	100.6	100.1	99.7	100.2
淀粉	100.3	100.0	100.0	100.0	100.0	100.0	100.0	100.8	101.3	100.2	101.6	102.9
干豆类及豆制品	102.4	100.5	98.1	100.1	100.1	100.6	100.4	101.6	100.6	99.7	99.3	100.8
油脂	101.5	99.7	99.2	99.3	98.7	100.4	100.2	101.0	101.1	100.1	100.4	100.8
肉禽及其制品	101.8	100.6	94.8	96.0	98.1	102.2	100.5	105.3	102.9	100.6	100.9	99.9
蛋	102.9	97.0	94.1	103.0	107.1	100.8	101.1	101.8	106.1	97.4	99.1	100.7
水产品	102.8	104.4	96.2	96.8	101.5	102.1	100.8	100.5	100.1	98.7	98.2	96.6
菜	109.9	106.2	94.1	102.0	95.7	97.0	95.8	102.3	106.1	98.4	95.7	103.9
调 味 品	100.0	100.0	100.1	100.2	100.0	100.2	100.0	99.8	99.9	100.0	100.0	100.0
糖	100.0	98.1	99.8	100.0	99.9	99.7	99.6	100.0	100.6	100.0	102.0	100.1
茶及饮料	100.0	100.1	100.2	100.2	100.0	99.9	100.1	100.0	100.0	100.0	100.0	100.0
干鲜瓜果	107.0	102.6	96.7	101.7	103.3	102.2	95.1	102.3	100.2	94.8	98.8	103.2
糕点饼干	100.5	98.7	100.1	100.5	100.4	100.0	100.0	100.0	100.1	100.1	101.2	100.0
液体乳及乳制品	100.2	101.7	100.0	100.0	100.1	100.0	100.0	100.7	100.2	100.0	100.0	100.0
在外用膳食品	100.0	100.0	100.0	100.1	100.3	100.1	100.0	100.0	100.0	100.0	100.0	100.0
其他食品	100.0	100.0	99.8	101.4	100.0	100.0	100.0	100.3	100.0	100.0	100.0	100.0
烟酒及用品	99.7	99.8	99.9	100.4	100.0	100.0	99.6	100.8	100.4	100.4	100.0	100.0
烟草	100.0	99.8	99.8	100.6	100.0	100.0	99.4	101.1	100.5	100.5	100.0	100.0
酒	99.2	100.0	100.0	100.0	100.1	100.1	100.0	100.0	100.0	100.0	100.0	100.0
衣着	100.1	100.0	100.1	100.0	100.1	100.1	100.1	100.1	100.0	100.2	101.2	100.5
服　　装	100.0	100.0	100.0	100.0	100.1	100.1	100.0	100.1	100.0	100.2	101.4	100.5
衣着材料	100.3	100.0	100.4	100.0	100.0	101.0	101.0	100.1	100.3	100.1	103.8	100.5
鞋袜帽	100.0	100.0	100.0	100.0	100.0	100.0	100.0	100.0	99.9	100.2	100.1	100.4
衣着加工服务费	100.0	100.8	100.8	100.0	100.0	100.3	101.1	100.0	101.0	101.5	100.0	100.0
家庭设备用品及维修服务	100.0	100.0	100.0	100.0	100.0	100.0	100.0	99.8	100.0	100.1	100.0	100.1
耐用消费品	100.0	100.0	100.0	100.0	100.0	100.0	100.0	100.0	99.9	99.9	99.9	100.0
室内装饰品	100.0	100.1	100.0	100.0	100.0	100.0	100.0	100.3	100.3	100.2	100.2	100.3
床上用品	100.1	100.0	99.8	100.0	100.0	99.9	99.8	100.0	99.9	101.3	100.5	100.5
家庭日用杂品	100.0	100.0	100.0	100.0	99.9	99.9	100.1	99.4	99.4	100.0	100.0	100.0
家庭服务及加工维修服务	100.0	100.2	100.0	100.2	100.2	100.2	100.0	100.0	102.7	100.0	100.0	100.5
医疗保健和个人用品	100.0	99.9	100.1	100.0	100.0	100.1	100.0	100.8	100.3	100.0	100.0	100.1
医疗保健	100.0	99.7	100.0	100.1	100.0	100.0	100.0	101.1	100.5	100.0	100.0	100.1
个人用品及服务	99.9	100.3	100.4	99.9	99.9	100.2	100.0	99.9	99.9	99.9	99.8	100.1
交通和通信	100.3	100.0	99.8	99.8	100.4	100.3	100.2	99.1	100.1	99.2	99.2	99.5
交通	100.5	100.0	99.7	99.6	100.6	100.5	100.4	98.6	100.1	98.8	98.7	99.2
通信	99.9	100.0	100.0	100.0	100.0	100.0	100.0	99.9	100.0	99.9	100.0	100.0
娱乐教育文化用品及服务	100.0	100.0	100.0	100.0	100.0	99.9	99.9	99.9	100.3	100.0	100.0	100.0
文娱用耐用消费品及服务	100.0	99.8	99.9	100.1	99.8	99.6	99.3	99.1	99.9	99.8	99.7	99.9
教育	100.0	100.0	100.0	100.0	100.0	100.0	100.0	100.0	100.5	100.0	100.0	100.0
文化娱乐类	100.0	100.0	100.0	100.0	100.0	100.0	100.0	100.0	99.9	100.1	100.0	100.0
旅游	101.3	101.2	100.1	98.9	100.0	100.0	100.1	100.2	100.3	100.3	100.0	100.0
居住	100.3	100.1	99.9	99.9	100.1	100.0	100.1	99.6	100.0	100.0	100.0	99.9
建房及装修材料	100.0	99.9	99.7	99.8	100.2	100.1	100.2	99.6	99.9	100.6	99.7	99.8
租房	100.0	100.0	100.3	100.3	100.2	100.2	100.0	100.0	100.0	100.0	100.0	100.1
自有住房	100.1	100.0	100.0	100.0	100.0	100.2	100.1	100.0	100.0	100.0	100.1	100.0
水、电、燃料	101.4	100.9	100.0	99.7	100.0	99.6	100.0	98.7	100.1	98.6	100.3	99.9

3-19 历年商品零售价格指数

年份	上年=100			1985年=100		
	商品零售价格指数	城市	农村	商品零售价格指数	城市	农村
1985	111.1	112.4	110.1	100.0	100.0	100.0
1986	104.8	105.2	104.4	104.8	105.2	104.4
1987	110.6	111.3	110.2	115.9	117.1	115.0
1988	125.9	126.0	125.8	145.9	147.5	144.7
1989	118.1	116.2	119.4	172.3	171.4	172.8
1990	99.4	99.2	99.6	171.3	170.1	172.1
1991	104.1	104.4	103.1	178.3	177.5	177.5
1992	109.5	111.4	106.6	195.3	197.8	189.2
1993	115.1	115.7	114.6	224.8	228.8	216.8
1994	124.5	121.7	126.5	279.8	278.5	274.2
1995	115.5	114.5	116.8	323.2	318.9	320.3
1996	105.2	105.2	105.1	340.0	335.5	336.6
1997	100.3	100.6	99.8	341.0	337.5	336.0
1998	97.9	98.3	97.4	333.9	331.7	327.2
1999	97.6	97.8	97.5	325.9	324.4	319.0
2000	99.3	99.8	98.4	323.6	323.8	313.9
2001	98.8	98.1	99.4	319.7	317.6	312.1
2002	99.2	99.1	99.3	317.1	314.8	309.9
2003	100.6	100.1	101.1	319.0	315.1	313.3
2004	103.9	103.0	105.0	331.4	324.5	328.9
2005	102.3	101.6	103.0	339.1	329.7	338.8
2006	101.3	101.2	101.4	343.5	333.7	343.6
2007	104.3	103.6	106.7	358.3	345.7	366.6
2008	105.6	104.5	108.7	378.4	361.3	398.5
2009	98.5	98.2	98.8	372.7	354.8	393.7
2010	103.1	102.9	103.3	384.2	365.2	406.7
2011	105.5	105.4	105.6	405.3	384.9	429.5
2012	101.7	101.7	101.8	412.2	391.4	437.2
2013	101.7	101.4	102.3	419.2	396.9	447.3
2014	101.2	101.3	101.1	424.2	402.0	452.2

3-20 商品零售价格分类指数(2007-2014年)

项　目	2007	2008	2009	2010	2011	2012	2013	2014
商品零售价格指数(%)	**104.3**	**105.6**	**98.5**	**103.1**	**105.5**	**101.7**	**101.7**	**101.2**
食品	114.0	114.2	100.1	105.4	111.5	103.3	104.3	102.8
粮食	109.6	114.2	104.5	107.3	116.7	105.3	105.6	102.2
淀粉及制品	99.8	105.3	102.3	105.5	103.6	102.2	106.5	103.1
干豆类及豆制品	109.1	136.5	103.2	106.0	105.0	103.6	107.5	105.9
油脂	128.9	129.3	83.2	102.8	111.1	101.8	102.7	98.3
肉禽及其制品	132.8	115.8	89.8	102.4	119.3	98.6	103.9	101.4
蛋	121.4	102.2	101.4	107.9	114.6	100.0	104.4	108.4
水产品	109.6	120.1	101.3	104.4	108.4	110.7	103.3	102.5
菜	104.9	122.1	115.4	108.4	106.9	111.4	104.2	103.2
调味品	101.4	104.4	103.8	104.1	102.9	102.4	102.4	101.1
糖	100.6	101.4	102.4	107.0	110.2	102.3	98.1	99.1
干鲜瓜果	105.4	110.4	112.5	120.9	110.9	99.8	106.5	111.9
糕点饼干面包	103.7	106.7	105.4	100.8	103.3	102.3	101.8	100.0
液体乳及乳制品	103.4	111.2	104.3	101.9	101.1	100.4	102.8	105.8
在外用膳食品	107.0	109.0	103.3	102.8	106.2	105.2	104.8	102.2
其他食品	100.8	106.0	100.6	101.0	102.4	102.2	101.9	101.1
饮料、烟酒	103.3	101.9	100.2	100.6	102.0	102.4	102.6	99.7
茶及饮料	99.5	102.4	99.9	100.6	102.5	103.1	101.8	100.7
烟草	106.4	100.6	99.5	99.7	100.1	101.4	103.6	99.9
酒	100.3	103.8	101.3	102.0	104.2	103.4	101.5	99.1
服装鞋帽	100.2	97.5	100.3	100.8	100.9	101.1	102.2	101.5
服装	99.0	96.9	99.8	101.0	101.2	101.3	102.7	102.0
鞋袜帽	103.6	99.0	101.8	100.2	100.3	100.4	100.9	100.5
其他	98.3	96.1	98.8	99.9	100.4	100.7	100.2	100.1
纺织品	99.1	98.7	100.5	101.0	101.7	100.4	101.4	101.1
衣着材料	99.6	99.8	100.6	102.1	105.0	101.1	104.0	102.5
床上用品	98.8	98.0	100.4	100.3	101.0	100.2	100.8	100.7
家用电器及音像器材	99.0	96.8	96.8	98.6	99.3	98.8	99.4	99.6
家庭设备	100.5	98.8	98.9	99.5	99.9	99.6	99.7	100.3
文娱用耐用消费品	96.9	93.6	94.3	97.3	98.4	97.2	98.7	98.7
专业音像器材	99.2	104.1	99.6	100.2	99.9	100.3	99.7	99.7

3-20 续表

项　　目	2007	2008	2009	2010	2011	2012	2013	2014
文化办公用品	97.0	98.5	97.5	99.9	100.8	99.6	99.8	100.4
日用品	101.1	101.5	101.9	100.6	101.2	101.1	100.8	100.9
日用百货	100.6	99.8	100.6	101.0	100.9	100.2	100.2	100.4
日用杂品	103.7	102.1	103.2	101.7	100.9	101.3	102.4	102.2
洗涤用品	101.6	104.8	103.4	100.2	102.3	102.1	100.5	100.7
其他日用品	98.3	99.0	100.4	99.6	100.3	100.7	100.2	100.2
体育娱乐用品	100.2	100.7	101.4	100.8	101.1	100.5	101.2	101.0
体育用品	100.4	101.7	103.7	100.8	101.0	100.2	101.7	102.0
娱乐用品	100.0	99.8	99.2	100.7	101.3	100.8	100.7	99.9
交通、通信用品	94.1	93.7	94.1	99.3	99.2	97.7	98.2	99.9
交通运输机械	98.5	98.0	98.0	102.4	100.3	97.6	98.3	100.1
通信器材	88.5	88.4	89.1	95.5	95.8	98.0	97.7	99.1
家具	99.9	99.0	99.4	100.6	100.6	101.7	102.1	101.4
化妆品	99.5	99.8	100.4	100.6	100.2	101.5	101.5	100.1
金银珠宝	107.8	117.2	94.8	114.4	117.0	103.0	91.7	90.7
中西药品及医疗保健用品	103.8	102.9	100.0	102.0	103.8	103.2	102.4	103.2
医疗器具及用品	96.8	97.9	100.9	104.9	105.1	102.3	102.8	100.2
中药材及中成药	113.3	108.3	100.9	104.4	111.8	106.0	104.5	107.7
西药	99.4	100.1	99.2	100.4	100.3	102.0	101.4	101.3
保健器具及用品	101.3	102.7	100.2	100.7	104.4	103.1	102.0	103.0
书报杂志及电子出版物	100.1	100.8	101.3	100.8	100.5	100.6	100.9	100.4
教材及参考书	97.0	102.1	99.2	100.7	100.5	100.4	100.9	100.8
书报杂志	102.9	100.4	103.6	100.6	100.5	100.9	101.1	100.2
电子音像制品	99.7	99.1	100.0	101.3	100.3	99.9	100.3	100.2
燃料	102.8	122.8	87.2	113.5	113.6	103.5	99.0	99.2
煤炭及制品	102.3	139.9	90.5	111.4	118.7	104.2	95.1	97.1
石油及制品	103.1	115.1	86.1	114.4	113.3	103.4	99.3	99.3
建筑材料及五金电料	104.6	105.5	98.9	104.0	106.0	101.8	101.9	101.5
建筑装璜材料	104.6	105.4	97.8	104.5	106.8	102.0	101.9	101.7
五金电料	104.7	106.4	104.5	101.5	101.2	101.1	101.6	100.4

3-21 城市商品零售价格分类指数(2007-2014年)

项 目	2007	2008	2009	2010	2011	2012	2013	2014
商品零售价格指数(%)	**103.6**	**104.5**	**98.2**	**102.9**	**105.4**	**101.7**	**101.4**	**101.3**
食品	113.2	114.3	100.0	105.7	112.0	103.4	104.2	103.2
粮食	108.8	111.8	103.8	107.2	115.9	104.7	105.2	101.9
淀粉及制品	100.5	101.3	102.4	104.9	101.8	100.8	107.0	104.0
干豆类及豆制品	106.1	132.7	102.9	109.0	105.6	101.6	106.5	105.0
油脂	128.9	129.8	81.1	102.2	116.2	103.3	101.5	95.7
肉禽及其制品	132.1	118.5	91.7	101.5	120.9	99.0	103.8	100.4
蛋	119.4	104.5	102.0	107.8	118.1	100.8	104.5	108.5
水产品	108.4	120.8	104.1	104.0	108.3	111.5	104.0	100.3
菜	106.1	115.4	116.0	108.5	105.9	109.7	102.2	104.1
调味品	101.3	102.5	102.3	104.8	102.9	104.1	103.3	102.3
糖	102.0	101.4	99.2	104.1	108.5	102.9	100.9	99.8
干鲜瓜果	103.5	107.2	105.5	125.0	116.1	100.1	104.2	114.9
糕点饼干面包	104.3	104.6	102.0	100.6	102.3	101.5	101.1	99.8
液体乳及乳制品	103.5	112.1	106.0	102.4	101.5	100.8	103.9	107.0
在外用膳食品	106.9	110.2	101.3	102.4	106.7	105.9	106.6	103.1
其他食品	101.1	105.8	100.6	101.3	101.6	101.2	100.9	101.0
饮料、烟酒	102.0	103.5	101.0	100.9	101.8	102.7	100.9	99.4
茶及饮料	99.5	102.3	99.8	100.7	102.1	103.6	102.5	100.8
烟草	104.2	102.2	100.7	100.4	99.9	101.1	100.0	99.4
酒	100.8	106.0	102.0	101.8	103.9	104.2	101.1	98.9
服装鞋帽	100.3	95.6	100.3	100.5	100.9	101.2	102.0	101.6
服装	99.1	94.5	99.4	100.8	101.2	101.3	102.2	101.9
鞋袜帽	103.9	98.7	103.0	99.8	100.4	100.9	101.7	100.8
其他	97.8	95.6	98.4	99.9	100.6	100.9	100.2	100.4
纺织品	99.7	98.7	100.2	100.6	100.5	100.6	101.4	100.5
衣着材料	99.3	99.9	100.5	101.2	102.4	100.9	102.5	100.8
床上用品	100.0	98.1	100.0	100.3	100.1	100.5	101.2	100.4
家用电器及音像器材	99.0	98.3	97.3	99.0	99.3	99.3	99.6	100.3
家庭设备	100.3	98.7	98.7	99.8	99.7	99.7	100.3	100.6
文娱用耐用消费品	96.7	96.0	94.3	97.3	98.4	98.5	98.6	99.9
专业音像器材	99.2	105.6	100.0	100.3	99.8	100.1	99.5	99.8

3-21 续表

项　目	2007	2008	2009	2010	2011	2012	2013	2014
文化办公用品	96.8	97.8	95.4	99.3	100.8	99.6	99.8	100.2
日用品	100.7	100.8	101.6	100.8	101.8	101.5	100.7	101.1
日用百货	100.5	98.5	100.6	101.3	101.3	100.3	100.0	99.7
日用杂品	103.0	102.3	103.5	102.8	101.4	101.8	102.6	103.2
洗涤用品	101.1	103.1	102.0	100.0	103.6	102.7	100.4	101.5
其他日用品	98.3	99.1	100.5	99.3	100.6	101.1	100.3	100.1
体育娱乐用品	100.3	99.9	99.1	101.1	101.2	100.8	100.6	100.5
体育用品	100.5	100.7	100.0	101.0	101.3	100.3	100.6	99.9
娱乐用品	100.2	99.2	98.2	101.2	101.1	101.3	100.7	101.1
交通、通信用品	94.4	93.8	93.4	99.4	99.3	96.6	97.4	99.7
交通运输机械	98.2	97.6	97.3	103.0	100.8	96.4	97.3	99.8
通信器材	89.4	88.8	88.0	94.7	93.7	97.4	97.7	99.4
家具	99.1	100.4	100.4	100.2	100.6	101.9	102.7	101.9
化妆品	99.2	99.9	100.0	100.4	100.6	102.0	101.8	100.3
金银珠宝	107.8	115.7	95.4	115.6	117.2	102.0	91.4	90.7
中西药品及医疗保健用品	104.4	102.4	99.9	101.8	103.4	103.4	102.5	103.9
医疗器具及用品	95.9	98.6	100.5	101.6	102.2	100.5	101.0	100.5
中药材及中成药	114.8	107.6	101.6	105.3	111.1	107.9	105.9	109.1
西药	100.0	99.5	98.6	100.1	100.5	101.8	101.1	101.8
保健器具及用品	101.2	102.7	100.1	100.7	104.0	103.4	101.8	103.7
书报杂志及电子出版物	100.6	100.7	101.4	101.1	100.6	100.3	100.6	100.2
教材及参考书	97.8	102.4	99.5	101.3	100.5	100.1	100.4	100.0
书报杂志	103.4	100.0	104.0	100.6	100.7	100.7	100.8	100.3
电子音像制品	99.7	98.9	99.7	101.6	100.4	99.8	100.4	100.4
燃料	103.1	114.5	88.0	112.3	113.9	103.7	99.3	99.4
煤炭及制品	103.9	117.5	98.7	104.3	114.1	109.0	100.7	99.6
石油及制品	102.9	113.8	85.5	114.4	113.9	103.5	99.2	99.4
建筑材料及五金电料	103.5	103.9	100.8	104.1	106.3	101.7	101.5	101.2
建筑装璜材料	102.6	104.2	100.2	104.9	107.3	101.7	101.3	101.3
五金电料	106.7	103.0	102.9	101.2	101.2	101.9	102.6	100.6

3-22 农村商品零售价格分类指数(2007-2014年)

项目	2007	2008	2009	2010	2011	2012	2013	2014
商品零售价格指数(%)	**106.7**	**108.7**	**98.8**	**103.3**	**105.6**	**101.8**	**102.3**	**101.1**
食品	116.6	115.9	100.3	105.1	110.8	103.1	104.4	102.4
粮食	109.1	112.6	105.0	107.4	117.2	105.7	105.8	102.4
淀粉及制品	101.8	101.4	102.2	106.2	106.2	104.3	105.7	101.7
干豆类及豆制品	112.7	136.7	103.4	103.0	104.4	105.8	108.5	106.8
油脂	135.0	136.8	85.3	103.2	106.7	100.4	103.8	100.7
肉禽及其制品	135.5	118.7	88.0	103.3	117.5	98.2	104.0	102.4
蛋	121.2	98.9	100.7	108.1	110.0	98.9	104.2	108.2
水产品	111.7	123.9	98.1	104.9	108.5	109.8	102.5	105.2
菜	118.9	126.8	114.5	108.3	108.7	114.2	107.4	102.0
调味品	101.0	105.5	104.7	103.7	102.8	101.3	101.8	100.3
糖	96.8	103.6	104.2	108.6	111.4	101.9	96.2	98.6
干鲜瓜果	98.6	113.0	124.6	112.6	101.5	99.2	111.3	106.2
糕点饼干面包	103.0	110.2	109.6	101.2	104.7	103.3	102.7	100.3
液体乳及乳制品	100.1	105.6	100.5	100.6	100.1	99.3	100.2	102.7
在外用膳食品	108.1	106.2	105.4	103.2	105.5	104.3	102.0	100.8
其他食品	100.8	104.9	100.6	100.7	103.5	103.5	103.2	101.3
饮料、烟酒	104.8	100.2	99.6	100.3	102.3	101.8	105.9	100.3
茶及饮料	100.3	102.6	100.0	100.4	103.7	102.0	100.0	100.6
烟草	107.3	100.1	98.9	99.3	100.6	101.8	109.4	100.7
酒	101.4	99.7	100.8	102.2	104.8	101.7	102.6	99.4
服装鞋帽	97.4	97.2	100.4	101.0	101.0	101.0	102.4	101.5
服装	96.2	97.0	100.3	101.2	101.3	101.3	103.3	102.0
鞋袜帽	100.2	97.6	100.6	100.6	100.2	100.0	100.2	100.1
其他	101.3	98.9	99.9	100.0	100.0	100.0	100.0	99.5
纺织品	100.7	100.1	101.2	101.9	103.1	100.1	101.3	101.8
衣着材料	104.4	100.5	100.9	104.3	108.1	101.3	105.6	104.2
床上用品	98.4	99.9	101.5	100.5	102.0	99.8	100.4	101.2
家用电器及音像器材	99.3	95.5	96.0	97.8	99.4	98.0	99.0	98.6
家庭设备	101.7	99.8	99.4	98.4	100.1	99.6	98.9	99.7
文娱用耐用消费品	98.3	93.4	94.3	97.4	98.5	95.5	98.9	97.0
专业音像器材	99.2	98.5	98.0	99.9	100.4	100.9	100.6	99.4

3-22 续表

项　　目	2007	2008	2009	2010	2011	2012	2013	2014
文化办公用品	100.2	102.2	105.1	101.9	100.8	99.5	99.7	101.5
日用品	101.3	103.1	102.2	100.4	100.2	100.5	100.9	100.5
日用百货	100.9	102.3	100.5	100.6	100.4	100.0	100.5	101.6
日用杂品	101.6	102.9	102.7	100.5	100.2	100.7	102.3	101.0
洗涤用品	102.6	109.1	106.5	100.5	100.3	101.0	100.6	99.3
其他日用品	100.7	99.9	100.2	100.1	99.9	100.0	99.9	100.3
体育娱乐用品	100.3	103.0	107.4	99.9	101.0	100.0	102.2	101.8
体育用品	100.4	104.2	113.0	100.3	100.5	100.0	103.8	105.7
娱乐用品	100.3	101.8	101.8	99.4	101.5	100.0	100.7	97.9
交通、通信用品	94.8	94.5	96.0	99.0	99.2	99.6	99.4	100.1
交通运输机械	99.7	99.6	100.2	100.6	99.3	100.0	100.0	100.6
通信器材	89.9	89.7	91.5	97.5	98.8	98.7	97.8	98.7
家具	102.4	97.5	97.5	101.3	100.5	101.5	101.0	100.5
化妆品	100.8	100.5	101.5	101.1	99.4	100.7	100.9	99.8
金银珠宝	109.1	121.9	93.5	111.1	116.6	104.6	92.2	90.6
中西药品及医疗保健用品	103.6	102.2	100.1	102.3	104.6	102.8	102.2	101.8
医疗器具及用品	98.9	98.3	101.4	109.0	109.2	104.8	105.0	99.9
中药材及中成药	111.4	104.6	99.7	103.0	113.0	102.5	101.9	104.9
西药	99.3	101.3	100.2	100.9	99.7	102.7	102.0	100.3
保健器具及用品	100.2	101.2	100.7	100.5	105.0	102.5	102.3	101.8
书报杂志及电子出版物	99.2	101.2	100.7	100.2	100.3	101.0	101.4	100.9
教材及参考书	97.8	101.1	98.7	99.7	100.5	100.9	101.7	101.9
书报杂志	100.0	101.1	102.6	100.6	100.1	101.3	101.4	100.0
电子音像制品	101.9	101.9	101.4	100.0	100.0	100.0	100.0	100.0
燃料	104.1	137.7	86.3	115.4	113.3	103.2	98.7	98.8
煤炭及制品	103.4	164.1	86.5	116.7	120.1	102.9	93.4	96.3
石油及制品	104.4	117.2	87.4	114.5	112.4	103.2	99.4	99.1
建筑材料及五金电料	105.8	110.9	97.0	103.9	105.7	102.0	102.3	101.8
建筑装璜材料	106.3	110.6	95.7	104.1	106.4	102.2	102.6	102.1
五金电料	101.2	113.4	107.2	102.1	101.2	100.1	100.4	100.2

3-23 商品零售价格分类指数(2014年)

项　　目	以上年价格为100	以2002年价格为100	以2005年价格为100
商品零售价格指数(%)	**101.2**	**133.9**	**125.2**
食品	102.8	206.5	172.4
粮食	102.2	250.8	189.3
淀粉及制品	103.1	146.2	128.5
干豆类及豆制品	105.9	278.3	205.8
油脂	98.3	204.5	155.5
肉禽及其制品	101.4	219.2	169.4
蛋	108.4	223.9	172.9
水产品	102.5	220.0	174.6
菜	103.2	281.5	225.0
调味品	101.1	133.9	128.8
糖	99.1	133.3	133.2
干鲜瓜果	111.9	274.4	248.0
糕点饼干面包	100.0	132.1	128.0
液体乳及乳制品	105.8	147.6	136.2
在外用膳食品	102.2	150.9	148.1
其他食品	101.1	114.2	116.7
饮料、烟酒	99.7	115.8	114.6
茶及饮料	100.7	114.5	111.6
烟草	99.9	115.3	113.5
酒	99.1	116.3	117.4
服装鞋帽	101.5	105.3	105.2
服装	102.0	105.8	104.7
鞋袜帽	100.5	104.6	107.9
其他	100.1	99.4	94.0
纺织品	101.1	105.8	105.3
衣着材料	102.5	118.2	117.2
床上用品	100.7	102.2	101.7
家用电器及音像器材	99.6	79.2	88.3
家庭设备	100.3	89.6	99.3
文娱用耐用消费品	98.7	66.4	75.2

3-23 续表

项　目	以上年价格为100	以2002年价格为100	以2005年价格为100
专业音像器材	99.7	99.5	102.6
文化办公用品	100.4	88.6	92.9
日用品	100.9	111.6	111.2
日用百货	100.4	105.4	105.8
日用杂品	102.2	122.7	121.3
洗涤用品	100.7	117.9	118.2
其他日用品	100.2	101.1	99.8
体育娱乐用品	101.0	102.8	107.9
体育用品	102.0	107.9	112.9
娱乐用品	99.9	97.9	103.2
交通、通信用品	99.9	59.4	74.7
交通运输机械	100.1	85.5	92.3
通信器材	99.1	38.6	55.3
家具	101.4	100.4	104.6
化妆品	100.1	103.9	104.1
金银珠宝	90.7	209.3	166.6
中西药品及医疗保健用品	103.2	109.3	121.3
医疗器具及用品	100.2	99.2	108.9
中药材及中成药	107.7	161.2	169.9
西药	101.3	86.9	101.8
保健器具及用品	103.0	117.3	118.4
书报杂志及电子出版物	100.4	107.5	106.6
教材及参考书	100.8	105.7	103.7
书报杂志	100.2	111.7	111.0
电子音像制品	100.2	100.2	101.5
燃料	99.2	235.4	159.0
煤炭及制品	97.1	267.5	165.5
石油及制品	99.3	218.0	154.3
建筑材料及五金电料	101.5	145.1	131.6
建筑装璜材料	101.7	147.2	132.2
五金电料	100.4	131.9	128.0

3-24 城市商品零售价格分类指数(2014年)

项　　目	以上年价格为100	以2002年价格为100	以2005年价格为100
商品零售价格指数(%)	**101.3**	**127.7**	**122.1**
食品	103.2	205.4	173.5
粮食	101.9	225.5	177.8
淀粉及制品	104.0	122.5	124.4
干豆类及豆制品	105.0	259.8	191.2
油脂	95.7	196.6	157.9
肉禽及其制品	100.4	218.4	174.5
蛋	108.5	235.0	182.5
水产品	100.3	213.0	178.8
菜	104.1	264.2	205.9
调味品	102.3	136.5	130.1
糖	99.8	127.0	126.6
干鲜瓜果	114.9	262.2	242.2
糕点饼干面包	99.8	122.3	119.0
液体乳及乳制品	107.0	159.8	145.3
在外用膳食品	103.1	155.8	150.8
其他食品	101.0	115.3	113.7
饮料、烟酒	99.4	115.0	113.7
茶及饮料	100.8	116.0	112.1
烟草	99.4	111.1	109.2
酒	98.9	119.6	120.9
服装鞋帽	101.6	96.3	100.8
服装	101.9	95.8	98.8
鞋袜帽	100.8	97.2	107.4
其他	100.4	99.4	92.9
纺织品	100.5	102.0	103.3
衣着材料	100.8	109.7	108.3
床上用品	100.4	98.7	102.0
家用电器及音像器材	100.3	83.7	92.8
家庭设备	100.6	89.9	99.9
文娱用耐用消费品	99.9	70.2	79.4

3-24 续表

项　　目	以上年价格为100	以2002年价格为100	以2005年价格为100
专业音像器材	99.8	103.9	104.4
文化办公用品	100.2	85.2	89.6
日用品	101.1	111.3	110.4
日用百货	99.7	103.2	102.2
日用杂品	103.2	122.4	123.3
洗涤用品	101.5	116.9	117.0
其他日用品	100.1	103.8	101.0
体育娱乐用品	100.5	98.3	104.8
体育用品	99.9	99.1	105.9
娱乐用品	101.1	97.6	104.2
交通、通信用品	99.7	55.6	73.2
交通运输机械	99.8	85.2	89.3
通信器材	99.4	33.6	54.0
家具	101.9	99.9	106.6
化妆品	100.3	103.1	103.6
金银珠宝	90.7	213.5	163.2
中西药品及医疗保健用品	103.9	112.1	123.3
医疗器具及用品	100.5	91.1	98.9
中药材及中成药	109.1	179.2	188.8
西药	101.8	86.7	100.8
保健器具及用品	103.7	119.1	119.0
书报杂志及电子出版物	100.2	107.8	106.5
教材及参考书	100.0	107.6	103.2
书报杂志	100.3	111.8	111.8
电子音像制品	100.4	99.5	101.6
燃料	99.4	214.1	151.6
煤炭及制品	99.6	235.8	158.9
石油及制品	99.4	211.1	151.6
建筑材料及五金电料	101.2	142.7	131.1
建筑装璜材料	101.3	143.9	131.1
五金电料	100.6	135.6	129.3

3-25 农村商品零售价格分类指数(2014年)

项　　目	以上年价格为100	以2002年价格为100	以2005年价格为100
商品零售价格指数(%)	**101.1**	145.8	133.4
食品	102.4	213.9	176.6
粮食	102.4	261.5	190.4
淀粉及制品	101.7	173.4	127.9
干豆类及豆制品	106.8	291.4	216.8
油脂	100.7	237.5	171.2
肉禽及其制品	102.4	233.8	174.5
蛋	108.2	204.1	156.8
水产品	105.2	240.5	177.7
菜	102.0	338.4	282.2
调味品	100.3	130.9	127.0
糖	98.6	135.0	135.3
干鲜瓜果	106.2	252.5	220.9
糕点饼干面包	100.3	146.1	141.5
液体乳及乳制品	102.7	113.0	109.7
在外用膳食品	100.8	142.6	141.5
其他食品	101.3	111.2	119.6
饮料、烟酒	100.3	118.7	117.8
茶及饮料	100.6	111.6	111.0
烟草	100.7	123.3	121.3
酒	99.4	112.5	113.7
服装鞋帽	101.5	109.1	104.2
服装	102.0	109.9	104.7
鞋袜帽	100.1	107.0	102.8
其他	99.5	102.4	99.9
纺织品	101.8	114.8	112.5
衣着材料	104.2	136.3	135.9
床上用品	101.2	108.6	105.0
家用电器及音像器材	98.6	73.8	83.0
家庭设备	99.7	90.3	99.4
文娱用耐用消费品	97.0	65.0	73.3

3-25 续表

项　目	以上年价格为100	以2002年价格为100	以2005年价格为100
专业音像器材	99.4	84.0	95.1
文化办公用品	101.5	104.4	107.9
日用品	100.5	112.6	112.5
日用百货	101.6	109.6	111.3
日用杂品	101.0	120.5	116.8
洗涤用品	99.3	122.9	123.4
其他日用品	100.3	101.7	101.6
体育娱乐用品	101.8	114.9	116.0
体育用品	105.7	129.8	129.8
娱乐用品	97.9	101.3	103.1
交通、通信用品	100.1	68.2	79.5
交通运输机械	100.6	88.0	100.1
通信器材	98.7	51.1	60.9
家具	100.5	101.8	102.7
化妆品	99.8	107.5	107.2
金银珠宝	90.6	195.7	176.1
中西药品及医疗保健用品	101.8	103.6	116.5
医疗器具及用品	99.9	114.4	126.0
中药材及中成药	104.9	128.6	136.0
西药	100.3	88.3	104.9
保健器具及用品	101.8	108.1	114.5
书报杂志及电子出版物	100.9	106.7	106.6
教材及参考书	101.9	104.1	106.1
书报杂志	100.0	108.8	107.0
电子音像制品	100.0	107.8	106.4
燃料	98.8	276.0	176.0
煤炭及制品	96.3	320.7	189.9
石油及制品	99.1	232.4	160.5
建筑材料及五金电料	101.8	152.9	137.0
建筑装璜材料	102.1	156.5	138.3
五金电料	100.2	127.7	128.0

3-26 13个市县主要商品

项 目	全省	长沙市	株洲市	湘潭市	邵阳市	岳阳市
商品零售价格指数(%)	**101.2**	**101.7**	**100.4**	**101.2**	**101.0**	**100.1**
食品	102.8	104.3	101.9	102.4	103.2	100.2
粮食	102.2	102.4	101.0	101.6	103.0	98.8
淀粉及制品	103.1	102.4	101.4	102.2	102.8	99.6
干豆类及豆制品	105.9	104.4	101.6	107.0	107.9	104.0
油脂	98.3	97.1	94.7	98.3	93.7	94.4
肉禽及其制品	101.4	101.7	98.6	99.2	102.2	100.2
蛋	108.4	108.4	101.8	116.6	110.3	101.8
水产品	102.5	101.2	101.4	100.3	101.1	100.1
菜	103.2	106.7	106.1	105.6	103.5	85.7
调味品	101.1	103.3	100.6	100.6	99.1	102.0
糖	99.1	99.8	101.0	100.1	100.6	97.6
干鲜瓜果	111.9	118.2	105.6	104.9	111.9	111.4
糕点饼干面包	100.0	99.2	101.6	100.9	101.6	99.1
液体乳及乳制品	105.8	109.7	104.9	102.8	105.5	103.4
在外用膳食品	102.2	103.2	103.2	102.4	102.6	107.5
其他食品	101.1	100.8	101.0	101.3	100.4	99.4
饮料、烟酒	99.7	100.5	95.4	101.1	97.6	96.5
茶及饮料	100.7	101.5	100.6	99.3	100.8	100.5
烟草	99.9	99.3	100.8	99.9	97.6	99.5
酒	99.1	101.5	87.7	103.2	96.2	90.5
服装鞋帽	101.5	101.6	101.4	102.4	102.2	101.4
服装	102.0	102.0	102.0	102.5	103.1	101.1
鞋袜帽	100.5	100.6	100.1	102.3	100.3	102.0
其他	100.1	100.1	100.0	102.6	100.0	101.1
纺织品	101.1	100.0	102.9	99.2	101.1	100.0
衣着材料	102.5	100.1	99.7	100.0	102.0	100.0
床上用品	100.7	100.0	103.4	99.0	100.9	100.0
家用电器及音像器材	99.6	100.4	100.1	100.8	100.3	100.5
家庭设备	100.3	100.5	100.2	101.4	101.4	101.0
文娱用耐用消费品	98.7	100.3	99.9	100.0	98.5	99.6
专业音像器材	99.7	99.9	100.0	99.6	99.9	99.6
文化办公用品	100.4	100.4	99.8	101.0	101.6	100.0
日用品	100.9	101.1	100.3	102.9	100.1	100.2
日用百货	100.4	98.6	100.3	100.3	100.0	101.2
日用杂品	102.2	104.6	100.3	103.3	100.8	100.1
洗涤用品	100.7	101.6	100.6	105.0	99.9	99.5
其他日用品	100.2	100.0	100.1	102.6	99.9	100.1
体育娱乐用品	101.0	100.6	100.3	101.1	100.3	99.9
体育用品	102.0	99.5	100.0	101.7	100.6	99.9
娱乐用品	99.9	101.7	100.5	100.3	100.0	100.0
交通、通信用品	99.9	99.8	99.5	99.9	99.9	99.6
交通运输机械	100.1	99.8	99.9	99.9	99.9	100.1
通信器材	99.1	99.9	97.7	100.0	99.8	98.5
家具	101.4	103.2	100.4	108.9	100.2	100.9
化妆品	100.1	99.9	100.3	101.1	99.9	100.5
金银珠宝	90.7	91.4	92.9	90.6	89.5	89.2
中西药品及医疗保健用品	103.2	103.7	104.7	100.9	105.1	103.9
医疗器具及用品	100.2	100.8	99.0	100.0	100.0	96.9
中药材及中成药	107.7	108.4	113.8	101.6	110.2	109.1
西药	101.3	101.6	101.2	100.8	102.9	100.8
保健器具及用品	103.0	105.7	103.4	100.2	101.2	102.2
书报杂志及电子出版物	100.4	100.0	99.7	100.8	100.0	100.7
教材及参考书	100.8	100.0	99.4	100.0	99.9	99.7
书报杂志	100.2	100.0	100.0	101.7	100.0	101.9
电子音像制品	100.2	100.0	100.0	100.0	99.8	100.0
燃料	99.2	99.2	99.5	98.8	97.2	99.3
煤炭及制品	97.1	94.0	100.0	100.0	99.1	99.3
石油及制品	99.3	99.3	99.5	98.7	97.2	99.3
建筑材料及五金电料	101.5	102.0	100.1	101.2	98.9	100.1
建筑装璜材料	101.7	102.3	100.3	101.1	98.5	100.2
五金电料	100.4	100.3	99.5	101.5	100.8	100.0

零售价格指数(2014年)

常德市	益阳市	郴州市	怀化市	耒阳市	慈利县	道县	新化县
101.3	**100.5**	**101.5**	**100.8**	**101.1**	**101.1**	**100.7**	**101.5**
102.5	102.3	102.3	102.3	102.7	101.6	100.6	104.4
102.2	101.4	102.8	103.8	104.4	101.8	98.3	101.8
113.4	111.1	101.0	108.9	101.2	98.2	102.8	103.8
103.9	111.8	103.9	106.0	104.3	112.4	110.3	103.7
93.1	92.4	93.6	93.5	100.2	97.4	104.1	100.7
99.4	96.9	99.9	98.6	102.4	99.7	101.7	105.6
108.6	114.3	110.9	107.3	110.3	105.1	109.1	105.0
98.2	99.7	97.5	102.6	106.7	103.9	102.4	105.9
103.0	103.6	109.0	104.8	101.6	106.9	91.7	110.6
101.5	99.9	102.0	102.9	100.5	100.0	100.0	100.5
99.8	101.4	100.5	100.2	98.3	99.1	100.4	97.5
113.3	128.0	106.2	117.3	107.0	98.0	106.5	111.6
100.6	98.4	101.9	101.3	97.5	102.3	106.8	100.1
108.4	102.4	103.6	102.2	104.0	104.0	99.6	101.4
102.8	100.7	101.5	100.3	100.0	101.9	100.0	102.4
100.7	103.7	100.9	105.8	102.7	101.3	100.5	98.5
100.2	98.4	101.3	94.4	99.2	102.8	102.0	99.1
103.0	96.7	101.1	100.0	100.1	103.4	101.1	99.3
99.2	97.7	101.1	97.8	99.5	103.8	103.6	98.1
99.9	100.6	101.5	87.6	98.3	100.9	99.1	100.9
102.0	100.8	100.0	101.2	101.0	102.8	102.3	100.8
102.6	100.9	100.2	101.4	101.3	103.9	103.0	101.1
100.8	100.6	99.2	100.8	100.1	100.0	100.6	99.8
100.0	100.0	100.6	100.0	100.0	100.0	97.6	100.0
100.1	101.7	100.9	102.4	101.2	100.3	104.8	101.5
100.5	104.0	99.6	108.0	105.6	100.2	104.3	103.5
100.0	100.0	101.2	101.3	100.0	100.4	104.9	101.0
101.0	99.4	99.6	100.2	98.6	100.4	97.7	98.1
101.7	99.8	99.4	100.5	100.2	100.7	97.9	99.5
99.8	98.7	99.6	99.7	96.2	100.0	97.4	95.8
100.0	98.5	101.1	100.3	100.0	100.0	96.0	100.9
100.0	99.8	98.3	98.0	104.0	100.2	97.8	100.5
100.7	99.8	103.5	101.0	101.0	100.5	100.2	99.8
100.4	101.3	100.7	99.9	102.3	101.0	100.5	101.3
102.3	100.5	106.6	101.1	101.6	100.7	100.2	100.8
100.6	100.0	105.8	101.9	100.0	100.2	100.0	96.0
99.8	97.1	100.4	101.1	100.0	100.3	100.1	101.3
100.0	100.5	101.4	99.4	104.3	100.2	99.2	100.0
100.0	99.7	100.4	100.6	112.9	100.0	99.8	100.0
100.0	101.5	102.5	97.9	95.6	100.4	98.7	100.1
99.6	99.5	99.6	99.8	100.4	100.4	99.6	99.6
100.0	99.3	99.9	100.1	100.6	100.6	100.6	100.6
98.0	100.1	98.3	97.9	100.0	100.0	96.6	96.6
101.4	91.2	102.9	99.5	100.1	100.0	102.2	100.3
101.4	99.8	101.7	100.9	100.0	100.3	99.6	99.1
92.9	89.5	83.2	83.4	88.2	85.8	94.7	96.8
104.7	103.0	109.3	106.5	102.3	100.5	100.3	102.8
100.0	103.5	105.6	100.0	100.0	100.0	100.0	99.2
108.1	108.7	115.9	121.7	107.2	101.7	100.7	105.7
103.5	100.0	107.1	99.9	100.1	100.1	100.1	101.3
104.2	100.3	102.6	100.0	102.6	100.0	100.0	102.7
100.0	100.8	100.7	100.2	101.8	100.1	100.0	100.0
100.0	99.9	101.9	100.4	103.9	99.9	99.9	100.0
100.0	99.8	100.0	100.0	100.0	100.3	100.0	100.0
100.0	107.2	98.6	100.0	100.0	100.0	100.0	100.0
100.0	99.4	100.1	101.6	99.0	99.1	98.7	98.0
100.0	102.2	100.0	107.0	95.7	97.5	100.5	92.8
100.0	98.6	100.1	101.0	99.5	99.3	98.5	98.7
99.2	99.4	102.7	100.1	101.0	101.4	105.8	99.9
99.0	99.3	101.9	100.8	101.2	101.5	106.5	100.0
100.0	100.0	106.5	97.9	100.0	100.5	101.2	99.5

3-27 商品零售价格

上年同月=100

类　别	1月	2月	3月	4月	5月
商品零售价格指数(%)	102.2	101.8	101.6	101.0	101.5
食品	105.4	104.1	103.3	101.2	102.0
粮食	105.2	104.4	102.9	102.2	102.1
淀粉及制品	103.5	100.9	100.7	101.2	101.8
干豆类及豆制品	110.6	108.1	106.3	104.6	104.9
油脂	100.4	98.9	98.0	97.6	97.3
肉禽及其制品	102.6	99.0	98.3	99.5	102.8
蛋	99.7	98.1	100.1	106.4	112.4
水产品	105.5	102.5	104.7	102.3	100.6
菜	112.7	116.4	118.7	97.2	95.9
调味品	101.4	101.5	101.5	101.6	101.7
糖	97.2	98.4	98.5	98.5	98.4
干鲜瓜果	117.7	114.8	108.3	107.2	109.8
糕点饼干面包	100.8	99.3	99.2	99.9	100.0
液体乳及乳制品	105.4	105.1	105.1	104.1	104.5
在外用膳食品	104.8	104.2	102.8	102.6	101.8
其他食品	100.7	100.6	100.5	101.1	101.0
饮料、烟酒	99.6	99.8	99.7	99.8	99.6
茶及饮料	101.5	101.5	101.0	100.5	100.8
烟草	99.4	99.6	99.5	100.2	100.0
酒	99.0	99.3	99.4	98.8	98.6
服装鞋帽	102.2	102.2	101.8	101.3	101.3
服装	102.7	102.7	102.3	101.6	101.7
鞋袜帽	100.9	100.9	100.7	100.5	100.4
其他	100.1	100.2	100.3	100.3	100.3
纺织品	101.3	101.3	101.2	100.8	100.7
衣着材料	103.1	103.1	102.0	101.0	101.1
床上用品	100.9	100.9	101.0	100.8	100.6
家用电器及音像器材	100.0	100.1	99.9	99.9	99.9
家庭设备	100.4	100.5	100.3	100.2	100.4
文娱用耐用消费品	99.4	99.4	99.2	99.3	99.2
专业音像器材	100.3	100.3	99.9	99.8	99.7
文化办公用品	100.7	100.6	100.4	100.5	100.6
日用品	101.1	101.1	101.1	101.0	100.9
日用百货	100.8	100.8	100.7	100.4	100.4
日用杂品	103.6	103.6	103.6	102.3	102.1
洗涤用品	100.2	100.3	100.3	101.1	101.0
其他日用品	100.0	100.0	100.0	100.1	100.1
体育娱乐用品	101.4	101.3	101.0	100.9	100.8
体育用品	103.7	103.4	103.1	103.0	102.7
娱乐用品	99.1	99.2	98.8	98.8	98.9
交通、通信用品	99.7	99.9	100.0	100.0	100.0
交通运输机械	100.0	100.2	100.2	100.2	100.1
通信器材	98.7	98.9	99.3	99.5	99.6
家具	102.4	102.1	102.0	101.8	101.4
化妆品	100.0	100.1	100.1	100.2	100.2
金银珠宝	81.1	83.3	86.7	88.4	89.8
中西药品及医疗保健用品	104.1	104.0	103.9	103.7	103.4
医疗器具及用品	100.2	100.1	99.9	100.0	100.3
中药材及中成药	110.6	110.5	110.4	109.5	108.5
西药	101.5	101.5	101.3	101.3	101.3
保健器具及用品	102.6	102.4	102.3	102.7	102.9
书报杂志及电子出版物	100.2	100.2	100.2	100.2	100.2
教材及参考书	100.0	100.0	100.0	100.0	100.0
书报杂志	100.4	100.4	100.3	100.3	100.3
电子音像制品	100.6	100.6	100.7	100.5	100.4
燃料	100.3	100.1	100.4	102.3	104.8
煤炭及制品	96.3	96.5	96.5	96.6	98.7
石油及制品	100.5	100.3	100.7	102.6	105.1
建筑材料及五金电料	102.8	102.7	102.6	102.5	101.9
建筑装璜材料	103.2	103.1	102.9	102.8	102.1
五金电料	100.5	100.5	100.8	100.8	100.7

分月指数(2014年)

6月	7月	8月	9月	10月	11月	12月
101.8	101.8	101.1	100.5	100.5	100.6	100.2
103.1	103.3	102.1	101.5	102.0	102.8	103.2
102.3	101.3	101.1	101.4	101.5	101.2	101.4
102.0	102.3	103.5	104.4	104.6	105.4	106.4
104.9	104.8	106.0	106.3	106.9	103.5	103.8
98.0	97.6	98.0	98.5	98.3	98.4	98.4
102.6	102.1	101.7	101.7	102.1	102.4	101.9
112.5	113.0	111.2	112.1	111.7	112.7	111.4
102.6	104.1	101.8	101.3	102.6	102.4	100.4
103.0	105.6	95.3	92.0	95.0	102.8	110.1
101.7	101.1	101.1	100.7	100.5	100.5	100.5
98.0	100.0	100.0	100.3	100.3	99.9	99.9
112.2	115.1	116.7	114.0	111.9	109.4	106.9
100.1	99.5	99.6	99.6	100.1	101.0	101.3
105.6	106.0	106.8	106.8	106.6	106.7	106.3
101.4	101.3	101.3	101.2	101.7	101.8	101.9
101.2	101.1	101.4	101.4	101.5	101.5	101.5
99.3	99.1	99.6	99.8	100.1	100.2	100.2
100.8	100.5	100.4	100.3	100.3	100.4	100.6
99.7	99.1	99.8	100.0	100.4	100.4	100.8
98.2	98.6	99.1	99.2	99.6	99.8	99.2
101.3	101.2	101.2	100.8	101.0	101.8	102.2
101.7	101.7	101.7	101.1	101.3	102.3	102.7
100.3	100.2	100.1	100.0	100.2	100.5	100.8
100.3	100.2	100.2	100.2	99.5	99.8	100.2
100.8	100.8	100.8	100.6	101.1	101.7	101.6
101.6	102.2	102.3	102.4	102.0	104.6	104.5
100.6	100.5	100.5	100.3	100.8	101.0	101.0
99.7	99.5	99.3	99.3	99.4	99.4	99.3
100.2	100.2	100.3	100.2	100.2	100.1	100.1
98.9	98.4	97.8	97.9	98.2	98.2	98.1
99.8	99.7	99.6	99.5	99.5	99.4	99.5
100.7	100.5	100.5	100.6	100.1	100.0	99.9
100.8	100.8	100.6	100.6	100.7	100.8	100.7
100.3	100.3	100.3	100.1	100.0	100.2	100.1
101.7	101.9	101.9	101.7	101.5	101.5	101.0
100.9	100.9	100.2	100.5	100.9	101.1	101.1
100.1	100.1	100.1	100.1	100.2	100.4	100.5
100.8	100.7	100.9	100.4	100.8	101.1	101.4
102.7	102.7	102.6	101.0	99.8	99.8	100.0
98.8	98.8	99.1	99.7	101.9	102.4	102.9
100.0	100.0	100.4	99.8	99.7	99.7	99.7
100.1	100.1	100.7	99.9	99.9	100.0	99.9
99.6	99.6	99.2	99.1	98.8	98.7	98.7
101.0	101.2	101.2	101.3	100.7	101.0	100.9
100.0	100.0	100.1	100.1	100.1	100.2	100.2
91.3	96.6	95.6	94.0	94.5	94.4	96.6
103.2	102.9	103.3	102.9	102.7	102.4	102.3
100.1	100.1	100.2	100.4	100.5	100.3	100.4
108.1	107.5	107.4	105.9	105.4	104.8	104.4
101.0	101.0	101.5	101.4	101.5	101.3	101.3
103.0	103.1	103.8	104.3	102.8	102.9	103.0
100.1	100.0	100.1	101.0	101.0	101.0	101.1
100.0	100.0	100.1	102.3	102.3	102.3	102.3
100.1	100.1	100.1	100.1	100.1	100.1	100.2
100.4	100.1	99.9	99.9	100.0	99.8	100.0
105.2	104.3	101.2	97.1	95.9	92.5	86.8
98.2	98.8	96.2	98.2	95.2	97.0	96.7
105.7	104.6	101.5	97.1	95.9	92.3	86.2
101.5	101.4	100.8	100.5	100.5	100.6	100.4
101.6	101.5	100.9	100.5	100.6	100.7	100.5
100.7	100.4	100.3	100.2	100.1	100.0	100.0

3-28 城市商品零售价格

上年同月=100

类　别	1月	2月	3月	4月	5月
商品零售价格指数(%)	**102.3**	**102.0**	**101.8**	**100.9**	**101.6**
食品	106.3	105.0	104.0	100.6	102.3
粮食	103.6	102.0	101.8	101.5	101.2
淀粉及制品	105.6	101.6	101.7	102.6	103.0
干豆类及豆制品	107.4	107.4	106.3	105.1	105.1
油脂	98.0	96.9	96.7	95.9	95.8
肉禽及其制品	101.7	98.5	98.2	98.2	101.8
蛋	99.0	99.4	103.0	106.1	112.3
水产品	103.3	99.2	100.1	99.3	98.7
菜	115.9	119.1	118.5	91.7	96.3
调味品	103.6	103.6	103.5	103.5	103.6
糖	100.0	100.0	99.9	99.7	99.4
干鲜瓜果	120.5	118.8	113.0	111.1	113.3
糕点饼干面包	99.7	99.4	99.0	99.9	100.0
液体乳及乳制品	107.0	105.9	105.9	104.7	105.2
在外用膳食品	106.9	106.0	103.8	103.7	102.7
其他食品	100.6	100.6	100.7	100.8	100.7
饮料、烟酒	99.2	99.6	99.5	99.4	99.3
茶及饮料	102.0	101.8	101.1	100.4	100.9
烟草	98.5	98.9	98.9	99.7	99.4
酒	98.8	99.3	99.4	98.7	98.4
服装鞋帽	101.9	101.8	101.8	101.5	101.5
服装	102.1	102.0	102.1	101.8	101.9
鞋袜帽	101.7	101.7	101.3	100.9	100.8
其他	100.1	100.3	100.4	100.4	100.4
纺织品	100.9	100.9	100.8	100.6	100.3
衣着材料	100.7	100.7	100.6	100.8	100.8
床上用品	101.0	100.9	100.8	100.5	100.2
家用电器及音像器材	100.5	100.6	100.4	100.3	100.4
家庭设备	100.7	100.8	100.6	100.4	100.6
文娱用耐用消费品	100.2	100.2	100.2	100.3	100.2
专业音像器材	100.4	100.4	99.9	99.8	99.8
文化办公用品	100.4	100.3	100.1	100.2	100.2
日用品	100.9	101.0	101.2	101.1	101.2
日用百货	100.2	100.1	100.1	99.6	99.5
日用杂品	103.9	104.0	104.5	103.0	103.1
洗涤用品	100.3	100.6	100.8	102.0	102.0
其他日用品	99.9	99.9	99.9	100.0	100.0
体育娱乐用品	100.5	100.4	100.1	100.2	100.0
体育用品	100.3	99.9	99.8	100.2	99.7
娱乐用品	100.7	100.9	100.3	100.3	100.3
交通、通信用品	99.5	99.9	100.0	100.0	100.0
交通运输机械	99.9	100.2	100.2	100.1	100.0
通信器材	98.2	98.6	99.3	99.7	99.9
家具	103.3	102.9	102.8	102.6	101.8
化妆品	100.2	100.2	100.3	100.4	100.3
金银珠宝	81.8	84.2	86.9	88.6	90.9
中西药品及医疗保健用品	105.1	105.1	104.9	104.6	104.3
医疗器具及用品	100.8	100.5	100.2	100.4	100.5
中药材及中成药	112.6	112.8	112.5	111.3	110.1
西药	102.0	102.1	101.8	101.9	101.9
保健器具及用品	104.1	103.7	103.7	104.3	104.6
书报杂志及电子出版物	100.3	100.3	100.4	100.3	100.3
教材及参考书	100.0	100.0	100.0	100.0	100.0
书报杂志	100.4	100.6	100.6	100.5	100.5
电子音像制品	100.9	100.9	101.0	100.7	100.6
燃料	101.0	100.5	101.1	102.9	105.2
煤炭及制品	98.6	99.2	99.2	99.2	100.9
石油及制品	101.1	100.5	101.2	103.0	105.3
建筑材料及五金电料	101.5	101.4	101.5	101.5	101.2
建筑装璜材料	101.7	101.5	101.6	101.6	101.3
五金电料	100.3	100.5	100.9	100.9	100.8

分月指数(2014年)

6月	7月	8月	9月	10月	11月	12月
101.9	**101.8**	**101.4**	**100.6**	**100.6**	**100.5**	**100.1**
103.2	103.3	102.8	102.2	102.3	102.9	103.8
101.2	101.5	101.7	101.9	102.0	102.3	102.6
102.8	103.2	104.7	105.4	105.6	105.7	105.6
105.9	105.6	104.5	103.8	103.5	102.7	102.7
96.1	95.0	95.2	95.1	95.0	94.7	94.5
101.7	100.7	100.8	100.9	100.9	101.0	100.9
112.4	112.7	111.3	111.5	110.9	112.2	111.6
99.2	99.5	99.5	99.7	100.7	101.9	102.4
103.2	104.4	97.9	94.5	96.5	103.9	113.0
103.5	101.9	102.0	101.3	100.6	100.6	100.6
99.1	99.7	99.6	100.0	100.0	100.2	100.1
115.1	118.1	121.0	118.8	114.7	109.0	106.6
100.3	99.2	99.4	99.2	100.1	100.6	101.2
106.7	107.4	108.4	108.3	108.0	108.3	107.6
101.9	101.7	101.8	101.7	102.4	102.5	102.7
101.1	101.0	101.3	101.3	101.4	101.5	101.5
98.9	99.0	99.4	99.5	99.7	99.9	99.8
100.9	100.5	100.4	100.2	100.2	100.4	100.6
99.2	99.0	99.5	99.5	99.7	99.7	100.2
97.8	98.4	98.9	99.1	99.6	100.0	99.1
101.4	101.3	101.2	100.9	101.3	101.9	102.2
101.7	101.7	101.6	101.3	101.7	102.4	102.8
100.6	100.4	100.2	100.1	100.3	100.7	100.9
100.4	100.3	100.3	100.3	100.3	100.7	100.7
100.3	100.4	100.3	100.3	100.2	100.6	100.3
100.8	100.9	101.1	101.0	100.5	101.4	100.8
100.2	100.3	100.2	100.1	100.1	100.4	100.2
100.1	100.1	100.2	100.2	100.3	100.4	100.4
100.4	100.4	100.6	100.7	100.8	100.9	100.9
99.8	99.8	99.7	99.7	99.7	99.8	99.8
99.9	99.7	99.6	99.6	99.6	99.6	99.6
100.5	100.3	100.2	100.3	100.0	100.0	99.9
100.9	101.0	100.8	100.9	101.2	101.4	101.2
99.4	99.5	99.5	99.4	99.4	99.9	99.7
102.5	102.8	103.0	103.1	103.1	103.1	102.2
101.9	101.9	100.9	101.4	102.0	102.3	102.2
100.0	100.0	100.0	100.0	100.1	100.5	100.5
99.9	99.9	100.2	100.2	101.0	101.3	101.9
99.7	99.7	99.7	99.8	100.0	100.0	100.2
100.2	100.2	100.7	100.7	102.0	102.8	103.6
100.0	100.0	100.1	99.4	99.3	99.4	99.3
100.0	100.0	100.1	99.3	99.3	99.3	99.3
99.9	100.0	99.7	99.6	99.4	99.4	99.5
101.2	101.4	101.6	101.7	100.8	101.4	101.3
100.1	100.1	100.4	100.3	100.4	100.4	100.4
91.7	96.8	95.0	93.3	93.8	93.2	95.7
104.1	104.0	104.0	103.3	103.1	102.6	102.4
100.1	100.0	100.4	100.8	100.9	100.6	100.7
109.6	109.5	108.7	107.0	106.2	105.3	104.8
101.8	101.7	102.0	101.6	101.8	101.5	101.4
104.8	104.7	104.5	104.5	102.1	102.1	101.8
100.1	100.1	100.1	100.0	100.1	100.0	100.1
100.0	100.0	100.2	100.0	100.0	100.0	100.0
100.1	100.1	100.1	100.1	100.1	100.1	100.3
100.6	100.2	99.8	99.8	100.0	99.7	100.0
105.8	104.6	101.7	97.1	96.0	92.3	85.7
100.1	99.5	101.4	100.2	98.0	99.2	99.2
105.9	104.7	101.7	97.1	96.0	92.1	85.4
101.4	101.1	100.8	100.8	100.9	101.1	101.0
101.6	101.2	100.9	100.9	101.0	101.3	101.1
100.8	100.7	100.6	100.5	100.3	100.2	100.2

3-29 农村商品零售价格

上年同月=100

类　别	1月	2月	3月	4月	5月
商品零售价格指数(%)	**102.0**	**101.6**	**101.3**	**101.2**	**101.2**
食品	104.4	103.1	102.5	102.0	101.7
粮食	106.2	106.0	103.6	102.6	102.7
淀粉及制品	100.6	99.8	99.4	99.2	100.0
干豆类及豆制品	114.0	108.8	106.4	104.0	104.7
油脂	102.8	100.8	99.3	99.3	98.7
肉禽及其制品	103.5	99.5	98.4	100.9	103.9
蛋	100.7	96.3	95.9	106.9	112.5
水产品	108.0	106.4	110.4	106.0	102.8
菜	108.1	112.4	119.0	106.4	95.4
调味品	100.0	100.0	100.1	100.4	100.4
糖	95.4	97.2	97.5	97.7	97.7
干鲜瓜果	112.4	107.3	99.4	99.8	103.0
糕点饼干面包	102.2	99.3	99.4	99.8	100.1
液体乳及乳制品	101.5	103.1	103.1	102.6	102.7
在外用膳食品	101.4	101.4	101.2	100.7	100.5
其他食品	100.9	100.6	100.3	101.5	101.4
饮料、烟酒	100.3	100.2	100.1	100.4	100.4
茶及饮料	100.5	100.6	100.7	100.7	100.7
烟草	100.8	100.5	100.2	101.0	101.0
酒	99.4	99.5	99.5	99.2	99.1
服装鞋帽	102.5	102.5	101.8	101.1	101.2
服装	103.4	103.4	102.4	101.5	101.6
鞋袜帽	100.2	100.2	100.1	100.1	100.0
其他	100.0	100.0	100.0	100.0	100.0
纺织品	101.8	101.8	101.7	101.2	101.2
衣着材料	105.7	105.6	103.6	101.3	101.3
床上用品	100.8	100.9	101.3	101.1	101.2
家用电器及音像器材	99.4	99.3	99.1	99.1	99.1
家庭设备	99.9	100.0	99.9	99.9	100.0
文娱用耐用消费品	98.5	98.3	98.0	98.0	97.9
专业音像器材	100.1	100.0	100.0	100.0	99.3
文化办公用品	102.0	101.9	102.0	102.2	102.1
日用品	101.3	101.3	101.1	100.8	100.6
日用百货	101.8	101.8	101.9	101.8	101.9
日用杂品	103.2	103.2	102.7	101.5	100.8
洗涤用品	100.0	99.8	99.6	99.6	99.4
其他日用品	100.0	100.2	100.2	100.3	100.3
体育娱乐用品	102.9	102.9	102.5	102.1	102.1
体育用品	109.9	109.9	108.9	108.0	108.0
娱乐用品	96.5	96.5	96.5	96.5	96.6
交通、通信用品	99.8	100.1	100.0	100.0	99.9
交通运输机械	100.0	100.3	100.3	100.3	100.2
通信器材	99.3	99.4	99.3	99.2	99.2
家具	100.7	100.7	100.7	100.5	100.5
化妆品	99.9	99.9	99.8	100.0	99.9
金银珠宝	80.0	81.9	86.4	88.0	88.2
中西药品及医疗保健用品	102.3	101.9	101.9	101.8	101.5
医疗器具及用品	99.5	99.5	99.5	99.5	100.2
中药材及中成药	106.9	106.3	106.3	106.0	105.3
西药	100.5	100.0	100.0	100.0	99.8
保健器具及用品	100.2	100.2	100.2	100.2	100.3
书报杂志及电子出版物	100.1	100.1	100.0	100.0	100.0
教材及参考书	99.9	99.9	100.0	100.0	100.0
书报杂志	100.3	100.3	100.0	100.0	100.0
电子音像制品	100.0	100.0	100.0	100.0	100.0
燃料	99.0	99.4	99.3	101.3	104.0
煤炭及制品	95.7	95.7	95.7	95.7	98.0
石油及制品	99.5	99.9	99.7	102.0	104.8
建筑材料及五金电料	104.2	104.1	103.8	103.6	102.6
建筑装璜材料	104.8	104.6	104.3	104.0	102.9
五金电料	100.6	100.6	100.6	100.6	100.6

分月指数(2014年)

6月	7月	8月	9月	10月	11月	12月
101.7	**101.7**	**100.8**	**100.2**	**100.4**	**100.7**	**100.3**
103.0	103.4	101.3	100.8	101.7	102.7	102.5
103.0	101.2	100.6	101.1	101.2	100.5	100.7
100.9	100.9	101.7	102.8	103.0	104.8	107.5
103.8	103.9	107.6	109.0	110.8	104.2	105.1
99.9	100.0	100.6	101.6	101.5	101.9	102.2
103.6	103.7	102.8	102.6	103.3	103.9	103.0
112.6	113.4	111.0	112.9	112.7	113.5	111.1
106.7	109.8	104.4	103.2	104.8	102.9	98.2
102.6	107.3	91.6	88.5	92.7	101.2	105.8
100.6	100.6	100.5	100.4	100.4	100.4	100.4
97.3	100.2	100.4	100.5	100.5	99.8	99.8
106.6	109.1	108.9	105.1	106.2	110.4	107.5
100.0	100.0	100.0	100.1	100.1	101.4	101.4
102.8	102.3	102.6	102.8	102.8	102.8	102.8
100.6	100.6	100.6	100.5	100.6	100.6	100.5
101.4	101.2	101.6	101.6	101.6	101.6	101.6
100.0	99.4	100.0	100.3	100.7	100.8	100.8
100.4	100.5	100.6	100.6	100.6	100.6	100.6
100.4	99.2	100.2	100.7	101.3	101.5	101.5
99.1	99.2	99.5	99.5	99.4	99.5	99.5
101.2	101.2	101.3	100.7	100.6	101.7	102.1
101.7	101.6	101.7	101.0	100.9	102.3	102.7
100.0	100.0	100.0	99.9	100.1	100.2	100.7
100.0	100.0	100.0	100.0	97.6	97.6	99.0
101.3	101.4	101.4	101.1	102.1	103.1	103.2
102.4	103.5	103.6	103.8	103.7	107.9	108.3
101.0	100.8	100.9	100.4	101.7	101.9	101.9
99.1	98.6	98.0	98.0	98.1	97.8	97.7
100.1	100.0	99.9	99.6	99.3	99.0	98.9
97.6	96.7	95.4	95.7	96.3	96.1	96.0
99.4	99.4	99.4	99.0	99.0	98.7	98.9
101.9	101.6	102.0	102.1	100.4	100.0	100.0
100.5	100.5	100.4	100.2	99.9	99.9	99.9
101.9	101.8	101.8	101.4	101.0	100.8	100.8
100.9	100.9	100.7	100.0	99.6	99.6	99.6
99.2	99.1	99.0	99.0	99.0	99.0	99.0
100.3	100.3	100.3	100.4	100.4	100.4	100.5
102.1	102.1	102.0	100.6	100.6	100.6	100.6
108.0	108.0	107.8	103.2	99.5	99.5	99.5
96.6	96.6	96.6	98.0	101.8	101.7	101.7
99.9	99.9	100.8	100.4	100.2	100.2	100.2
100.2	100.2	101.6	101.0	101.0	101.0	101.0
99.2	99.1	98.6	98.4	97.9	97.7	97.6
100.5	100.6	100.6	100.5	100.4	100.3	100.3
99.8	99.8	99.8	99.7	99.7	99.7	99.7
90.8	96.3	96.5	95.2	95.6	96.2	98.0
101.3	100.9	101.9	101.9	101.9	101.9	102.0
100.2	100.2	100.0	100.0	100.0	100.0	100.0
105.2	103.6	104.9	103.9	103.9	103.8	103.5
99.5	99.5	100.5	100.9	100.9	100.9	101.1
100.3	100.5	102.7	104.0	104.0	104.1	104.9
100.0	100.0	100.0	102.6	102.5	102.5	102.6
100.0	100.0	100.0	105.7	105.6	105.6	105.6
100.0	100.0	100.0	100.0	100.0	100.0	100.0
100.0	100.0	100.0	100.0	100.0	100.0	100.0
104.4	103.8	100.4	97.2	95.6	92.9	88.6
97.7	98.5	94.6	97.6	94.2	96.2	95.9
105.2	104.4	101.1	97.1	95.8	92.5	87.8
101.6	101.6	100.7	100.1	100.2	100.1	99.8
101.7	101.8	100.9	100.1	100.2	100.1	99.8
100.6	100.0	100.0	99.8	99.8	99.8	99.8

3-30 商品零售价格

上月=100

类　　别	1月	2月	3月	4月	5月
商品零售价格指数(%)	**100.7**	**100.3**	**99.5**	**99.7**	**100.0**
食品	102.5	100.7	98.0	99.3	99.7
粮食	100.4	100.0	99.9	100.2	100.1
淀粉及制品	100.1	100.2	100.4	100.6	100.4
干豆类及豆制品	101.3	100.5	99.0	100.1	100.3
油脂	100.7	99.8	99.4	99.1	99.0
肉禽及其制品	101.1	100.0	96.0	96.6	99.6
蛋	101.7	99.1	97.6	101.3	105.9
水产品	102.1	102.5	97.7	98.2	101.2
菜	113.4	102.9	94.1	99.9	94.0
调味品	100.0	100.0	100.1	100.1	100.1
糖	100.1	98.8	99.9	99.9	99.9
干鲜瓜果	107.2	103.3	98.9	102.0	103.5
糕点饼干面包	100.2	99.3	100.0	100.2	100.2
液体乳及乳制品	100.6	100.5	100.2	100.3	100.9
在外用膳食品	100.0	100.1	100.1	100.0	100.0
其他食品	100.1	100.0	100.1	100.8	100.0
饮料、烟酒	99.7	100.0	100.0	100.0	100.0
茶及饮料	100.1	100.1	100.1	100.1	100.2
烟草	100.0	99.9	99.9	100.2	100.0
酒	99.3	100.1	100.0	99.9	99.9
服装鞋帽	100.0	100.0	100.2	100.0	100.1
服装	100.0	100.0	100.3	100.1	100.2
鞋袜帽	100.0	100.0	100.0	100.0	100.0
其他	100.0	100.1	100.1	100.0	100.0
纺织品	100.1	100.0	100.0	100.0	100.0
衣着材料	100.2	100.1	100.3	100.1	100.0
床上用品	100.1	100.0	99.9	100.0	100.0
家用电器及音像器材	100.0	100.0	99.9	100.0	100.0
家庭设备	100.0	100.1	100.0	100.0	100.0
文娱用耐用消费品	100.0	99.9	99.8	100.0	99.9
专业音像器材	100.0	100.0	99.9	99.9	100.0
文化办公用品	99.9	100.0	100.1	100.1	100.0
日用品	100.1	100.0	100.1	100.0	100.1
日用百货	100.2	100.0	100.0	99.8	100.1
日用杂品	100.0	100.1	100.3	100.0	100.2
洗涤用品	100.1	100.0	100.1	100.0	99.9
其他日用品	100.0	100.0	100.1	100.0	100.0
体育娱乐用品	100.4	99.9	100.1	100.0	100.0
体育用品	100.1	99.7	100.0	100.0	100.0
娱乐用品	100.8	100.0	100.1	100.0	100.0
交通、通信用品	100.0	100.2	100.0	100.0	99.9
交通运输机械	100.0	100.3	100.0	100.0	99.9
通信器材	99.8	100.0	100.0	100.0	100.0
家具	100.0	99.9	100.0	100.0	100.1
化妆品	99.9	100.0	100.0	100.1	100.0
金银珠宝	99.8	101.5	102.2	98.9	99.5
中西药品及医疗保健用品	100.5	100.0	100.2	100.2	100.2
医疗器具及用品	100.1	100.0	100.0	100.0	100.0
中药材及中成药	101.0	100.0	100.5	100.4	100.5
西药	100.3	100.0	100.0	100.1	100.0
保健器具及用品	100.5	99.9	100.0	100.4	100.2
书报杂志及电子出版物	100.0	100.0	100.0	100.0	100.0
教材及参考书	100.0	100.0	100.0	100.0	100.0
书报杂志	100.0	100.1	100.0	100.0	100.0
电子音像制品	100.0	100.0	100.0	99.9	99.9
燃料	98.9	99.9	101.4	99.1	100.4
煤炭及制品	102.5	100.2	100.0	100.0	99.9
石油及制品	98.7	99.8	101.4	99.0	100.4
建筑材料及五金电料	100.1	100.0	99.9	100.0	100.1
建筑装璜材料	100.1	100.0	99.8	100.0	100.1
五金电料	100.0	100.0	100.2	100.0	100.1

分月环比指数(2014年)

6月	7月	8月	9月	10月	11月	12月
100.1	**99.8**	**100.4**	**100.3**	**99.8**	**99.6**	**100.0**
100.2	99.6	101.5	101.6	99.9	99.6	100.7
100.2	99.9	99.9	100.5	100.0	99.9	100.3
100.1	100.2	101.3	100.9	100.2	100.7	101.1
100.8	100.2	100.9	100.5	99.9	99.7	100.6
100.2	99.5	100.2	100.3	99.9	100.0	100.3
101.5	100.4	103.9	102.5	100.5	100.2	100.0
100.5	100.9	102.8	104.3	98.2	99.0	99.9
101.2	100.6	100.3	100.2	99.1	98.9	98.5
96.6	98.7	102.5	105.1	99.9	98.4	105.6
100.2	100.0	100.0	99.9	100.0	100.0	100.0
99.7	99.8	100.0	100.4	100.0	101.5	100.1
100.8	95.8	100.7	101.2	96.8	96.5	100.5
100.1	100.0	100.0	99.9	100.1	100.8	100.3
101.0	100.5	101.2	100.5	100.0	100.2	100.2
100.2	100.0	100.2	100.3	100.6	100.2	100.1
100.0	100.0	100.3	100.1	100.1	100.0	100.0
99.9	100.0	100.2	100.2	100.1	100.1	100.0
100.2	99.8	99.7	100.0	100.0	100.1	100.2
99.9	99.7	100.4	100.2	100.3	100.0	100.3
99.8	100.5	100.2	100.1	99.8	100.2	99.4
100.1	100.0	100.0	100.0	100.3	100.9	100.4
100.1	100.0	100.1	100.0	100.4	101.1	100.5
100.0	100.0	100.0	100.0	100.2	100.3	100.3
100.0	100.0	100.0	100.0	99.3	100.3	100.4
100.0	100.0	100.0	100.0	100.5	100.8	100.1
100.5	100.5	100.0	100.2	100.0	102.6	100.0
99.9	99.9	100.0	100.0	100.6	100.4	100.1
100.0	99.8	99.8	99.9	100.0	99.9	99.9
100.0	100.0	100.1	100.0	100.0	99.9	99.9
99.9	99.6	99.4	99.9	99.9	100.0	99.9
100.1	99.9	100.0	99.9	100.0	99.9	100.0
100.0	99.8	100.1	100.1	99.9	99.9	100.0
100.1	100.1	100.0	100.1	100.1	100.1	100.0
100.0	99.9	100.0	100.0	100.0	100.1	100.0
100.2	100.1	100.0	100.0	100.1	100.0	100.0
100.1	100.2	100.0	100.3	100.3	100.1	100.0
100.0	100.0	100.0	100.0	100.0	100.2	100.1
100.0	100.0	100.2	99.8	100.5	100.3	100.3
100.0	100.0	100.1	99.9	100.1	100.0	100.1
100.0	100.0	100.3	99.8	100.9	100.5	100.5
100.0	100.0	100.4	99.4	99.9	100.0	100.0
100.0	100.0	100.6	99.2	100.0	100.0	100.0
100.0	100.0	99.6	99.8	99.6	99.9	100.0
100.0	100.1	100.1	100.1	100.2	100.4	100.1
100.0	100.1	100.0	100.0	100.0	100.0	100.0
99.0	101.2	99.2	97.8	99.0	98.3	100.2
100.1	100.1	100.7	100.1	100.1	100.0	100.1
100.0	100.0	100.0	100.1	100.0	100.0	100.1
100.1	100.2	101.0	100.4	100.1	100.1	100.1
100.1	100.1	100.6	99.9	100.1	100.0	100.1
100.2	100.1	100.7	100.8	100.0	100.0	100.2
100.0	100.0	100.0	101.0	100.0	100.0	100.1
100.0	100.0	100.1	102.2	100.0	100.0	100.0
100.0	100.0	100.0	100.0	100.0	100.0	100.1
100.0	100.0	99.9	100.0	100.1	100.1	100.2
100.2	99.5	98.2	98.1	97.7	96.1	96.8
99.5	99.0	97.3	99.9	97.1	101.6	99.8
100.2	99.5	98.2	98.0	97.8	95.8	96.6
100.1	100.0	99.8	99.9	100.3	100.3	99.9
100.2	100.0	99.7	100.0	100.3	100.4	99.9
100.0	100.0	99.9	99.9	100.0	100.0	100.1

3-31 城市商品零售价格

上月=100

类　　别	1月	2月	3月	4月	5月
商品零售价格指数(%)	**100.7**	**100.1**	**99.8**	**99.7**	**100.0**
食品	102.8	100.5	98.6	99.2	99.9
粮食	100.2	100.4	100.5	100.1	100.2
淀粉及制品	100.0	100.4	100.6	101.0	100.7
干豆类及豆制品	100.3	100.4	100.0	100.1	100.5
油脂	99.8	99.9	99.6	99.0	99.3
肉禽及其制品	100.6	99.5	97.1	96.8	100.9
蛋	100.7	100.5	99.9	100.2	105.0
水产品	101.6	101.0	99.0	99.5	100.8
菜	115.7	100.9	94.1	98.5	92.9
调味品	100.1	100.0	100.0	100.0	100.1
糖	100.2	100.1	99.9	99.8	99.8
干鲜瓜果	107.3	103.6	99.9	102.2	103.6
糕点饼干面包	100.0	99.9	99.9	100.0	100.1
液体乳及乳制品	100.7	100.1	100.3	100.4	101.2
在外用膳食品	100.1	100.2	100.2	99.9	99.9
其他食品	100.2	100.1	100.3	100.3	100.0
饮料、烟酒	99.7	100.0	100.0	99.9	100.0
茶及饮料	100.1	100.0	100.0	100.0	100.3
烟草	100.0	100.0	100.0	99.8	100.0
酒	99.3	100.1	100.0	99.8	99.9
服装鞋帽	100.0	100.0	100.4	100.1	100.1
服装	99.9	100.0	100.6	100.1	100.2
鞋袜帽	100.1	100.0	100.0	100.0	100.0
其他	100.0	100.1	100.1	100.0	100.0
纺织品	100.0	100.0	100.0	100.0	100.0
衣着材料	100.0	100.1	100.1	100.2	100.0
床上用品	100.0	100.0	100.0	100.0	100.0
家用电器及音像器材	100.1	100.0	100.0	100.0	100.0
家庭设备	100.2	100.1	100.0	100.0	100.0
文娱用耐用消费品	100.0	99.9	99.8	100.0	100.0
专业音像器材	100.0	100.0	99.9	99.9	100.0
文化办公用品	99.9	100.0	100.1	100.1	100.0
日用品	100.1	100.1	100.2	99.9	100.1
日用百货	100.1	100.0	100.0	99.5	100.1
日用杂品	100.1	100.1	100.5	100.0	100.4
洗涤用品	100.1	100.2	100.2	100.0	100.0
其他日用品	100.0	100.0	100.1	100.0	100.0
体育娱乐用品	100.1	99.8	100.1	100.0	100.0
体育用品	100.1	99.5	100.0	100.0	100.0
娱乐用品	100.0	100.0	100.2	100.0	100.0
交通、通信用品	100.0	100.2	100.0	100.0	99.9
交通运输机械	100.0	100.3	100.0	99.9	99.9
通信器材	99.9	100.0	100.0	100.0	100.0
家具	99.9	99.8	99.9	100.0	100.1
化妆品	99.9	100.1	100.0	100.0	100.0
金银珠宝	99.9	101.4	102.0	99.0	99.6
中西药品及医疗保健用品	100.7	100.2	100.2	100.3	100.2
医疗器具及用品	100.2	100.0	100.1	100.0	100.1
中药材及中成药	101.4	100.3	100.7	100.4	100.6
西药	100.4	100.2	100.1	100.2	100.0
保健器具及用品	100.8	99.8	100.0	100.6	100.3
书报杂志及电子出版物	100.0	100.1	100.0	100.0	100.0
教材及参考书	100.0	100.0	100.0	100.0	100.0
书报杂志	100.0	100.1	100.0	100.0	100.0
电子音像制品	100.0	100.0	100.0	99.8	99.8
燃料	98.2	99.4	101.5	99.2	100.2
煤炭及制品	101.1	100.8	100.0	100.0	100.0
石油及制品	98.2	99.4	101.5	99.1	100.2
建筑材料及五金电料	100.1	100.0	100.1	100.2	100.0
建筑装璜材料	100.1	100.0	100.0	100.3	99.9
五金电料	100.0	100.1	100.3	100.0	100.2

分月环比指数(2014年)

6月	7月	8月	9月	10月	11月	12月
100.0	**99.9**	**100.2**	**100.2**	**99.9**	**99.6**	**100.0**
99.9	99.8	101.2	101.4	100.1	99.6	100.8
100.3	100.0	100.1	100.2	100.0	100.3	100.3
100.1	100.3	101.5	100.6	100.2	100.1	99.9
100.7	100.0	100.1	100.2	100.3	99.9	100.1
99.9	98.8	99.4	99.6	99.7	99.6	99.9
100.9	100.3	102.7	102.2	100.3	99.7	100.1
100.3	100.7	103.6	103.1	98.8	99.0	99.4
100.4	100.5	100.2	100.3	99.5	99.6	100.1
96.3	100.8	102.7	104.4	101.0	100.3	106.8
100.1	100.0	100.1	100.0	100.1	100.0	100.0
99.7	100.1	100.0	100.0	100.0	100.2	100.2
100.2	96.2	99.9	101.7	97.7	95.4	99.2
100.2	100.0	100.1	99.8	100.0	100.4	100.6
101.4	100.7	101.4	100.6	100.0	100.2	100.2
100.2	100.0	100.3	100.4	100.9	100.3	100.2
100.0	100.0	100.2	100.1	100.1	100.0	100.0
99.9	100.2	100.1	100.1	99.9	100.1	99.9
100.4	99.7	99.6	100.0	100.0	100.1	100.2
99.9	99.9	100.0	100.0	100.1	100.1	100.5
99.7	100.7	100.3	100.2	99.7	100.2	99.2
100.1	100.0	100.0	100.0	100.4	100.6	100.4
100.2	100.1	100.0	100.0	100.5	100.8	100.5
100.0	100.0	100.1	100.0	100.2	100.4	100.2
100.0	100.0	100.0	100.0	100.0	100.4	100.0
100.0	100.0	100.0	100.1	100.0	100.4	99.8
99.9	99.9	100.0	100.0	100.0	101.0	99.5
100.0	100.0	100.0	100.1	100.0	100.2	99.8
100.0	100.0	100.1	100.1	100.1	100.1	100.0
100.0	100.0	100.1	100.1	100.1	100.1	100.0
100.0	100.0	100.0	100.0	100.0	100.1	100.0
100.1	99.8	99.9	100.0	100.0	100.0	100.0
100.1	99.8	100.0	100.1	99.9	100.0	100.0
100.2	100.1	100.1	100.2	100.2	100.2	100.0
100.0	100.0	100.0	99.9	100.0	100.3	99.9
100.3	100.2	100.2	100.2	100.1	100.0	100.0
100.3	100.3	100.0	100.4	100.4	100.2	100.0
100.0	100.0	100.1	100.0	100.0	100.4	100.0
100.0	100.0	100.3	100.1	100.7	100.4	100.4
100.0	100.0	100.3	100.1	100.2	100.0	100.1
100.0	100.0	100.4	100.1	101.2	100.9	100.8
100.0	100.0	100.1	99.3	100.0	100.0	100.0
100.0	100.0	100.2	99.1	100.0	100.0	100.0
100.0	100.0	99.7	99.9	99.8	100.0	100.0
100.0	100.2	100.2	100.1	100.3	100.6	100.1
100.0	100.1	100.1	100.0	100.0	100.0	100.1
98.4	101.9	99.5	97.1	98.6	98.0	100.2
100.2	100.2	100.3	99.9	100.2	100.0	100.1
100.0	100.0	100.0	100.2	100.0	100.0	100.1
100.1	100.3	100.2	100.2	100.2	100.1	100.2
100.2	100.1	100.4	99.7	100.2	100.0	100.0
100.3	100.1	99.8	100.2	100.0	100.0	100.0
100.0	100.0	100.1	99.9	100.0	100.0	100.1
100.0	100.0	100.2	99.8	100.0	100.0	100.0
100.0	100.0	100.0	100.0	100.0	100.0	100.2
100.0	100.0	99.8	100.0	100.2	100.1	100.3
100.2	99.0	98.4	98.0	98.1	96.1	96.5
99.5	96.8	101.1	99.8	98.8	101.2	100.1
100.2	99.1	98.3	98.0	98.1	96.0	96.4
100.2	100.0	99.9	100.0	100.1	100.4	99.9
100.3	100.0	99.9	100.0	100.2	100.5	99.9
99.9	99.9	99.9	99.9	99.9	100.0	100.1

3-32 农村商品零售价格

上月=100

类 别	1月	2月	3月	4月	5月
商品零售价格指数(%)	**100.8**	**100.4**	**99.1**	**99.7**	**99.9**
食品	102.2	101.0	97.3	99.3	99.5
粮食	100.5	99.8	99.6	100.3	100.1
淀粉及制品	100.3	100.0	100.0	100.0	100.0
干豆类及豆制品	102.3	100.5	98.0	100.1	100.2
油脂	101.5	99.7	99.2	99.3	98.8
肉禽及其制品	101.6	100.5	94.7	96.3	98.1
蛋	103.0	97.0	94.2	103.0	107.3
水产品	102.7	104.2	96.2	96.8	101.6
菜	109.9	106.2	94.1	102.0	95.7
调味品	100.0	100.0	100.1	100.2	100.0
糖	100.0	97.8	99.8	100.0	99.9
干鲜瓜果	107.0	102.6	96.7	101.7	103.2
糕点饼干面包	100.5	98.5	100.1	100.4	100.3
液体乳及乳制品	100.2	101.7	100.0	100.0	100.1
在外用膳食品	100.0	100.0	100.0	100.1	100.3
其他食品	100.0	100.0	99.8	101.4	100.0
饮料、烟酒	99.7	99.9	99.9	100.4	100.0
茶及饮料	100.0	100.1	100.3	100.2	100.0
烟草	100.0	99.7	99.8	100.6	100.0
酒	99.2	100.0	100.0	100.0	100.1
服装鞋帽	100.1	100.0	100.0	100.0	100.1
服装	100.1	100.0	100.0	100.0	100.1
鞋袜帽	100.1	100.0	100.0	100.1	100.1
其他	100.0	100.0	100.0	100.0	100.0
纺织品	100.0	100.0	100.0	100.0	100.0
衣着材料	100.2	100.0	99.9	100.0	100.0
床上用品	100.3	100.0	100.4	100.0	100.0
家用电器及音像器材	100.2	100.1	99.8	100.0	100.0
家庭设备	99.9	99.9	99.9	100.0	99.9
文娱用耐用消费品	99.9	100.0	99.9	100.1	100.1
专业音像器材	100.0	99.8	99.7	100.0	99.8
文化办公用品	99.9	100.0	100.0	100.0	99.7
日用品	100.0	99.9	100.1	100.1	99.9
日用百货	100.1	100.0	100.0	100.1	100.0
日用杂品	100.5	100.0	100.0	100.3	100.2
洗涤用品	100.0	100.0	100.0	100.0	100.0
其他日用品	100.0	99.8	99.8	100.0	99.8
体育娱乐用品	100.0	100.1	100.0	100.1	100.0
体育用品	101.0	100.0	100.0	100.0	100.0
娱乐用品	100.0	100.0	100.0	100.0	100.0
交通、通信用品	102.1	100.0	100.0	100.0	100.1
交通运输机械	99.9	100.2	100.0	100.0	99.9
通信器材	100.0	100.3	100.0	100.0	99.9
家具	99.6	100.0	99.9	99.9	100.0
化妆品	100.2	100.0	100.0	100.0	100.0
金银珠宝	100.0	100.0	99.9	100.1	99.9
中西药品及医疗保健用品	99.5	101.7	102.6	98.8	99.3
医疗器具及用品	100.0	99.6	100.0	100.1	100.0
中药材及中成药	100.0	100.0	100.0	100.0	100.0
西药	100.1	99.5	100.0	100.2	100.1
保健器具及用品	100.0	99.6	100.0	100.0	100.0
书报杂志及电子出版物	100.0	100.0	100.0	100.0	100.0
教材及参考书	100.0	100.0	100.0	100.0	100.0
书报杂志	100.0	100.0	100.0	100.0	100.0
电子音像制品	100.0	100.0	100.0	100.0	100.0
燃料	100.0	100.0	100.0	100.0	100.0
煤炭及制品	99.9	100.6	101.2	98.9	100.7
石油及制品	103.0	100.0	100.0	99.9	99.9
建筑材料及五金电料	99.6	100.7	101.3	98.8	100.8
建筑装璜材料	100.0	100.0	99.7	99.8	100.1
五金电料	100.0	100.0	99.6	99.7	100.2
	100.0	100.0	100.0	100.0	100.0

分月环比指数(2014年)

6月	7月	8月	9月	10月	11月	12月
100.2	**99.8**	**100.6**	**100.5**	**99.7**	**99.7**	**100.0**
100.6	99.5	101.8	101.7	99.6	99.6	100.5
100.1	99.9	99.9	100.6	100.1	99.7	100.2
100.0	100.0	100.9	101.3	100.2	101.8	103.0
100.8	100.3	101.8	100.8	99.6	99.5	101.1
100.4	100.2	101.0	101.0	100.1	100.3	100.8
102.1	100.5	105.2	102.8	100.7	100.8	99.9
100.8	101.1	101.7	106.1	97.4	99.1	100.7
102.2	100.8	100.5	100.1	98.6	98.2	96.7
97.0	95.8	102.3	106.1	98.4	95.6	103.8
100.2	100.0	99.8	99.9	100.0	100.0	100.0
99.8	99.5	100.0	100.6	100.0	102.4	100.1
102.2	95.2	102.3	100.1	94.9	98.8	103.2
100.0	100.0	100.0	100.1	100.1	101.3	100.0
100.0	100.0	100.7	100.2	100.0	100.0	100.0
100.1	100.0	100.0	100.0	100.0	100.0	100.0
100.0	100.0	100.3	100.0	100.0	100.0	100.0
100.0	99.7	100.6	100.3	100.3	100.0	100.0
99.9	100.1	100.0	100.0	100.0	100.0	100.0
100.0	99.4	101.0	100.5	100.5	100.0	100.0
100.1	100.1	100.1	100.0	100.0	100.0	100.0
100.1	100.0	100.1	99.9	100.2	101.1	100.5
100.1	100.0	100.1	99.9	100.2	101.5	100.5
100.0	100.0	100.0	99.9	100.2	100.2	100.4
100.0	100.0	100.0	100.0	97.6	100.0	101.4
100.1	100.0	100.1	99.9	101.1	101.2	100.4
101.1	101.1	100.1	100.3	100.1	104.2	100.6
99.9	99.8	100.1	99.9	101.4	100.5	100.4
99.9	99.5	99.4	99.8	99.8	99.7	99.8
100.0	99.9	99.9	99.8	99.8	99.7	99.8
99.8	99.0	98.7	99.7	99.9	99.8	99.8
100.0	100.0	100.0	99.7	99.9	99.7	100.0
99.8	99.8	100.3	100.4	100.0	99.7	99.9
99.9	100.0	99.9	100.0	100.0	100.0	100.1
100.0	99.9	99.9	100.0	100.0	99.9	100.1
100.0	100.0	99.7	99.8	100.0	100.0	100.0
99.8	99.9	99.9	100.0	100.0	100.0	100.0
100.0	100.0	100.0	100.1	100.0	100.0	100.2
100.0	100.0	99.9	99.4	100.2	100.0	100.0
100.0	100.0	99.8	99.7	100.0	100.0	100.0
100.0	100.0	100.0	99.2	100.4	99.9	100.0
100.0	100.0	100.9	99.5	99.8	99.9	100.0
100.0	100.0	101.4	99.4	100.0	100.0	100.0
100.0	99.9	99.5	99.7	99.3	99.8	99.9
100.0	100.0	100.0	100.0	100.0	100.0	100.0
99.9	100.0	99.9	100.0	100.0	100.0	100.0
99.8	100.0	98.9	98.9	99.7	98.8	100.2
100.0	100.0	101.5	100.5	100.0	100.0	100.2
100.0	100.0	100.0	100.0	100.0	100.0	100.0
100.1	100.0	102.5	100.9	100.0	100.0	100.0
100.0	100.0	101.1	100.2	100.0	100.0	100.3
100.0	100.2	102.2	101.7	100.0	100.1	100.7
100.0	100.0	100.0	102.6	100.0	100.0	100.0
100.0	100.0	100.0	105.7	99.9	100.0	100.0
100.0	100.0	100.0	100.0	100.0	100.0	100.0
100.0	100.0	100.0	100.0	100.0	100.0	100.0
100.2	100.2	97.8	98.1	97.1	96.2	97.3
99.5	99.8	96.1	99.9	96.6	101.7	99.7
100.3	100.2	98.0	97.9	97.2	95.5	96.9
100.1	100.1	99.7	99.9	100.4	100.2	99.9
100.1	100.1	99.6	99.9	100.5	100.2	99.9
100.0	100.0	100.0	99.8	100.0	100.0	100.0

3-33 历年工业生产者出厂、购进价格指数

上年=100

年份	工业生产者出厂价格指数	工业生产者购进价格指数
1989	118.1	122.5
1990	100.6	103.3
1991	104.7	110.4
1992	111.1	116.2
1993	128.9	139.7
1994	117.6	119.6
1995	121.4	117.6
1996	105.6	105.7
1997	99.2	100.1
1998	95.9	94.8
1999	98.5	96.2
2000	102.9	106.7
2001	99.8	101.1
2002	99.2	99.3
2003	102.6	106.7
2004	108.0	114.4
2005	106.0	109.4
2006	104.3	106.5
2007	106.1	106.1
2008	109.3	112.0
2009	94.3	92.6
2010	106.9	110.0
2011	108.5	110.8
2012	99.1	100.1
2013	98.5	98.4
2014	98.4	97.9

3-34 工业生产者出厂价格分类指数(2005-2014年)

上年=100

行业	2005	2006	2007	2008	2009	2010	2011	2012	2013	2014
总指数	**106.0**	**104.3**	**106.1**	**109.3**	**94.3**	**106.9**	**108.5**	**99.1**	**98.5**	**98.4**
生产资料	107.4	104.9	106.6	110.2	93.1	108.1	109.1	98.3	97.7	97.9
采掘工业	132.4	113.1	106.0	113.7	90.0	117.4	116.3	99.3	94.4	96.1
原材料工业	110.6	111.1	110.3	106.3	91.8	112.2	113.0	97.2	96.4	97.8
加工工业	102.5	99.5	104.3	112.3	94.2	104.4	106.5	98.7	98.7	98.1
生活资料	101.2	101.8	103.9	105.7	99.6	102.7	106.2	101.8	101.3	100.6
食品类	101.2	101.9	104.5	106.3	99.7	102.6	107.6	102.5	101.6	100.9
衣着类	103.5	103.3	102.8	104.1	101.2	102.6	107.6	99.8	101.7	100.2
一般日用品	100.9	100.9	101.3	104.5	97.7	103.9	103.5	100.8	100.9	99.9
耐用消费品	100.7	101.8	102.7	103.1	101.9	101.7	102.1	101.3	99.7	100.5
按工业部门分:										
冶金工业	109.4	111.7	115.6	110.8	82.3	115.7	117.2	93.3	94.3	95.9
电力工业	103.8	102.3	104.1	102.7	102.9	101.8	103.4	104.0	100.8	99.7
煤炭及炼焦工业	132.6	102.3	107.0	129.1	93.1	116.5	112.0	101.2	90.1	92.1
石油工业	123.4	116.9	104.1	119.3	92.3	118.9	113.9	102.4	99.2	96.3
化学工业	109.2	99.7	104.1	113.1	97.1	107.6	106.5	97.9	98.0	98.2
机械工业	100.8	100.6	101.1	104.7	98.8	101.7	102.7	99.6	99.5	99.5
建筑材料工业	103.2	101.5	105.3	111.5	97.8	101.8	109.4	99.4	98.8	97.6
森林工业	100.1	102.1	103.3	104.7	100.9	102.1	108.6	104.0	102.9	102.8
食品工业	101.1	101.6	104.6	108.4	99.3	102.8	107.7	103.3	102.2	101.0
纺织工业	100.3	101.1	100.1	100.3	95.4	112.4	115.1	96.0	99.0	97.9
缝纫工业	101.2	101.0	102.6	104.7	103.2	103.6	108.1	99.0	102.0	100.6
皮革工业	107.7	103.5	107.3	105.7	89.6	101.0	110.0	103.7	102.1	100.3
造纸工业	102.1	99.2	100.7	106.7	93.6	105.6	104.0	99.8	97.7	98.2
文教艺术用品工业	100.5	99.7	99.1	102.4	98.4	100.6	99.9	99.2	100.3	99.8
其它工业	101.5	101.2	102.0	110.9	93.4	107.0	105.4	101.9	101.4	100.6

3-35 工业生产者购进价格指数(2003-2014年)

上年=100

类　别	2003	2004	2005	2006	2007	2008
总指数	**106.7**	**114.4**	**109.4**	**106.5**	**106.1**	**112.0**
燃料动力类	108.9	112.9	118.3	111.6	103.0	119.5
黑色金属材料类	108.8	123.2	105.1	97.0	105.9	121.0
有色金属材料和电线	105.5	123.2	113.6	131.8	116.9	95.9
化工原料类	104.1	111.3	110.1	102.2	108.1	109.9
木材及纸浆类	100.2	102.7	106.0	102.5	103.9	108.7
建材及非金属矿	99.4	104.5	105.7	102.7	106.0	114.2
其他工业原料及半成品	102.2	108.5	103.1	102.4	103.1	106.2
农副产品类	110.7	118.1	101.1	103.2	106.6	110.3
纺织原料类	101.3	109.7	101.6	102.5	104.1	103.9

3-35　续表

类　别	2009	2010	2011	2012	2013	2014
总指数	**92.6**	**110.0**	**110.8**	**100.1**	**98.4**	**97.9**
燃料动力类	89.3	113.6	111.6	106.8	97.9	97.4
黑色金属材料类	86.5	108.0	107.8	93.4	95.7	95.3
有色金属材料和电线	83.9	118.5	115.9	93.2	95.1	96.2
化工原料类	91.2	112.3	110.1	97.2	98.1	98.5
木材及纸浆类	99.7	102.7	106.9	101.2	100.6	100.0
建材及非金属矿	101.5	104.9	117.9	99.0	98.5	100.1
其他工业原料及半成品	98.1	103.7	107.4	99.8	98.8	98.0
农副产品类	99.4	109.6	113.4	103.7	102.8	99.1
纺织原料类	102.3	104.6	106.5	97.3	99.2	98.3

3-36　分行业(新行业)各月工业

上年同月=100

项　　目	平均	1月	2月	3月	4月
总指数	**98.4**	**98.5**	**98.3**	**97.8**	**98.0**
煤炭开采和洗选业	92.6	91.7	91.9	90.5	90.1
烟煤和无烟煤开采洗选	92.6	91.7	91.9	90.5	90.1
黑色金属矿采选业	98.1	100.6	101.1	99.6	98.2
铁矿采选	98.2	101.8	103.7	101.6	100.0
锰矿、铬矿采选	98.0	99.1	97.8	97.0	95.8
有色金属矿采选业	98.0	97.1	95.7	95.1	96.5
常用有色金属矿采选	100.2	98.6	96.7	95.2	97.2
贵金属矿采选	89.3	76.5	78.4	81.6	84.7
稀有稀土金属矿采选	93.2	103.8	101.6	102.6	100.3
非金属矿采选业	98.0	99.7	100.4	99.1	98.8
土砂石开采	98.3	101.3	101.8	99.8	99.2
化学矿开采	79.5	65.6	64.9	71.9	77.0
采盐	93.6	91.4	93.6	93.4	92.6
石棉及其他非金属矿采选	111.9	120.0	125.0	120.8	116.6
农副食品加工业	101.1	100.3	99.7	100.0	100.4
谷物磨制	103.5	100.1	99.9	100.5	103.3
饲料加工	101.3	102.6	102.5	101.6	100.7
植物油加工	96.8	95.9	95.7	96.8	96.6
制糖业	92.8	95.6	92.0	92.0	92.0
屠宰及肉类加工	100.5	98.8	95.7	97.0	96.7
水产品加工	105.6	102.1	102.1	102.1	106.1
蔬菜、水果和坚果加工	106.0	107.1	107.1	107.3	107.0
其他农副食品加工	100.8	100.3	100.4	100.4	100.7
食品制造业	102.1	103.0	103.2	102.9	102.8
焙烤食品制造	107.7	106.3	107.1	107.3	107.8
糖果、巧克力及蜜饯制造	99.4	99.9	99.9	99.9	99.9
方便食品制造	105.3	107.9	106.9	106.9	106.3
乳制品制造	101.1	103.9	106.7	104.2	103.7
罐头食品制造	99.8	98.7	99.1	99.1	99.1
调味品、发酵制品制造	99.4	99.6	99.5	99.5	99.5
其他食品制造	100.1	100.7	100.7	101.0	100.8
酒、饮料和精制茶制造业	101.1	101.4	101.2	101.1	101.9
酒的制造	100.9	101.7	101.6	101.7	101.2
饮料制造	100.4	99.9	99.9	99.7	101.0
精制茶加工	101.9	102.3	101.8	101.4	103.5
烟草制品业	100.3	100.2	100.1	100.1	100.1
烟叶复烤	99.6	100.3	99.0	99.0	99.0
卷烟制造	100.3	100.2	100.2	100.2	100.1
其他烟草制品制造	99.9	99.8	99.8	99.8	99.9
纺织业	98.3	98.5	98.1	98.9	99.2
棉纺织及印染精加工	95.8	99.4	98.7	98.7	98.3
麻纺织及染整精加工	102.1	95.1	94.5	98.4	100.3
针织或钩针编织物及其制品制造	100.3	98.7	98.5	98.8	99.9
家用纺织制成品制造	99.0	99.9	99.9	99.1	98.8
非家用纺织制成品制造	100.7	99.6	99.6	100.9	100.9

生产者出厂价格指数(2014年)

5月	6月	7月	8月	9月	10月	11月	12月
98.8	**99.1**	**99.4**	**99.1**	**98.6**	**98.4**	**98.1**	**97.4**
92.2	93.7	94.6	94.0	93.1	93.5	93.4	92.6
92.2	93.7	94.6	94.0	93.1	93.5	93.4	92.6
98.1	99.2	99.9	98.6	96.7	97.2	94.5	93.3
99.0	99.0	98.5	97.2	95.0	96.2	93.3	92.7
96.8	99.5	101.8	100.5	99.1	98.4	96.0	94.3
97.6	98.1	100.4	99.6	99.0	99.1	99.2	98.4
99.3	99.7	103.0	103.0	102.7	102.4	103.0	101.8
87.0	94.0	99.8	96.7	96.0	95.5	94.0	96.9
96.1	93.4	90.2	88.2	86.3	87.7	86.4	85.0
98.8	98.2	97.7	97.7	96.7	96.3	96.4	96.4
98.4	97.9	97.6	97.4	96.6	96.5	96.6	96.7
91.6	87.0	85.8	93.5	84.2	85.2	84.5	84.5
93.5	93.8	92.5	92.3	98.7	94.5	94.4	93.1
114.8	113.4	112.1	110.1	106.3	102.8	103.8	103.8
101.5	102.1	101.9	101.9	102.1	101.3	101.5	100.6
104.0	104.1	104.4	104.8	105.4	105.3	105.1	104.8
101.3	102.1	101.9	101.8	101.3	100.4	100.1	99.7
97.1	98.4	97.4	96.3	96.1	95.8	98.4	96.7
92.0	92.0	92.0	92.0	92.0	92.0	92.0	98.5
101.9	101.7	102.0	103.5	104.9	102.5	101.9	100.1
106.1	107.7	107.7	111.7	109.7	106.4	104.0	101.5
107.2	107.0	106.9	104.6	105.3	105.0	106.0	102.1
100.6	101.2	100.6	100.6	101.3	101.3	101.3	101.3
102.8	102.7	102.7	102.3	101.3	101.0	101.0	99.8
108.4	108.4	108.1	107.5	107.9	107.5	108.3	107.8
99.2	99.2	98.7	99.2	99.2	99.2	99.3	99.5
106.3	106.0	105.8	105.6	104.9	104.1	103.8	99.9
103.5	102.9	103.4	99.8	97.3	97.5	97.0	94.2
99.2	99.2	99.7	100.8	100.8	100.7	100.3	101.5
99.7	99.6	99.4	99.0	99.0	99.1	99.1	99.8
100.9	101.1	101.0	101.0	98.5	98.4	98.8	98.7
102.1	101.5	101.3	100.7	100.5	100.7	100.6	100.5
101.1	101.0	100.6	100.3	100.2	101.0	100.5	100.4
101.0	100.8	100.7	100.7	100.4	100.6	100.3	100.0
104.0	102.5	102.5	101.2	101.0	100.4	101.0	101.0
100.1	100.1	100.4	100.4	100.4	100.4	100.4	100.4
99.0	99.0	99.0	99.0	99.0	99.0	102.0	101.7
100.2	100.2	100.4	100.4	100.4	100.4	100.4	100.4
100.0	100.0	99.9	99.9	99.9	99.9	99.9	100.2
99.2	99.3	99.9	98.1	97.3	96.9	97.0	97.1
98.3	96.9	98.0	93.9	91.9	91.5	91.8	91.7
99.9	103.4	103.8	105.1	106.3	106.4	106.9	106.8
100.8	101.4	101.6	101.9	101.7	100.3	99.5	100.9
98.7	98.9	98.8	98.8	98.8	98.8	98.6	98.4
100.9	100.9	100.9	100.9	100.9	100.9	100.9	100.9

3-36 续表 1

项　　目	平均	1月	2月	3月	4月
纺织服装、服饰业	100.6	100.9	100.1	100.0	100.6
机织服装制造	100.6	100.9	100.1	100.0	100.6
皮革、毛皮、羽毛及其制品和制鞋业	100.3	100.8	101.1	100.4	100.4
皮革鞣制加工	101.6	103.5	103.4	102.5	102.6
皮革制品制造	99.9	100.0	100.0	100.1	100.1
制鞋业	99.1	98.4	99.2	98.5	98.3
木材加工和木、竹、藤、棕、草制品业	102.7	104.1	103.9	103.7	103.4
木材加工	100.2	101.5	102.9	101.2	100.5
人造板制造	103.5	104.4	103.8	104.1	103.9
木制品制造	103.6	106.7	105.9	105.2	104.9
竹、藤、棕、草等制品制造	101.2	103.5	104.2	103.1	102.6
家具制造业	102.9	105.6	106.0	105.5	104.4
木质家具制造	102.9	106.0	106.5	105.9	104.3
竹、藤家具制造	106.8	109.0	110.7	110.0	109.9
金属家具制造	100.0	100.0	100.0	100.0	100.0
其他家具制造	102.1	101.7	101.6	101.9	103.6
造纸和纸制品业	98.2	98.2	98.1	97.6	98.1
造纸	97.9	97.9	97.7	97.0	97.8
纸制品制造	99.2	99.1	99.2	99.1	99.2
印刷和记录媒介复制业	99.9	99.0	99.1	99.7	99.8
印刷	99.9	99.0	99.1	99.7	99.8
装订及印刷相关服务	100.0	100.0	100.0	100.0	100.0
记录媒介复制	99.5	98.6	98.6	98.6	101.4
文教、工美、体育和娱乐用品制造业	99.7	100.8	100.8	100.5	100.5
文教办公用品制造	99.2	99.2	99.2	99.2	99.2
工艺美术品制造	99.9	101.6	101.5	101.1	101.0
体育用品制造	99.6	100.1	100.2	100.2	100.2
石油加工、炼焦和核燃料加工业	93.6	98.2	95.5	94.5	96.5
精炼石油产品制造	94.9	98.1	96.4	95.4	98.0
炼焦	83.3	98.9	88.5	87.5	84.8
化学原料和化学制品制造业	97.4	97.8	97.5	96.8	96.9
基础化学原料制造	100.3	100.7	99.9	99.2	100.0
肥料制造	89.3	89.7	89.4	88.9	88.3
农药制造	101.1	103.5	105.0	104.4	102.9
涂料、油墨、颜料及类似产品制造	98.9	98.0	97.6	96.6	97.9
合成材料制造	92.1	88.4	88.9	86.1	88.1
专用化学产品制造	99.5	100.2	100.1	100.2	99.4
炸药、火工及焰火产品制造	95.8	97.4	97.0	96.7	96.0
日用化学产品制造	98.3	99.3	99.0	98.9	99.0
医药制造业	100.1	99.8	100.2	100.4	100.1
化学药品原料药制造	99.4	99.2	98.5	99.5	98.8
化学药品制剂制造	99.7	97.2	99.4	99.7	99.7
中药饮片加工	103.7	102.4	103.6	101.8	102.9
中成药生产	99.7	101.2	101.0	100.5	100.0
兽用药品制造	99.9	100.0	100.0	100.0	100.0
生物药品制造	100.0	100.0	100.0	100.0	100.0
卫生材料及医药用品制造	101.8	99.6	101.0	103.2	103.2

上年同月=100

5月	6月	7月	8月	9月	10月	11月	12月
101.6	101.8	101.4	100.8	100.4	100.1	99.9	99.9
101.6	101.8	101.4	100.8	100.4	100.1	99.9	99.9
99.8	100.4	100.5	100.4	100.2	100.1	100.0	99.8
101.1	102.0	102.0	101.6	100.9	100.4	100.4	99.6
99.9	99.9	99.9	99.9	99.9	99.9	99.9	99.9
98.5	98.9	99.2	99.4	99.7	99.8	99.7	100.0
103.6	103.6	103.1	102.2	102.2	101.4	100.9	100.9
99.8	99.8	99.7	99.4	99.5	99.5	99.6	99.5
104.5	104.6	104.6	103.4	103.6	102.2	101.5	101.8
104.8	103.7	103.0	102.8	102.2	101.7	101.4	100.5
102.5	102.5	100.3	99.5	99.5	99.3	99.1	98.8
103.1	102.2	101.9	102.4	102.5	102.1	100.6	99.3
102.9	101.8	101.6	102.3	102.5	102.2	100.5	99.0
110.0	111.0	108.5	107.0	105.6	101.7	100.0	100.0
100.0	100.0	100.0	100.0	100.0	100.0	100.0	100.0
102.2	102.3	102.7	102.1	102.1	102.1	102.1	101.2
98.5	98.7	98.3	97.9	98.3	98.5	98.1	98.5
98.2	98.5	98.0	97.6	98.2	98.2	97.6	98.2
99.2	99.2	99.2	98.9	98.6	99.4	99.5	99.5
99.9	100.1	100.1	100.0	100.2	100.3	100.2	100.2
100.0	100.2	100.1	100.0	100.3	100.3	100.2	100.2
100.0	100.0	100.0	100.0	100.0	100.0	100.0	100.0
98.6	98.6	100.0	100.0	100.0	100.0	100.0	100.0
99.8	99.5	98.9	99.1	99.2	99.2	99.2	99.2
99.2	99.2	99.2	99.2	99.2	99.2	99.2	99.2
99.3	99.3	99.3	99.7	99.1	99.1	99.1	99.1
100.9	99.9	97.9	97.9	99.5	99.5	99.5	99.5
98.4	99.2	98.5	94.5	91.2	89.7	86.2	80.7
100.2	101.2	100.4	96.3	93.0	91.3	87.6	81.3
84.5	84.3	83.9	80.1	77.7	77.2	75.7	76.3
98.2	98.2	98.3	97.6	97.7	97.4	96.4	95.2
101.4	102.0	102.4	102.6	102.0	100.5	97.5	96.0
88.7	88.1	88.5	89.3	90.5	90.6	90.5	89.0
102.7	100.3	100.4	98.6	99.4	100.1	99.6	96.8
98.3	99.4	99.7	100.5	99.8	99.1	100.3	100.2
94.4	96.3	96.7	96.6	95.3	93.7	91.7	90.3
102.0	101.2	101.6	100.0	97.9	98.0	97.0	96.6
96.5	95.9	95.5	93.1	94.7	95.8	96.2	94.8
98.4	98.1	97.9	97.6	98.9	97.4	97.3	97.4
100.3	100.5	100.7	100.6	100.1	99.8	99.6	99.5
98.8	99.1	99.4	99.5	100.1	100.1	100.0	99.8
100.1	100.0	100.3	100.2	100.2	100.2	99.8	100.1
104.2	105.7	106.1	106.1	105.9	102.6	102.6	100.5
100.0	100.1	100.4	100.0	98.7	98.6	98.0	98.2
100.0	99.9	99.9	99.9	99.9	99.9	99.8	99.8
100.0	100.0	100.0	100.0	100.0	100.0	100.0	100.0
103.2	103.9	103.9	103.5	100.1	100.1	100.1	100.1

3-36 续表 2

项目	平均	1月	2月	3月	4月
化学纤维制造业	94.8	97.7	95.2	94.5	94.3
纤维素纤维原料及纤维制造	100.1	100.1	100.1	100.1	99.5
合成纤维制造	94.3	97.4	94.7	94.0	93.7
橡胶和塑料制品业	99.8	100.3	99.8	100.0	100.1
橡胶制品业	99.7	99.4	99.4	99.4	99.4
塑料制品业	99.9	100.5	99.8	100.1	100.2
非金属矿物制品业	97.9	98.9	100.1	97.9	96.8
水泥、石灰和石膏制造	92.0	93.8	97.4	91.1	87.9
石膏、水泥制品及类似制品制造	104.1	107.0	106.7	105.4	105.3
砖瓦、石材等建筑材料制造	99.9	100.3	100.9	100.2	99.8
玻璃制造	94.3	104.9	105.2	100.2	98.1
玻璃制品制造	99.9	97.3	98.1	101.8	100.6
陶瓷制品制造	103.3	103.1	103.0	103.1	103.0
耐火材料制品制造	97.0	97.1	98.5	98.4	97.1
石墨及其他非金属矿物制品制造	100.5	100.7	98.5	99.3	101.1
黑色金属冶炼和压延加工业	94.0	95.0	93.9	92.7	93.4
炼铁	97.5	93.2	95.0	89.0	92.2
炼钢	95.9	93.7	95.4	92.5	94.7
黑色金属铸造	100.4	99.8	99.8	99.4	99.4
钢压延加工	91.5	93.2	91.3	90.6	92.0
铁合金冶炼	96.8	98.8	98.3	96.4	94.5
有色金属冶炼和压延加工业	97.0	93.1	92.9	93.3	95.5
常用有色金属冶炼	100.2	96.9	95.9	96.3	97.5
贵金属冶炼	87.9	72.1	74.3	76.6	84.9
稀有稀土金属冶炼	102.6	106.2	106.4	110.8	106.5
有色金属合金制造	96.3	97.9	97.5	96.2	96.3
有色金属铸造	81.6	91.9	91.9	91.9	85.7
有色金属压延加工	98.7	97.8	96.9	95.8	97.6
金属制品业	98.2	97.4	98.1	97.3	97.0
结构性金属制品制造	99.2	100.1	101.5	98.8	97.0
金属工具制造	100.6	98.9	99.8	99.0	99.0
集装箱及金属包装容器制造	101.0	100.4	100.7	100.1	100.6
金属丝绳及其制品制造	96.7	96.7	96.7	96.5	97.2
建筑、安全用金属制品制造	98.7	98.4	98.4	98.4	98.4
金属制日用品制造	100.5	100.3	99.6	100.3	100.6
其他金属制品制造	94.2	91.3	92.1	92.3	92.7
通用设备制造业	100.2	100.5	100.4	100.2	99.8
锅炉及原动设备制造	100.4	100.6	100.5	100.6	100.5
金属加工机械制造	101.9	100.7	100.9	101.0	101.1
物料搬运设备制造	100.5	100.3	100.5	100.4	100.0
泵、阀门、压缩机及类似机械制造	99.8	100.0	100.0	100.0	100.0
轴承、齿轮和传动部件制造	101.0	101.6	101.9	101.9	101.9
烘炉、风机、衡器、包装等设备制造	100.4	100.9	100.5	100.7	99.8
文化、办公用机械制造	98.8	98.2	98.2	98.2	98.2
通用零部件制造	98.3	100.1	100.1	98.0	97.8

上年同月=100

5月	6月	7月	8月	9月	10月	11月	12月
96.5	96.1	95.5	99.1	95.1	94.0	91.5	88.4
100.2	100.1	100.1	100.1	100.1	100.1	100.1	100.1
96.2	95.7	95.1	99.0	94.6	93.4	90.7	87.2
99.8	100.0	99.8	99.8	99.9	99.8	99.7	99.2
99.0	99.9	99.9	99.8	99.9	100.0	100.0	100.0
99.9	100.0	99.8	99.8	99.9	99.7	99.7	99.1
97.4	97.4	97.3	98.2	98.2	98.6	98.0	95.7
89.7	89.8	90.9	92.2	92.6	95.3	93.9	88.8
105.6	105.8	104.9	104.8	102.2	102.0	101.2	99.0
99.8	99.1	99.3	99.7	100.6	99.5	99.6	99.5
97.1	97.4	91.9	92.4	89.3	86.7	87.1	83.4
100.6	99.9	100.2	100.2	100.0	100.4	100.2	99.6
102.6	102.4	102.3	104.9	105.4	103.5	103.1	103.1
97.7	97.1	95.5	95.9	97.2	96.8	97.0	96.4
100.9	101.0	100.7	100.7	100.7	100.7	100.7	100.7
94.4	95.6	96.1	95.4	93.2	93.5	93.2	91.2
93.9	99.1	103.1	102.5	102.3	100.9	100.3	100.3
95.9	98.9	97.9	97.7	96.6	96.2	96.0	96.0
99.4	99.6	99.6	105.1	101.3	101.0	100.8	99.6
93.2	93.9	94.3	92.1	89.4	90.1	90.0	87.6
95.0	96.8	97.8	98.3	97.7	97.5	96.6	94.2
97.4	97.3	100.9	101.0	99.1	98.3	98.2	97.7
99.3	99.3	102.4	103.8	103.7	102.9	103.0	102.3
92.7	94.6	109.9	101.8	94.7	92.3	88.4	87.6
102.2	100.3	98.8	99.5	98.0	101.5	101.3	101.0
96.6	95.6	96.3	96.9	96.1	95.0	95.3	96.2
88.1	87.4	84.9	81.2	64.1	64.2	74.1	74.1
97.6	97.1	98.4	100.8	101.2	100.7	100.7	100.0
97.8	98.5	98.6	98.5	99.0	98.9	98.9	98.8
97.6	98.7	99.0	98.1	99.7	99.8	100.4	100.5
99.3	101.1	101.2	101.7	101.9	102.0	101.8	101.5
101.0	100.8	100.8	101.7	101.6	101.5	101.4	101.8
98.2	98.3	96.8	97.0	96.0	95.6	95.8	95.7
98.4	98.4	98.4	98.4	98.9	98.8	99.5	100.0
100.6	100.6	100.9	100.6	100.6	100.6	100.5	100.4
94.7	94.4	95.6	95.6	96.6	95.8	95.2	94.5
100.0	100.1	100.0	100.1	100.0	100.0	100.5	100.3
100.5	100.5	100.3	100.7	100.4	100.0	99.9	99.8
101.6	101.3	102.2	102.1	101.6	102.7	103.8	103.2
100.4	101.0	99.9	101.1	100.3	101.0	100.8	100.4
99.8	99.7	99.7	99.8	99.7	99.7	99.7	99.7
101.2	100.9	101.0	101.2	99.6	99.4	99.7	101.9
99.7	99.8	100.2	99.6	100.6	100.1	101.5	101.2
98.3	98.8	98.8	98.9	98.9	99.1	99.1	100.9
98.3	99.1	98.5	97.8	97.6	97.6	97.5	97.3

3-36 续表 3

项　目	平均	1月	2月	3月	4月
专用设备制造业	99.8	99.6	99.9	99.9	99.9
采矿、冶金、建筑专用设备制造	99.9	99.4	100.0	100.2	100.2
化工、木材、非金属加工专用设备制造	96.4	97.3	96.1	95.6	94.8
食品、饮料、烟草及饲料生产专用设备制造	100.0	100.0	100.0	100.0	100.0
印刷、制药、日化及日用品生产专用设备制造	101.4	102.0	101.4	101.4	101.4
纺织、服装和皮革加工专用设备制造	100.8	102.6	101.5	100.6	99.9
农、林、牧、渔专用机械制造	99.5	99.7	98.3	98.3	98.3
医疗仪器设备及器械制造	99.5	101.6	100.8	99.2	99.6
环保、社会公共服务及其他专用设备制造	100.3	100.0	100.0	100.0	100.0
汽车制造业	98.9	99.2	99.0	98.8	98.4
汽车整车制造	99.2	100.0	99.8	99.8	99.8
改装汽车制造	100.3	100.4	100.4	101.2	100.9
汽车车身、挂车制造	100.0	100.0	100.0	100.0	100.0
汽车零部件及配件制造	98.0	97.9	97.8	97.1	96.2
铁路、船舶、航空航天和其他运输设备制造业	99.9	100.6	100.1	99.8	99.8
铁路运输设备制造	100.3	101.2	100.6	100.3	100.3
船舶及相关装置制造	98.6	98.7	98.4	98.4	98.4
摩托车制造	97.1	96.7	96.3	96.1	96.2
电气机械和器材制造业	99.2	99.6	99.4	98.9	98.7
电机制造	98.8	100.4	100.4	98.3	98.0
输配电及控制设备制造	100.7	100.5	100.6	100.7	101.3
电线、电缆、光缆及电工器材制造	97.4	98.0	97.3	96.0	95.8
电池制造	99.5	100.1	100.5	101.4	99.2
非电力家用器具制造	101.2	100.0	100.0	100.0	101.6
照明器具制造	97.0	97.7	97.6	95.6	95.0
计算机、通信和其他电子设备制造业	97.0	98.4	98.0	97.8	96.9
计算机制造	102.8	104.6	103.4	102.8	101.2
通信设备制造	93.1	96.3	94.0	93.5	90.9
广播电视设备制造	91.5	102.8	100.5	100.5	94.6
雷达及配套设备制造	100.0	100.0	100.0	100.0	100.0
视听设备制造	100.1	104.9	106.8	107.7	107.7
电子器件制造	97.5	93.7	94.0	94.0	94.7
电子元件制造	98.4	98.7	99.2	99.1	99.3
仪器仪表制造业	99.4	99.8	100.4	100.7	100.7
通用仪器仪表制造	99.5	99.8	100.4	100.7	100.8
其他制造业	96.7	97.9	98.2	97.3	96.8
日用杂品制造	96.4	101.7	98.3	96.7	96.7
煤制品制造	96.8	93.6	97.8	97.8	96.7
废弃资源综合利用业	94.3	93.2	91.5	92.3	89.2
金属废料和碎屑加工处理	94.3	93.2	91.5	92.3	89.2
金属制品、机械和设备修理业	100.8	100.0	100.0	100.0	100.0
金属制品修理	100.8	100.0	100.0	100.0	100.0
电力、热力生产和供应业	99.7	100.1	99.7	99.3	99.2
电力生产	98.9	99.7	99.2	98.7	98.3
电力供应	100.3	100.4	100.0	99.8	99.8
热力生产和供应	94.2	94.1	94.1	94.1	94.1
燃气生产和供应业	106.9	108.8	109.0	108.6	108.7
水的生产和供应业	101.1	101.4	101.4	100.4	100.3
自来水生产和供应	101.3	101.7	101.7	100.4	100.3
污水处理及其再生利用	100.0	100.0	100.0	100.0	100.0

上年同月=100

5月	6月	7月	8月	9月	10月	11月	12月
99.7	99.9	99.9	100.1	99.6	99.9	99.6	99.9
100.0	99.9	100.1	100.1	99.6	99.9	99.6	100.0
93.0	97.0	94.5	97.6	97.6	97.6	97.7	97.7
100.0	100.0	100.0	100.0	100.0	100.0	100.0	100.0
101.4	101.4	101.4	101.4	101.4	101.4	101.4	101.4
100.5	101.9	101.5	101.4	100.0	100.0	100.0	100.0
99.2	99.7	99.7	99.5	99.5	100.7	100.4	100.5
99.2	101.9	99.1	99.6	98.6	98.4	98.1	98.0
100.0	100.0	99.7	99.9	101.7	100.7	100.7	100.7
98.5	98.9	99.1	98.7	98.8	99.0	99.1	99.0
98.7	98.5	99.1	98.5	98.6	98.9	99.3	99.1
100.5	100.8	100.2	100.0	99.5	100.1	100.1	100.1
100.0	100.0	100.0	100.0	100.0	100.0	100.0	100.0
97.7	98.9	98.6	98.4	98.4	98.5	98.5	98.5
99.8	99.8	100.1	100.0	99.9	99.9	99.7	99.3
100.3	100.3	100.3	100.3	100.3	100.3	100.3	99.8
98.4	98.1	99.7	99.1	99.1	98.6	98.0	97.7
96.2	96.6	98.6	98.4	97.6	98.1	97.1	97.2
99.0	98.9	99.3	99.6	99.4	98.9	99.2	99.5
98.6	98.2	98.7	98.8	98.2	98.0	98.0	99.8
100.9	100.7	100.6	100.5	100.1	100.2	101.0	101.1
97.1	97.2	98.5	98.7	98.4	97.4	96.9	97.0
98.6	98.2	98.9	99.8	99.8	99.1	99.3	99.7
101.6	101.6	101.6	101.6	101.6	101.6	101.6	101.6
95.9	96.8	95.9	97.5	98.4	97.1	98.1	98.3
97.5	96.2	96.5	96.8	96.2	96.4	96.4	96.6
102.1	100.7	104.6	103.2	104.2	102.2	102.0	102.6
93.3	91.3	93.6	94.3	92.5	93.7	91.9	91.9
94.6	92.2	86.2	87.4	85.1	86.2	83.9	85.1
100.0	100.0	100.0	100.0	100.0	100.0	100.0	100.0
106.6	105.5	104.7	100.1	90.6	89.9	89.6	89.1
95.0	95.2	95.6	97.1	97.1	102.2	105.5	106.8
99.2	98.1	98.2	98.3	98.4	97.3	97.6	97.5
100.5	99.2	98.6	98.9	99.6	99.1	98.2	97.3
100.6	99.3	98.7	99.1	99.8	99.2	98.2	97.3
94.9	94.9	94.3	95.0	97.5	97.5	97.8	97.8
93.3	93.3	91.8	91.8	96.7	96.7	100.0	100.0
96.2	96.2	97.0	98.4	98.4	98.4	95.5	95.5
97.0	101.1	98.2	94.8	94.9	93.7	94.0	92.4
97.0	101.1	98.2	94.8	94.9	93.7	94.0	92.4
100.0	101.5	100.9	101.5	101.5	101.5	101.5	101.5
100.0	101.5	100.9	101.5	101.5	101.5	101.5	101.5
100.0	100.4	100.1	99.6	99.5	99.7	99.3	99.8
98.6	99.5	98.8	98.9	98.7	99.5	98.3	99.3
101.1	101.2	101.1	100.1	100.2	100.0	100.1	100.1
94.1	94.1	94.1	94.1	94.5	94.5	94.5	94.5
108.6	108.5	106.9	103.3	105.6	105.6	105.3	104.7
100.4	100.3	100.2	100.2	100.3	100.3	100.9	107.1
100.4	100.4	100.2	100.2	100.4	100.4	101.0	108.3
100.0	100.0	100.0	100.0	100.0	100.0	100.0	100.0

3-37 分行业(新行业)各月工业生产者出厂价格环比指数(2014年)

上月=100

项　目	1月	2月	3月	4月	5月	6月	7月	8月	9月	10月	11月	12月
总指数	**99.7**	**99.8**	**99.5**	**99.7**	**100.1**	**99.8**	**100.1**	**99.9**	**99.8**	**99.9**	**99.8**	**99.5**
煤炭开采和洗选业	100.3	100.3	98.0	99.0	99.2	99.0	99.2	99.2	99.0	99.4	99.6	99.9
烟煤和无烟煤开采洗选	100.3	100.3	98.0	99.0	99.2	99.0	99.2	99.2	99.0	99.4	99.6	99.9
黑色金属矿采选业	100.3	101.1	98.6	98.5	100.2	98.8	99.2	100.2	99.8	100.0	97.5	99.1
铁矿采选	100.1	102.2	98.3	98.4	100.2	97.7	98.6	100.2	99.6	100.0	97.3	99.9
锰矿、铬矿采选	100.5	99.6	98.9	98.6	100.2	100.2	100.0	100.1	100.1	100.0	97.7	98.2
有色金属矿采选业	99.4	99.4	98.6	99.8	100.3	100.2	102.2	101.0	99.5	99.9	99.8	98.4
常用有色金属矿采选	99.8	99.3	97.5	100.0	101.0	100.5	103.1	101.3	100.1	100.1	100.7	98.5
贵金属矿采选	99.8	101.5	103.0	99.5	100.1	98.7	101.0	99.9	97.2	98.8	96.7	100.8
稀有稀土金属矿采选	97.8	98.2	101.1	99.1	97.5	99.4	99.2	100.1	97.9	99.8	97.1	96.7
非金属矿采选业	100.5	99.9	98.6	99.0	99.3	99.9	99.7	99.7	99.6	99.7	100.4	100.0
土砂石开采	100.6	100.0	98.0	99.5	99.3	100.1	99.8	99.7	99.5	99.9	100.2	100.1
化学矿开采	100.1	99.0	104.4	88.2	95.1	95.0	98.6	100.0	100.0	99.3	104.8	100.0
采盐	100.0	100.1	99.8	99.2	101.0	100.0	98.6	99.8	99.4	95.8	99.7	99.6
石棉及其他非金属矿采选	100.0	100.0	100.7	100.3	100.3	100.7	100.7	100.0	100.0	100.0	101.0	100.0
农副食品加工业	99.8	99.8	100.0	100.3	100.6	100.3	100.0	100.1	100.3	99.4	100.2	99.7
谷物磨制	100.3	99.8	100.4	102.6	101.0	100.1	100.1	99.7	100.7	100.1	99.7	100.2
饲料加工	99.7	100.0	99.7	99.7	100.2	100.8	100.2	100.1	100.3	99.7	99.8	99.6
植物油加工	98.9	99.9	100.8	99.6	100.1	99.6	98.9	98.5	98.8	99.3	102.3	100.0
制糖业	102.2	96.4	100.0	100.0	100.0	100.0	100.0	100.0	100.0	100.0	100.0	100.0
屠宰及肉类加工	98.9	99.0	98.9	98.8	102.3	100.1	100.9	103.0	101.8	97.7	100.0	98.6
水产品加工	100.0	100.0	100.0	104.0	100.0	101.9	100.0	103.7	98.3	98.2	97.7	98.0
蔬菜、水果和坚果加工	102.7	100.1	100.0	99.6	100.1	99.9	100.0	97.8	100.7	99.7	101.0	100.5
其他农副食品加工	100.0	100.1	100.0	100.3	99.9	100.5	100.1	100.0	100.7	99.7	100.0	100.0
食品制造业	100.2	100.3	100.1	100.0	100.1	99.9	100.0	99.6	99.3	100.0	100.2	100.0
焙烤食品制造	100.6	100.7	100.0	101.4	100.5	99.9	100.3	100.0	100.4	100.9	101.6	101.2
糖果、巧克力及蜜饯制造	100.0	100.0	100.0	100.0	99.3	100.0	99.2	100.8	100.0	100.0	100.1	100.0
方便食品制造	100.1	100.2	100.9	99.7	100.0	99.8	100.0	100.0	100.2	99.9	100.2	98.9
乳制品制造	99.8	100.6	98.6	100.0	100.4	99.6	100.4	96.8	98.2	100.0	99.8	99.9
罐头食品制造	99.9	100.4	100.0	100.0	100.0	100.0	100.0	100.0	100.0	100.0	100.0	101.2
调味品、发酵制品制造	100.0	100.0	100.0	100.0	100.1	100.0	99.9	99.7	100.0	100.1	100.0	100.0
其他食品制造	100.9	100.0	100.0	100.0	100.0	100.0	100.0	100.0	97.5	100.0	100.4	100.0
酒、饮料和精制茶制造业	100.0	100.1	100.0	100.5	100.4	99.8	99.9	99.9	99.9	100.0	100.0	100.0
酒的制造	100.0	100.0	100.1	100.0	100.0	100.2	100.0	100.0	100.0	100.0	100.0	100.1
饮料制造	100.1	100.0	99.8	100.4	100.0	99.8	99.9	100.0	100.3	100.2	99.7	99.7
精制茶加工	100.1	100.4	100.0	101.1	101.2	99.3	99.8	99.7	99.4	99.9	100.1	100.1
烟草制品业	100.2	100.0	100.0	100.0	100.0	100.0	100.2	100.0	100.0	100.0	100.0	100.0
烟叶复烤	100.0	98.7	100.0	100.0	100.0	100.0	100.0	100.0	100.0	100.0	103.0	100.0
卷烟制造	100.2	100.0	100.0	100.0	100.0	100.0	100.2	100.0	100.0	100.0	100.0	100.0
其他烟草制品制造	100.0	100.0	100.0	100.1	100.1	100.0	99.9	100.0	100.0	100.0	100.0	100.0
纺织业	100.0	99.4	100.8	99.8	100.2	99.6	100.6	97.9	98.8	99.7	100.2	99.9
棉纺织及印染精加工	99.8	99.2	100.2	99.4	100.3	98.2	101.3	95.5	97.6	99.6	100.6	99.7
麻纺织及染整精加工	100.9	99.2	103.5	100.4	100.0	102.3	100.0	100.5	100.1	99.9	100.1	99.8
针织或钩针编织物及其制品制造	100.0	99.7	100.2	100.3	100.1	100.6	100.1	100.3	99.7	99.5	99.4	100.8
家用纺织制成品制造	100.0	100.1	99.8	99.7	99.9	100.0	99.8	99.6	100.0	100.0	99.7	99.9
非家用纺织制成品制造	99.6	100.0	101.3	100.0	100.0	100.0	100.0	100.0	100.0	100.0	100.0	100.0

3-37　续表 1　　　　上月=100

项　　目	1月	2月	3月	4月	5月	6月	7月	8月	9月	10月	11月	12月
纺织服装、服饰业	100.0	100.0	100.1	100.8	100.9	100.1	99.7	99.2	99.6	99.8	99.7	100.1
机织服装制造	100.0	100.0	100.1	100.8	100.9	100.1	99.7	99.2	99.6	99.8	99.7	100.1
皮革、毛皮、羽毛及其制品和制鞋业	100.1	100.2	99.4	100.7	99.6	100.3	99.9	100.2	99.8	99.9	99.9	99.9
皮革鞣制加工	100.3	100.4	98.9	101.3	99.0	100.8	99.9	100.3	99.5	99.8	99.7	99.7
皮革制品制造	99.8	100.0	100.0	100.0	100.0	100.0	100.0	100.0	100.0	100.0	100.0	100.0
制鞋业	99.8	100.1	99.6	100.3	100.1	100.1	100.0	100.1	100.0	100.1	100.0	100.0
木材加工和木、竹、藤、棕、草制品业	100.4	100.2	99.9	100.1	100.4	100.0	99.9	99.8	100.2	100.0	99.8	100.2
木材加工	99.9	101.3	98.4	100.0	100.0	100.0	100.0	100.0	100.0	100.0	100.2	99.8
人造板制造	100.7	100.1	100.0	100.1	100.6	100.1	99.9	99.7	100.5	100.0	99.8	100.3
木制品制造	100.3	100.0	99.8	100.1	100.4	99.5	99.9	100.2	100.1	100.0	100.5	99.6
竹、藤、棕、草等制品制造	99.6	100.0	100.5	100.0	100.0	99.6	99.6	100.0	99.3	100.2	99.8	100.2
家具制造业	100.0	100.0	100.0	99.5	99.7	100.1	99.5	100.9	100.1	99.6	99.9	100.0
木质家具制造	100.0	100.0	99.9	99.2	99.7	100.0	99.3	101.1	100.1	99.7	100.0	100.0
竹、藤家具制造	100.0	100.0	100.0	100.8	101.7	102.4	99.2	100.0	100.0	97.6	98.4	100.0
金属家具制造	100.0	100.0	100.0	100.0	100.0	100.0	100.0	100.0	100.0	100.0	100.0	100.0
其他家具制造	100.0	100.1	100.2	101.4	99.4	100.0	100.6	99.4	100.0	100.0	100.0	100.0
造纸和纸制品业	99.8	99.8	99.5	100.1	100.5	99.6	100.0	99.8	100.1	100.1	99.3	100.1
造纸	99.7	99.7	99.3	100.1	100.6	99.4	99.9	99.8	100.3	100.1	99.0	100.1
纸制品制造	100.0	100.0	100.0	100.0	100.1	99.9	100.0	99.7	99.7	100.0	100.1	100.0
印刷和记录媒介复制业	99.1	100.1	100.5	100.1	100.2	100.2	100.0	100.0	100.0	100.0	100.0	100.0
印刷	99.0	100.1	100.5	100.0	100.3	100.2	100.0	100.0	100.0	100.0	100.0	100.0
装订及印刷相关服务	100.0	100.0	100.0	100.0	100.0	100.0	100.0	100.0	100.0	100.0	100.0	100.0
记录媒介复制	100.0	100.0	100.0	102.9	97.2	100.0	100.0	100.0	100.0	100.0	100.0	100.0
文教、工美、体育和娱乐用品制造业	99.3	100.0	100.0	100.0	100.2	99.7	99.4	100.2	100.5	100.0	100.0	100.0
文教办公用品制造	99.2	100.0	100.0	100.0	100.0	100.0	100.0	100.0	100.0	100.0	100.0	100.0
工艺美术品制造	98.9	99.9	99.9	99.9	100.0	100.1	100.0	100.4	100.0	100.0	100.0	100.0
体育用品制造	100.1	100.1	100.0	100.0	100.7	99.0	98.0	100.0	101.6	100.0	100.0	100.0
石油加工、炼焦和核燃料加工业	98.8	96.8	100.3	99.7	99.7	98.4	100.5	97.0	99.1	98.1	95.1	95.4
精炼石油产品制造	98.7	97.7	100.6	100.2	99.8	98.3	100.7	97.1	99.2	97.9	94.7	94.8
炼焦	99.2	89.9	97.8	95.7	99.1	99.1	99.3	96.0	98.2	99.8	98.3	101.2
化学原料和化学制品制造业	99.3	99.7	99.5	99.3	100.2	99.9	99.6	99.3	99.9	100.3	99.1	99.0
基础化学原料制造	100.0	99.6	98.9	99.4	99.9	100.8	99.6	100.0	99.4	100.4	98.3	99.7
肥料制造	100.1	99.6	99.4	98.5	97.9	97.5	98.2	99.7	100.2	99.2	100.0	98.3
农药制造	100.8	101.2	100.2	99.5	100.2	97.5	101.1	98.4	100.6	100.7	99.9	96.9
涂料、油墨、颜料及类似产品制造	100.0	99.6	99.3	99.8	100.5	100.8	100.3	100.3	99.3	100.0	100.4	100.0
合成材料制造	95.0	99.6	98.8	99.2	99.6	101.4	100.7	100.5	99.4	99.7	98.5	97.4
专用化学产品制造	98.6	100.3	101.1	98.8	102.5	99.8	99.1	100.3	98.6	99.0	98.7	99.9
炸药、火工及焰火产品制造	99.2	99.6	99.5	99.6	100.4	99.4	99.4	97.2	101.2	101.5	99.5	98.3
日用化学产品制造	97.8	99.7	100.1	99.9	99.4	99.6	99.8	99.7	100.8	100.6	100.0	100.0
医药制造业	100.0	100.0	100.0	99.9	100.0	100.1	100.0	99.9	99.7	99.9	99.8	100.1
化学药品原料药制造	99.7	99.7	100.5	99.5	100.1	100.2	100.0	100.1	100.1	99.9	100.0	99.9
化学药品制剂制造	100.1	99.8	100.0	99.9	100.2	100.0	100.1	100.1	100.1	100.0	99.7	100.3
中药饮片加工	100.2	101.2	99.7	100.8	99.8	100.0	99.3	99.9	99.9	99.6	100.0	100.1
中成药生产	100.4	100.0	99.5	100.0	100.0	100.2	100.3	99.7	98.8	100.0	99.4	100.1
兽用药品制造	100.0	100.0	100.0	100.0	100.0	99.8	100.0	100.0	100.0	99.9	100.0	100.0
生物药品制造	100.0	100.0	100.0	100.0	100.0	100.0	100.0	100.0	100.0	100.0	100.0	100.0
卫生材料及医药用品制造	99.0	100.0	100.9	100.0	100.0	100.7	100.0	99.6	100.0	100.0	100.0	100.0

3-37 续表 2 上月=100

项目	1月	2月	3月	4月	5月	6月	7月	8月	9月	10月	11月	12月
化学纤维制造业	99.0	99.6	99.1	98.3	100.1	100.0	99.7	103.0	95.6	99.0	97.7	96.8
纤维素纤维原料及纤维制造	100.0	100.0	100.0	99.4	100.7	100.0	99.9	100.0	100.0	100.0	100.0	100.0
合成纤维制造	98.9	99.6	99.0	98.2	100.0	100.0	99.6	103.3	95.2	98.9	97.5	96.5
橡胶和塑料制品业	100.1	99.6	100.3	100.3	99.5	100.2	99.8	99.9	99.9	99.8	100.1	99.8
橡胶制品业	100.0	100.0	100.0	100.1	99.6	100.1	100.0	100.0	100.1	100.1	100.0	100.0
塑料制品业	100.1	99.5	100.4	100.3	99.5	100.2	99.7	99.9	99.9	99.7	100.2	99.8
非金属矿物制品业	98.2	99.0	97.4	98.0	99.9	99.4	100.1	100.8	100.7	101.7	102.1	98.5
水泥、石灰和石膏制造	95.0	98.1	92.2	93.4	99.8	98.9	100.8	101.3	101.7	106.0	106.0	96.0
石膏、水泥制品及类似制品制造	100.6	99.4	99.8	99.4	99.9	99.5	99.5	100.2	99.8	100.2	101.3	99.5
砖瓦、石材等建筑材料制造	100.6	99.7	100.1	100.1	100.0	98.9	100.1	100.4	100.9	99.0	100.0	99.9
玻璃制造	96.5	100.8	97.4	97.3	97.9	98.4	96.5	99.6	100.1	98.4	101.5	97.6
玻璃制品制造	99.8	100.7	99.6	100.0	100.1	99.8	100.0	100.0	99.8	100.0	99.8	100.1
陶瓷制品制造	99.9	99.9	100.1	99.9	100.1	100.0	100.0	102.7	100.4	100.0	100.0	100.0
耐火材料制品制造	98.1	99.2	99.8	99.2	100.7	99.4	100.0	100.0	100.0	100.0	100.0	100.0
石墨及其他非金属矿物制品制造	100.0	97.9	100.7	101.8	99.8	100.6	100.0	100.0	100.0	100.0	100.0	100.0
黑色金属冶炼和压延加工业	99.3	99.7	98.4	99.6	99.7	98.9	99.5	99.7	98.6	99.4	99.8	98.2
炼铁	99.1	100.2	100.0	100.0	99.6	101.4	100.0	100.0	100.0	100.0	100.0	100.0
炼钢	99.8	100.0	97.9	100.6	99.3	99.9	99.4	99.6	100.0	99.4	100.0	100.0
黑色金属铸造	100.0	100.0	100.0	100.0	100.0	100.0	100.0	100.0	100.0	99.7	100.0	99.8
钢压延加工	98.8	99.7	98.2	100.1	99.6	97.6	99.2	99.4	97.6	99.0	99.9	97.8
铁合金冶炼	100.3	99.4	98.2	97.6	99.9	101.3	100.1	100.5	99.9	100.2	99.2	97.5
有色金属冶炼和压延加工业	100.2	100.0	99.2	99.7	100.3	99.8	101.1	101.1	99.3	99.0	99.0	99.0
常用有色金属冶炼	100.4	99.9	99.3	99.9	100.9	100.2	101.6	102.2	99.9	99.5	99.7	98.9
贵金属冶炼	100.3	101.4	99.9	97.9	100.2	100.2	102.7	99.4	97.7	95.5	94.4	97.6
稀有稀土金属冶炼	97.0	99.6	103.7	100.0	99.8	99.5	100.5	100.2	98.9	100.9	100.1	101.0
有色金属合金制造	99.4	100.7	98.5	99.5	99.7	100.6	100.3	99.5	99.8	99.6	99.4	99.1
有色金属铸造	104.8	100.0	100.0	100.0	96.0	92.1	97.1	95.6	89.2	100.0	96.6	100.0
有色金属压延加工	100.1	99.3	97.9	100.6	100.4	99.9	100.3	102.0	100.4	99.6	100.2	99.3
金属制品业	99.5	100.5	99.3	99.6	100.1	100.1	99.8	100.0	99.8	99.8	100.1	100.0
结构性金属制品制造	100.2	101.2	98.6	98.8	99.9	100.8	99.9	99.9	100.5	100.0	100.4	100.4
金属工具制造	100.6	100.8	99.3	100.0	100.3	100.7	100.2	100.0	100.0	100.0	99.7	100.0
集装箱及金属包装容器制造	99.9	100.3	99.6	101.0	100.2	100.0	100.0	101.0	99.8	100.0	100.0	100.0
金属丝绳及其制品制造	100.0	100.0	99.8	98.9	99.8	100.1	98.4	100.0	98.9	99.7	100.0	99.9
建筑、安全用金属制品制造	100.0	100.0	100.0	100.0	100.0	100.0	100.0	100.0	100.0	100.0	100.0	100.0
金属制日用品制造	100.2	99.2	100.8	100.3	100.0	100.0	100.3	99.7	100.0	100.0	99.9	100.1
其他金属制品制造	96.7	100.3	99.3	100.4	100.6	98.7	100.1	100.2	99.2	99.1	100.5	99.4
通用设备制造业	100.0	100.0	100.1	100.1	99.8	100.0	100.1	99.8	100.0	100.2	100.2	100.1
锅炉及原动设备制造	100.0	100.0	100.0	100.1	99.9	100.0	100.0	100.1	100.1	99.6	100.0	99.9
金属加工机械制造	99.9	100.2	100.1	100.1	100.1	100.0	100.7	99.9	100.1	101.2	101.1	99.9
物料搬运设备制造	100.2	100.0	100.0	100.3	99.7	100.5	99.4	100.1	100.0	100.0	99.6	100.5
泵、阀门、压缩机及类似机械制造	99.8	100.0	100.0	100.0	99.8	100.0	99.9	100.0	100.0	100.0	100.1	100.0
轴承、齿轮和传动部件制造	100.2	100.3	100.0	99.9	100.0	99.9	100.0	100.6	98.4	100.1	100.0	102.5
烘炉、风机、衡器、包装等设备制造	99.9	99.7	100.6	100.0	99.7	100.2	100.8	99.5	100.3	100.2	100.6	99.7
文化、办公用机械制造	100.0	100.0	100.0	100.0	100.2	100.5	100.0	100.0	100.0	100.2	100.0	100.0
通用零部件制造	100.0	100.0	99.9	99.8	100.0	99.4	99.4	99.3	99.8	100.1	99.9	99.8

3-37 续表 3

上月=100

项　　目	1月	2月	3月	4月	5月	6月	7月	8月	9月	10月	11月	12月
专用设备制造业	100.0	100.0	100.1	100.0	99.9	100.0	100.1	100.0	100.0	99.8	99.8	100.3
采矿、冶金、建筑专用设备制造	99.9	100.0	100.2	100.0	99.8	99.9	100.2	100.0	100.0	99.8	99.7	100.3
化工、木材、非金属加工专用设备制造	100.0	98.8	99.5	99.7	100.2	100.4	99.3	99.7	100.0	100.0	100.1	99.9
食品、饮料、烟草及饲料生产专用设备制造	100.0	100.0	100.0	100.0	100.0	100.0	100.0	100.0	100.0	100.0	100.0	100.0
印刷、制药、日化及日用品生产专用设备制造	101.4	100.0	100.0	100.0	100.0	100.0	100.0	100.0	100.0	100.0	100.0	100.0
纺织、服装和皮革加工专用设备制造	99.9	100.0	100.1	100.0	100.0	100.0	100.0	100.0	100.1	100.0	100.0	100.0
农、林、牧、渔专用机械制造	100.0	100.0	100.0	100.0	100.0	100.0	100.0	99.9	100.0	100.9	99.8	100.0
医疗仪器设备及器械制造	100.4	99.2	99.4	100.4	99.7	102.6	97.1	100.9	98.9	100.0	99.7	99.7
环保、社会公共服务及其他专用设备制造	100.0	100.0	100.0	100.0	100.0	100.0	99.8	100.2	101.8	99.0	100.0	100.0
汽车制造业	99.9	99.9	99.7	99.6	99.9	100.0	100.2	99.6	100.1	100.1	100.2	99.9
汽车整车制造	100.0	99.8	100.0	100.0	98.9	99.8	100.6	99.4	100.1	100.3	100.4	99.8
改装汽车制造	100.3	100.0	100.3	99.7	99.6	100.3	100.0	99.7	99.5	100.6	99.7	100.2
汽车车身、挂车制造	100.0	100.0	100.0	100.0	100.0	100.0	100.0	100.0	100.0	100.0	100.0	100.0
汽车零部件及配件制造	99.7	99.9	99.2	99.1	101.0	100.2	99.7	99.7	100.1	99.9	100.0	100.0
铁路、船舶、航空航天和其他运输设备制造业	99.8	99.9	100.0	100.0	100.0	100.0	100.0	99.9	100.0	99.9	99.8	100.0
铁路运输设备制造	99.8	100.0	100.0	100.0	100.0	100.0	100.0	100.0	100.0	100.0	100.0	100.0
船舶及相关装置制造	100.0	99.7	100.0	100.0	100.0	100.0	100.0	99.4	100.0	99.5	99.3	99.7
摩托车制造	98.6	99.8	100.0	99.6	99.7	100.3	100.4	100.2	100.2	99.9	98.3	100.2
电气机械和器材制造业	100.2	100.0	99.4	99.8	99.9	100.0	100.3	100.0	99.8	99.8	100.1	100.2
电机制造	100.6	100.0	98.3	99.6	100.2	100.1	100.5	99.1	99.6	100.0	100.0	101.7
输配电及控制设备制造	100.4	99.9	99.9	100.5	99.8	100.1	100.2	99.9	99.6	100.0	100.8	100.0
电线、电缆、光缆及电工器材制造	100.0	99.7	98.4	99.6	100.3	99.9	100.5	100.0	99.9	99.5	99.3	99.6
电池制造	99.8	100.4	101.0	98.0	99.2	99.9	100.2	101.0	100.0	99.7	100.2	100.4
非电力家用器具制造	100.0	100.0	100.0	101.6	100.0	100.0	100.0	100.0	100.0	100.0	100.0	100.0
照明器具制造	100.0	100.4	98.8	99.6	100.0	99.6	100.0	100.0	100.0	100.0	100.1	99.8
计算机、通信和其他电子设备制造业	99.7	99.3	100.0	99.1	100.0	98.8	100.2	100.3	99.3	99.9	99.9	100.1
计算机制造	99.6	99.5	100.7	100.0	100.9	98.6	102.9	99.4	101.0	98.1	101.6	100.4
通信设备制造	99.0	97.6	99.4	97.2	99.7	97.9	102.4	101.0	98.1	101.3	98.0	100.0
广播电视设备制造	100.0	97.7	100.0	94.1	100.0	97.5	96.2	101.3	97.4	101.4	97.3	101.4
雷达及配套设备制造	100.0	100.0	100.0	100.0	100.0	100.0	100.0	100.0	100.0	100.0	100.0	100.0
视听设备制造	100.1	101.8	99.6	100.0	99.7	99.8	99.3	99.9	90.5	99.2	99.6	99.5
电子器件制造	100.0	100.3	100.0	100.7	100.0	100.0	100.0	100.6	100.0	102.2	102.8	100.0
电子元件制造	99.7	99.9	100.0	100.0	100.0	99.0	100.0	100.0	100.0	98.9	100.0	100.0
仪器仪表制造业	100.1	100.4	100.0	99.8	99.8	98.7	99.7	100.2	100.6	99.5	99.5	99.2
通用仪器仪表制造	100.1	100.4	100.0	99.8	99.8	98.7	99.7	100.2	100.6	99.5	99.5	99.2
其他制造业	100.0	98.3	100.0	99.5	98.0	100.0	100.0	100.0	101.8	100.0	100.3	100.0
日用杂品制造	100.0	96.7	100.0	100.0	96.6	100.0	100.0	100.0	103.6	100.0	103.4	100.0
煤制品制造	100.0	100.0	100.0	98.9	99.5	100.0	100.0	100.0	100.0	100.0	97.1	100.0
废弃资源综合利用业	100.0	100.3	97.1	95.6	105.9	100.5	99.0	96.5	101.2	99.2	99.0	98.3
金属废料和碎屑加工处理	100.0	100.3	97.1	95.6	105.9	100.5	99.0	96.5	101.2	99.2	99.0	98.3
金属制品、机械和设备修理业	100.0	100.0	100.0	100.0	100.0	101.5	99.5	100.5	100.0	100.0	100.0	100.0
金属制品修理	100.0	100.0	100.0	100.0	100.0	101.5	99.5	100.5	100.0	100.0	100.0	100.0
电力、热力生产和供应业	99.8	99.7	100.0	100.0	100.0	100.4	99.7	99.8	100.0	100.1	100.2	99.9
电力生产	99.7	99.5	100.0	100.0	100.0	100.9	99.3	100.0	99.9	100.2	100.2	99.7
电力供应	100.0	99.9	100.0	100.0	100.0	100.1	100.1	99.7	100.2	100.0	100.2	100.1
热力生产和供应	100.0	100.0	100.0	100.0	100.0	100.0	100.0	100.0	94.5	100.0	100.0	100.0
燃气生产和供应业	100.7	100.2	99.7	100.0	99.9	100.0	100.0	100.0	102.0	102.5	99.9	99.8
水的生产和供应业	100.0	100.0	100.0	100.0	100.0	100.0	100.0	100.0	100.3	100.0	100.6	106.2
自来水生产和供应	100.0	100.0	100.0	100.0	100.0	100.0	100.0	100.0	100.3	100.0	100.7	107.2
污水处理及其再生利用	100.0	100.0	100.0	100.0	100.0	100.0	100.0	100.0	100.0	100.0	100.0	100.0

3-38 住宅销售价格指数(2010-2014年)

上年同期=100

项　目	2010	2011	2012	2013	2014
新建住宅	**110.7**	**109.0**	**99.9**	**106.5**	**101.1**
新建商品住宅	111.0	109.8	100.2	107.0	101.3
90平方米以下		110.6	98.0	106.5	99.7
90－144平方米		112.4	103.0	106.6	100.4
144平方米以上		104.7	95.9	108.2	103.9
二手住宅	**105.7**	**108.3**	**104.6**	**105.0**	**103.5**
90平方米以下		108.3	105.7	106.3	103.8
90-144平方米		108.6	102.9	103.1	103.0
144平方米以上		107.6	101.5	101.2	102.7

注：2011年开始，国家执行新的房地产价格统计制度，取消非住宅价格调查，调整了有关指标分类。

3-39 长沙市住宅销售同比价格指数(2014年)

上年同期=100

项　目	1月	2月	3月	4月	5月	6月	7月	8月	9月	10月	11月	12月
新建住宅	**111.7**	**110.8**	**109.3**	**108.2**	**106.7**	**104.8**	**102.3**	**99.7**	**98.1**	**95.8**	**94.3**	**93.2**
新建商品住宅	111.8	110.9	109.4	108.3	106.7	104.8	102.3	99.7	98.0	95.8	94.3	93.1
90平方米以下	111.3	110.0	109.1	108.0	106.6	104.9	102.6	100.0	98.1	96.2	94.7	93.2
90－144平方米	111.5	110.3	108.8	107.7	106.0	104.2	102.2	99.5	97.7	95.1	93.9	93.0
144平方米以上	112.6	112.4	110.4	109.4	107.7	105.5	102.3	99.6	98.3	96.0	94.3	93.1
二手住宅	**106.8**	**106.8**	**106.5**	**106.0**	**105.0**	**104.2**	**102.6**	**101.7**	**100.3**	**98.9**	**98.2**	**97.6**
90平方米以下	105.4	105.2	104.9	104.2	103.4	102.7	101.1	100.4	99.3	98.4	97.7	97.2
90-144平方米	107.7	107.9	107.7	107.0	105.8	104.8	103.1	102.1	100.3	98.2	97.6	96.9
144平方米以上	107.5	107.6	107.1	107.3	106.1	105.8	104.2	103.0	102.0	101.2	100.3	99.7

3-40　岳阳市住宅销售同比价格指数(2014年)

上年同期=100

项　目	1月	2月	3月	4月	5月	6月	7月	8月	9月	10月	11月	12月
新建住宅	**106.9**	**106.7**	**105.8**	**105.0**	**104.1**	**102.9**	**102.2**	**100.9**	**99.4**	**98.8**	**98.2**	**97.9**
新建商品住宅	111.1	110.7	109.3	107.9	106.4	104.5	103.3	101.3	98.8	97.9	97.0	96.5
90平方米以下	112.2	111.5	109.6	108.1	106.7	104.7	103.7	101.5	99.0	98.1	97.4	97.0
90－144平方米	111.0	110.9	109.8	109.0	106.8	105.0	103.6	101.7	99.6	98.0	97.1	96.6
144平方米以上	109.0	109.2	108.5	107.2	105.7	104.1	102.5	100.7	98.2	97.5	96.2	95.4
二手住宅	**104.7**	**104.7**	**104.3**	**103.8**	**103.3**	**102.9**	**101.9**	**100.5**	**99.0**	**97.9**	**97.2**	**96.9**
90平方米以下	104.9	104.9	104.4	104.0	103.4	102.8	102.0	100.3	98.7	97.5	96.7	96.5
90-144平方米	104.8	104.8	104.7	104.2	103.8	103.5	102.4	101.4	99.7	98.9	98.5	98.2
144平方米以上	104.3	104.2	103.8	103.0	102.8	102.7	101.3	100.3	99.0	98.0	97.2	96.8

3-41　常德市住宅销售同比价格指数(2014年)

上年同期=100

项　目	1月	2月	3月	4月	5月	6月	7月	8月	9月	10月	11月	12月
新建住宅	**107.0**	**106.7**	**105.8**	**105.3**	**105.0**	**103.9**	**102.4**	**100.3**	**99.2**	**98.3**	**97.5**	**96.9**
新建商品住宅	107.1	106.8	105.9	105.4	105.1	103.9	102.5	100.3	99.2	98.3	97.5	96.9
90平方米以下	108.9	108.8	107.6	106.8	106.6	105.4	104.1	101.8	100.9	100.1	99.1	98.3
90－144平方米	106.4	106.0	105.5	105.2	104.8	103.6	102.2	100.0	98.9	97.9	97.1	96.9
144平方米以上	108.5	108.0	106.3	105.3	105.1	104.3	102.5	100.4	99.2	98.5	97.7	96.2
二手住宅	**108.6**	**108.3**	**105.8**	**104.0**	**103.2**	**102.3**	**101.7**	**100.3**	**99.0**	**98.0**	**97.6**	**97.4**
90平方米以下	106.4	105.5	104.1	103.4	102.5	102.4	101.5	100.2	99.3	98.4	98.0	98.0
90-144平方米	109.3	109.0	106.4	104.2	103.6	102.3	101.8	100.3	99.0	97.8	97.4	97.2
144平方米以上	107.2	107.5	104.8	103.6	102.5	102.3	101.5	100.3	99.1	98.5	98.0	97.4

3-42 历年固定资产投资价格指数

上年同期=100

年 份	总指数	建筑安装工程	人工费	材料费	机械使用费	设备、工器具购置	其他投资
1983	101.2	104.5	100.0	104.0		99.5	97.2
1984	104.5	108.9	103.0	106.0		100.2	99.2
1985	105.2	110.0	99.8	107.4		101.0	98.5
1986	108.7	112.2	111.8	111.3		101.4	101.0
1987	109.1	113.5	106.6	112.1		102.0	90.8
1988	119.2	121.4	109.5	123.9		103.6	110.1
1989	105.7	107.6	111.2	107.0		98.5	81.9
1990	107.3	113.6	145.9	110.3		102.1	90.1
1991	108.1	109.6	105.3	111.9		105.8	99.2
1992	116.4	119.9	127.5	123.3		109.7	108.4
1993	129.5	132.7	130.5	143.0		120.0	126.7
1994	113.5	111.8	120.2	113.1		113.0	146.8
1995	109.5	110.4	133.4	105.6		104.7	114.7
1996	104.9	108.2	113.1	101.7	112.3	99.3	96.2
1997	101.8	102.1	104.4	100.2	103.1	98.9	107.5
1998	102.7	104.2	108.8	100.6	104.1	97.1	105.5
1999	100.5	100.6	104.7	98.6	102.0	98.6	103.1
2000	102.3	103.3	105.6	101.3	106.4	99.0	101.4
2001	101.3	101.8	107.4	100.8	100.4	99.1	101.1
2002	100.4	100.9	104.3	99.6	101.6	99.0	99.1
2003	102.8	104.4	103.1	107.1	100.6	97.7	101.8
2004	105.5	107.9	103.9	113.2	101.6	99.1	103.4
2005	103.6	104.3	108.8	103.0	103.4	100.7	104.1
2006	103.1	103.4	112.1	100.6	102.4	100.4	105.2
2007	105.8	107.6	114.0	106.8	104.6	101.4	103.4
2008	109.9	112.3	116.4	112.3	109.5	104.7	105.1
2009	99.7	99.6	108.8	95.3	100.6	98.8	101.2
2010	104.0	104.8	109.4	103.3	104.4	101.7	103.3
2011	107.2	108.9	112.0	108.3	106.8	102.7	106.0
2012	101.7	102.2	109.8	99.0	103.1	99.6	102.0
2013	101.3	101.6	107.2	98.9	102.3	99.6	102.3
2014	101.5	101.5	105.4	99.7	101.9	100.0	103.4

3-43 农产品生产者价格指数(2006-2014年)

上年=100

项　　目	2007	2008	2009	2010	2011	2012	2013	2014
合计	**130.6**	**126.7**	**90.6**	**109.9**	**121.9**	**100.2**	**102.1**	**98.6**
农业产品	111.8	114.0	100.6	118.1	116.1	103.1	101.1	100.0
谷物及其他作物	113.9	116.3	99.2	117.0				
谷物(原粮)	111.1	114.9	101.0	108.1	117.7	104.9	98.1	101.4
小麦								
硬粒小麦		125.3	100.0	106.6				
稻谷	111.3	115.0	101.1	107.7	118.4	105.1	97.9	101.4
早籼稻	110.6	122.0	98.5	106.2	117.1	107.7	98.0	101.6
晚籼稻	112.0	110.7	102.6	108.1	119.2	103.1	97.7	102.3
玉米	105.6	113.1	98.8	115.6	104.3	107.0	102.7	99.7
薯类	110.9	111.9	105.0	112.9	111.7	112.2	106.2	101.1
红薯	104.9	111.1	104.6	112.7	108.4	112.5		103.8
马铃薯	105.6	114.2	106.1	113.3	113.8	111.3	126.1	91.1
油料	142.5	129.7	88.2	110.5	119.6	103.3	103.9	100.4
花生	121.0	120.1	84.9	123.0	107.6	109.2		97.9
油菜籽	149.8	185.7	73.2	106.6	121.7	104.6	104.1	100.0
豆类	112.8	131.4	85.4	115.9	111.4	104.7	104.9	101.4
棉花(籽棉)	105.9	103.2	101.1	155.6	85.6	90.2	99.1	87.1
麻类	85.5	99.6	81.3	107.3	107.4			
苎麻	85.5	99.6	81.3	107.3	107.4			
糖料	110.1	109.1	107.0	111.4	102.5	68.6	103.6	101.8
甘蔗	110.1	109.1	107.0	111.4	102.5	68.6	103.6	101.8
烟草	114.9	125.9	99.2	107.7	109.3	114.2	104.4	103.2
烤烟叶	114.9	125.9	99.2	107.7	109.3	114.2	104.4	103.2
未列明的其他农作物		109.8	100.9					
蔬菜、园艺作物	111.3	112.2	108.7	112.5	107.6	106.5		
蔬菜	111.3	111.9	108.5	113.8	107.5	106.5	109.5	98.0
叶菜类	111.6	116.9	104.9	106.6	105.2	114.4	100.8	100.8
瓜菜类	112.5	103.9	114.6	114.3	99.3	116.0	109.0	96.1
块根、块茎菜类	103.6	118.1	102.0	123.7	114.7	90.9	110.1	109.9
茄果菜类	124.4	101.9	117.8	126.5	102.2	111.5	111.7	97.8
葱蒜类		119.4	105.3	126.2	105.8	106.2	103.8	97.5
菜用豆类	108.7	109.2	116.3	119.7	105.2	113.7	105.6	99.5
水生菜类	103.8	116.2	102.2	113.3	94.6	97.7	125.9	63.2
食用菌(干鲜混合)	82.0	99.5	96.4	113.9	116.8	109.7	102.1	106.6
其他园艺作物		114.7	110.0	106.4				
观赏苗木		114.7	110.0	106.4				
草坪草皮								
水果、坚果、饮料和香料	102.8	104.9	93.7	132.1	109.0	100.3		
水果、坚果	102.5	104.1	93.7	132.1	109.0	100.3	104.5	109.4
园林水果	101.3	101.3	89.8	137.2	109.2	99.4	104.7	109.7
其他水果		115.5	110.8	112.1	90.9	111.0		
瓜果类	104.7	113.6	106.8	114.0	100.5	116.9	104.0	
其他瓜果	55.8	105.1	102.6	118.7	110.0	115.5	108.2	
其他坚果				100.0	103.7	109.7	102.3	
茶及其他饮料(干品)	108.0	122.8	95.0	113.7	117.2	122.7	96.1	106.4
茶	108.0	122.8	95.0	113.7	117.2	122.7	96.1	106.4
中药材	80.6	123.3	95.3	118.5	101.1	91.7	93.4	100.1

3-43 续表

上年=100

项　目	2007	2008	2009	2010	2011	2012	2013	2014
林业产品	115.6	118.8	106.5	112.9	107.2	104.1	111.5	104.9
竹木采运	115.6	115.1	107.3	112.5				
木材采运	113.2	112.7	106.4	114.2	113.0	104.5	103.9	93.6
原　木	113.2	112.7	106.4	114.2	113.0	104.5	106.0	93.6
薪　材								102.8
竹材采运	120.6	120.1	109.3	109.0	107.7	105.2	102.0	101.8
林产品的采集	115.6	126.2	105.0	113.7	90.8	78.7	103.9	122.0
天然和人工林的果实	116.2	126.2	105.0	118.8	98.3	78.7	93.0	122.0
未列明的其他林产品采集		125.0	100.4	104.7				
牧业(畜产品)	143.9	135.9	82.7	99.6	131.2	96.0	102.2	95.9
牲畜的饲养	119.4	124.7	99.5	101.2	132.8	95.1	101.9	95.1
牛的饲养	111.9	127.0	98.7	99.8	108.2	107.2	116.6	105.6
羊的饲养	140.4	117.6	102.1	103.2	117.3	104.7	108.4	104.9
其他未列牲畜的饲养								
奶产品								
其他毛绒产品				98.5				
猪的饲养	146.4	138.2	80.2	98.4	137.5	95.6	99.5	92.9
活猪(毛重)	146.4	138.2	80.2	98.4	137.5	95.6	99.5	92.9
猪　肉	151.5	148.1	84.7	92.8	137.5	95.6		
家禽	122.1	117.5	101.9	107.9	112.7	106.5	105.8	106.2
肉禽(毛重)	123.8	117.0	101.4	108.8	112.7	106.5		
鸡	124.6	118.0	100.4	107.0	108.5	102.4	102.8	106.4
鸭	122.8	116.2	102.7	110.0	115.5	109.3	107.7	106.1
鹅	127.8	115.6	101.7	107.1				
禽　蛋	117.6	118.7	103.3	104.6	113.7	106.2	105.8	102.8
鸡　蛋	121.8	121.3	103.3	106.8	118.5	109.2	104.8	103.9
鸭　蛋	114.9	117.2	103.3	102.8	110.0	103.7	106.7	101.9
鸭　绒	105.6	111.4	100.0	111.2				
其他羽绒								
其他畜牧业	111.7	116.6	98.3					
各种鸟类								
家养动物	104.9	116.6	97.4					
珍贵动物	38.9							
其他活的家畜产品					111.0			
渔业	107.1	116.5	105.0	107.2	108.1	104.6	104.9	102.7
内陆水域水产品	107.1	116.5	105.0	107.2	108.1	104.6	104.9	102.7
淡水鱼类	105.5	117.0	106.1	107.1	108.0	104.7	104.9	102.9
青　鱼	115.7	115.9	115.4	109.6	100.1	103.4		103.5
草　鱼	105.3	116.8	106.8	103.7	108.7	105.0	103.1	106.7
鲤　鱼	104.5	114.9	103.9	104.4	107.4	104.4	106.6	101.4
鲢　鱼	103.9	116.1	103.9	102.3	104.4	104.7	107.1	100.2
鲫　鱼	107.2	118.3	101.2	97.0	116.2	102.9	103.6	98.6
鳙　鱼	105.7	121.4	110.3	109.3	100.2	105.5	99.5	101.3
其他淡水鱼类	100.9	102.4	91.9	101.9	113.1	110.0	115.2	101.5
淡水虾蟹类		93.6	103.5	103.5				
龙　虾		93.6	103.5	103.5				
淡水贝类		91.0	112.7	119.0		111.1		
螺　丝		91.0	112.7	119.0		111.1		
其他淡水养殖产品	115.6	121.2	97.8	109.1	108.0	100.0		
甲　鱼	68.8	122.1	91.9	106.7		100.0		
黄　鳝	111.6	116.9	108.9	112.4	89.6		101.7	102.9
泥　鳅	111.6	128.5	100.6	110.5			97.6	103.0
蛙		125.0		105.4				

3-44 分季度农产品生产者价格指数(2014年)

上年=100

项 目	1季度	2季度	3季度	4季度	平均
合计	**98.3**	**97.1**	**100.0**	**99.0**	**98.6**
农业产品	99.6	103.8	101.8	98.9	100.0
谷物	99.0	101.7	102.6	102.0	101.4
稻谷	98.8	101.8	102.9	102.1	101.4
早籼稻	99.6	102.4	102.4	102.0	101.6
晚籼稻	98.5	101.5	106.1	103.1	102.3
玉米	103.7	100.3	95.8	100.6	99.7
薯类	113.6	101.9	104.1	96.3	101.1
马铃薯		101.5	104.1	73.1	91.1
甘薯	113.6	102.6		96.8	103.8
其他薯类	114.1	112.0	120.0	98.2	112.6
油料	107.1	98.1	100.8	102.5	100.4
油菜籽	97.8	98.1	100.7		100.0
双低油菜籽	97.8	98.1	100.7		100.0
其他油料					
豆类	102.0	105.6	98.6	99.1	101.4
大豆	102.0	105.6	98.6	99.1	101.4
棉花	90.8			83.4	87.1
籽棉	90.8			83.4	87.1
皮棉					
细绒棉皮棉					
糖料		101.8			101.8
甘蔗		101.8			101.8
未加工烟草	100.0		104.7	105.8	103.2
未去梗烤烟叶	100.0		104.7	105.8	103.2
蔬菜及食用菌	101.9	101.7	96.7	99.1	98.0
蔬菜	101.8	101.5	96.6	99.1	98.0
叶菜类蔬菜	96.3	104.5	98.6	100.8	100.8
白菜类蔬菜	99.3	108.9	109.4	101.6	104.7
芥菜类蔬菜					
甘蓝类蔬菜	104.9	100.0	68.2	103.3	103.4
根茎类蔬菜	109.1	112.4	135.7	101.2	109.9
瓜菜类蔬菜	99.9	94.9	91.9	95.6	96.1
豆类蔬菜	113.0	99.7	95.5	96.5	99.5
茄果类蔬菜	101.7	104.1	87.1	98.8	97.8
莴苣及菊苣类蔬菜	94.8	100.4	111.8	97.1	100.0
葱蒜类蔬菜	97.8	93.4	111.2	101.0	97.5
水生蔬菜	102.9	96.9	38.6	92.3	63.2
食用菌	108.9	114.2	108.1	96.8	106.6
水果及坚果	113.5	140.7	97.9	104.2	109.4
茶及饮料原料	100.0	115.2	108.0	100.1	106.4
茶叶	100.0	115.2	108.0	100.1	106.4
中草药材	100.8	102.7	138.1	85.4	100.1
其他中草药材	100.8	102.7	138.1	85.4	100.1

3-44 续表

上年=100

项　　目	1季度	2季度	3季度	4季度	平均
林业产品	104.2	93.8	98.8	107.2	104.9
竹材采伐产品	101.2	101.3	98.7	106.6	101.8
竹材	101.2	101.3	98.7	106.6	101.8
林产品	125.0	125.0		100.0	122.0
非直接食用果类	125.0	125.0		100.0	122.0
饲养动物及其产品	96.5	93.0	97.2	97.6	95.9
活牲畜	95.8	91.8	96.7	96.6	95.1
猪	93.4	88.3	94.5	95.0	92.9
种猪					
仔猪	85.2	82.1	86.0	89.2	85.6
中猪	97.8	100.0		107.7	101.4
能繁殖母猪	100.0	98.5	102.7	79.6	90.5
其他活猪	93.4	88.3	94.5	95.0	92.9
牛	106.4	106.5	106.6	104.9	105.6
种牛					
黄牛	106.6	106.5	107.0	105.4	106.4
水牛	107.2		107.9	94.9	102.2
奶牛					
牦牛					
牛犊	100.7	100.5	101.0		100.7
能繁殖母牛	119.2				119.2
其他活牛	106.4	104.4	106.6	104.9	105.6
羊	112.7	102.1	102.2	104.1	104.9
其他活牲畜	99.4	95.6	100.0	105.3	99.6
活家禽	106.5	105.2	104.8	108.0	106.2
活鸡	104.7	112.9	102.3	105.3	106.4
蛋鸡					
肉鸡					
活鸭	108.4	100.8	106.4	109.2	106.1
畜禽产品	100.3	104.9	100.3	106.3	102.8
禽蛋	100.3	104.9	100.3	106.3	102.8
鸡蛋	100.5	104.7	102.6	107.8	103.9
鸭蛋	99.8	105.1	99.4	103.9	101.9
渔业产品	100.8	104.6	103.6	106.2	102.7
淡水养殖产品	100.8	104.6	103.6	106.2	102.7
养殖淡水鱼	101.0	104.6	103.6	106.2	102.9
养殖淡水鲤鱼	94.9	103.1	102.2	105.7	101.4
养殖淡水草鱼	107.2	108.8	103.5	107.7	106.7
养殖淡水鳙鱼(胖头鱼)	97.0	102.8	102.4	103.0	101.3
养殖淡水鲢鱼	98.2	97.2	102.4	103.3	100.2
养殖淡水鲫鱼	95.4	98.3	97.0	104.8	98.6
养殖淡水鳊鲂	92.9	114.5	100.0	102.3	102.0
养殖淡水鲶鱼					
养殖淡水黄鳝		100.0	105.3		102.9
养殖淡水泥鳅	102.2	104.1			103.0
其他养殖淡水鱼	93.9		104.9	103.9	101.5

3-45 农产品集贸市场分月价格(2014年)

单位：元/公斤

项　目	1月	2月	3月	4月	5月	6月	7月	8月	9月	10月	11月	12月
粮食类												
籼稻	2.67	2.69	2.74	2.74	2.78	2.80	2.74	2.74	2.73	2.68	2.69	2.71
粳稻	2.65	2.66	2.67	2.67	2.68	2.68	2.67	2.67	2.67	2.68	2.69	2.69
玉米	2.84	2.86	2.84	2.83	2.85	2.85	2.87	2.91	3.11	3.11	3.06	3.21
大豆	6.84	6.84	6.87	6.91	6.91	6.94	6.88	6.90	6.90	6.83	6.90	6.90
籼米	4.84	4.85	4.91	4.95	5.00	5.00	5.00	4.99	5.00	5.01	5.01	5.04
粳米	5.33	5.38	5.42	5.45	5.47	5.48	5.54	5.52	5.53	5.55	5.54	5.56
经济作物类												
棉花(籽棉)	8.01	8.40	8.40	8.40	8.40	8.40	8.40	8.44	8.44	7.60	7.39	6.96
花生仁	12.83	12.50	12.22	12.25	12.21	12.39	12.39	12.20	12.39	12.44	12.71	12.90
油菜籽	5.89	5.71	5.82	5.79	5.48	5.44	5.71	5.74	5.85	5.72	6.00	5.94
畜产品类												
活猪(毛重)	14.60	13.61	11.79	10.59	12.87	12.29	13.25	14.89	15.18	14.75	14.46	13.98
仔猪	23.63	22.41	21.53	19.91	21.28	20.47	21.22	22.75	22.89	22.51	22.14	21.34
猪肉	24.72	23.89	22.75	19.84	22.02	21.88	22.67	24.09	24.71	24.38	23.90	23.58
活牛	29.56	29.08	29.06	29.11	29.14	29.00	29.12	29.44	29.60	29.42	29.79	30.56
牛肉	71.15	70.34	70.33	69.79	70.77	71.21	71.45	71.66	72.41	71.91	72.29	73.06
活羊	33.36	32.95	33.81	33.85	33.50	34.09	34.14	34.42	34.61	34.83	36.58	36.39
羊肉	64.33	63.95	64.33	65.91	65.72	66.86	66.87	67.82	68.39	68.69	69.80	70.26
活鸡	19.55	17.79	17.84	18.23	19.76	20.25	19.92	21.09	21.74	21.74	21.18	21.22
鸡蛋	11.90	11.25	11.17	11.15	12.11	12.04	12.38	13.33	13.97	13.65	13.45	13.44
水产品类												
草鱼	15.77	15.04	15.05	15.16	15.47	15.63	15.58	15.65	15.60	15.46	15.26	15.53
鲤鱼	12.65	12.41	12.27	12.50	12.65	13.01	12.93	12.92	13.18	13.05	13.08	13.22
链鱼	9.50	8.88	8.94	8.86	8.66	8.86	9.02	8.97	8.78	8.97	8.97	9.16
蔬菜类												
大白菜	2.78	2.38	2.16	3.10	2.78	3.21	3.31	3.18	3.43	3.55	3.02	2.81
黄瓜	5.63	6.17	5.72	4.52	3.16	2.77	3.16	3.94	4.57	4.34	5.29	6.59
西红柿	7.67	7.85	7.71	7.25	7.17	6.43	6.22	5.76	5.50	5.89	5.96	6.07
菜椒	9.16	9.96	9.54	8.84	7.67	5.90	5.63	6.10	5.53	6.11	6.57	7.03
四季豆	9.79	9.87	10.25	8.94	6.58	5.55	5.67	7.51	8.74	6.89	7.96	8.59
水果类												
红富士苹果	11.33	11.55	11.57	11.91	12.11	12.63	13.14	13.83	13.62	13.01	12.79	13.16
香蕉	6.71	6.70	6.78	7.22	7.79	7.68	7.60	8.32	8.78	8.05	7.36	7.11
橙子	6.07	6.07	6.36	6.68	7.50	8.01	8.27	8.32	8.53	8.79	8.49	8.08

3-46 农产品集贸市场价格分月同比指数(2014年)

单位:%

项　目	1月	2月	3月	4月	5月	6月	7月	8月	9月	10月	11月	12月
粮食类												
籼稻	99.3	99.6	101.5	101.9	105.7	107.3	106.2	105.4	105.0	102.7	103.1	103.8
粳稻		101.5	101.5	101.9	101.1	102.3	101.9	101.1	100.4	101.1	101.9	101.5
玉米	106.8	105.9	104.4	104.8	105.6	103.3	104.0	104.3	109.5	110.3	108.5	113.0
大豆	101.2	101.3	102.5	102.8	103.0	103.6	102.4	103.1	102.5	101.3	102.2	101.9
籼米	102.1	101.9	103.6	104.2	105.5	106.8	107.3	106.4	105.9	105.7	105.5	104.8
粳米		99.6	100.2	100.9	101.3	102.4	108.0	106.8	106.3	106.7	106.9	107.1
经济作物类												
棉花(籽棉)	97.4	101.9	103.3	103.1	103.1	103.1	96.9	97.0	98.7	94.4	92.0	86.0
花生仁	91.3	89.9	87.7	87.7	90.5	93.9	94.1	91.4	92.7	94.6	96.9	99.9
油菜籽	106.1	102.3	105.6	105.5	106.2	105.2	100.5	100.2	101.4	97.8	101.9	100.2
畜产品类												
活猪(毛重)	84.8	82.8	81.6	77.8	97.2	91.8	95.0	99.7	97.2	93.8	92.0	88.3
仔猪	93.8	90.7	90.4	86.4	92.8	87.6	87.6	91.3	89.3	88.2	88.6	86.4
猪肉	91.9	93.7	94.8	87.7	99.5	98.9	96.7	98.9	96.9	95.5	93.2	92.0
活牛	111.8	107.3	107.7	107.8	105.9	105.5	105.7	105.8	104.6	103.4	104.1	105.6
牛肉	118.3	113.9	115.0	115.0	114.1	113.0	113.0	111.4	107.4	107.1	107.5	106.9
活羊	120.7	118.8	122.3	123.6	120.2	116.2	114.3	114.5	113.6	115.1	120.7	114.0
羊肉	111.8	109.7	111.2	116.1	113.9	112.1	110.9	111.9	112.1	112.6	114.9	111.9
活鸡	104.4	95.7	98.0	108.1	116.1	114.9	109.5	114.5	116.0	115.1	112.5	111.9
鸡蛋	99.3	94.8	96.5	98.9	111.6	110.5	112.0	116.8	120.5	118.4	117.2	114.4
水产品类												
草鱼	105.1	98.0	98.9	99.9	101.2	103.4	102.4	102.1	99.4	99.2	99.9	100.3
鲤鱼	104.0	98.5	103.7	104.3	106.0	108.2	106.8	105.6	106.8	105.5	108.1	103.9
链鱼	96.7	90.2	92.4	92.3	89.7	94.7	95.6	93.1	91.0	94.7	94.4	95.4
蔬菜类												
大白菜	97.9	90.2	85.4	84.7	82.5	99.7	90.2	81.5	86.4	98.3	99.0	94.3
黄瓜	107.0	113.4	100.2	78.3	85.4	78.0	80.8	92.5	102.9	93.3	110.0	126.7
西红柿	108.9	116.5	114.1	96.7	103.0	110.9	105.8	97.1	81.4	77.3	78.3	81.1
菜椒	143.3	153.0	145.2	102.8	87.0	84.2	76.5	80.3	63.9	63.8	72.8	79.7
四季豆	141.3	133.6	135.0	100.8	95.4	99.6	80.2	97.7	109.0	87.2	104.6	103.0
水果类												
红富士苹果	112.1	108.7	108.0	111.0	109.9	112.5	116.6	127.6	125.8	119.7	117.7	119.6
香蕉	119.6	111.5	105.6	109.4	110.5	111.1	113.4	124.9	133.0	129.4	119.9	112.7
橙子	97.4	94.8	100.2	100.5	110.9	132.2	150.9	152.9	154.8	134.8	140.8	140.3

3-47 农产品集贸市场价格分月环比指数(2014年)

单位:%

项　目	1月	2月	3月	4月	5月	6月	7月	8月	9月	10月	11月	12月
粮食类												
籼稻	102.3	100.7	101.9	100.0	101.5	100.7	97.9	100.0	99.6	98.2	100.4	100.7
粳稻	100.0	100.4	100.4	100.0	100.4	100.0	99.6	100.0	100.0	100.4	100.4	100.0
玉米	100.0	100.7	99.3	99.6	100.7	100.0	100.7	101.4	106.9	100.0	98.4	104.9
大豆	101.0	100.0	100.4	100.6	100.0	100.4	99.1	100.3	100.0	99.0	101.0	100.0
籼米	100.6	100.2	101.2	100.8	101.0	100.0	100.0	99.8	100.2	100.2	100.0	100.6
粳米	102.7	100.9	100.7	100.6	100.4	100.2	101.1	99.6	100.2	100.4	99.8	100.4
经济作物类												
棉花(籽棉)	99.0	104.9	100.0	100.0	100.0	100.0	100.0	100.5	100.0	90.0	97.2	94.2
花生仁	99.4	97.4	97.8	100.2	99.7	101.5	100.0	98.5	101.6	100.4	102.2	101.5
油菜籽	99.3	96.9	101.9	99.5	94.6	99.3	105.0	100.5	101.9	97.8	104.9	99.0
畜产品类												
活猪(毛重)	92.2	93.2	86.6	89.8	121.5	95.5	107.8	112.4	101.9	97.2	98.0	96.7
仔猪	95.7	94.8	96.1	92.5	106.9	96.2	103.7	107.2	100.6	98.3	98.4	96.4
猪肉	96.4	96.6	95.2	87.2	111.0	99.4	103.6	106.3	102.6	98.7	98.0	98.7
活牛	102.1	98.4	99.9	100.2	100.1	99.5	100.4	101.1	100.5	99.4	101.3	102.6
牛肉	104.1	98.9	100.0	99.2	101.4	100.6	100.3	100.3	101.0	99.3	100.5	101.1
活羊	104.5	98.8	102.6	100.1	99.0	101.8	100.1	100.8	100.6	100.6	105.0	99.5
羊肉	102.5	99.4	100.6	102.5	99.7	101.7	100.0	101.4	100.8	100.4	101.6	100.7
活鸡	103.1	91.0	100.3	102.2	108.4	102.5	98.4	105.9	103.1	100.0	97.4	100.2
鸡蛋	101.3	94.5	99.3	99.8	108.6	99.4	102.8	107.7	104.8	97.7	98.5	99.9
水产品类												
草鱼	101.8	95.4	100.1	100.7	102.0	101.0	99.7	100.4	99.7	99.1	98.7	101.8
鲤鱼	99.4	98.1	98.9	101.9	101.2	102.8	99.4	99.9	102.0	99.0	100.2	101.1
链鱼	99.0	93.5	100.7	99.1	97.7	102.3	101.8	99.4	97.9	102.2	100.0	102.1
蔬菜类												
大白菜	93.3	85.6	90.8	143.5	89.7	115.5	103.1	96.1	107.9	103.5	85.1	93.0
黄瓜	108.3	109.6	92.7	79.0	69.9	87.7	114.1	124.7	116.0	95.0	121.9	124.6
西红柿	102.5	102.3	98.2	94.0	98.9	89.7	96.7	92.6	95.5	107.1	101.2	101.8
菜椒	103.9	108.7	95.8	92.7	86.8	76.9	95.4	108.3	90.7	110.5	107.5	107.0
四季豆	117.4	100.8	103.9	87.2	73.6	84.3	102.2	132.5	116.4	78.8	115.5	107.9
水果类												
红富士苹果	103.0	101.9	100.2	102.9	101.7	104.3	104.0	105.3	98.5	95.5	98.3	102.9
香蕉	106.3	99.9	101.2	106.5	107.9	98.6	99.0	109.5	105.5	91.7	91.4	96.6
橙子	105.4	100.0	104.8	105.0	112.3	106.8	103.2	100.6	102.5	103.0	96.6	95.2

3-48 农业生产资料价格分类指数(2007-2014年)

类 别	2007	2008	2009	2010	2011	2012	2013	2014
农业生产资料价格指数	**113.0**	**126.5**	**95.0**	**101.4**	**110.9**	**104.7**	**102.3**	**100.2**
农用手工工具	114.3	104.3	99.8	104.9	108.5	100.8	105.0	108.0
饲料	109.1	120.6	104.7	108.4	104.7	101.1	103.3	102.2
产品畜	170.0	136.4	75.0	100.0	137.9	111.2	98.3	100.7
半机械化农具	100.9	111.3	104.7	102.2	102.3	103.2	104.6	100.5
机械化农具	100.6	113.7	101.8	109.6	106.9	101.6	100.4	98.2
化学肥料	104.3	131.7	92.2	96.5	112.6	106.7	101.6	96.1
农药及农药械	104.4	117.0	101.5	102.3	103.9	101.1	101.2	101.4
化学农药	104.3	117.2	101.6	102.3	103.9	100.9	101.1	101.6
农药器械	105.7	111.2	98.2	102.2	105.1	104.9	103.5	96.9
农用机油	107.4	118.9	93.8	110.1	104.6	106.1	102.6	98.6
其他农业生产资料	104.3	101.9	102.4	113.6	107.0	106.6	102.7	100.2
农用种子	103.9	100.8	105.9	117.7	107.9	109.4	103.6	99.7
农业生产服务	128.5	126.2	112.3	102.8	108.3	104.4	106.9	104.5

3-49 农业生产资料价格分类指数(2014年)

类 别	以上年价格为100	以2002年价格为100	以2005年价格为100
农业生产资料价格指数	**100.2**	**211.3**	**165.3**
农用手工工具	108.0	224.1	185.6
饲料	102.2	207.4	172.8
产品畜	100.7	355.3	224.4
半机械化农具	100.5	153.7	138.0
机械化农具	98.2	141.3	136.2
化学肥料	96.1	192.2	142.3
农药及农药械	101.4	148.5	139.4
化学农药	101.6	149.7	139.3
农药器械	96.9	141.0	138.1
农用机油	98.6	210.1	168.6
其他农业生产资料	100.2	182.9	152.2
农用种子	99.7	207.2	169.1
农业生产服务	104.5		272.0

3-50 四个调查市县农业生产资料价格分类指数(2014年)

类　　别	耒阳市	慈利县	道县	新化县
农业生产资料价格指数	**98.8**	**101.0**	**104.6**	**99.0**
农用手工工具	94.7	115.2	113.5	110.8
饲料	102.6	95.7	111.4	100.3
产品畜	100.0	102.1	104.8	99.1
半机械化农具	100.4	100.0	98.5	101.4
机械化农具	100.2	101.9	97.5	95.8
化学肥料	93.8	99.6	100.5	94.4
农药及农药械	105.1	103.5	100.0	98.9
化学农药	105.3	103.7	100.0	99.2
农药器械	100.0	98.7	101.8	93.1
农用机油	98.3	100.3	95.9	99.2
其他农业生产资料	96.7	101.9	100.6	101.4
农用种子	95.0	100.6	100.7	101.5
农业生产服务	100.4	110.0	104.1	104.5

3-51 农业生产资料价格分月指数(2014年)

类　　别	1月	2月	3月	4月	5月	6月
农业生产资料价格指数	**102.3**	**101.7**	**102.0**	**100.5**	**100.7**	**100.0**
农用手工工具	109.7	110.8	111.0	110.2	109.4	109.9
饲料	103.2	103.3	103.2	101.8	102.1	102.1
产品畜	100.6	97.8	101.2	100.7	104.8	103.7
半机械化农具	101.1	101.1	100.7	100.0	100.4	100.8
机械化农具	100.1	100.1	99.5	99.7	98.9	98.9
化学肥料	100.5	100.3	99.9	96.7	96.4	94.7
农药及农药械	100.3	99.9	99.5	99.4	99.8	100.4
化学农药	100.2	99.8	99.4	99.4	99.8	100.5
农药器械	104.1	102.9	100.7	100.6	100.4	97.8
农用机油	99.7	99.1	98.6	99.6	101.6	103.1
其他农业生产资料	100.6	100.5	101.7	101.6	101.1	100.9
农用种子	100.5	100.2	101.8	101.8	101.0	100.6
农业生产服务	108.4	107.0	107.0	106.0	104.1	103.2

3-51　续表

类　别	7月	8月	9月	10月	11月	12月
农业生产资料价格指数	**99.8**	**99.3**	**99.0**	**99.3**	**99.3**	**99.1**
农用手工工具	108.6	107.7	105.9	105.2	104.0	104.0
饲料	101.9	101.6	101.6	101.9	102.2	101.9
产品畜	102.6	100.9	99.1	99.3	98.7	98.9
半机械化农具	100.8	100.8	100.1	100.0	100.0	100.0
机械化农具	98.8	98.4	96.5	96.1	95.7	96.0
化学肥料	93.8	93.4	94.4	94.4	94.6	94.3
农药及农药械	101.3	103.3	103.3	103.3	103.2	103.2
化学农药	101.6	103.7	103.9	103.8	103.8	103.8
农药器械	94.4	94.4	92.9	92.4	91.5	91.5
农用机油	103.1	101.1	96.9	96.8	93.5	90.7
其他农业生产资料	101.0	99.0	98.9	98.9	98.9	99.0
农用种子	100.8	98.0	97.8	97.8	97.8	98.0
农业生产服务	104.2	103.8	101.4	103.0	103.0	103.0

3-52　农业生产资料价格分月环比指数(2014年)

上月=100

类　别	1月	2月	3月	4月	5月	6月
农业生产资料价格指数	**100.1**	**99.9**	**100.8**	**99.3**	**99.8**	**99.7**
农用手工工具	100.1	101.0	100.5	100.0	101.2	101.2
饲料	100.7	100.1	100.1	99.9	100.1	99.9
产品畜	99.8	98.4	104.9	98.8	101.7	100.7
半机械化农具	100.0	100.0	100.0	100.0	100.4	100.4
机械化农具	100.0	100.0	99.4	100.4	99.2	100.0
化学肥料	99.8	100.4	100.3	98.0	99.0	98.6
农药及农药械	99.8	99.6	99.9	100.8	100.4	100.3
化学农药	99.8	99.6	100.0	100.9	100.4	100.3
农药器械	99.0	99.0	98.0	99.9	99.9	99.0
农用机油	99.5	99.4	100.9	99.5	100.5	101.3
其他农业生产资料	100.0	100.1	101.4	100.0	99.5	99.7
农用种子	100.0	100.0	101.9	100.1	99.2	99.4
农业生产服务	100.0	100.0	100.1	100.1	99.2	100.2

3-52　续表

类　别	7月	8月	9月	10月	11月	12月
农业生产资料价格指数	**99.7**	**99.6**	**100.4**	**100.3**	**99.7**	**99.8**
农用手工工具	100.0	99.9	100.3	99.7	99.2	100.8
饲料	99.8	99.7	100.5	100.5	100.2	100.4
产品畜	99.2	99.2	100.0	100.2	98.5	97.8
半机械化农具	100.0	100.0	99.4	100.0	99.8	100.0
机械化农具	100.0	100.0	98.0	99.6	99.5	100.0
化学肥料	98.9	99.2	100.9	99.3	99.9	99.9
农药及农药械	100.7	102.0	100.1	100.0	99.9	99.8
化学农药	100.8	102.1	100.1	100.0	100.0	99.7
农药器械	99.0	100.0	98.8	99.8	99.0	100.0
农用机油	100.5	99.1	97.5	99.0	95.7	97.6
其他农业生产资料	100.0	98.1	100.0	100.0	100.0	100.1
农用种子	100.1	97.2	100.0	100.0	100.0	100.2
农业生产服务	100.7	99.8	100.9	102.2	99.8	100.0

四、农业调查

资料整理人员：陈　军　夏普照　肖　鹏
周江涛　曾　郁

4-1　历年粮食、棉花播种面积

单位：千公顷

年份	粮食	稻谷	早稻	中稻	晚稻	棉花
1983	5423.2	4418.9	1895.0	509.7	2014.2	131.3
1984	5390.9	4401.1	1885.4	507.0	2008.7	132.6
1985	5161.4	4246.5	1825.1	495.0	1926.4	101.8
1986	5210.4	4327.6	1838.3	499.4	1989.9	86.1
1987	5150.9	4255.1	1779.5	508.4	1967.2	64.4
1988	5196.3	4293.7	1803.9	505.7	1984.1	91.4
1989	5330.5	4354.1	1827.8	497.8	2028.5	94.4
1990	5365.7	4370.5	1844.1	484.3	2042.1	118.5
1991	5365.2	4298.1	1813.3	512.0	1972.8	133.3
1992	5243.6	4188.0	1741.0	477.5	1969.5	167.6
1993	5050.5	4025.9	1618.0	516.9	1891.0	172.1
1994	5077.4	4040.7	1633.8	525.1	1881.8	209.1
1995	5115.6	4084.1	1675.6	510.2	1898.3	185.3
1996	5133.9	4064.1	1669.3	513.7	1881.1	174.1
1997	5155.3	4075.8	1651.2	515.0	1909.6	176.5
1998	5074.8	3976.4	1610.1	538.1	1828.2	198.7
1999	5135.2	3984.5	1571.1	585.4	1828.0	157.8
2000	5029.9	3896.1	1515.8	632.1	1748.2	146.0
2001	4802.8	3691.6	1361.1	707.4	1623.1	149.4
2002	4652.6	3541.5	1224.5	812.5	1504.5	129.1
2003	4529.8	3410.0	1173.3	834.5	1402.1	139.0
2004	4754.1	3716.8	1288.3	1061.8	1366.7	167.7
2005	4838.6	3795.2	1324.4	1068.6	1402.2	150.9
2006	4545.4	3931.7	1355.9	1156.3	1419.5	158.6
2007	4531.3	3897.2	1297.6	1226.4	1373.2	172.0
2008	4588.8	3932.0	1294.6	1246.8	1390.6	183.0
2009	4799.1	4047.2	1380.6	1208.5	1458.1	152.6
2010	4809.1	4030.5	1360.5	1228.4	1441.6	175.0
2011	4879.6	4066.3	1395.3	1217.3	1453.7	192.4
2012	4908.0	4095.1	1424.7	1183.4	1487.0	172.7
2013	4936.6	4085.0	1446.7	1171.8	1466.6	159.6
2014	4975.1	4120.7	1453.3	1173.7	1493.8	130.1

注：2004年起为抽样调查数，2006、2007年为农普口径修正数。

4-1 续表

单位：万亩

年 份	粮食	稻谷	早稻	中稻	晚稻	棉花
1983	8134.8	6628.4	2842.5	764.6	3021.3	197.0
1984	8086.4	6601.7	2828.1	760.5	3013.1	198.9
1985	7742.1	6369.8	2737.7	742.5	2889.6	152.7
1986	7815.6	6491.4	2757.5	749.1	2984.9	129.2
1987	7726.4	6382.7	2669.3	762.6	2950.8	96.6
1988	7794.5	6440.6	2705.9	758.6	2976.2	137.1
1989	7995.8	6531.2	2741.7	746.7	3042.8	141.6
1990	8048.6	6555.8	2766.2	726.5	3063.2	177.8
1991	8047.8	6447.2	2720.0	768.0	2959.2	200.0
1992	7865.4	6282.0	2611.5	716.3	2954.3	251.4
1993	7575.8	6038.9	2427.0	775.4	2836.5	258.2
1994	7616.1	6061.1	2450.7	787.7	2822.7	313.7
1995	7673.4	6126.2	2513.4	765.3	2847.5	278.0
1996	7700.9	6096.2	2504.0	770.6	2821.7	261.2
1997	7733.0	6113.7	2476.8	772.5	2864.4	264.8
1998	7612.2	5964.6	2415.2	807.2	2742.3	298.1
1999	7702.8	5976.8	2356.7	878.1	2742.0	236.7
2000	7544.9	5844.2	2273.7	948.2	2622.3	219.0
2001	7204.2	5537.4	2041.7	1061.1	2434.7	224.1
2002	6978.9	5312.3	1836.8	1218.8	2256.8	193.7
2003	6794.7	5115.0	1760.0	1251.8	2103.2	208.5
2004	7131.2	5575.2	1932.5	1592.7	2050.1	251.6
2005	7257.9	5692.8	1986.6	1602.9	2103.3	226.4
2006	6818.1	5897.6	2033.9	1734.5	2129.3	237.9
2007	6797.0	5845.8	1946.4	1839.6	2059.8	258.0
2008	6883.2	5898.0	1941.9	1870.2	2085.9	274.5
2009	7198.7	6070.8	2070.9	1812.8	2187.2	228.9
2010	7213.7	6045.8	2040.8	1842.6	2162.4	262.5
2011	7319.4	6099.5	2093.0	1826.0	2180.6	288.6
2012	7362.1	6142.7	2137.1	1775.1	2230.5	259.1
2013	7404.9	6127.5	2170.0	1757.7	2199.9	239.3
2014	7462.7	6181.1	2180.0	1765.5	2240.6	195.2

4-2 历年粮食、棉花产量

单位：万吨

年份	粮食	稻谷				棉花
			早稻	中稻	晚稻	
1983	2654.0	2458.1	1038.4	280.5	1139.2	9.8
1984	2613.0	2416.5	1069.0	280.8	1066.7	12.8
1985	2514.3	2338.8	991.7	247.3	1099.8	10.1
1986	2631.6	2464.4	1050.6	289.2	1124.6	8.3
1987	2593.7	2414.2	948.7	302.3	1163.2	5.6
1988	2519.8	2343.9	987.8	258.5	1097.6	4.4
1989	2648.2	2445.2	994.2	307.7	1143.3	6.7
1990	2651.4	2468.2	1033.5	302.4	1132.3	12.0
1991	2682.0	2473.3	957.5	314.1	1201.7	14.9
1992	2620.1	2423.1	916.1	305.0	1202.0	20.3
1993	2570.2	2343.5	825.7	324.8	1193.0	21.1
1994	2661.0	2414.9	903.5	350.6	1160.8	23.8
1995	2691.6	2438.5	854.7	336.8	1247.0	22.4
1996	2701.6	2418.6	854.6	344.2	1219.8	19.0
1997	2801.9	2495.8	945.2	359.6	1191.0	25.6
1998	2647.9	2345.1	830.6	357.1	1157.4	19.2
1999	2725.4	2360.6	817.5	404.4	1138.7	17.7
2000	2767.6	2392.5	877.6	436.1	1078.8	15.8
2001	2700.3	2328.9	783.2	478.4	1067.3	19.0
2002	2501.3	2119.2	627.8	590.8	900.6	15.3
2003	2442.7	2070.2	621.2	637.9	811.1	16.3
2004	2640.0	2285.5	716.4	720.0	849.1	20.3
2005	2678.6	2296.2	734.4	723.8	838.0	19.8
2006	2654.2	2414.5	747.6	782.0	884.9	22.7
2007	2692.2	2425.7	740.1	830.1	855.5	24.4
2008	2805.0	2528.0	766.4	883.1	878.5	24.7
2009	2902.7	2578.6	809.7	850.3	918.6	21.2
2010	2847.5	2506.0	764.5	851.5	890.0	22.7
2011	2939.4	2575.4	806.4	864.4	904.6	23.6
2012	3006.5	2631.6	818.7	858.1	954.8	25.1
2013	2925.7	2561.5	860.5	770.4	730.7	19.8
2014	3001.3	2634.0	854.8	816.5	962.7	12.9

注：粮食产量1988年起为抽样调查数，棉花产量1998年起为抽样调查数。2006、2007年为农普口径修正数。

4-2 续表

单位：亿斤

年 份	粮食	稻谷	早稻	中稻	晚稻	棉花
1983	530.8	491.6	207.7	56.1	227.8	2.0
1984	522.6	483.3	213.8	56.2	213.3	2.6
1985	502.9	467.8	198.3	49.5	220.0	2.0
1986	526.3	492.9	210.1	57.8	224.9	1.7
1987	518.7	482.8	189.7	60.5	232.6	1.1
1988	504.0	468.8	197.6	51.7	219.5	0.9
1989	529.6	489.0	198.8	61.5	228.7	1.3
1990	530.3	493.6	206.7	60.5	226.5	2.4
1991	536.4	494.7	191.5	62.8	240.3	3.0
1992	524.0	484.6	183.2	61.0	240.4	4.1
1993	514.0	468.7	165.1	65.0	238.6	4.2
1994	532.2	483.0	180.7	70.1	232.2	4.8
1995	538.3	487.7	170.9	67.4	249.4	4.5
1996	540.3	483.7	170.9	68.8	244.0	3.8
1997	560.4	499.2	189.0	71.9	238.2	5.1
1998	529.6	469.0	166.1	71.4	231.5	3.8
1999	545.1	472.1	163.5	80.9	227.7	3.5
2000	553.5	478.5	175.5	87.2	215.8	3.2
2001	540.1	465.8	156.6	95.7	213.5	3.8
2002	500.3	423.8	125.6	118.2	180.1	3.1
2003	488.5	414.0	124.2	127.6	162.2	3.3
2004	528.0	457.1	143.3	144.0	169.8	4.1
2005	535.7	459.2	146.9	144.8	167.6	4.0
2006	530.8	482.9	149.5	156.4	177.0	4.5
2007	538.4	485.1	148.0	166.0	171.1	4.9
2008	561.0	505.6	153.3	176.6	175.7	4.9
2009	580.5	515.7	161.9	170.1	183.7	4.2
2010	569.5	501.2	152.9	170.3	178.0	4.5
2011	587.9	515.1	161.3	172.9	180.9	4.7
2012	601.3	526.3	163.7	171.6	191.0	5.0
2013	585.1	512.3	172.1	154.1	186.1	4.0
2014	600.3	526.8	171.0	163.3	192.5	2.6

4-3 农作物播种面积(2009-2014年)

单位：千公顷

项目	2009	2010	2011	2012	2013	2014
农作物总播种面积	8019.30	7989.40	8373.30	8416.80		
粮食	4799.10	4809.10	4879.58	4908.04	4936.57	4975.14
#春夏收粮食	180.00	198.30	195.70	187.89	194.48	204.21
#谷物	37.70	48.30	49.90	44.05	41.07	39.20
#秋收粮食	3238.50	3250.30	3288.60	3295.45	3295.43	3317.63
#谷物	2961.20	2974.60	2999.80	3024.45	2996.18	3027.81
谷物	4379.50	4383.40	4455.00	4493.20	4483.91	4520.31
稻谷	4047.20	4030.50	4066.30	4095.12	4085.03	4120.71
早稻	1380.60	1360.50	1395.30	1424.70	1446.66	1453.30
中稻与一季晚稻	1208.50	1228.40	1217.30	1183.40	1171.78	1173.65
晚稻	1458.10	1441.60	1453.70	1487.02	1466.59	1493.76
小麦	28.40	39.20	40.40	35.25	32.27	30.60
玉米	282.00	293.00	327.10	342.00	344.22	345.65
高粱	3.50	2.50	2.60	2.93	4.59	6.75
其他谷物	18.40	18.20	18.60	17.90	17.80	16.60
春夏收杂粮	9.30	9.10	9.50	8.80	8.80	8.60
大麦	2.20	2.00	1.50	1.30	1.30	1.20
其他春夏收杂粮	7.10	7.10	8.00	7.50	7.50	7.40
秋收杂粮	9.10	9.10	9.10	9.10	9.00	8.00
荞麦	2.40	2.30	2.40	2.40	2.40	2.20
其他秋收杂粮	6.70	6.80	6.70	6.70	6.60	5.80
豆类	167.00	171.30	171.30	168.39	166.01	170.21
大豆	89.30	89.80	92.30	90.50	91.30	95.56
绿豆	23.70	24.50	22.40	21.40	18.89	19.43
蚕豌豆	51.60	55.00	54.10	53.99	53.02	52.57
红小豆	0.40	0.50	1.00	1.00	1.00	0.80
其他杂豆	2.00	1.50	1.50	1.50	1.80	1.85
薯类(折粮)	252.60	254.40	253.30	246.45	286.65	284.62
红薯	159.80	157.40	160.30	155.30	186.26	172.18
马铃薯	92.80	97.00	93.00	91.15	100.39	112.44
#夏马铃薯	2.10	2.00	1.30	1.30		
油料作物	1129.30	1106.80	1311.90	1290.86		
花生	104.50	103.10	116.50	114.17		
油菜籽	1016.10	992.60	1182.50	1171.86		
#双低油菜	836.24	914.40	1089.30	1083.65		
芝麻	8.30	9.80	12.40	4.83		
向日葵籽	0.10	0.80	0.10			
其他油料	0.30	0.50	0.40			
棉花	152.60	175.00	192.40	172.71	159.60	130.10
麻类	31.50	20.50	20.86	17.50		
黄红麻	0.20	0.20	0.30	0.20		
苎麻	31.20	20.20	20.50	17.30		
亚麻		0.10	0.06			
其他						
甘蔗	15.30	16.00	14.00	15.00		
烟叶	96.30	94.30	95.30	133.23		
烤烟	93.00	91.00	92.40	133.23		
晒土烟	3.30	3.30	2.90			
药材	53.90	50.00	59.00	62.00		
蔬菜(含菜用瓜)	1063.70	1112.20	1170.17	1181.86		
瓜果类	127.60	109.60	126.70	135.30		
西瓜	108.40	93.30	109.00	113.50		
甜瓜	16.50	15.00	15.00	16.90		
草莓	2.70	1.30	2.70	4.90		
其他农作物	550.10	495.90	503.39	500.30		
#青饲料	206.70	198.20	211.00	199.23		

4-3 续表

单位：万亩

项 目	2009	2010	2011	2012	2013	2014
农作物总播种面积	12028.95	11984.10	12559.95	12625.20		
粮食	7198.65	7213.65	7319.37	7362.06	7404.86	7462.71
#春夏收粮食	270.00	297.45	293.55	281.84	291.72	306.32
#谷物	56.55	72.45	74.85	66.08	61.61	58.80
#秋收粮食	4857.75	4875.45	4932.90	4943.18	4943.15	4976.45
#谷物	4441.80	4461.90	4499.70	4536.68	4494.27	4541.72
谷物	6569.25	6575.10	6682.50	6739.80	6725.87	6780.47
稻谷	6070.80	6045.75	6099.45	6142.68	6127.55	6181.07
早稻	2070.90	2040.75	2092.95	2137.05	2169.99	2179.95
中稻与一季晚稻	1812.75	1842.60	1825.95	1775.10	1757.67	1760.48
晚稻	2187.15	2162.40	2180.55	2230.53	2199.89	2240.64
小麦	42.60	58.80	60.60	52.88	48.41	45.90
玉米	423.00	439.50	490.65	513.00	516.33	518.48
高粱	5.25	3.75	3.90	4.40	6.89	10.13
其他谷物	27.60	27.30	27.90	26.85	26.70	24.90
春夏收杂粮	13.95	13.65	14.25	13.20	13.20	12.90
大麦	3.30	3.00	2.25	1.95	1.95	1.80
其他春夏收杂粮	10.65	10.65	12.00	11.25	11.25	11.10
秋收杂粮	13.65	13.65	13.65	13.65	13.50	12.00
荞麦	3.60	3.45	3.60	3.60	3.60	3.30
其他秋收杂粮	10.05	10.20	10.05	10.05	9.90	8.70
豆类	250.50	256.95	256.95	252.59	249.02	255.32
大豆	133.95	134.70	138.45	135.75	136.95	143.34
绿豆	35.55	36.75	33.60	32.10	28.34	29.15
蚕豌豆	77.40	82.50	81.15	80.99	79.53	78.86
红小豆	0.60	0.75	1.50	1.50	1.50	1.20
其他杂豆	3.00	2.25	2.25	2.25	2.70	2.78
薯类(折粮)	378.90	381.60	379.95	369.68	429.98	426.93
红薯	239.70	236.10	240.45	232.95	279.39	258.27
马铃薯	139.20	145.50	139.50	136.73	150.59	168.66
#夏马铃薯	3.15	3.00	1.95	1.95		
油料作物	1693.95	1660.20	1967.85	1936.29		
花生	156.75	154.65	174.75	171.26		
油菜籽	1524.15	1488.90	1773.75	1757.79		
#双低油菜	1254.36	1371.60	1633.95	1625.48		
芝麻	12.45	14.70	18.60	7.25		
向日葵籽	0.15	1.20	0.15			
其他油料	0.45	0.75	0.60			
棉花	228.90	262.50	288.60	259.07	239.30	195.20
麻类	47.25	30.75	31.29	26.25		
黄红麻	0.30	0.30	0.45	0.30		
苎麻	46.80	30.30	30.75	25.95		
亚麻		0.15	0.09			
其他						
甘蔗	22.95	24.00	21.00	22.50		
烟叶	144.45	141.45	142.95	199.85		
烤烟	139.50	136.50	138.60	199.85		
晒土烟	4.95	4.95	4.35			
药材	80.85	75.00	88.50	93.00		
蔬菜(含菜用瓜)	1595.55	1668.30	1755.26	1772.79		
瓜果类	191.40	164.40	190.05	202.95		
西瓜	162.60	139.95	163.50	170.25		
甜瓜	24.75	22.50	22.50	25.35		
草莓	4.05	1.95	4.05	7.35		
其他农作物	825.15	743.85	755.09	750.45		
#青饲料	310.05	297.30	316.50	298.85		

4-4 粮食、棉花总产量(2009-2014年)

单位：万吨

项　目	2009	2010	2011	2012	2013	2014
粮食	2902.7	2847.5	2939.4	3006.5	2925.7	3001.3
#春夏收粮食	49.5	58.9	58.5	57.5	60.1	63.1
#谷物	8.3	11.9	12.3	10.7	13.3	12.6
#秋收粮食	2043.5	2024.1	2074.5	2130.3	2005.2	2083.4
#谷物	1932.4	1912.8	1960.8	2013.8	1889.8	1972.4
谷物	2750.4	2689.2	2779.5	2843.2	2763.54	2839.8
稻谷	2578.6	2506.0	2575.4	2631.6	2561.53	2634.0
早稻	809.7	764.5	806.4	818.7	860.48	854.8
中稻与一季晚稻	850.3	851.5	864.4	858.1	770.35	816.5
晚稻	918.6	890.0	904.6	954.8	930.7	962.7
小麦	6.4	9.9	10.2	8.6	10.96	10.33
玉米	159.9	168.1	188.5	197.3	185.0	188.6
高粱	1.4	1.0	1.1	1.3	1.56	2.4
其他谷物	4.1	4.2	4.3	4.5	4.49	4.45
春夏收杂粮	1.9	2.0	2.1	2.3	2.29	2.25
大麦	0.4	0.5	0.4	0.3	0.32	0.31
其他春夏收杂粮	1.5	1.5	1.7	2	1.97	1.94
秋收杂粮	3.6	2.2	2.2	2.2	2.2	2.2
荞麦	0.7	0.6	0.6	0.6	0.6	0.65
其他秋收杂粮	2.9	1.6	1.6	1.6	1.6	1.55
豆类	38.1	40.3	41.1	38.5	35.44	36.4
大豆	21.7	22.1	23.5	21.5	20.3	21.3
绿豆	5.8	6.1	5.7	5.3	4.5	4.01
蚕豌豆	10.0	11.6	11.3	11.1	10.09	10.55
红小豆	0.1	0.1	0.2	0.2	0.15	0.14
其他杂豆	0.5	0.4	0.4	0.4	0.4	0.4
薯类(折粮)	114.2	118.0	118.8	124.8	126.76	125.08
红薯	82.0	81.6	83.2	88.6	90	85.1
马铃薯	32.2	36.4	35.6	36.2	36.76	39.98
#夏马铃薯	1.0	1.0	0.7	0.7		
棉花	21.2	22.7	23.6	25.1	19.8	12.9

4-4 续表 单位：亿斤

项 目	2009	2010	2011	2012	2013	2014
粮食	580.5	569.5	587.9	601.3	585.1	600.3
#春夏收粮食	9.9	11.8	11.7	11.5	12.0	12.6
#谷物	1.7	2.4	2.5	2.1	2.7	2.5
#秋收粮食	408.7	404.8	414.9	426.1	401.0	416.7
#谷物	386.5	382.6	392.2	402.8	378.0	394.5
谷物	550.1	537.8	555.9	568.6	552.7	568.0
稻谷	515.7	501.2	515.1	526.3	512.3	526.8
早稻	161.9	152.9	161.3	163.7	172.1	171.0
中稻与一季晚稻	170.1	170.3	172.9	171.6	154.1	163.3
晚稻	183.7	178.0	180.9	191.0	186.1	192.5
小麦	1.3	2.0	2.0	1.7	2.2	2.1
玉米	32.0	33.6	37.7	39.4	37.0	37.7
高粱	0.3	0.2	0.2	0.3	0.3	0.5
其他谷物	0.8	0.8	0.9	0.9	0.9	0.9
春夏收杂粮	0.4	0.4	0.4	0.5	0.5	0.5
大麦	0.1	0.1	0.1	0.1	0.1	0.1
其他春夏收杂粮	0.3	0.3	0.3	0.4	0.4	0.4
秋收杂粮	0.7	0.4	0.4	0.4	0.4	0.4
荞麦	0.1	0.1	0.1	0.1	0.1	0.1
其他秋收杂粮	0.6	0.3	0.3	0.3	0.3	0.3
豆类	7.6	8.1	8.2	7.7	7.1	7.3
大豆	4.3	4.4	4.7	4.3	4.1	4.3
绿豆	1.2	1.2	1.1	1.1	0.9	0.8
蚕豌豆	2.0	2.3	2.3	2.2	2.0	2.1
红小豆	0.02	0.02	0.04	0.04	0.03	0.0
其他杂豆	0.1	0.1	0.1	0.1	0.1	0.1
薯类(折粮)	22.8	23.6	23.8	25.0	25.4	25.0
红薯	16.4	16.3	16.6	17.7	18.0	17.0
马铃薯	6.4	7.3	7.1	7.3	7.4	8.0
#夏马铃薯	0.2	0.2	0.1	0.1		
棉花	4.2	4.5	4.7	5.0	4.0	2.6

4-5 粮食、棉花单位面积产量(2009-2014年)

单位：公斤/公顷

项　　目	2009	2010	2011	2012	2013	2014
粮食	6048	5921	6024	6126	5927	6032.6
#春夏收粮食	2750	2970	2989	3060	3090	3090.0
#谷物	2202	2465	2465	2463	3226	3214.3
#秋收粮食	6310	6228	6308	6465	6085	6279.8
#谷物	6526	6430	6536	6659	6307	6514.3
谷物	6280	6135	6239	6329	6163	6282.3
稻谷	6371	6216	6334	6426	6271	6392.1
早稻	5865	5619	5779	5747	5948	5881.5
中稻与一季晚稻	7036	6932	7101	7251	6574	6957.0
晚稻	6300	6168	6223	6422	6346	6445.0
小麦	2254	2526	2525	2429	3396	3375.8
玉米	5670	5765	5763	5768	5374	5456.4
高粱	4000	4001	4231	4403	3399	3555.6
其他谷物	2228	2307	2312	2508	2522	2680.7
春夏收杂粮	2043	2198	2211	2603	2602	2616.3
大麦	1818	2501	2667	2462	2462	2583.3
其他春夏收杂粮	2113	2112	2125	2627	2627	2621.6
秋收杂粮	2418	2418	2418	2418	2444	2750.0
荞麦	2917	2609	2500	2501	2500	3250.0
其他秋收杂粮	2239	2354	2388	2388	2424	2672.4
豆类	2282	2352	2396	2283	2135	2138.5
大豆	2430	2462	2546	2370	2223	2229.0
绿豆	2447	2490	2545	2472	2382	2063.8
蚕豌豆	1938	2109	2089	2064	1903	2006.8
红小豆	2500	2000	1500	1500	1500	1750.0
其他杂豆	2500	2667	2667	2667	2222	2162.2
薯类(折粮)	4521	4638	4690	5066	4422	4394.6
红薯	5131	5184	5190	5708	4832	4942.5
马铃薯	3470	3753	3828	3972	3662	3555.7
#夏马铃薯	4762	5000	5385	5385		
棉花	1389	1297	1226	1451	1241	991.5

4-5　续表　　　　单位：公斤/亩

项　目	2009	2010	2011	2012	2013	2014
粮食	403.2	394.7	402.0	408.4	395.0	402.2
#春夏收粮食	183.3	198.0	199.0	204.0	206.0	206.0
#谷物	146.8	164.3	164.0	162.0	215.0	214.3
#秋收粮食	420.7	415.2	421.0	431.0	406.0	418.7
#谷物	435.1	428.7	436.0	444.0	421.0	434.3
谷物	418.7	409.0	416.0	421.9	410.9	418.8
稻谷	424.7	414.4	422.0	428.4	418.0	426.1
早稻	391.0	374.6	385.0	383.1	396.5	392.1
中稻与一季晚稻	469.1	462.1	473.0	483.0	438.3	463.8
晚稻	420.0	411.2	415.0	428.0	423.1	429.7
小麦	150.3	168.4	168.0	162.0	226.4	225.1
玉米	378.0	384.3	384.0	385.0	358.3	363.8
高粱	266.7	266.7	282.0	294.0	226.6	237.0
其他谷物	148.5	153.8	154.0	167.0	168.2	178.7
春夏收杂粮	136.2	146.5	147.0	174.0	173.5	174.4
大麦	121.2	166.7	178.0	164.0	164.1	172.2
其他春夏收杂粮	140.9	140.8	142.0	175.0	175.1	174.8
秋收杂粮	161.2	161.2	161.0	161.0	163.0	183.3
荞麦	194.5	173.9	167.0	167.0	166.7	216.7
其他秋收杂粮	149.3	156.9	159.0	159.0	161.6	178.2
豆类	152.1	156.8	160.0	152.0	142.3	142.6
大豆	162.0	164.1	170.0	158.0	148.2	148.6
绿豆	163.1	166.0	170.0	165.0	158.8	137.6
蚕豌豆	129.2	140.6	139.0	138.0	126.9	133.8
红小豆	166.7	133.3	100.0	100.0	100.0	116.7
其他杂豆	166.7	177.8	178.0	178.0	148.1	144.1
薯类(折粮)	301.4	309.2	313.0	338.0	294.8	293.0
红薯	342.1	345.6	346.0	381.0	322.1	329.5
马铃薯	231.3	250.2	255.0	265.0	244.1	237.0
#夏马铃薯	317.5	333.3	359.0	359.0		
棉花	92.6	86.5	82.0	97.0	83.0	66.1

4-6 粮食生产大县粮食播种面积(2014年)

单位：千公顷

地区名称	粮食作物播种面积	谷物	稻谷				小麦	玉米	其他谷物
				早稻	中稻	晚稻			
望城区	51.32	47.41	46.94	21.70	2.90	22.34	0.01	0.44	0.03
长沙县	82.28	76.77	74.30	33.73	5.06	35.51		2.38	0.09
宁乡县	122.95	119.44	114.35	50.26	10.17	53.92	0.62	4.29	0.18
浏阳市	78.63	73.39	70.89	19.60	30.28	21.01	0.03	2.01	0.47
株洲县	32.03	31.51	31.20	12.93	4.67	13.60		0.31	
攸　县	60.93	59.08	58.74	24.80	8.48	25.46		0.32	0.02
茶陵县	43.26	41.81	41.74	17.66	5.63	18.45		0.05	0.03
醴陵市	69.44	67.72	65.19	29.59	4.76	30.84		2.50	0.03
湘潭县	98.55	97.12	96.65	44.24	6.00	46.41		0.47	
湘乡市	72.12	70.87	70.35	32.19	4.86	33.30		0.42	0.10
衡阳县	98.13	91.94	89.33	38.20	10.04	41.09	0.10	2.31	0.20
衡南县	102.77	96.22	93.26	40.42	9.48	43.36	0.44	2.13	0.39
衡山县	30.47	29.21	29.06	12.97	2.91	13.18		0.15	
衡东县	63.84	59.37	58.35	25.10	6.33	26.92		0.76	0.26
祁东县	74.34	69.82	66.52	28.60	7.08	30.84	0.32	2.76	0.22
耒阳市	83.69	74.45	72.63	32.50	5.53	34.60	0.06	1.05	0.70
常宁市	63.32	62.16	59.94	26.59	5.95	27.40	0.92	1.26	0.04
邵东县	77.73	68.21	58.54	20.99	14.93	22.62	1.05	8.11	0.51
新邵县	54.23	49.62	40.58	14.92	8.81	16.85	0.63	8.20	0.21
邵阳县	75.53	71.49	59.70	23.13	12.64	23.93	0.12	10.63	1.03
隆回县	70.40	63.00	56.82	12.07	29.08	15.67	0.31	5.27	0.61
洞口县	77.31	72.65	63.22	23.43	13.98	25.81	0.78	7.77	0.88
新宁县	49.20	45.50	36.31	12.75	10.32	13.24	0.08	9.02	0.08
武冈市	68.01	63.36	51.73	19.71	11.64	20.38	0.16	11.29	0.18
岳阳县	81.89	74.94	70.22	31.21	5.63	33.38	0.32	4.10	0.30
华容县	82.90	81.48	78.80	34.02	8.91	35.87		2.68	
湘阴县	86.74	80.07	74.89	33.75	4.72	36.42	0.16	4.86	0.16
平江县	68.86	65.94	61.78	22.85	14.41	24.52	0.24	3.67	0.26
汨罗市	77.37	74.54	69.73	31.51	4.32	33.90	0.05	4.70	0.06
临湘市	52.87	49.68	47.54	17.17	12.07	18.30	0.87	1.28	

4-6 续表 1

单位：千公顷

地区名称	粮食作物播种面积	谷物	稻谷	早稻	中稻	晚稻	小麦	玉米	其他谷物
鼎城区	113.51	109.81	104.21	46.75	10.00	47.46	2.87	2.70	0.03
安乡县	49.31	47.36	44.60	11.90	19.09	13.61	2.15	0.55	0.05
汉寿县	98.28	95.57	95.08	40.75	11.25	43.08	0.08	0.36	0.05
澧　县	81.23	76.23	67.14	21.28	24.47	21.39	4.86	3.51	0.72
临澧县	55.17	54.45	49.98	18.39	8.78	22.81	1.24	3.10	0.13
桃源县	126.82	118.22	109.21	43.05	19.53	46.63	0.23	8.37	0.42
石门县	53.18	44.18	27.99	3.39	21.43	3.17	1.46	14.46	0.26
慈利县	56.16	43.02	25.29	0.45	24.37	0.47	0.13	17.45	0.16
资阳区	43.79	41.28	41.26	18.18	3.78	19.30		0.02	
赫山区	74.61	71.43	70.02	30.22	7.55	32.25	0.73	0.59	0.08
南　县	92.51	88.64	86.27	35.54	13.09	37.64	0.86	1.51	
桃江县	62.77	58.90	54.85	18.56	16.55	19.74	0.27	3.43	0.35
沅江市	76.92	73.09	71.92	31.42	7.32	33.18	0.73	0.44	
桂阳县	49.27	39.44	33.32	6.06	11.05	16.21		6.12	
宜章县	46.59	40.83	31.16	11.34	7.73	12.09		9.59	0.08
永兴县	44.13	40.10	37.30	13.03	10.45	13.82		2.39	0.41
汝城县	31.49	29.22	27.43	8.18	10.55	8.70	0.06	1.72	0.01
安仁县	44.14	41.48	40.93	17.91	3.94	19.08		0.52	0.03
零陵区	60.88	55.40	54.00	22.92	6.86	24.22	0.12	1.19	0.09
冷水滩	57.05	50.80	47.30	20.00	6.69	20.61		3.35	0.16
祁阳县	98.61	82.07	76.17	32.48	9.69	34.00	0.02	5.54	0.34
东安县	65.41	58.05	53.58	23.00	6.11	24.47		4.14	0.33
道　县	64.54	52.63	49.14	23.15	4.29	21.70		3.48	0.01
宁远县	51.35	42.01	40.04	13.88	12.20	13.96	0.03	1.88	0.06
蓝山县	21.38	19.40	18.19	6.05	6.01	6.13	0.03	1.09	0.09
江华县	42.44	38.09	25.77	10.28	5.09	10.40	0.01	12.22	0.09
沅陵县	41.89	35.71	25.84		25.03	0.81	0.01	9.74	0.12
溆浦县	57.31	53.06	34.46	5.58	22.40	6.48	0.34	17.21	1.05
双峰县	79.67	75.25	66.08	29.78	5.74	30.56	0.52	7.98	0.67
新化县	79.15	75.14	57.70	17.08	21.50	19.12	1.02	14.69	1.72
涟源市	81.42	71.99	58.58	21.88	13.52	23.18	1.09	10.92	1.40
永顺县	40.29	27.01	19.64		19.64		0.74	6.22	0.41

4-6 续表 2

单位：千公顷

地区名称	豆类			薯类		
		大豆	蚕豌豆		红薯	马铃薯
望城区	0.94	0.34	0.57	2.97	2.05	0.91
长沙县	2.04	1.30	0.36	3.47	1.72	1.74
宁乡县	1.60	0.92	0.07	1.92	1.20	0.71
浏阳市	2.24	1.46	0.12	3.00	1.73	1.28
株洲县	0.38	0.23	0.06	0.14	0.08	0.05
攸　县	1.23	0.77	0.28	0.62	0.46	0.16
茶陵县	1.28	0.82	0.35	0.16	0.05	0.12
醴陵市	1.06	0.37	0.47	0.67	0.36	0.31
湘潭县	0.48	0.18	0.20	0.96	0.67	0.29
湘乡市	0.61	0.33	0.14	0.64	0.46	0.18
衡阳县	3.36	2.14	0.71	2.83	1.37	1.46
衡南县	4.67	1.28	2.15	1.88	1.39	0.49
衡山县	0.38	0.14	0.18	0.87	0.56	0.31
衡东县	3.24	1.74	1.09	1.23	0.96	0.27
祁东县	2.59	1.63	0.56	1.93	1.58	0.35
耒阳市	4.48	2.87	1.34	4.76	2.57	2.19
常宁市	0.84	0.53	0.09	0.32	0.14	0.18
邵东县	5.19	3.83	0.78	4.34	2.57	1.78
新邵县	3.38	3.13	0.09	1.23	0.91	0.33
邵阳县	2.15	1.75	0.17	1.89	1.63	0.26
隆回县	1.54	0.83	0.34	5.86	4.28	1.58
洞口县	3.32	2.59	0.38	1.34	0.97	0.37
新宁县	1.09	0.94	0.06	2.62	2.30	0.32
武冈市	2.08	1.82	0.14	2.57	2.24	0.33
岳阳县	3.49	0.91	1.43	3.47	1.52	1.94
华容县	1.42	0.75	0.21			
湘阴县	4.33	0.81	2.61	2.34	0.27	2.06
平江县	2.05	0.46	1.30	0.87	0.09	0.78
汨罗市	1.70	1.07	0.19	1.12	0.65	0.47
临湘市	2.28	1.22	0.76	0.90	0.27	0.63

4-6 续表 3 单位：千公顷

地区名称	豆类	大豆	蚕豌豆	薯类	红薯	马铃薯
鼎城区	2.60	1.48	0.64	1.10	0.92	0.17
安乡县	1.61	0.73	0.70	0.35	0.07	0.27
汉寿县	1.51	0.84	0.54	1.19	0.89	0.30
澧　县	3.00	1.26	1.08	2.01	0.89	1.11
临澧县	0.45	0.26	0.12	0.27		0.27
桃源县	6.62	4.29	1.22	1.97	1.73	0.24
石门县	3.45	1.01	1.24	5.55	2.52	3.04
慈利县	4.01	2.33	0.78	9.12	6.29	2.84
资阳区	0.16	0.05	0.11	2.35	0.27	2.07
赫山区	0.93	0.32	0.46	2.25	0.91	1.33
南　县	2.12	0.57	1.20	1.75	0.52	1.23
桃江县	1.24	0.66	0.36	2.63	1.35	1.28
沅江市	1.30	0.46	0.85	2.53	0.55	1.98
桂阳县	4.02	3.82		5.81	4.12	1.69
宜章县	0.95	0.68	0.23	4.81	2.60	2.21
永兴县	0.88	0.45	0.14	3.15	1.29	1.85
汝城县	0.76	0.66	0.08	1.51	0.83	0.67
安仁县	1.41	1.15	0.14	1.25	1.12	0.13
零陵区	2.97	1.86	0.62	2.51	2.17	0.34
冷水滩	4.44	3.37	0.69	1.81	1.39	0.42
祁阳县	7.96	4.49	1.51	8.58	7.71	0.87
东安县	4.41	2.37	1.11	2.95	2.55	0.39
道　县	6.86	4.42	1.61	5.05	4.59	0.47
宁远县	4.26	2.78	1.30	5.08	4.54	0.54
蓝山县	0.91	0.41	0.18	1.07	0.81	0.26
江华县	2.67	1.35	0.63	1.68	1.37	0.31
沅陵县	2.83	2.50	0.16	3.35	3.02	0.33
溆浦县	0.85	0.41	0.36	3.40	1.46	1.94
双峰县	3.20	2.03	0.80	1.22	0.72	0.50
新化县	2.32	1.53	0.50	1.70	1.06	0.64
涟源市	6.05	3.91	1.33	3.38	1.83	1.55
永顺县	2.70	2.16	0.07	10.58	2.33	8.25

4-7 粮食生产大县粮食产量(2014年)

单位：吨

地区名称	粮食作物总产	谷物							
			稻谷				小麦	玉米	其他谷物
				早稻	中稻	晚稻			
望城区	359917	334745.56	331514	136961	23298	171255	71	3005	155
长沙县	559546	529213.63	511945	213527	37343	261075		16816	453
宁乡县	836193	817015.7	784033	309471	81341	393221	1958	30072	953
浏阳市	552755	527259.77	511367	120434	236449	154484	94	14482	1317
株洲县	224515	222184.63	220189	85354	36804	98031		1996	
攸　县	448148	437543.49	435697	168725	68240	198732		1703	143
茶陵县	308324	299874.1	299172	117080	44588	137504		416	286
醴陵市	502903	494970.16	476176	200473	38710	236993		18646	148
湘潭县	710871	703841.4	699457	293556	47694	358207		4384	
湘乡市	515979	510218.53	505991	211557	38663	255771		3797	431
衡阳县	663788	633488.06	614777	248146	82839	283792	249	17664	798
衡南县	648817	619786.16	599500	248709	70659	280132	1116	17365	1806
衡山县	214511	207853.02	206766	90030	22863	93873		1087	
衡东县	425024	402829.21	394933	158249	49394	187290		6717	1179
祁东县	467551	450507.86	427218	181274	54195	191749	768	21776	746
耒阳市	518654	469102.92	458415	195024	41533	221858	153	7762	2772
常宁市	411184	405834.27	391743	162017	44625	185101	2681	11232	178
邵东县	437598	399434	346875	122064	103115	121696	3398	46712	2449
新邵县	305464	292901.63	242704	83747	63444	95513	1610	48033	554
邵阳县	443913	432146.67	366065	134413	87967	143685	442	60469	5170
隆回县	450396	418004.5	383185	73410	211386	98389	790	31970	2059
洞口县	451378	436078.91	391187	137160	96862	157165	1619	41523	1750
新宁县	299141	286225.85	227450	73566	72816	81068	157	58447	172
武冈市	452005	429472.73	339044	120235	90277	128532	312	89590	527
岳阳县	502807	475485.47	449275	182623	39134	227518	694	23959	1558
华容县	531785	528624.48	512534	205722	61601	245211		16090	
湘阴县	555744	532649.87	497054	209108	34952	252994	516	34174	906
平江县	419828	409208.6	388643	127561	103939	157143	793	18628	1144
汨罗市	487157	476129.62	442358	181852	30892	229614	178	33385	208
临湘市	318877	308459.25	298732	97763	79669	121300	2987	6740	

4-7 续表 1

单位：吨

地区名称	粮食作物总产	谷物	稻谷				小麦	玉米	其他谷物
				早稻	中稻	晚稻			
鼎城区	670250	657626.26	635400	267439	67249	300712	7939	14194	93
安乡县	303208	294858.42	288252	66570	135681	86001	3962	2495	149
汉寿县	613143	603527.45	600637	233418	78810	288409	318	2211	362
澧　县	500228	478011.72	442715	122076	176047	144592	14361	18962	1973
临澧县	325102	322158.38	305597	98556	59085	147956	2853	13267	442
桃源县	757531	732650.84	695185	254656	142357	298172	457	36169	840
石门县	282909	263206.16	164669	17799	128604	18266	2901	94994	643
慈利县	298764	257544.04	160828	2606	155380	2842	286	96068	362
资阳区	268544	254937.63	254797	106543	26157	122097		141	
赫山区	500546	482728.51	475258	186097	59575	229586	2543	4649	278
南　县	569860	549940.23	536643	208103	93139	235401	2764	10533	
桃江县	362412	344284.91	323267	100633	110089	112545	366	20163	490
沅江市	465723	446139.11	438681	183066	56639	198976	3039	4419	
桂阳县	284086	245888.34	211661	36137	73010	102514		34227	
宜章县	244412	216309.73	177268	65665	45310	66293		38750	292
永兴县	236858	222090.65	211014	72422	60857	77735		10398	678
汝城县	201606	188268.43	174814	49214	71255	54345	102	13277	75
安仁县	285834	270290.87	267601	107006	27897	132698		2446	244
零陵区	368598	342490.12	334278	133209	48078	152991	717	7036	460
冷水滩	360532	333844	307150	126993	47293	132864		26055	639
祁阳县	616491	526934.93	495255	200354	71226	223675	61	30371	1248
东安县	389882	357128.59	329399	135648	43117	150634		27007	723
道　县	382620	329185.03	310974	142578	30675	137721		18174	37
宁远县	305309	263508.56	257463	85634	83151	88678	89	5774	182
蓝山县	125718	116087.13	111790	35912	37945	37933	123	3809	366
江华县	220018	208219.11	146075	56229	28894	60952	25	61853	267
沅陵县	232430	205409.2	160818		154578	6240	17	44383	191
溆浦县	346157	330289.79	228289	31753	154802	41734	496	97452	4053
双峰县	523117	507520.18	444442	195230	46701	202511	1729	58812	2536
新化县	466345	454993.22	373217	103992	148753	120472	2594	75279	3903
涟源市	467101	446606.29	379143	132727	95959	150457	1700	62182	3581
永顺县	207159	153150.02	119029		119029		2031	31116	975

4-7 续表 2

单位：吨

地区名称	豆类	大豆	蚕豌豆	薯类	红薯	马铃薯
望城区	2629	1428	1109	22542	17014	5528
长沙县	8497	6031	923	21835	12477	9358
宁乡县	6361	4554	181	12817	8848	3969
浏阳市	9082	6821	282	16413	14219	2194
株洲县	1576	1015	167	754	504	250
攸　县	5558	3838	1111	5046	4070	976
茶陵县	6769	5079	1351	1681	580	1101
醴陵市	3338	1415	1319	4595	2442	2153
湘潭县	1696	655	822	5334	2390	2944
湘乡市	2003	1150	438	3757	2230	1528
衡阳县	11749	7188	2229	18551	9926	8625
衡南县	15190	5370	5863	13840	10663	3177
衡山县	1082	507	441	5575	3670	1905
衡东县	12510	8290	3041	9685	7832	1853
祁东县	6760	4684	1147	10283	8371	1912
耒阳市	14890	10867	3411	34662	18615	16047
常宁市	3261	2386	264	2088	942	1146
邵东县	12521	10086	1395	25643	18679	6964
新邵县	7325	6738	214	5238	3689	1548
邵阳县	4520	3595	516	7246	6339	907
隆回县	4056	2273	628	28336	23286	5049
洞口县	7773	6369	828	7526	6164	1362
新宁县	2178	1914	127	10737	9291	1446
武冈市	5138	4512	334	17395	14796	2599
岳阳县	8021	2590	2416	19300	8116	11185
华容县	3161	1899	393			
湘阴县	8528	2684	2915	14566	4586	9980
平江县	4913	1226	2875	5707	736	4971
汨罗市	4671	3216	399	6357	3724	2633
临湘市	5447	2926	1991	4971	1374	3597

4-7 续表 3

单位：吨

地区名称	豆类	大豆	蚕豌豆	薯类	红薯	马铃薯
鼎城区	5633	3205	1451	6990	6040	951
安乡县	5539	2694	2345	2810	832	1978
汉寿县	3339	1940	1160	6277	5153	1123
澧　县	10097	3931	4371	12119	7420	4699
临澧县	1261	583	425	1683		1683
桃源县	13480	8592	2633	11400	10068	1332
石门县	6160	1978	2349	13542	6570	6972
慈利县	7361	4570	1353	33858	22668	11190
资阳区	531	215	316	13075	527	12547
赫山区	3696	1669	1650	14122	6064	8059
南　县	8794	3170	3898	11126	4811	6315
桃江县	2377	1305	640	15751	8131	7620
沅江市	3524	1303	2222	16060	4377	11683
桂阳县	10371	9994		27827	17758	10069
宜章县	4094	3298	627	24008	13400	10608
永兴县	1626	918	179	13142	4308	8834
汝城县	4027	3740	166	9310	6071	3239
安仁县	8323	6741	708	7220	6429	791
零陵区	11243	7680	1760	14865	13020	1845
冷水滩	12739	10187	1559	13949	11676	2273
祁阳县	31058	20210	4797	58498	54583	3914
东安县	15405	8730	3286	17349	15017	2332
道　县	22997	15938	4963	30437	28491	1946
宁远县	11709	8078	3316	30092	26721	3371
蓝山县	2660	1543	329	6971	5615	1356
江华县	5349	2781	1135	6450	5621	829
沅陵县	7950	7096	420	19072	17429	1643
溆浦县	1981	1119	706	13886	7534	6352
双峰县	9872	5992	2270	5725	4476	1249
新化县	5347	3532	1215	6004	3711	2293
涟源市	12940	8823	2468	7555	4654	2901
永顺县	4829	4101	96	49180	12611	36568

4-8 粮食生产大县粮食单产(2014年)

单位：公斤/亩

地区名称	粮食作物单产	谷物	稻谷	早稻	中稻	晚稻	小麦	玉米	其他谷物
望城区	467.55	470.67	470.83	420.77	535.59	511.06	519.38	457.39	378.41
长沙县	453.37	459.56	459.35	422.03	492.00	490.14		470.97	331.03
宁乡县	453.41	456.03	457.10	410.49	533.21	486.18	210.50	467.72	348.19
浏阳市	468.65	478.95	480.90	409.64	520.58	490.19	228.96	480.81	188.55
株洲县	467.30	470.08	470.49	440.08	525.40	480.54		429.01	
攸　县	490.34	493.75	494.49	453.56	536.48	520.38		355.51	523.65
茶陵县	475.15	478.12	477.83	441.98	527.98	496.85		609.87	697.74
醴陵市	482.82	487.30	486.96	451.67	542.16	512.31		497.44	361.34
湘潭县	480.89	483.16	482.47	442.37	529.93	514.55		627.42	
湘乡市	476.96	479.96	479.50	438.14	530.36	512.05		603.08	286.25
衡阳县	450.96	459.36	458.81	433.06	550.06	460.44	165.71	510.41	265.14
衡南县	420.89	429.44	428.55	410.21	496.90	430.71	169.77	544.39	306.77
衡山县	469.34	474.31	474.34	462.76	523.78	474.83		468.61	
衡东县	443.84	452.33	451.22	420.32	520.21	463.82		591.59	297.29
祁东县	419.29	430.14	428.16	422.55	510.31	414.50	160.37	525.07	226.97
耒阳市	413.15	420.08	420.78	400.05	500.70	427.47	160.01	493.11	263.04
常宁市	432.92	435.26	435.71	406.21	500.00	450.37	193.68	594.00	325.50
邵东县	375.31	390.41	395.03	387.69	460.44	358.67	215.15	384.15	321.86
新邵县	375.52	393.52	398.73	374.20	480.09	377.90	171.72	390.46	172.13
邵阳县	391.82	402.99	408.78	387.41	463.96	400.29	239.13	379.15	333.39
隆回县	426.51	442.31	449.59	405.47	484.61	418.59	171.04	404.51	226.35
洞口县	389.24	400.17	412.51	390.27	461.91	405.95	139.23	356.27	131.88
新宁县	405.34	419.41	417.61	384.66	470.39	408.20	127.82	431.88	139.37
武冈市	443.08	451.90	436.94	406.68	517.05	420.45	134.07	528.97	192.75
岳阳县	409.34	423.01	426.54	390.10	463.40	454.40	144.80	389.88	344.94
华容县	427.65	432.49	433.62	403.14	460.91	455.74		399.57	
湘阴县	427.13	443.48	442.47	413.05	493.67	463.10	209.64	468.56	389.42
平江县	406.46	413.72	419.38	372.17	480.87	427.25	223.00	338.59	298.66
汨罗市	419.76	425.82	422.92	384.75	476.73	451.55	217.26	474.03	217.26
临湘市	402.09	413.89	418.92	379.59	440.04	441.89	229.66	351.68	

注：表头层级为 粮食作物单产 → 谷物 → 稻谷（早稻、中稻、晚稻）、小麦、玉米、其他谷物。

4-8 续表 1 单位：公斤/亩

地区名称	粮食作物单产	谷物	稻谷	早稻	中稻	晚稻	小麦	玉米	其他谷物
鼎城区	393.65	399.24	406.49	381.37	448.33	422.41	184.10	350.28	227.50
安乡县	409.93	415.09	430.87	372.94	473.83	421.26	122.61	303.75	181.73
汉寿县	415.92	420.99	421.15	381.87	467.02	446.32	258.28	414.56	440.65
澧　县	410.54	418.07	439.59	382.44	479.63	450.65	197.08	360.52	182.34
临澧县	392.85	394.44	407.63	357.28	448.63	432.43	153.32	285.19	230.66
桃源县	398.22	413.14	424.37	394.36	485.94	426.29	133.57	288.19	133.41
石门县	354.66	397.19	392.21	350.03	400.07	384.14	132.52	437.82	162.05
慈利县	354.66	399.07	423.96	386.07	425.06	403.12	149.10	367.00	155.68
资阳区	408.84	411.74	411.69	390.70	461.32	421.75		513.24	
赫山区	447.26	450.55	452.50	410.54	526.05	474.60	231.78	521.51	225.34
南　县	410.67	413.60	414.70	390.36	474.35	416.93	214.87	463.70	
桃江县	384.91	389.67	392.91	361.47	443.46	380.09	89.04	391.80	94.12
沅江市	403.64	406.94	406.64	388.43	515.84	399.79	277.60	672.63	
桂阳县	384.39	415.64	423.49	397.55	440.48	421.61		372.90	
宜章县	349.73	353.17	379.26	386.04	390.77	365.55		269.37	236.71
永兴县	357.82	369.23	377.15	370.54	388.24	374.99		290.16	110.18
汝城县	426.81	429.51	424.87	401.09	450.27	416.44	115.77	514.90	343.23
安仁县	431.71	434.41	435.87	398.31	472.03	463.65		311.94	590.74
零陵区	403.63	412.17	412.69	387.46	467.23	421.11	402.91	395.41	335.81
冷水滩	421.31	438.10	432.91	423.31	471.28	429.77		518.94	274.57
祁阳县	416.79	428.03	433.46	411.24	490.03	438.58	221.35	365.24	245.50
东安县	397.37	410.14	409.85	393.18	470.45	410.39		434.79	146.80
道　县	395.23	417.02	421.89	410.59	476.69	423.11		348.57	268.55
宁远县	396.38	418.17	428.68	411.31	454.38	423.49	216.48	204.88	190.38
蓝山县	392.01	398.88	409.71	395.72	420.91	412.54	299.63	232.15	267.44
江华县	345.61	364.42	377.89	364.65	378.44	390.72	180.40	337.42	194.99
沅陵县	369.91	383.45	414.91		411.71	513.58	123.95	303.63	107.27
溆浦县	402.67	414.99	441.65	379.37	460.72	429.36	98.06	377.44	257.55
双峰县	437.74	449.65	448.39	437.05	542.40	441.78	221.78	491.29	253.96
新化县	392.79	403.71	431.22	405.90	461.25	420.06	169.22	341.65	150.89
涟源市	382.46	413.59	431.48	404.41	473.17	432.72	103.55	379.68	171.06
永顺县	342.78	378.04	404.04		404.04		182.82	333.50	159.58

4-8 续表 2

单位：公斤/亩

地区名称	豆类	大豆	蚕豌豆	薯类	红薯	马铃薯
望城区	186.50	281.95	128.61	506.73	552.46	403.86
长沙县	277.29	310.48	168.62	420.04	482.58	358.15
宁乡县	265.70	329.60	165.19	446.15	489.99	371.97
浏阳市	270.76	311.38	158.51	364.38	549.50	114.48
株洲县	274.36	296.77	174.13	367.30	409.02	304.73
攸　县	300.80	333.81	261.83	542.17	594.72	396.20
茶陵县	351.62	413.33	253.78	684.10	850.20	620.21
醴陵市	210.37	252.25	185.46	460.12	457.70	462.89
湘潭县	237.97	238.99	272.79	370.75	238.99	671.34
湘乡市	218.45	233.36	213.24	392.22	325.83	558.19
衡阳县	232.76	223.60	208.89	437.49	483.79	394.08
衡南县	216.72	280.18	181.47	490.77	512.43	429.78
衡山县	188.86	247.58	161.72	425.61	433.77	410.72
衡东县	257.62	317.30	186.79	524.44	545.29	451.44
祁东县	173.92	191.17	137.38	356.05	353.52	367.56
耒阳市	221.55	252.03	169.53	485.10	482.24	488.46
常宁市	258.71	300.17	192.61	435.33	458.39	418.04
邵东县	160.92	175.63	118.52	394.29	485.48	260.78
新邵县	144.58	143.28	152.93	283.52	271.77	316.06
邵阳县	139.96	136.60	201.49	255.94	259.06	236.09
隆回县	175.67	181.95	121.75	322.50	362.53	213.69
洞口县	156.11	163.93	144.07	374.24	425.07	242.83
新宁县	133.78	135.83	132.54	273.40	269.43	301.97
武冈市	164.71	164.90	162.70	450.88	439.64	527.68
岳阳县	153.42	189.22	112.44	371.10	355.07	383.67
华容县	148.87	169.10	124.68			
湘阴县	131.20	220.36	74.48	415.82	1117.13	322.73
平江县	159.54	179.20	146.92	438.96	537.60	427.36
汨罗市	182.64	200.98	138.98	377.94	383.52	370.32
临湘市	159.14	159.51	175.21	366.79	334.63	380.77

4-8 续表 3

单位：公斤/亩

地区名称	豆类	大豆	蚕豌豆	薯类	红薯	马铃薯
鼎城区	144.39	144.52	151.44	425.52	436.81	365.46
安乡县	229.86	245.98	222.43	540.11	759.37	481.64
汉寿县	147.10	154.18	143.75	350.36	384.52	248.91
澧　县	224.74	207.95	270.42	402.18	552.79	281.19
临澧县	188.05	152.24	238.94	410.07		410.07
桃源县	135.66	133.57	143.59	385.63	387.16	374.45
石门县	119.12	130.28	126.28	162.55	174.01	153.05
慈利县	122.27	130.98	116.30	247.44	240.44	262.95
资阳区	215.43	261.37	192.46	371.34	128.31	403.46
赫山区	264.16	347.67	240.67	418.58	442.13	402.45
南　县	276.98	367.67	217.44	423.48	616.82	341.84
桃江县	127.67	132.43	116.87	399.59	401.40	397.68
沅江市	180.07	190.35	174.55	423.62	532.99	393.38
桂阳县	171.91	174.36		319.35	287.21	397.87
宜章县	287.64	325.59	183.26	332.83	343.51	320.25
永兴县	122.53	136.94	87.40	278.49	221.79	318.15
汝城县	352.87	378.70	137.69	411.88	485.36	320.84
安仁县	392.88	392.01	343.16	385.88	383.05	410.56
零陵区	251.97	275.07	189.11	394.93	399.70	364.28
冷水滩	191.20	201.80	149.93	514.93	561.48	361.12
祁阳县	260.03	300.09	211.51	454.71	472.21	299.80
东安县	232.63	245.40	196.87	392.58	392.00	396.41
道　县	223.47	240.14	206.05	401.48	413.91	278.87
宁远县	183.26	193.58	169.51	394.87	392.18	417.58
蓝山县	194.56	250.77	120.35	435.83	461.51	354.20
江华县	133.44	137.36	120.27	256.25	273.94	178.17
沅陵县	187.36	189.21	180.46	379.68	384.71	333.41
溆浦县	155.71	181.82	129.06	272.08	344.16	217.94
双峰县	205.57	196.39	188.54	312.29	414.11	166.03
新化县	153.82	153.63	161.37	235.87	233.76	239.38
涟源市	142.65	150.31	123.54	148.84	169.25	124.70
永顺县	119.12	126.77	86.32	309.90	360.44	295.61

4-9 历年畜禽出栏量

年 份	生猪 (万头)	牛 (万头)	羊 (万头)	禽 (万只)
1983	1850.1	11.9	27.6	
1984	2128.9	10.1	28.8	
1985	2296.6	9.3	30.1	8458.6
1986	2471.8	9.9	28.5	9453.9
1987	2657.4	11.7	30.3	10255.8
1988	2813.7	15.3	32.6	10548.9
1989	2866.5	15.8	35.2	11384.5
1990	3092.1	16.3	35.3	11832.6
1991	3247.9	20.2	42.9	12607.1
1992	3536.3	26.5	50.1	14187.4
1993	3813.2	33.4	71.0	15872.9
1994	4372.6	43.5	101.5	18441.2
1995	5001.7	58.0	157.9	23198.2
1996	4387.5	87.0	319.1	28315.8
1997	5127.0	96.5	291.1	31458.2
1998	5467.3	109.0	331.3	35703.4
1999	5385.3	118.8	354.2	27967.5
2000	5491.3	128.1	397.1	30448.9
2001	5540.5	125.0	435.2	32672.0
2002	5653.1	146.8	526.0	35286.0
2003	5905.8	148.3	604.9	41497.0
2004	6088.7	154.6	662.1	42816.6
2005	6176.3	167.4	763.4	39209.8
2006	5126.9	121.7	638.9	32867.8
2007	4816.7	127.3	648.5	32802.0
2008	5153.1	130.0	655.0	34770.0
2009	5508.7	139.6	680.0	36880.0
2010	5723.5	144.5	656.2	38355.2
2011	5575.9	141.5	633.1	39264.2
2012	5878.8	146.6	638.2	41650.3
2013	5902.3	155.8	657.6	41283.6
2014	6220.3	161.4	676.3	40043.8

注：生猪2000年起为抽样调查数，牛2001起为抽样调查数，1997年起禽为农普衔接数。

4-10 历年畜禽存栏量

年 份	生猪(万头)	能繁母猪(万头)	牛(万头)	羊(万头)	禽(万只)
1983	2233.0	166.2	323.5	69.8	
1984	2337.1	157.4	334.7	63.9	
1985	2441.7	177.5	349.1	55.7	
1986	2596.9	208.5	364.7	58.0	
1987	2647.8	185.5	378.6	63.4	
1988	2694.4	188.4	383.8	63.8	
1989	2727.6	195.3	392.4	68.6	
1990	2798.3	204.6	399.2	66.5	
1991	2837.5	197.7	404.9	71.4	
1992	2912.1	218.9	411.6	79.4	
1993	3016.1	257.0	414.7	109.2	
1994	3171.8	260.3	420.5	140.0	
1995	3391.1	275.5	430.5	214.8	
1996	3008.0	247.1	469.4	390.2	
1997	3401.0	288.8	481.9	345.3	
1998	3492.2	280.7	489.0	336.6	
1999	3422.4	275.1	493.9	349.5	
2000	3583.8	360.2	504.8	375.2	
2001	3604.3	378.3	507.9	387.9	
2002	3908.5	394.4	534.0	483.0	22364.0
2003	4108.7	415.4	556.2	588.4	28611.0
2004	4343.4	430.2	583.6	671.1	26986.6
2005	4435.0	421.0	591.3	711.3	24949.1
2006	3452.5	323.8	405.7	499.1	24346.5
2007	3772.0	376.9	407.7	501.6	26099.4
2008	3915.3	399.5	415.9	503.1	26882.4
2009	4032.8	411.2	440.0	521.1	27100.0
2010	4044.9	412.0	435.2	509.6	27262.6
2011	4158.2	423.4	425.6	512.6	27563.8
2012	4245.5	427.6	430.5	500.8	29023.4
2013	4096.9	435.8	442.9	512.5	29920.5
2014	4188.3	431.6	456.8	529.0	31024.6

注：生猪2000年起为抽样调查数，牛2002起为抽样调查数，羊为农普衔接数，禽2003年起为抽样调查数。

4-11 历年畜禽产品产量

单位：万吨

年 份	肉类	猪肉	牛肉	羊肉	禽肉	牛奶	禽蛋
1983	104.7	103.6	0.8	0.3		10.2	18.1
1984	125.1	124.0	0.7	0.3		11.2	23.2
1985	147.8	137.5	0.7	0.3	9.3	10.3	24.4
1986	166.5	154.8	0.8	0.3	10.6	10.0	23.5
1987	175.3	162.6	0.9	0.3	11.5	11.1	22.6
1988	190.7	176.9	1.4	0.4	12.0	10.3	26.0
1989	193.9	178.8	1.3	0.4	13.4	10.0	26.3
1990	203.5	187.7	1.4	0.4	14.0	10.5	27.9
1991	214.7	197.0	1.9	0.5	15.2	11.8	29.1
1992	230.7	211.1	2.3	0.6	16.6	12.0	31.1
1993	257.1	233.7	3.0	0.8	19.4	11.5	33.6
1994	295.0	267.1	3.9	1.2	22.8	8.7	36.3
1995	345.5	310.1	5.3	1.9	28.0	8.2	46.6
1996	338.2	286.9	8.5	4.4		6.0	58.8
1997	392.2	343.5	10.8	4.2	33.6	7.7	44.5
1998	422.5	365.0	11.7	5.1	40.6	8.0	47.3
1999	426.1	364.9	13.0	5.4	42.6	10.3	49.6
2000	434.7	371.8	13.5	6.1	43.2	10.5	52.3
2001	456.8	389.8	13.2	6.7	46.4	18.5	54.7
2002	472.5	396.9	15.9	8.1	50.1	3.0	62.7
2003	503.8	419.3	16.1	9.4	57.3	5.2	64.6
2004	517.1	429.1	16.8	10.1	58.9	6.6	88.1
2005	523.5	437.0	18.2	11.6	54.2	6.9	92.1
2006	437.0	365.8	13.8	9.6	45.2	7.2	78.3
2007	423.2	348.5	14.6	10.3	47.0	7.2	85.6
2008	446.4	380.2	15.0	10.6	50.0	7.6	87.5
2009	476.3	395.4	15.7	11.0	52.3	7.7	88.9
2010	494.8	412.4	16.3	10.6	53.3	7.8	91.7
2011	489.5	406.1	16.2	10.2	54.7	8.1	93.5
2012	512.9	427.6	16.8	10.3	58.2	8.5	95.2
2013	516.9	430.6	18.2	10.7	57.4	8.9	95.6
2014	546.5	458.1	18.9	11.1	55.9	9.3	97.9

4-12 生猪监测调查情况(2014年)

项　目	一季度	二季度	三季度	四季度	全年
散养户饲养户数(户)	**10806**	**9672**	**10132**	**10124**	**10124**
散养户期末存栏(万头)	**16.99**	**17.44**	**17.22**	**16.98**	**16.98**
仔猪	3.76	3.76	3.63	3.64	3.64
能繁殖母猪	1.73	1.65	1.54	1.50	1.50
散养户期内增加(万头)	**8.54**	**9.01**	**8.51**	**8.14**	**34.20**
自繁	6.28	6.68	6.18	5.82	24.96
散养户期内减少(万头)	**9.76**	**8.56**	**8.59**	**8.68**	**35.58**
自宰头数	0.77	0.18	0.19	0.18	1.33
出售头数	7.01	6.58	6.62	7.12	27.33
出售重量(吨)	8626.03	8185.93	8235.73	8856.98	33904.67
出售金额(万元)	11633.16	10041.55	11726.21	12711.17	46112.09
平均出售价格(元/公斤)	13.49	12.27	14.24	14.35	13.60
平均出售重量(公斤/头)	123.13	124.39	124.31	124.39	124.05
规模户饲养户数(户)	**8406**	**8271**	**8219**	**8301**	**8301**
规模户期末存栏(万头)	**562.67**	**550.11**	**560.29**	**551.15**	**551.15**
仔猪	140.89	137.95	141.38	136.43	136.43
能繁殖母猪	62.05	60.25	59.71	58.60	58.60
规模户期内增加(万头)	**283.02**	**266.74**	**270.76**	**265.57**	**1086.09**
自繁	251.57	241.69	245.89	240.27	979.42
规模户猪期内减少(万头)	**288.93**	**280.40**	**267.05**	**276.13**	**1112.51**
自宰头数	1.41	0.87	0.95	1.00	4.22
出售头数	243.00	235.58	226.63	235.64	940.85
出售重量(吨)	289402.25	283743.23	272725.92	284416.25	1130287.64
出售金额(万元)	383333.30	349151.26	390350.15	405787.91	1528622.63
平均出售价格(元/公斤)	13.25	12.31	14.31	14.27	13.52
平均出售重量(公斤/头)	119.10	120.44	120.34	120.70	120.13
非农户饲养户数(户)	**1158**	**1126**	**1111**	**1113**	**1113**
非农户期末存栏(万头)	**228.73**	**226.07**	**231.53**	**235.64**	**235.64**
仔猪	59.41	56.47	57.91	60.58	60.58
能繁殖母猪	30.15	28.67	28.91	28.79	28.79
非农户期内增加(万头)	**114.08**	**111.20**	**116.85**	**123.08**	**465.22**
自繁	108.03	106.12	109.25	115.13	438.53
非农户期内减少(万头)	**118.94**	**114.98**	**111.81**	**122.11**	**467.84**
自宰头数	1.28	0.96	0.88	0.90	4.03
出售头数	91.96	87.48	84.73	92.02	356.19
出售重量(吨)	108010.63	102962.01	99161.61	105846.28	415980.53
出售金额(万元)	142581.20	127883.64	143502.04	151963.19	565930.06
平均出售价格(元/公斤)	13.20	12.42	14.47	14.36	13.60
平均出售重量(公斤/头)	117.45	117.70	117.04	115.02	116.79

4-13 牛监测调查情况(2014年)

项　　目	一季度	二季度	三季度	四季度	全年
散养户饲养户数(户)	**1830**	**1753**	**1729**	**1694**	**1694**
散养户期末存栏(头)	**3007**	**3269.5**	**3332**	**3521**	**3521**
#奶牛	1			1	1
散养户期内增加(头)	**530**	**429**	**335**	**450**	**1744**
自繁	202	230	187	224	843
散养户期内减少(头)	**665**	**195**	**285**	**263**	**1408**
自宰头数	157	49	54	60	320
出售头数	428	106	191	173	898
出售重量(吨)	91.89	23.03	44.44	38.64	197.996
出售金额(万元)	344.09	71.60	144.29	140.76	700.743
平均出售价格(元/公斤)	37.45	31.09	32.47	36.43	35.39
平均出售重量(公斤/头)	214.70	217.23	232.65	223.36	220.49
牛奶产量(吨)					
规模户饲养户数(户)	**336**	**316**	**314**	**323**	**323**
规模户期末存栏(头)	**39849**	**43888**	**45014**	**45176**	**45176**
#奶牛	597	612	603	614	614
规模户期内增加(头)	**7774**	**7727**	**6478**	**7604**	**29583**
自繁	3561	3002	3276	3052	12891
规模户期内减少(头)	**11999**	**4420**	**4071**	**8069**	**28559**
自宰头数	775	105	59	146	1085
出售头数	10984	4244	3991	7704	26923
出售重量(吨)	3246.88	1280.00	1206.11	2314.53	8047.52
出售金额(万元)	12489.77	5002.25	4701.13	9118.30	31311.45
平均出售价格(元/公斤)	38.47	39.08	38.98	39.40	38.91
平均出售重量(公斤/头)	295.60	301.60	302.21	300.43	298.91
牛奶产量(吨)	365.90	374.16	378.20	387.60	1505.86
非农户饲养户数(户)	**41**	**39**	**44**	**48**	**48**
非农户期末存栏(头)	**23435**	**23688**	**24989**	**38278**	**38278**
#奶牛	10491	10516	10709	10856	10856
非农户期内增加(头)	**3789**	**3185**	**4248**	**18305**	**29527**
自繁	901	716	909	1589	4115
非农户期内减少(头)	**4289**	**3217**	**3440**	**4517**	**15463**
自宰头数	1967	2120	2047	2384	8518
出售头数	2005	997	1346	1879	6227
出售重量(吨)	711.05	409.72	351.65	527.33	1999.74
出售金额(万元)	2180.84	1045.05	852.87	1244.87	5323.62
平均出售价格(元/公斤)	30.67	25.51	24.25	23.61	26.62
平均出售重量(公斤/头)	354.64	410.95	261.25	280.64	321.14
牛奶产量(吨)	5617.18	9262.74	6582.86	6451.09	27913.86

4-14 羊监测调查情况(2014年)

项　　目	一季度	二季度	三季度	四季度	全年
散养户饲养户数(户)	**421**	**401**	**403**	**401**	**401**
散养户期末存栏(头)	**5610**	**6026**	**6630**	**6490**	**6490**
散养户期内增加(头)	**1273**	**1288**	**1263**	**949**	**4773**
自繁	1025	921	931	803	3680
散养户期内减少(头)	**1999**	**865**	**659**	**1089**	**4612**
自宰	248	46	108	127	529
出售	1608	716	523	944	3791
出售重量(吨)	40.66	16.64	12.85	23.33	93.49
出售金额(万元)	178.55	67.36	49.32	90.46	385.69
平均出售价格(元/公斤)	43.91	40.48	38.37	38.77	41.26
平均出售重量(公斤/头)	25.29	23.24	24.58	24.71	24.66
规模户饲养户数(户)	**283**	**267**	**268**	**270**	**270**
规模户期末存栏(头)	**123284**	**125947**	**131761**	**125539**	**125539**
规模户期内增加(头)	**25328**	**32457**	**16690**	**18165**	**92640**
自繁	18302	28842	13671	12508	73323
规模户期内减少(头)	**36969**	**30534**	**12732**	**23527**	**103762**
自宰	3714	77	75	280	4146
出售	32902	30024	12282	22968	98176
出售重量(吨)	817.88	850.86	318.45	587.81	2575.00
出售金额(万元)	3630.47	3580.57	1303.19	2508.37	11022.60
平均出售价格(元/公斤)	44.39	42.08	40.92	42.67	42.81
平均出售重量(公斤/头)	24.86	28.34	25.93	25.59	26.23
非农户饲养户数(户)	**43**	**45**	**45**	**74**	**74**
非农户期末存栏(头)	**7566**	**8104**	**9737**	**11395**	**11395**
非农户期内增加(头)	**1851**	**1588**	**3445**	**4684**	**11568**
自繁	1339	1341	1503	1472	5655
非农户期内减少(头)	**2669**	**1050**	**1812**	**2606**	**8137**
自宰	37	6	21	22	86
出售	2416	886	1757	2381	7440
出售重量(吨)	69.05	28.66	64.01	83.76	245.47
出售金额(万元)	319.41	110.06	177.30	281.92	888.69
平均出售价格(元/公斤)	46.26	38.41	27.70	33.66	36.20
平均出售重量(公斤/头)	28.58	32.34	36.43	35.18	32.99

4-15 家禽监测调查情况（2014年）

项　　目	一季度	二季度	三季度	四季度	全年
散养户饲养户数(户)	**11025**	**10246**	**10170**	**10231**	**10231**
散养户期末存栏(万只)	**14.99**	**19.22**	**20.84**	**18.33**	**18.33**
肉用	6.62	9.87	10.77	9.36	9.36
蛋用	7.93	8.81	9.47	8.83	8.83
散养户期内减少(万只)	**8.71**	**4.42**	**4.82**	**6.02**	**23.97**
自宰	4.26	1.76	1.97	2.22	10.22
出售	3.79	2.45	2.45	3.42	12.11
出售重量(吨)	68.57	42.16	42.05	58.84	211.62
出售金额(万元)	180.07	109.81	107.44	161.93	559.25
平均出售价格(元/公斤)	26.26	26.05	25.26	27.52	26.43
平均出售重量(公斤/头)	1.81	1.72	1.74	1.72	1.75
散养户产蛋量(吨)	**85.57**	**106.92**	**81.66**	**97.94**	**372.09**
规模户饲养户数(户)	**686**	**594**	**592**	**596**	**596**
规模户期末存栏(万只)	**2596.21**	**2633.79**	**2738.32**	**2697.15**	**2697.15**
肉用	1751.56	1797.33	1915.23	1839.73	1839.73
蛋用	830.84	828.68	813.83	833.76	833.76
规模户期内减少(万只)	**1260.44**	**1222.05**	**1331.66**	**1304.87**	**5119.02**
自宰	327.09	270.59	262.72	265.32	1125.72
出售	922.54	944.41	1020.02	982.47	3869.44
出售重量(吨)	14562.96	14779.47	15928.39	15173.16	60443.99
出售金额(万元)	15781.50	21469.46	22578.58	23662.26	83491.80
平均出售价格(元/公斤)	10.84	14.53	14.18	15.59	13.81
平均出售重量(公斤/头)	1.58	1.56	1.56	1.54	1.56
规模户产蛋量(吨)	**28730.65**	**118480.41**	**111263.88**	**30378.69**	**288853.64**
非农户饲养户数(户)	**68**	**61**	**61**	**64**	**64**
非农户期末存栏(万只)	**690.63**	**814.40**	**852.75**	**871.62**	**871.62**
肉用	512.11	646.11	685.90	718.82	718.82
蛋用	169.24	168.29	157.98	152.80	152.80
非农户期内减少(万只)	**781.99**	**811.76**	**790.32**	**920.35**	**3304.43**
自宰	0.20	0.25	1.03	0.29	1.76
出售	725.28	787.92	763.61	895.75	3172.57
出售重量(吨)	12053.56	12939.84	13339.87	17028.15	55361.42
出售金额(万元)	13113.78	15586.34	17061.01	24665.69	70426.82
平均出售价格(元/公斤)	10.88	12.05	12.79	14.49	12.72
平均出售重量(公斤/头)	1.66	1.64	1.75	1.90	1.75
非农户产蛋量(吨)	**5580.27**	**6031.76**	**5901.18**	**5874.58**	**23387.79**

4-16 粮食中间消耗(2014年)

项　目	早籼稻	晚籼稻	其他稻谷	马铃薯	红薯	大豆
平均每单位产值(元)	**1084.12**	**1251.08**	**1342.79**	**3706.65**	**1757.22**	**854.26**
平均每单位中间消耗(元)	**483.15**	**459.40**	**364.75**	**287.63**	**247.91**	**132.05**
物质消耗	292.09	281.61	253.89	287.63	247.91	132.05
用种量	60.98	59.24	52.55	196.30	93.18	41.19
饲料、饲草						
肥料	151.74	138.82	134.32	91.33	107.05	67.96
燃料	10.69	5.68	4.95		0.83	
农膜(棚膜、地膜)	6.63	3.49	1.89			
农药	47.28	63.15	56.77		1.17	11.21
畜牧水产养殖用药品						
水费						
用电量		4.72	0.01			
棚架材料费						
小农具购置费	2.21	1.16	2.31		5.80	3.53
办公用品购置						
其他物质消耗	9.01					
生产服务支出	191.10	177.79	110.86			
修理费	3.60	2.62				
外雇运输费	1.88	1.72	0.69			
生产性邮电费						
外雇排灌费		12.26				
外雇机械作业费	162.80	130.99	104.89			
配种费						
防疫费						
技术服务费						
上缴管理费						
保险费						
广告费						
职工教育费						
差旅费						
会议费						
其他服务费	5.69					

4-17 油、糖、麻、烟中间消耗(2014年)

项　　目	油菜籽	细绒棉	苎麻	烤烟叶
平均每单位产值(元)	**643.86**	**1326.36**	**2896.67**	**3481.49**
平均每单位中间消耗(元)	**178.93**	**435.07**	**171.22**	**1125.56**
物质消耗	144.44	400.99	171.22	922.18
用种量	16.94	55.12	10.25	23.3
饲料、饲草				
肥料	86.69	216.42	118.27	480.81
燃料	0.56	0.88		261.27
农膜(棚膜、地膜)		8.67		19.07
农药	17.39	100.7	42.7	43
畜牧水产养殖用药品				
水费				
用电量		0.14		36.06
棚架材料费				1.16
小农具购置费	5.28	4.8		12.01
办公用品购置				
其他物质消耗				20.68
生产服务支出	34.49	34.08		203.38
修理费				0.66
外雇运输费	2.15	0.21		16.49
生产性邮电费				
外雇排灌费	2.03	3.38		18.52
外雇机械作业费	20.83	11.59		33.74
配种费				
防疫费				
技术服务费				
上缴管理费				
保险费				
广告费				
职工教育费				
差旅费				
会议费				
其他				133.57

4-18 蔬菜、水果中间消耗(2014年)

项　目	大白菜	黄 瓜	辣 椒	柑桔
平均每单位产值(元)	**5756.99**	**5656.64**	**4773.99**	**1800.00**
平均每单位中间消耗(元)	**1066.52**	**594.12**	**797.62**	**617.32**
物质消耗	1066.52	594.12	726.97	533.99
用种量	88.13	58.73	174.01	10.82
饲料、饲草				
肥料	897.53	415.54	432.32	381.72
燃料			4.23	
农膜(棚膜、地膜)		60.00	13.26	0.87
农药	39.65	91.48	87.28	132.65
畜牧水产养殖用药品				
水费				
用电量				
棚架材料费		5.93	6.73	
小农具购置费	41.20	1.33	13.75	
办公用品购置				
其他物质消耗				
生产服务支出			70.65	83.34
修理费				
外雇运输费				
生产性邮电费				
外雇排灌费			2.47	
外雇机械作业费			13.79	
配种费				
防疫费				
技术服务费				
上缴管理费				
保险费				
广告费				
职工教育费				
差旅费				
会议费				
其他			54.39	83.34

4-19 生猪、活牛中间消耗(2014年)

项 目	生猪		活牛	
	上半年	下半年	上半年	下半年
平均每单位产值(元)	**1587.35**	**1798.25**	**6916.41**	**7635.12**
平均每单位中间消耗(元)	**1140.47**	**1345.11**	**2532.13**	**4308.60**
物质消耗	1127.62	1330.54	2495.46	4221.60
用种量	184.10	203.94	1751.41	2772.42
饲料、饲草	887.15	1103.12	684.77	1385.30
燃料	38.62	1.14	5.56	
畜牧水产养殖用药品	12.29	14.18	50.13	56.62
水费	0.32	0.26		
用电量	2.05	1.12	1.19	7.26
小农具购置费		2.13		
办公用品购置				
其他物质消耗	2.20	4.39		
生产服务支出合计	12.85	14.57	36.67	87.01
修理费				
外雇运输费	0.59	1.90		
生产性邮电费				
配种费	1.02	0.02	16.67	
防疫费	2.55	6.44		6.25
技术服务费		0.07		
上缴管理费				
保险费			20.00	30.00
广告费				
职工教育费				
差旅费				
会议费				
其他	8.63	6.10		

4-20 鸡、鸭中间消耗(2014年)

项 目	鸡		鸭	
	上半年	下半年	上半年	下半年
平均每单位产值(元)	**48.90**	**67.28**	**44.56**	**53.27**
平均每单位中间消耗(元)	**18.17**	**30.54**	**17.32**	**20.95**
物质消耗	17.94	30.23	17.10	20.64
用种量	3.93	6.00	2.81	3.48
饲料、饲草	13.46	23.32	13.88	16.84
燃料				
畜牧水产养殖用药品	0.47	0.48	0.25	0.17
水费				
用电量	0.05	0.01	0.10	0.11
小农具购置费		0.39		
办公用品购置				
其他物质消耗	0.02	0.03	0.02	0.05
生产服务支出合计	0.23	0.31	0.22	0.32
修理费				
外雇运输费	0.17	0.03	0.06	
生产性邮电费				
配种费				
防疫费	0.02	0.01	0.04	0.18
技术服务费				
上缴管理费				
保险费				
广告费				
职工教育费				
差旅费				
会议费				
其他	0.01	0.25	0.10	0.05

4-21 水产品中间消耗(2014年)

项　目	草鱼	鲢鱼	鳙鱼
平均每单位产值(元)	**8208.26**	**3725.17**	**8269.78**
平均每单位中间消耗(元)	**2859.83**	**1231.19**	**5039.5**
物质消耗	2802.25	1181.19	4772.83
用种量	580.47	273.49	623.89
饲料、饲草			
肥料			
燃料	2.35		
农膜(棚膜、地膜)			
农药			
畜牧水产养殖用药品			
水费	3.57		
用电量	36.26	32.78	105.89
棚架材料费			
小农具购置费	4.6		
办公用品购置			
其他物质消耗	9.93		
生产服务支出	57.58	50	266.67
修理费	9.08		
外雇运输费	4.55		
生产性邮电费			
外雇排灌费			
外雇机械作业费			
技术服务费			
上缴管理费			
职工教育费			
差旅费			
会议费			
其他服务费	43.95	50	166.67

4-22 生猪调出大县猪肉产量(2008—2014年)

单位：万吨

地区名称	2008	2009	2010	2011	2012	2013	2014
长沙县	12.15	13.99	12.80	11.89	11.26	10.81	10.23
望城县	6.85	7.98	7.75	7.49	6.09	5.88	5.76
宁乡县	11.92	13.45	12.94	12.89	13.12	13.28	13.52
浏阳市	10.46	11.72	12.03	11.94	11.43	11.56	11.79
株洲县	3.44	4.09	3.92	3.46	3.33	3.42	3.54
攸　县	6.40	7.09	6.61	5.70	5.76	5.88	5.77
茶陵县	5.20	5.57	5.38	5.08	5.14	5.23	5.24
醴陵市	5.30	6.91	6.82	7.05	6.87	6.78	7.01
湘潭县	11.77	12.87	12.71	12.33	11.74	11.55	12.00
湘乡市	8.88	10.95	10.45	10.16	10.26	10.58	10.89
衡阳县	8.32	9.96	10.13	9.93	10.05	10.43	10.45
衡南县	8.37	10.15	10.05	9.87	10.00	10.33	10.20
衡山县			3.37	3.47	3.48	3.60	3.71
衡东县	5.88	7.45	6.97	6.30	6.37	6.62	6.38
祁东县	6.25	7.24	6.97	6.95	6.70	6.90	7.11
耒阳市	6.38	7.63	7.28	6.73	6.79	7.02	7.21
常宁市	5.95	6.38	6.47	6.54	6.37	6.55	6.84
邵东县	6.60	8.25	7.13	6.39	6.13	6.29	6.43
新邵县	5.33	6.33	6.08	5.49	5.55	5.78	5.63
邵阳县	6.57	8.52	7.98	7.43	7.09	7.42	7.43
隆回县	5.40	6.23	6.01	5.68	5.74	5.95	5.78
洞口县	7.80	7.61	7.63	7.39	7.48	7.60	7.72
武冈市	6.81	6.72	6.52	6.66	6.75	6.75	7.02
岳阳县	6.19	6.76	6.91	7.13	7.08	7.27	7.65
华容县	4.01	4.63	4.66	4.62	4.27	4.27	4.52
湘阴县	3.59	4.39	4.51	4.43	4.56	4.78	5.03
平江县	5.90	7.13	6.82	6.72	6.80	7.00	6.91
汨罗市	6.44	7.11	6.91	6.53	6.40	6.50	6.74
临湘市			3.74	3.86	3.86	4.15	4.16
鼎城区	4.63	5.50	5.11	4.54	4.56	4.55	4.69
汉寿县			4.21	4.34	4.35	4.55	4.69
澧　县	4.30	5.03	4.77	4.80	4.67	4.85	5.10
临澧县			2.59	2.67	2.68	2.68	2.97
桃源县	6.14	7.02	6.26	6.01	6.09	5.83	6.13
石门县	4.28	4.93	4.84	4.70	4.74	4.64	4.74
慈利县			2.76	2.85	2.85	3.12	3.28
赫山区	5.47	6.26	6.41	6.47	6.53	6.50	6.85
南　县			4.39	4.52	4.53	4.46	4.61
桃江县	4.38	5.47	4.60	4.70	4.76	4.91	4.78
安化县			3.87	3.99	3.99	4.16	4.28
沅江市			3.30	3.40	3.41	3.33	3.34
苏仙区			2.98	3.07	3.08	3.28	3.29
桂阳县	5.13	5.74	5.85	5.88	5.95	6.13	6.27
宜章县	3.75	4.51	3.53	3.65	3.71	3.97	4.07
永兴县			3.22	3.32	3.32	3.44	3.53
嘉禾县	3.67	3.78	3.14	3.11	3.15	3.36	3.37
资兴市			3.43	3.54	3.54	3.84	3.85
零陵区	5.04	5.95	5.74	5.33	5.39	5.62	5.72
冷水滩区	5.27	6.47	6.23	5.70	5.77	5.94	6.16
祁阳县	5.77	6.96	6.54	6.45	6.12	6.12	6.26
东安县			3.71	3.82	3.83	4.00	3.85
道　县	4.14	5.11	5.02	4.82	4.60	4.54	4.71
宁远县	5.00	6.16	6.05	5.93	5.98	6.25	6.41
蓝山县	3.59	4.18	3.31	3.53	3.56	3.61	3.62
江华县			2.85	2.93	2.94	3.08	3.14
溆浦县	3.94	4.97	4.74	4.47	4.75	4.98	5.14
双峰县	7.94	9.17	8.71	8.69	8.39	7.82	7.56
新化县	6.80	8.48	8.08	7.68	7.43	7.17	6.90
涟源市	6.30	7.62	7.36	6.96	6.72	7.05	7.26

4-23 生猪调出大县生猪出栏(2008—2014年)

单位：万头

地区名称	2008	2009	2010	2011	2012	2013	2014
长沙县	170.45	177.43	169.61	158.56	150.39	141.39	136.46
望城县	96.05	103.16	104.51	99.85	89.88	82.93	78.83
宁乡县	167.12	179.88	180.76	171.84	174.93	175.41	182.13
浏阳市	146.70	158.21	167.08	159.23	152.38	153.48	159.24
株洲县	51.71	47.21	47.50	46.10	44.30	45.30	47.60
攸　县	74.40	75.66	78.30	76.05	76.81	78.02	77.94
茶陵县	72.60	71.24	71.04	67.67	68.41	69.05	69.13
醴陵市	89.41	91.38	95.71	97.43	94.02	90.50	94.30
湘潭县	165.13	174.34	178.54	168.95	160.85	155.88	161.87
湘乡市	124.59	133.55	140.25	135.45	136.80	140.42	147.23
衡阳县	116.75	130.97	136.90	132.45	134.04	137.85	139.89
衡南县	117.45	131.06	134.04	131.59	133.30	136.50	136.19
衡山县			45.98	46.90	46.99	48.01	50.16
衡东县	82.41	85.53	87.34	83.97	84.98	86.86	85.68
祁东县	87.61	90.86	96.74	93.19	89.84	91.41	95.19
耒阳市	89.53	86.03	91.84	89.75	90.47	92.46	95.65
常宁市	83.49	86.08	90.41	90.96	86.68	88.46	92.28
邵东县	92.59	93.25	88.74	85.22	81.73	82.61	86.00
新邵县	69.23	73.01	75.02	73.25	73.98	76.11	75.23
邵阳县	92.11	97.02	100.71	99.00	94.55	97.06	98.45
隆回县	70.11	71.86	76.74	75.76	76.52	78.34	77.45
洞口县	109.33	103.21	102.09	98.53	99.71	99.80	103.12
武冈市	95.45	92.23	91.24	92.44	93.18	92.15	95.71
岳阳县	86.84	94.61	97.77	98.73	98.04	99.42	104.45
华容县	56.29	63.35	64.51	61.61	67.36	67.32	69.61
湘阴县	50.39	56.21	60.35	59.10	60.81	62.76	66.96
平江县	82.82	88.67	90.55	89.58	90.65	92.70	92.51
汨罗市	90.33	88.23	89.44	87.06	85.32	86.15	89.95
临湘市			50.57	51.58	51.63	54.11	55.10
鼎城区	64.99	66.32	64.52	60.51	60.75	60.50	63.16
汉寿县			55.52	56.63	56.74	58.83	61.85
澧　县	60.33	65.34	66.18	66.38	64.59	65.98	69.13
临澧县			35.04	35.74	35.78	35.74	40.22
桃源县	86.13	89.56	82.18	80.11	81.23	78.71	83.25
石门县	60.07	63.84	65.24	62.60	63.23	60.89	63.60
慈利县			35.84	36.56	36.67	39.67	42.72
赫山区	76.74	85.12	88.33	88.68	89.13	87.78	92.18
南　县			58.80	59.98	60.16	58.24	61.25
桃江县	62.77	63.12	64.53	62.70	63.52	65.32	64.09
安化县			51.46	52.49	52.54	54.54	57.03
沅江市			42.39	43.24	43.37	42.42	42.95
苏仙区			39.73	40.52	40.56	43.06	43.74
桂阳县	71.98	77.40	80.64	80.80	81.45	83.14	84.83
宜章县	50.70	52.04	49.51	48.64	49.52	52.01	54.35
永兴县			42.66	43.51	43.60	45.10	47.04
嘉禾县	51.10	52.60	44.05	42.14	42.60	45.32	45.68
资兴市			45.63	46.54	46.59	50.59	51.38
零陵区	69.00	68.56	73.30	71.09	71.80	74.88	77.04
冷水滩区	71.78	74.59	78.44	76.06	76.90	78.14	82.15
祁阳县	80.96	82.37	88.02	86.02	81.37	81.29	84.97
东安县			49.65	50.65	50.80	53.20	51.91
道　县	58.00	63.00	66.63	64.25	61.23	59.88	62.68
宁远县	70.15	76.90	82.81	79.01	79.72	82.11	85.70
蓝山县	50.30	52.20	46.51	44.96	45.36	46.00	46.82
江华县			38.40	39.17	39.21	41.00	42.25
溆浦县	56.28	57.28	59.00	57.83	59.51	62.24	65.73
双峰县	111.34	116.17	119.92	115.87	112.16	103.45	102.38
新化县	95.41	99.07	104.14	102.41	98.72	93.98	92.83
涟源市	88.31	91.53	96.80	92.79	89.08	92.24	96.87

4-24 生猪调出大县年末生猪存栏(2008—2014年)

单位：万头

地区名称	2008	2009	2010	2011	2012	2013	2014
长沙县	135.68	136.53	118.63	118.63	110.11	100.11	97.65
望城县	72.98	73.91	74.01	74.38	54.03	54.52	51.60
宁乡县	129.01	132.45	129.14	129.39	122.14	124.39	125.20
浏阳市	105.66	110.45	115.69	118.98	114.82	110.04	110.90
株洲县	36.37	35.44	38.13	34.50	31.82	32.42	32.22
攸　县	53.79	54.28	55.68	56.20	52.32	50.49	52.69
茶陵县	51.79	52.15	49.32	50.13	47.72	48.71	48.50
醴陵市	62.26	65.06	67.92	69.37	66.60	63.48	62.50
湘潭县	120.52	122.84	122.14	120.16	113.93	110.93	110.85
湘乡市	90.57	94.45	97.42	101.06	93.18	98.03	98.06
衡阳县	86.88	91.03	94.24	96.62	90.05	88.07	90.46
衡南县	87.08	91.18	92.22	96.84	90.35	93.20	93.34
衡山县			29.41	30.29	30.35	29.68	30.63
衡东县	56.61	59.82	60.32	61.54	58.28	59.88	60.10
祁东县	64.52	66.91	67.57	69.06	65.95	67.00	67.00
耒阳市	65.32	65.49	67.01	68.87	65.08	62.67	64.08
常宁市	62.68	62.96	63.38	65.24	61.26	62.94	63.53
邵东县	63.79	68.12	64.92	64.90	63.08	60.06	59.33
新邵县	48.11	53.14	52.17	54.07	50.61	52.27	52.75
邵阳县	64.45	70.63	71.82	73.34	69.60	70.55	70.65
隆回县	48.16	52.32	56.68	56.37	55.07	56.99	57.24
洞口县	76.50	76.50	74.02	74.23	68.37	70.37	69.83
武冈市	68.49	69.13	65.42	65.61	61.80	65.82	64.90
岳阳县	65.50	69.52	69.24	70.20	66.13	68.89	68.60
华容县	42.77	45.95	45.78	45.78	40.29	43.47	43.57
湘阴县	36.85	40.26	43.35	43.71	42.62	41.08	42.10
平江县	62.53	64.31	64.42	66.30	64.05	65.06	64.74
汨罗市	65.12	63.52	62.71	64.27	61.83	62.24	60.14
临湘市			28.34	29.19	29.25	32.12	32.97
鼎城区	46.55	47.27	45.54	44.95	43.71	43.33	43.52
汉寿县			34.33	35.36	35.47	39.27	39.36
澧　县	40.81	44.93	45.42	47.22	44.58	46.94	47.21
临澧县			26.60	27.40	27.43	27.43	28.50
桃源县	64.54	65.54	58.39	59.52	57.50	54.45	56.59
石门县	43.02	44.94	46.05	46.18	44.66	43.05	43.75
慈利县			25.71	26.48	26.53	25.13	26.45
赫山区	56.48	61.10	61.33	63.45	61.61	61.59	62.82
南　县			34.10	35.12	35.16	42.86	43.78
桃江县	42.07	47.21	45.41	46.35	44.08	43.11	44.13
安化县			32.52	33.49	33.56	32.35	33.70
沅江市			29.28	30.16	30.19	32.19	32.10
苏仙区			25.98	26.76	26.84	25.71	27.46
桂阳县	50.91	53.41	55.50	58.24	54.86	56.29	57.47
宜章县	35.73	37.43	35.39	36.82	35.05	35.79	36.54
永兴县			29.59	30.48	30.54	32.16	32.83
嘉禾县	39.04	40.10	31.35	31.50	30.40	31.07	31.91
资兴市			29.36	30.24	30.27	31.33	32.23
零陵区	45.61	47.69	49.07	52.85	49.78	50.98	51.50
冷水滩区	47.62	51.58	50.24	56.52	52.85	53.64	54.00
祁阳县	58.41	59.32	60.70	63.91	61.93	61.17	60.00
东安县			32.68	33.66	33.69	38.00	38.20
道　县	42.36	44.21	46.25	47.65	46.13	45.82	43.90
宁远县	52.43	54.70	53.60	59.25	56.94	56.31	56.40
蓝山县	38.32	39.65	33.12	33.65	32.37	32.86	32.90
江华县			26.96	27.77	27.80	28.27	29.30
溆浦县	40.28	40.84	42.07	42.41	40.84	43.06	43.64
双峰县	81.54	83.00	84.00	86.75	81.35	76.24	74.52
新化县	70.99	72.28	74.71	75.76	73.11	74.13	73.56
涟源市	63.17	64.76	66.06	70.73	68.33	69.11	69.38

4-25 生猪调出大县年末能繁母猪存栏量(2008—2014年)

单位：万头

地区名称	2008	2009	2010	2011	2012	2013	2014
长沙县	13.51	13.79	13.12	12.07	10.83	10.23	10.09
望城县	7.45	7.67	7.68	7.57	4.33	4.99	4.92
宁乡县	12.34	13.54	13.09	13.12	13.12	13.03	12.85
浏阳市	10.26	11.02	11.49	12.15	11.76	11.19	11.07
株洲县	3.70	3.60	4.12	3.56	3.20	3.20	3.14
攸　县	5.50	5.59	5.66	5.76	5.76	5.79	5.22
茶陵县	4.60	5.20	5.10	5.14	5.14	5.15	4.91
醴陵市	5.93	6.30	6.79	7.10	6.83	6.30	6.10
湘潭县	12.13	12.34	12.32	12.46	11.86	11.32	11.07
湘乡市	9.06	9.34	9.81	10.37	10.32	10.20	10.10
衡阳县	8.87	9.01	9.40	9.80	9.80	10.10	10.20
衡南县	9.66	9.76	9.40	9.95	9.95	10.20	10.30
衡山县			3.72	3.80	3.80	3.90	3.67
衡东县	5.63	5.83	6.20	6.43	6.17	6.25	6.32
祁东县	6.28	6.58	6.72	7.00	7.00	7.09	7.16
耒阳市	6.97	6.51	6.74	7.00	7.00	7.18	7.25
常宁市	6.09	6.08	6.37	6.79	6.50	6.70	6.80
邵东县	6.14	7.04	6.66	6.69	6.48	6.29	6.24
新邵县	4.83	5.50	5.25	5.57	5.57	5.53	5.57
邵阳县	6.35	7.46	7.50	7.52	7.17	7.22	7.15
隆回县	5.04	5.49	5.44	5.68	5.68	5.79	5.84
洞口县	7.64	7.82	7.62	7.53	7.53	7.65	7.43
武冈市	6.52	6.64	6.67	6.67	6.67	6.71	6.66
岳阳县	6.52	7.31	7.27	7.10	7.10	6.92	6.63
华容县	4.36	4.81	4.82	4.64	3.08	3.71	3.75
湘阴县	3.82	4.22	4.33	4.40	4.40	4.24	4.32
平江县	6.36	6.82	6.68	6.58	6.58	6.68	6.70
汨罗市	6.33	6.42	6.52	6.37	6.22	6.31	6.25
临湘市			3.35	3.42	3.42	3.79	3.55
鼎城区	4.75	4.88	4.62	4.53	4.23	4.35	4.30
汉寿县			4.31	4.40	4.40	4.56	4.24
澧　县	4.04	4.45	4.65	4.70	4.56	4.62	4.69
临澧县			3.03	3.09	3.10	3.20	3.27
桃源县	6.17	6.49	6.05	6.07	5.85	6.04	6.01
石门县	4.39	4.69	4.73	4.51	4.47	4.73	4.59
慈利县			2.52	2.57	2.57	2.48	2.51
赫山区	5.46	6.00	6.12	6.44	6.44	6.44	6.34
南　县			4.29	4.38	4.38	4.38	4.42
桃江县	4.11	4.91	4.51	4.72	4.72	4.65	4.55
安化县			4.32	4.41	4.41	4.11	3.70
沅江市			3.03	3.09	3.10	3.20	3.24
苏仙区			2.86	2.92	2.92	2.83	2.86
桂阳县	4.86	5.32	5.65	5.80	5.80	5.84	5.87
宜章县	3.65	3.77	3.65	3.74	3.74	3.85	3.78
永兴县			3.67	3.74	3.74	3.78	3.45
嘉禾县	3.56	3.90	3.20	3.21	3.21	3.24	3.31
资兴市			3.23	3.29	3.30	3.80	3.78
零陵区	4.40	4.76	4.98	5.35	5.35	5.46	5.30
冷水滩区	4.68	5.30	5.16	5.73	5.73	5.70	5.60
祁阳县	6.05	6.13	6.23	6.46	6.23	6.36	6.20
东安县			3.64	3.72	3.72	4.17	4.00
道　县	4.24	4.40	4.75	4.81	4.68	4.73	4.60
宁远县	5.37	5.60	5.71	6.10	6.10	5.84	5.65
蓝山县	5.26	3.97	3.33	3.41	3.41	3.44	3.30
江华县			2.71	2.76	2.77	3.00	3.02
溆浦县	3.83	4.00	4.12	4.35	4.35	4.44	4.55
双峰县	8.10	8.34	8.44	8.65	8.03	7.60	7.50
新化县	6.75	7.23	7.34	7.62	7.47	7.68	7.66
涟源市	5.37	6.40	6.60	7.15	6.91	7.11	7.21

五、工业和服务业调查

资料整理人员：周晓杭　马　鑫　王　耿

5-1 历年规模以下工业基本情况

单位：亿元

年份	单位数(个)	企业	个体	工业总产值(可比价)	企业	个体	从业人员(万人)	企业	个体
1999	283200	69800	213400	1050.82	463.56	587.26	368.16	88.53	279.63
2000	271900	59700	212200	1135.12	509.94	625.18	353.32	90.93	262.39
2001	284800	49800	235000	1205.99	543.59	662.41	313.28	93.79	219.49
2002	304500	45000	259500	1280.09	578.64	701.46	274.05	95.09	178.96
2003	306800	40300	266500	1378.22	632.34	745.88	234.23	96.82	137.41
2004	318194	36353	281841	1464.90	693.64	771.26	184.10	96.88	87.22
2005	329287	37137	292150	1628.29	728.07	900.22	192.43	91.22	101.21
2006	336331	38958	297374	1848.21	804.89	1043.31	201.25	96.26	101.17
2007	342851	36555	306296	2001.04	940.09	1060.95	219.03	104.72	114.31
2008				2214.23					
2009	356876	37671	319205	2239.22	992.11	1247.11	228.90	83.42	145.48
2010	379599	46108	333491	2488.80	1205.61	1283.19	249.34	90.94	158.40
2011	373627	46212	327415	3141.18	1672.37	1468.81	223.44	96.51	126.93
2012	292648	47294	245354	3475.83	1869.05	1606.78	196.3	95.05	101.25
2013	295878	45525	250353	3065.49	1835.99	1229.5	182.5	94.4	88.1
2014	310599	44704	265895	3553.2	2122.9	1430.3	200.6	98.5	102.1

注：2008年是经济普查年，规模以下工业年度数据由普查代年报，表中的工业总产值只是一个估算数。

5-2 各市州规模以下工业基本情况(2014年)

单位：亿元

市州	单位数(个)	企业	个体	工业总产值(可比价)	企业	个体	从业人员(万人)	企业	个体
长沙市	52038	7686	44352	833.0	404.0	429.0	33.55	16.25	17.29
株洲市	23113	2607	20506	332.5	239.6	92.9	17.23	7.74	9.49
湘潭市	9726	1777	7949	182.6	150.1	32.5	5.31	3.11	2.20
衡阳市	39624	4146	35478	448.0	266.8	181.2	23.51	10.29	13.22
邵阳市	28967	5177	23790	182.6	136.1	46.5	24.89	18.04	6.85
岳阳市	11501	4204	7297	218.9	170.0	48.9	9.24	6.84	2.40
常德市	25935	5348	20587	276.4	172.1	104.3	17.72	7.97	9.76
张家界市	2791	488	2303	18.7	9.4	9.3	1.43	0.73	0.67
益阳市	32564	3362	29202	255.4	107.3	148.1	18.54	6.77	11.77
郴州市	25884	4143	21741	254.3	145.2	109.1	16.42	8.26	8.16
永州市	20521	2171	18350	239.0	121.0	118.0	12.39	4.79	7.59
怀化市	17261	1167	16094	99.0	58.0	41.0	7.34	2.17	5.17
娄底市	8614	1866	6748	171.1	112.2	58.9	7.85	3.53	4.32
湘西自治州	12060	562	11498	41.6	31.3	10.3	5.14	1.97	3.17

5-3　制造业采购经理(PMI)分月指数(2014年)

单位：%

指　　标	1月	2月	3月	4月	5月	6月
制造业采购经理指数	**50.9**	**47.1**	**49.0**	**50.0**	**51.4**	**50.9**
生产量	52.0	47.7	51.6	52.5	54.0	51.2
产品订货	52.4	44.9	48.2	49.6	52.0	52.2
出口订货	45.8	50.2	43.8	48.2	51.5	50.1
现有订货	43.8	43.5	41.9	44.3	47.0	47.1
产成品库存	42.3	46.9	44.8	45.3	48.1	49.8
采购量	50.6	45.6	49.7	51.2	52.5	52.5
进口	49.6	49.0	47.3	48.0	49.7	52.4
购进价格	51.1	48.0	46.6	49.6	51.2	52.1
主要原材料库存	47.9	45.2	46.8	49.1	51.0	49.9
生产经营人员	50.3	47.3	46.4	47.2	48.9	50.0
供应商配送	50.8	50.7	48.1	48.9	50.7	50.5

5-3　续表

单位：%

指　　标	7月	8月	9月	10月	11月	12月
制造业采购经理指数	**52.2**	**49.5**	**51.0**	**51.9**	**50.1**	**51.1**
生产量	55.4	51.7	53.7	55.8	52.0	54.2
产品订货	54.8	50.9	53.3	52.8	51.7	51.9
出口订货	49.6	46.2	47.9	45.6	45.3	47.3
现有订货	48.6	43.1	45.4	45.4	44.3	45.3
产成品库存	48.1	46.7	44.7	45.9	46.9	46.8
采购量	54.2	50.0	53.9	50.7	50.3	48.3
进口	44.3	46.3	46.5	47.5	49.7	46.7
购进价格	52.3	51.4	50.0	47.6	47.2	47.3
主要原材料库存	48.6	46.9	49.5	46.5	46.3	47.0
生产经营人员	47.7	45.6	46.5	49.5	47.4	48.1
供应商配送	49.5	49.8	50.9	49.5	50.2	49.0

5-4 制造业采购经理(PMI)按企业规模分月指数(2014年)

单位：%

指 标	1月	2月	3月	4月	5月	6月	7月	8月	9月	10月	11月	12月
制造业采购经理指数	**50.9**	**47.1**	**49.0**	**50.0**	**51.4**	**50.9**	**52.2**	**49.5**	**51.0**	**51.9**	**50.1**	**51.1**
大型企业	56.1	44.8	51.6	51.6	50.2	48.5	52.9	50.6	50.8	52.1	51.3	53.2
中型企业	49.4	46.6	49.2	50.0	52.0	51.9	54.8	50.3	52.5	52.4	50.0	50.4
小微型企业	48.2	50.4	46.7	48.6	51.6	51.6	48.5	47.7	49.3	51.2	49.2	50.1
生产量	**52.0**	**47.7**	**51.6**	**52.5**	**54.0**	**51.2**	**55.4**	**51.7**	**53.7**	**55.8**	**52.0**	**54.2**
大型企业	62.4	40.4	57.4	54.8	52.8	47.9	61.0	52.7	53.7	56.2	56.2	59.3
中型企业	49.9	50.6	51.4	51.9	56.2	52.2	59.3	54.2	54.7	57.2	51.8	53.4
小微型企业	45.2	50.5	47.0	51.3	52.1	52.8	45.9	47.7	52.6	53.8	48.9	50.9
产品订货	**52.4**	**44.9**	**48.2**	**49.6**	**52.0**	**52.2**	**54.8**	**50.9**	**53.3**	**52.8**	**51.7**	**51.9**
大型企业	59.5	39.4	51.7	52.5	50.7	48.5	55.9	53.5	54.6	54.0	54.1	54.9
中型企业	49.0	44.0	48.7	49.6	51.6	54.8	58.4	50.9	56.1	52.5	50.7	50.3
小微型企业	50.5	52.0	44.7	47.1	53.6	52.0	49.4	48.9	48.6	52.1	51.0	51.5
主要原材料库存	**47.9**	**45.2**	**46.8**	**49.1**	**51.0**	**49.9**	**48.6**	**46.9**	**49.5**	**46.5**	**46.3**	**47.0**
大型企业	51.2	45.7	47.7	48.5	53.0	46.5	43.7	48.3	49.6	49.2	43.6	48.7
中型企业	47.8	41.5	47.5	49.3	48.8	49.3	50.4	45.6	49.0	46.6	47.6	47.7
小微型企业	44.7	50.8	45.2	49.2	52.0	53.6	50.5	47.3	49.9	44.1	46.8	44.6
从业人员	**50.3**	**47.3**	**46.4**	**47.2**	**48.9**	**50.0**	**47.7**	**45.6**	**46.5**	**49.5**	**47.4**	**48.1**
大型企业	53.2	48.7	45.8	48.2	45.7	49.0	45.2	44.6	43.7	48.0	46.1	48.1
中型企业	49.1	45.5	46.8	47.8	50.2	49.4	49.1	47.5	49.5	50.5	48.8	47.3
小微型企业	49.2	48.6	46.4	45.7	49.9	51.7	48.0	43.9	45.1	49.5	46.7	49.1
配送时间	**50.8**	**50.7**	**48.1**	**48.9**	**50.7**	**50.5**	**49.5**	**49.8**	**50.9**	**49.5**	**50.2**	**49.0**
大型企业	52.4	49.7	48.6	49.5	51.1	50.0	49.4	49.0	51.6	50.9	50.3	50.5
中型企业	49.6	50.8	49.0	48.6	49.9	49.2	49.2	50.5	51.8	49.6	50.9	48.2
小微型企业	51.2	51.6	46.6	48.9	51.4	52.5	50.0	49.6	49.2	48.0	49.2	48.8

5-5 制造业采购经理(PMI)按重点行业分月指数(2014年)

单位：%

指标	1月	2月	3月	4月	5月	6月	7月	8月	9月	10月	11月	12月
装备制造业	**48.9**	**52.4**	**52.1**	**52.4**	**52.4**	**50.4**	**52.3**	**50.0**	**50.6**	**48.7**	**50.4**	**51.9**
订单	49.2	50.4	53.0	54.7	52.0	49.8	55.0	53.2	54.8	46.2	52.1	51.9
生产	47.4	58.4	56.4	55.7	57.9	53.8	59.0	53.1	53.9	51.1	56.2	61.0
雇员	52.3	50.3	46.9	47.2	48.9	48.8	44.0	43.1	44.4	47.4	44.8	43.4
配送	50.4	47.4	48.6	48.4	50.9	50.5	49.5	50.6	52.3	48.1	50.7	49.4
库存	43.9	48.5	49.0	47.7	52.0	47.9	47.4	48.0	46.3	47.0	43.9	47.5
高新技术制造业	**47.5**	**50.9**	**55.5**	**54.3**	**57.8**	**55.7**	**58.6**	**53.1**	**55.8**	**57.6**	**60.6**	**60.0**
订单	49.0	44.7	59.2	50.9	58.5	65.1	61.2	56.9	61.6	59.2	61.0	65.7
生产	32.1	56.1	58.6	67.2	61.9	61.2	62.7	52.1	56.1	65.7	73.5	67.2
雇员	57.0	54.7	48.5	50.4	58.4	47.9	54.0	51.9	54.5	52.8	55.1	50.7
配送	43.1	46.9	46.4	51.7	52.1	54.5	47.7	47.4	52.0	47.4	52.0	45.4
库存	44.4	43.2	51.4	47.5	59.6	46.3	59.3	47.4	51.6	49.4	57.5	50.6
高耗能行业	**49.6**	**45.5**	**48.2**	**49.6**	**50.1**	**49.3**	**49.3**	**48.8**	**49.9**	**53.4**	**48.5**	**48.6**
订单	48.8	44.4	47.2	49.0	50.7	51.0	51.3	48.4	49.8	56.7	51.6	47.4
生产	51.9	43.5	49.8	52.2	52.0	48.1	48.4	50.8	52.2	58.3	47.2	48.1
雇员	48.5	46.9	44.9	47.0	47.4	49.4	46.7	47.2	47.5	49.7	46.4	49.9
配送	50.7	52.0	47.1	49.4	50.8	50.8	47.6	49.2	49.7	50.0	49.3	48.7
库存	49.0	43.6	47.9	49.0	50.1	46.6	45.4	45.4	49.1	44.3	43.2	46.5
消费品行业	**60.3**	**40.0**	**46.8**	**46.8**	**52.5**	**53.7**	**58.2**	**51.2**	**52.9**	**56.6**	**54.4**	**55.6**
订单	69.9	35.8	44.7	42.2	55.1	57.1	62.0	54.1	55.9	58.0	54.5	63.0
生产	65.6	33.3	47.9	48.2	52.3	48.8	63.1	52.1	55.0	62.3	58.1	57.7
雇员	52.4	42.9	49.0	46.4	51.2	54.0	55.1	48.7	48.1	55.3	53.3	51.7
配送	51.8	52.6	49.5	48.5	49.9	48.1	51.9	51.5	50.7	51.5	53.5	49.9
库存	55.4	41.4	42.7	52.6	51.4	57.7	56.1	49.2	53.5	52.7	59.1	43.9

5-6 规下服务业企业总量经济指标(2014年)

指标名称	计量单位	2014年	增速(%)
资产总计	万元	55130708	27.7
负债合计	万元	21622466	46.4
营业收入	万元	8956279	13.6
营业成本	万元	4956712.5	10.3
营业税金及附加	万元	313552.78	-7.7
销售费用	万元	482267.78	28.7
管理费用	万元	1663054.38	12.6
财务费用	万元	259830.61	39.4
营业利润	万元	722128.75	20.5
利润总额	万元	696256.31	13.0
应交所得税	万元	126260.47	4.0
应付职工薪酬(本年贷方累计发生额)	万元	2330910.5	15.0
应交增值税	万元	117097.6	22.7
从业人员平均人数	人	795465	9.1

注：表中数据根据2014年规模以下服务业抽样调查统计报表推算得出。

六、监测调查

资料整理人员：蔡 铨　凌 媛　姜文杰

6-1　贫困监测调查农村基础设施建设、人口及资源情况(2014年)

项目	监测县(57个县市区)	贫困县(51个县市区)	贫困县(40个县)	片区县(37个县)	#武陵山片区	#罗霄山片区
基础设施						
通公路的自然村占全部自然村的比重(%)	95.3	95.1	94.9	94.8	95.6	92.5
通客运班车的自然村占全部自然村的比重(%)	52.3	53.2	54.0	53.5	50.8	62.3
通电的自然村占全部自然村的比重(%)	99.9	99.9	99.9	99.9	99.9	99.9
通电话的自然村占全部自然村的比重(%)	95.5	95.2	95.3	94.6	94.5	94.4
通有线电视信号的自然村占全部自然村的比重(%)	71.8	71.0	74.8	71.5	73.1	74.5
有文化活动室的村占调查村的比重(%)	88.2	88.1	89.8	89.1	87.4	100.0
有幼儿园/学前班的村占调查村的比重(%)	40.2	40.7	44.0	42.9	40.9	60.4
有小学的村占调查村的比重(%)	42.4	42.3	43.3	42.5	42.5	50.0
有卫生室的村占调查村的比重(%)	87.0	86.4	87.1	86.4	85.4	91.7
有合法行医证医生的村占调查村的比重(%)	83.4	82.8	84.7	82.3	81.8	85.4
人口状况						
平均每个村户籍人口数(人)	1414.54	1382.94	1440.09	1442.32	1403.18	1675.13
平均每个村常住户数(户)	350.00	337.23	347.80	352.05	337.18	421.75
平均每个村常住人口数(人)	1187.75	1166.47	1208.26	1219.85	1175.44	1500.96
资源状况						
人均耕地面积(亩)	0.92	0.93	0.86	0.88	0.90	0.76
其中：人均有效灌溉面积(亩)	0.54	0.53	0.52	0.52	0.51	0.63
人均园地面积(亩)	0.23	0.24	0.24	0.23	0.26	0.11
人均林地面积(亩)	2.89	3.12	3.11	3.22	3.05	3.45
人均牧草面积(亩)	0.09	0.09	0.11	0.11	0.12	0.05
人均养殖水面面积（亩）	0.06	0.06	0.05	0.05	0.05	0.06

6-2　贫困监测调查村级受灾、救济、社会保障情况（2014年）

项目	监测县(57个县市区)	贫困县(51个县市区)	贫困县(40个县)	片区贫困县(37个县)	#武陵山片区	#罗霄山片区
当年遭遇严重自然灾害的村的比重(%)	68.0	69.1	72.1	73.1	74.1	56.3
自然灾害的类型构成(%)						
旱灾	33.7	35.1	29.6	27.9	29.5	25.9
水灾	46.1	44.8	49.6	51.6	53.6	25.9
植物病虫害	8.9	9.3	9.6	8.8	7.7	18.5
冷冻灾害						
干热灾害						
动物疫情	0.7	0.7	0.9	0.9	1.1	
泥石流或山体滑坡	2.1	2.2	2.6	2.8	1.6	11.1
地震						
台风	1.4	1.5	1.7	1.9	2.2	
其他灾害	7.1	6.3	6.1	6.0	4.4	18.5
当年收到过救济救灾款物的农户平均每户收到款(元)	242.5	236.4	254.4	257.0	244.5	439.2
当年收到过救济救灾款物的农户比例(%)	5.3	5.6	4.8	4.9	5.5	2.4
缺粮需要救济的农户比重(%)	4.9	5.0	5.3	5.5	6.1	2.5
当年享受农村最低生活保障人数比重(%)	5.2	5.4	5.5	5.5	5.7	4.7
当年参加新型农村合作医疗人数比重(%)	88.7	89.7	89.2	89.4	88.6	95.4
当年参加农村社会养老保险人数比重(%)	54.1	54.4	54.0	54.2	54.3	58.2

6-3 贫困监测调查县村级扶贫活动参与情况(2014年)

项目	监测县(57个县市区)	贫困县(51个县市区)	贫困县(40个县)	片区贫困县(37个县)	#武陵山片区	#罗霄山片区
当年有小额信贷组织或村民互助资金组织占总村数的比重(%)	8.0	8.2	8.2	7.5	7.3	12.5
当年有村级扶贫规划的村占总村数的比重 (%)	40.7	41.5	42.9	43.2	43.7	52.1
其中扶贫规划为村民讨论共同决定的比重(%)	95.3	95.7	94.9	94.5	95.4	84.0
当年参加过扶贫项目开发的村占总村数的比重 (%)	34.0	34.8	38.6	38.8	38.9	43.8
平均每村当年政府或者扶贫机构拨付到位的扶贫贷款(万元)	6.91	7.36	7.52	8.00	5.14	24.21
扶贫资金投向(%)						
种植业	3.9	2.9	2.2	2.3	2.0	3.0
林业	4.2	4.3	3.8	3.9	4.6	5.6
养殖业	1.5	1.6	1.7	1.7	1.7	1.7
农产品加工业	0.1					
农村饮水安全工程	34.9	36.1	36.8	38.1	47.8	4.0
小型农田水利及农村水电	4.5	4.7	4.7	4.8	3.6	9.0
病险水库除险加固	3.7	3.8	4.3	2.3	2.8	0.7
村通公路通畅、通达工程	30.1	31.1	33.6	34.1	30.1	45.5
农网完善及无电地区电力设施建设	2.0	2.1	2.3	2.4	1.6	5.2
村村通电话、互联网覆盖等农村信息化建设	0.8	0.8	0.9	1.0	0.2	3.4
农村沼气等清洁能源建设	0.5	0.4	0.4	0.4	0.4	0.3
农村危房改造	6.5	6.6	4.5	4.3	3.5	6.9
中低产田改造、土地整理开发	2.6	1.0	0.1	0.1	0.1	
村卫生站(室)建设及设施	0.7	0.7	0.8	0.8	0.3	2.3
农村中小学建设	3.8	3.9	3.6	3.7	1.2	11.7
劳动力职业技能培训	0.2	0.2	0.2	0.2	0.1	0.7
异地扶贫搬迁						
平均每村扶贫项目成果						
种植业(户)	36.94	39.36	47.53	51.57	56.03	27.54
林业(户)	13.26	14.15	15.41	16.71	18.94	6.35
养殖业(户)	0.31	0.33	0.39	0.42	0.36	0.71
农产品加工业(户)						
农村饮水安全工程(户)	10.65	11.39	10.33	11.20	11.21	10.92
小型农田水利及农村水电(亩)	16.63	17.53	21.25	22.03	22.21	33.19
病险水库除险加固(平方米)	185.97	198.91	241.93	261.79	178.00	687.50
村通公路通畅、通达工程(公里)	1.55	1.66	1.72	1.85	0.51	8.75
农网完善及无电地区电力设施建设 (户)	1.06	1.13	1.38	1.50	0.65	5.83
村村通电话、互联网覆盖等农村信息化建设(户)	0.60	0.64	0.78	0.85	0.20	4.17
农村沼气等清洁能源建设(个)	0.49	0.43	0.53	0.54	0.45	0.98
农村危房改造(平方米)	90.97	91.88	90.50	90.84	69.72	197.68
中低产田改造、土地整理开发(亩)	4.40	4.15	1.72	1.87	2.23	
村卫生站(室)建设及设施(平方米)	1.95	1.88	2.29	1.87	0.77	7.50
农村中小学建设(平方米)	7.71	8.25	7.40	7.52	4.09	25.00
劳动力职业技能培训(人次)	1.26	1.35	0.36	0.39	0.26	1.04
异地扶贫搬迁(户)	0.01	0.02				

6-4　贫困监测调查县农村人口、劳动力就业情况(2014年)

项目	监测县(57个县市区)	贫困县(51个县市区)	贫困县(40个县)	片区县(37个县)	#武陵山片区	#罗霄山片区
家庭成员的基本情况						
户均人口(人)	3.97	4.00	4.05	4.04	4.06	3.99
户均常住人口(人)	3.29	3.29	3.33	3.34	3.33	3.34
男	1.68	1.68	1.69	1.70	1.69	1.66
女	1.61	1.61	1.64	1.65	1.64	1.68
人口年龄的组成						
0～6岁人口比重(%)	6.7	6.8	6.9	6.9	6.9	7.2
7～15岁人口比重(%)	10.9	10.9	11.0	11.1	10.9	12.9
16岁以上人口比重(%)	82.4	82.3	82.2	82.0	82.2	79.8
民族构成						
汉族(%)	62.5	60.2	58.9	57.8	51.3	94.1
少数民族(%)	37.5	39.8	41.1	42.2	48.7	5.9
户均劳动力(人)	2.2	2.2	2.2	2.3	2.3	2.2
劳动力负担系数	**1.8**	**1.8**	**1.8**	**1.8**	**1.8**	**1.8**
劳动力受教育程度(%)						
文盲、半文盲	5.6	5.9	5.9	5.9	6.0	5.5
小学	33.9	34.3	34.7	34.1	33.4	37.0
初中	46.4	45.8	45.7	46.4	46.8	45.3
高中	11.8	11.8	11.3	11.2	11.4	10.0
中专						
大专及以上	2.3	2.2	2.4	2.5	2.3	2.1
曾受过技能培训人数比重	49.3	50.3	51.2	52.9	48.6	76.1
劳动力行业构成(%)						
农、林、牧、渔产业	71.7	73.6	73.3	72.5	73.3	69.9
采矿业	0.9	0.5	0.5	0.6	0.6	0.4
制造业	6.0	6.0	6.4	6.5	5.9	8.6
电、煤及水的生产和供应业	0.5	0.5	0.5	0.5	0.5	0.5
建筑业	8.2	7.6	7.3	7.6	7.5	9.8
交通运输仓储和邮政业	3.1	2.8	3.0	3.1	3.2	1.7
信息传输、计算机服务和软件业	2.2	2.1	2.2	2.2	2.2	2.2
批发和零售业	1.1	1.0	1.0	1.0	1.0	1.1
住宿和餐饮业	0.5	0.4	0.5	0.5	0.5	0.4
金融业	0.0	0.0	0.0	0.0	0.0	
房地产业						
租赁和商务服务业	0.3	0.3	0.2	0.2	0.2	0.3
科学研究、技术服务和地质勘察业	0.0	0.0	0.0	0.0	0.0	
水利、环境和公共设施管理业	0.1	0.1	0.1	0.1	0.0	0.5
居民服务和其他服务业	3.5	3.3	3.3	3.4	3.4	2.9
教育	0.5	0.5	0.6	0.6	0.5	0.4
卫生、社会保障和社会福利业	0.4	0.4	0.4	0.4	0.4	0.6
文化、体育和娱乐业	0.2	0.2	0.1	0.1	0.1	
公共管理和社会组织	0.8	0.7	0.6	0.6	0.6	0.5
国际组织						

6-5 贫困监测调查县农户住房、土地及生产性固定资产(2014年)

项目	监测县(57个县市区)	贫困县(51个县市区)	贫困县(40个县)	片区贫困县(37个县)	#武陵山片区	#罗霄山片区
年末住户状况						
居住住房主要建筑材料						
钢筋混凝土(%)	11.44	10.29	8.35	8.99	8.79	10.04
砖混材料(%)	39.89	39.55	39.53	35.98	33.65	59.40
砖瓦砖木(%)	41.38	42.37	45.54	48.09	50.49	26.50
竹草土坯(%)	1.40	1.50	1.20	1.06	0.69	2.99
其它(%)	5.88	6.29	5.38	5.87	6.39	1.07
户均居住住房建筑面积	156.09	154.24	156.53	155.97	152.47	188.94
户均自有现住房市场价估计值	8.58	8.23	8.11	8.06	7.51	12.01
主要饮水来源						
经过净化处理的自来水	28.45	26.39	30.00	27.12	29.70	12.82
受保护的井水和泉水	37.97	38.39	37.64	36.32	34.42	55.98
不受保护的井水和泉水	27.14	28.45	27.56	29.52	29.33	21.79
江河湖泊水	2.27	2.43	2.49	2.13	1.91	2.14
收集雨水	0.70	0.75	0.72	0.79	0.94	
桶装水	0.70	0.70	0.82	0.89	0.28	4.27
其他	2.76	2.90	3.02	3.23	3.42	2.99
每百户年末拥有生产性固定资产						
生产用房及建筑面积(平方米)	**1949.27**	**1937.94**	**2015.87**	**1940.54**	**1951.68**	**1443.27**
汽车(辆)						
大中型拖拉机(台)	0.48	0.52	0.54	0.55	0.53	0.85
小型、手扶拖拉机(台)	8.08	8.61	7.81	8.10	7.53	12.61
胶轮大车(辆)						
其他农机具(件)	38.61	40.38	37.98	38.21	39.26	42.74
役畜(头)	15.05	15.78	17.45	17.58	18.97	8.97
产品畜(头)	47.27	49.22	50.68	53.89	60.29	19.66
每百户年末拥有耐用消费品状况						
家用汽车(辆)	2.95	2.66	2.80	2.54	2.32	3.85
摩托车(辆)	56.56	56.73	56.73	55.17	52.04	82.26
洗衣机(台)	54.33	52.54	57.90	52.76	52.04	52.78
电冰箱、柜(台)	67.71	66.58	67.10	63.61	62.78	70.30
彩色电视机(台)	102.30	102.07	101.92	102.40	102.24	105.34
其中：接入有线电视网	36.84	35.93	34.58	36.04	37.35	32.69
空调(台)	9.75	8.59	8.82	7.28	7.12	10.04
固定电话(线)	27.29	26.72	28.22	28.29	27.62	31.62
移动电话(部)	193.06	192.68	195.70	192.24	191.05	195.09
其中：接入互联网	51.26	52.48	47.28	43.15	48.25	15.81
计算机(台)	10.96	10.22	11.20	10.50	10.21	11.97

6-6 贫困监测调查县农户参与扶贫活动情况(2014年)

项目	监测县(57个县市区)	贫困县(51个县市区)	贫困县(40个县)	片区贫困县(37个县)	#武陵山片区	#罗霄山片区
农户参与社会事务情况						
农户当年参加过村务会议的比重	45.7	45.1	43.3	42.1	41.5	43.8
农户当年为村级公共事务提过建议的比重	37.5	37.3	35.8	34.8	33.3	40.4
有村级扶贫规划的村中了解规划内容的农户所占比重	64.9	65.7	64.4	61.8	59.2	67.0
有村级扶贫规划的村中参与规划制定的农户所占比重	36.9	37.5	36.7	33.6	34.2	28.4
农户家庭当年面临的最主要问题(%)						
缺乏致富技术	24.8	24.0	23.7	24.1	24.0	28.4
缺乏资金	42.0	42.8	44.2	43.4	43.0	46.2
缺乏劳动力	9.6	9.4	9.3	9.9	10.7	3.8
家中有人患有大病	5.0	5.0	4.8	4.9	4.9	4.1
家中有残疾人	2.4	2.4	2.7	2.5	2.4	2.8
容易遭受自然灾害	2.0	1.9	1.4	1.3	0.9	2.4
其他	14.3	14.5	13.9	14.0	14.0	12.4
农户参与扶贫活动情况						
当年落实新的扶贫开发项目或者有新到位的扶贫资金的村的比重	32.9	33.4	34.3	34.5	33.3	45.7
有扶贫项目村中农户知道的途径						
通过村务公开公告栏或通知	83.9	83.4	83.4	83.4	80.8	91.6
通过村干部个别通知	7.1	7.1	7.2	6.8	7.9	2.3
通过亲朋好友	3.6	3.8	3.8	4.1	4.8	1.9
其他	5.4	5.7	5.6	5.8	6.5	4.2
参与村级扶贫项目选定的农户比重	34.7	35.1	35.5	33.6	34.2	31.3
参与扶贫项目户选定的农户比重	37.3	37.7	39.7	38.0	38.4	35.0
当年参加扶贫项目的农户比重	18.5	18.5	19.1	16.5	17.1	16.4
农户当年参加的扶贫项目(%)						
种植业	42.6	43.6	41.3	32.2	30.5	31.9
林业	23.8	24.9	27.3	34.6	41.9	21.3
养殖业	9.1	9.5	9.1	10.7	12.6	2.1
农产品加工	0.3	0.3				
人畜饮水工程	1.9	2.0	2.3	2.9	3.6	
危房改造	3.8	3.3	2.7	2.9	1.8	6.4
沼气等新能源建设	0.9	1.0	1.1	1.5	0.6	4.3
教育免费	0.9	1.0	1.1	1.5	0.6	4.3
卫生	0.9	1.0	0.4	0.5		2.1
专业技能培训	1.6	1.6	1.9	2.4	2.4	2.1
其他	14.1	11.8	12.9	10.7	6.0	25.5
农户最希望得到的扶贫项目(%)						
种植业	27.4	28.2	29.2	28.6	28.8	27.8
林业	3.8	4.0	4.4	4.5	4.1	6.4
养殖业	15.6	16.0	15.9	15.4	16.4	11.8
农产品加工	3.5	3.6	3.2	3.3	3.2	3.8
人畜饮水工程	7.6	7.5	8.1	8.1	6.9	4.5
危房改造	5.8	5.7	5.9	6.0	5.3	9.4
沼气等新能源建设	1.0	0.9	1.0	1.1	1.2	0.2
教育免费	6.9	6.4	5.8	5.6	5.3	7.5
卫生	3.8	3.7	2.8	3.0	3.1	2.4
专业技能培训	10.6	9.6	9.7	9.8	10.0	11.1
其他	14.0	14.4	13.9	14.6	15.5	15.2

6-7 贫困监测调查县农民人均可支配收入、总收入(2014年)

项目	监测县(57个县市区)	贫困县(51个县市区)	贫困县(40个县)	片区贫困县(37个县)	#武陵山片区	#罗霄山片区
可支配收入	**7125.0**	**6730.2**	**6460.6**	**6439.8**	**6422.1**	**6647.0**
工资性收入	3188.5	2846.4	2759.0	2745.4	2571.5	3538.1
工资	2824.6	2478.4	2370.0	2346.5	2199.6	3240.3
实物福利	1.1	0.6	0.6	0.6	0.6	0.8
其他	362.8	367.3	388.4	398.2	371.3	297.1
经营净收入	2151.0	2116.0	1992.9	2028.0	2081.0	1916.7
第一产业经营净收入	1630.1	1644.6	1567.4	1591.4	1626.7	1566.6
农业	1131.4	1135.0	1035.6	1039.0	1040.2	1152.4
林业	155.2	164.1	163.9	169.9	170.4	177.8
牧业	299.8	300.0	321.0	333.3	374.8	143.8
渔业	43.7	45.5	46.9	49.2	41.3	92.6
第二产业经营净收入	52.0	42.7	43.6	45.7	46.8	66.3
第三产业经营净收入	468.9	428.7	381.9	390.9	407.6	283.8
财产净收入	82.1	56.4	57.0	46.8	43.7	67.3
转移净收入	1703.4	1711.4	1651.7	1619.6	1725.9	1124.8
实物可支配收入	1160.2	1157.5	1159.6	1209.2	1216.6	1233.3
总收入(未扣除生产费用)	**9267.4**	**8930.2**	**8618.0**	**8605.1**	**8789.9**	**8020.8**
工资性收入	3188.5	2846.4	2759.0	2745.4	2571.5	3538.1
工资	2824.6	2478.4	2370.0	2346.5	2199.6	3240.3
实物福利	1.1	0.6	0.6	0.6	0.6	0.8
其他	362.8	367.3	388.4	398.2	371.3	297.1
经营性收入	4099.1	4122.3	3959.3	3997.6	4244.0	3134.6
第一产业经营收入	3199.8	3264.5	3176.7	3198.4	3368.7	2681.2
农业	1945.3	1983.6	1808.7	1797.7	1855.3	1751.0
林业	214.3	227.6	210.0	218.3	224.4	200.6
牧业	974.9	986.0	1087.4	1109.5	1232.1	570.5
渔业	65.4	67.3	70.6	72.8	56.9	159.0
第二产业经营收入	97.3	88.8	86.9	91.9	99.3	92.9
第三产业经营收入	802.1	769.0	695.8	707.3	775.9	360.5
财产性收入	87.4	60.8	62.1	51.7	49.5	67.6
转移性收入	1892.4	1900.7	1837.6	1810.4	1925.0	1280.5

6-8 贫困监测调查县农民人均总支出(2014年)

指标	监测县(57个县市区)	贫困县(51个县市区)	贫困县(40个县)	片区县(37个县)		
					#武陵山片区	#罗霄山片区
总支出	**11244.8**	**11025.7**	**10844.5**	**10790.5**	**11302.1**	**8984.4**
生活消费支出	6723.8	6530.5	6354.8	6309.5	6330.1	6563.8
食品烟酒	2447.1	2395.0	2285.4	2283.9	2325.8	2199.0
衣着	343.1	325.6	314.0	312.5	314.4	324.9
居住	1429.0	1380.7	1332.5	1318.1	1264.8	1653.3
生活用品及服务	414.2	401.8	408.8	406.8	413.7	406.5
交通通信	564.9	554.4	549.8	542.6	544.6	559.7
教育文化娱乐	817.4	793.9	779.9	764.5	739.5	948.7
医疗保健	596.9	571.8	578.1	576.0	614.8	390.0
其他用品和服务	111.1	107.3	106.3	105.2	112.3	81.7
生产经营费用支出	1771.8	1829.5	1799.0	1809.3	1997.2	1071.9
第一产业经营费用支出	1459.5	1510.0	1491.8	1495.4	1630.6	997.1
农业	748.1	782.5	706.2	696.8	755.0	527.0
林业	57.9	62.3	44.9	47.2	52.7	22.2
牧业	632.5	644.1	717.5	728.4	807.8	382.5
渔业	21.1	21.2	23.2	23.1	15.1	65.5
第二产业经营费用支出	34.9	35.3	35.0	37.5	42.6	22.2
采矿业	4.5	4.9	5.7	6.1	7.2	1.1
制造业	14.4	15.0	12.7	13.6	16.5	2.4
电力等及水生产和供应业						
建筑业	16.0	15.5	16.6	17.8	18.9	18.8
第三产业经营费用支出	277.3	284.1	272.2	276.3	324.0	52.7
财产性支出	4.5	4.3	5.0	4.8	5.7	0.3
转移性支出	188.8	189.0	185.5	190.4	198.7	155.6
部分商业保险支出	11.0	10.9	12.6	12.8	13.1	10.4
购置资产及非经常性转移支出	2146.4	2101.8	2107.1	2078.1	2321.1	960.9
借贷性支出	398.5	359.7	380.5	385.6	436.2	221.5

6-9 贫困监测调查县农民人均现金收支情况(2014年)

指标	监测县(57个县市区)	贫困县(51个县市区)	贫困县(40个县)	片区(37个县)	#武陵山片区	#罗霄山片区
现金收入	**7775.8**	**7431.8**	**7124.2**	**7057.6**	**7208.2**	**6558.6**
现金工资性收入	3187.4	2845.8	2758.4	2744.7	2570.9	3537.3
工资	2824.6	2478.4	2370.0	2346.5	2199.6	3240.3
其他工资性收入	362.8	367.3	388.4	398.2	371.3	297.1
现金经营性收入	2711.9	2725.1	2573.5	2559.5	2782.3	1727.3
第一产业现金经营收入	1812.5	1867.3	1790.8	1760.3	1907.1	1273.9
农业	908.7	944.5	777.7	731.6	789.8	625.9
林业	113.0	120.1	106.5	111.1	115.5	97.6
牧业	730.3	739.8	839.5	848.3	948.7	394.3
渔业	60.6	62.9	67.1	69.2	53.2	156.1
第二产业现金经营收入	97.3	88.8	86.9	91.9	99.3	92.9
采矿业	7.8	8.5	9.2	9.8	10.6	6.5
制造业	34.0	33.0	28.4	30.4	36.5	8.6
电力、热力、燃气及水生产和供应业						
建筑业	55.5	47.3	49.3	51.7	52.1	77.8
第三产业现金经营收入	802.1	769.0	695.8	707.3	775.9	360.5
现金财产性收入	87.4	60.8	62.0	51.6	49.4	67.6
现金转移性收入	1789.1	1800.2	1730.3	1701.7	1805.6	1226.3
现金支出	**9337.0**	**9124.3**	**9009.9**	**8931.0**	**9478.6**	**6833.7**
现金生活消费支出	4970.2	4792.7	4686.4	4627.5	4705.5	4496.0
生产经营现金费用支出	1617.6	1665.8	1632.7	1631.8	1798.2	989.0
第一产业经营现金费用支出	1305.4	1346.4	1325.5	1317.9	1431.6	914.2
农业	713.5	746.2	667.8	656.2	707.7	517.1
林业	56.0	60.2	42.6	44.8	49.7	22.2
牧业	514.9	518.8	592.0	594.0	659.2	309.3
渔业	21.0	21.1	23.1	23.0	15.0	65.5
第二产业经营现金费用支出	34.9	35.3	35.0	37.5	42.6	22.2
采矿业	4.5	4.9	5.7	6.1	7.2	1.1
制造业	14.4	15.0	12.7	13.6	16.5	2.4
电力、热力、燃气及水生产和供应业						
建筑业	16.0	15.5	16.6	17.8	18.9	18.8
第三产业经营现金费用支出	277.3	4.3	272.2	276.3	324.0	52.7
现金财产性支出	4.5	189.0	5.0	4.8	5.7	0.3
现金转移性支出	188.8	10.9	185.5	190.4	198.7	155.6
部分商业保险支出	11.0	2101.8	12.6	12.8	13.1	10.4
购置资产及非经常性转移支出	2146.4	359.7	2107.1	2078.1	2321.1	960.9
借贷性支出	398.5	360.8	380.5	385.6	436.2	221.5

6-10 贫困监测调查县农民人均食物消费量(2014年)

单位：公斤

指标	监测县(57个县市区)	贫困县(51个县市区)	贫困县(40个县)	片区县(37个县)		
					#武陵山片区	#罗霄山片区
谷物及制品消费	125.26	123.34	119.60	120.30	116.13	146.60
薯类及制品消费	1.17	1.14	0.81	0.48	0.40	1.22
豆类及制品消费	7.52	7.54	7.10	7.03	7.43	6.03
食用油消费	7.24	7.05	6.85	6.87	6.49	8.44
蔬菜及制品消费	67.83	66.14	67.16	68.29	66.50	76.89
肉类、家禽消费	25.44	24.91	23.38	23.37	23.99	21.33
蛋类消费	4.47	4.28	4.19	4.24	4.32	4.27
奶类及奶制品消费	2.14	2.06	2.02	2.04	2.17	2.65
水产品消费	4.02	3.70	3.43	3.27	3.28	3.59

6-11 贫困监测调查县农民健康状况(2014年)

单位：%

指标	监测县(57个县市区)	贫困县(51个县市区)	贫困县(40个县)	片区县(37个县)		
					#武陵山片区	#罗霄山片区
身体健康状况构成						
健康人数占人口的比重	87.4	87.4	87.3	87.1	86.7	91.9
体弱多病人数占人口的比重	8.5	8.6	8.5	8.6	8.9	5.6
长期慢性病人占人口的比重	3.5	3.5	3.6	3.7	3.9	2.2
患有大病人数占人口的比重	0.6	0.6	0.6	0.6	0.6	0.3
残疾人数占人口的比重						
有病能否及时就医构成						
是	92.0	91.5	90.8	90.3	89.5	96.1
否	7.9	8.4	9.2	9.7	10.5	3.9
不能及时就医的主要原因构成						
经济困难	11.1	11.1	10.0	10.3	10.9	4.1
医院太远	75.1	75.1	74.9	74.0	73.1	80.8
没有时间	0.2	0.2	0.2	0.2	0.2	
本人不重视	0.7	0.7	0.8	0.8	0.6	4.1
小病不用医	1.7	1.7	1.9	1.9	1.9	2.7
其他	11.2	11.2	12.3	12.8	13.3	8.2

6-12 贫困监测调查县农村儿童入学、失学情况(2014年)

项目	监测县(57个县市区)	贫困县(51个县市区)	贫困县(40个县)	片区贫困县(37个县)	#武陵山片区	#罗霄山片区
就学情况						
他/她本年度的主要居住地点(%)						
本村	72.9	71.9	70.5	70.2	74.6	53.2
村外乡内	12.4	13.1	13.5	13.6	10.1	26.8
乡外县内	10.9	11.1	11.6	11.6	11.2	13.5
县外省内	2.6	2.7	3.0	3.0	2.3	5.2
省外	1.2	1.3	1.5	1.6	1.7	1.3
其他						
他/她本年度的主要和谁居住在一起(%)						
父母双方	54.7	53.7	51.6	51.5	50.9	56.1
父亲一方	3.9	4.2	4.3	4.3	4.4	2.9
母亲一方	10.5	11.0	11.7	11.3	12.2	9.4
(外)祖父母	23.8	23.8	24.0	24.5	25.8	15.8
亲属	1.1	1.2	1.4	1.4	1.7	
独自居住	2.3	2.3	2.6	2.8	1.7	7.1
其他	3.6	3.8	4.3	4.2	3.2	8.7
当年就读学生的学校类型(%)						
公立	96.4	96.3	97.6	97.4	97.5	97.4
私立	2.6	2.6	2.2	2.3	2.4	2.0
农民工子弟学校	0.7	0.7	0.1	0.1	0.1	
其他	0.3	0.3	0.2	0.2	0.1	0.7
就读学生住校率(%)	**36.9**	**38.0**	**41.0**	**41.2**	**38.1**	**59.5**
学生去学校的主要方式(%)						
步行	53.6	53.0	52.3	51.7	52.8	51.6
骑自行车	2.9	2.6	2.0	2.0	1.9	3.6
公交车	19.1	18.8	19.6	20.4	20.8	18.1
校车	5.9	6.0	5.0	4.3	4.0	2.6
租车	1.3	1.3	1.3	1.1	0.8	2.6
其他	17.2	18.3	19.8	20.5	19.8	21.4
平均每个学生每年交纳的赞助费、借读费或择校费(元)	50.6	53.5	60.6	61.2	45.4	178.0
平均每个学生每年交纳的其他教育费用(元)	1004.3	983.6	985.6	963.6	1020.0	956.8
平均每个学生每年需要家庭承担的生活费等费用(元)	1462.7	1489.9	1483.9	1490.4	1397.1	1748.8
当年学龄儿童辍学的主要原因(%)						
务工地入学难						
学校距离太远、交通不便						
家庭经济困难或缺少劳动力	11.1	14.3	16.7	25.0	33.3	
孩子个人原因	77.8	85.7	83.3	75.0	66.7	100.0
其他	11.1					
营养及其他情况(7-15岁)						
享受免费营养餐的义务教育阶段的学生所占比重(%)	39.6	41.1	44.7	46.4	46.0	47.7
7-15岁本年内受到社会捐助的7-15岁学生比重(%)	1.1	1.2	1.4	1.3	1.3	1.3
享受'两免一补'政策的义务教育阶段的学生所占比重(%)	59.9	63.0	66.6	68.0	63.7	71.1

*调查对象为所有16周岁以下的住户成员和16周岁以上仍在校学生(包括在外学生和随父母外出的儿童，但不包括大专以上的在校生)。

6-13 贫困监测调查县农村劳动力流动情况(2014年)

指标	监测县(57个县市区)	贫困县(51个县市区)	贫困县(40个县)	片区县(37个县)	#武陵山片区	#罗霄山片区
当年在外打工人数占劳动力比重	**7.4**	**7.3**	**7.9**	**8.1**	**7.5**	**9.1**
流动方式(%)						
政府或单位组织	0.9	1.0	1.1	1.1	1.0	2.1
中介组织介绍	1.5	1.6	1.8	1.9	1.9	
亲戚朋友介绍	35.1	35.3	35.0	36.2	39.3	22.9
自发	61.1	61.5	61.4	60.0	56.8	75.0
其他	1.5	0.6	0.7	0.8	1.0	
流出地区(%)						
县内乡外	26.1	25.8	24.8	25.9	21.8	50.0
省内县外	14.2	14.2	12.2	12.9	12.1	8.7
省外	59.6	60.0	62.9	61.2	66.0	41.3
外出从事行业(%)						
农、林、牧、渔产业	5.9	6.1	5.0	4.5	2.9	10.4
采矿业	1.2	1.0	1.1	1.1	0.5	4.2
制造业	41.9	44.2	46.1	45.3	47.1	43.8
电、煤及水的生产和供应业	1.5	1.3	1.4	1.5	1.9	
建筑业	9.7	9.6	10.4	10.2	10.7	10.4
交通运输仓储和邮政业	5.0	5.1	5.4	5.7	5.8	4.2
信息传输、计算机服务和软件业	1.8	1.6	1.8	1.1	1.0	2.1
批发和零售业	9.7	9.3	8.6	9.1	8.7	8.3
住宿和餐饮业	4.1	3.8	3.9	4.2	5.3	
金融业						
房地产业						
租赁和商务服务业	1.2	1.3	1.1	1.1	1.5	
科学研究、技术服务和地质勘察业						
水利、环境和公共设施管理业						
居民服务和其他服务业	14.7	13.5	12.1	12.8	11.7	12.5
教育	0.6	0.6	0.4	0.4	0.5	
卫生、社会保障和社会福利业	1.8	1.9	2.1	2.3	1.5	4.2
文化、体育和娱乐业	0.9	0.6	0.7	0.8	1.0	
公共管理和社会组织						
国际组织						
在外时间(%)						
0—6个月	19.5	20.5	19.6	19.2	21.4	18.8
6个月以上	80.5	79.5	80.4	80.8	78.6	81.3
人均在外收入(元)						
总收入	19780.3	19399.1	19895.8	20229.9	19105.9	22789.6
自己生活消费支出	6618.0	6591.3	6646.8	6764.5	6310.1	6839.6
寄回或带回的现金及实物	8545.8	7929.6	8243.7	8396.7	6840.5	14345.8

6-14 贫困县农户按地势分组情况(2014年)

指　　标	平原	丘陵	山 区
调查户数（户）	**100**	**1471**	**1542**
户均人口（人）	**3.42**	**3.25**	**3.47**
户均劳动力（人）	**2.46**	**2.18**	**2.29**
劳动力受教育程度(%)			
未上过学	2.0	6.6	5.7
小学	25.6	34.9	35.9
初中	61.4	45.4	44.2
高中	9.3	10.7	11.7
大学专科	1.2	2.1	1.9
大学本科	0.4	0.3	0.6
研究生			0.0
居住住房主要建筑材料(%)			
钢筋混凝土	7.0	7.5	9.3
砖混材料	35.0	53.0	25.9
砖瓦砖木	52.0	36.5	54.5
竹草土坯		0.9	1.4
其它	6.0	2.2	8.8
户均住房建筑面积（平方米）	**175.41**	**170.36**	**141.90**
每百户年末拥有耐用消费品状况			
家用汽车(辆)	2.00	2.85	2.21
摩托车(辆)	70.00	57.69	54.14
电冰箱、柜(台)	78.00	70.65	57.86
彩色电视机(台)	107.00	101.50	102.21
空调(台)	9.00	11.69	6.03
固定电话(线)	38.00	24.74	30.81
移动电话(部)	222.00	186.08	193.71
计算机(台)	16.00	10.74	9.71
可支配收入(元)	**8340.7**	**6745.4**	**5975.8**
工资性收入	4136.4	2972.7	2396.7
工资	3655.1	2694.5	1852.4
实物福利		0.9	0.2
其他	481.4	277.3	544.0
经营净收入	1959.9	1991.6	1996.1
第一产业经营净收入	1146.5	1612.7	1519.4
农业	1075.2	1099.8	941.9
林业	83.8	119.5	230.7
牧业	-14.4	318.2	338.6
渔业	1.9	75.1	8.2
第二产业经营净收入	-2.7	48.5	38.4
第三产业经营净收入	816.0	330.4	438.3
财产净收入	23.5	55.9	59.9
转移净收入	2220.9	1725.2	1523.3
实物可支配收入	**1077.0**	**1232.0**	**1059.0**

6-14 续表

指　　标	平原	丘陵	山 区
总收入(未扣除生产费用)	**11115.0**	**8783.0**	**8280.0**
工资性收入	4136.4	2972.7	2396.7
工资	3655.1	2694.5	1852.4
实物福利		0.9	0.2
其他	481.4	277.3	544.0
经营性收入	4528.4	3841.0	4106.0
第一产业经营收入	3208.9	3214.1	3121.6
农业	1998.0	1896.4	1675.2
林业	133.3	167.2	274.6
牧业	1073.3	1039.7	1156.3
渔业	4.3	110.8	15.6
第二产业经营收入	20.6	98.1	73.4
第三产业经营收入	1299.0	528.8	911.0
财产性收入	23.8	62.1	63.6
转移性收入	2426.4	1907.2	1713.7
总支出	**16402.3**	**11318.3**	**9939.5**
生活消费支出	7782.7	6693.9	5810.4
食品烟酒	2491.5	2400.6	2111.8
衣着	404.2	319.0	303.2
居住	1680.2	1463.1	1131.1
生活用品及服务	676.4	414.2	390.2
交通通信	698.5	548.9	545.0
教育文化娱乐	1117.7	794.4	745.4
医疗保健	524.9	641.2	489.8
其他用品和服务	189.3	112.6	93.8
生产经营费用支出	2405.8	1683.9	1939.6
第一产业经营费用支出	1960.7	1480.9	1488.4
农业	881.9	734.6	658.3
林业	35.4	47.0	42.3
牧业	1041.5	664.3	780.7
渔业	1.9	35.0	7.2
第二产业经营费用支出	18.7	38.3	30.9
采矿业		9.4	0.6
制造业	16.9	7.7	19.6
电力、热力、燃气及水生产和供应业			
建筑业	1.8	21.2	10.6
第三产业经营费用支出	426.4	164.7	420.3
财产性支出	0.3	6.2	3.5
转移性支出	205.5	181.9	189.9
部分商业保险支出	20.9	11.9	13.3
购置资产及非经常性转移支出	5241.8	2319.7	1675.1
借贷性支出	745.5	420.9	307.7

6-15 贫困县农户按收入五等份分组情况(2014年)

指　标	低收入户	中低收入户	中等收入户	中上收入户	高收入户
调查户数（户）	**623**	**623**	**622**	**623**	**623**
户均人口（人）	4.07	3.76	3.39	3.04	2.56
户均劳动力（人）	2.58	2.34	2.20	2.14	1.95
劳动力受教育程度(%)）					
未上过学	7.7	6.2	6.5	5.5	3.5
小学	37.6	34.6	36.2	33.0	33.3
初中	43.4	46.5	45.8	47.0	44.3
高中	9.8	10.7	9.4	12.0	14.4
大学专科	1.2	1.9	1.7	2.2	3.1
大学本科	0.2	0.1	0.4	0.2	1.4
研究生					0.1
居住住房主要建筑材料(%)					
钢筋混凝土	7.1	6.7	8.2	8.6	11.4
砖混材料	29.1	38.7	39.2	44.0	44.0
砖瓦砖木	56.5	48.3	44.2	40.5	40.0
竹草土坯	1.3	1.6	0.8	1.1	0.8
其它	6.1	4.7	7.6	5.8	3.9
户均住房建筑面积（平方米）	**142.70**	**152.63**	**152.60**	**164.97**	**169.24**
每百户年末拥有耐用消费品状况					
家用汽车(辆)	2.25	1.93	1.45	2.57	4.34
摩托车(辆)	44.63	55.41	57.07	63.55	60.98
电冰箱、柜(台)	50.23	64.22	63.66	70.94	73.71
彩色电视机(台)	102.25	101.28	100.32	102.89	103.37
空调(台)	4.66	6.91	7.56	10.60	14.29
固定电话(线)	23.12	27.14	27.65	29.71	33.24
移动电话(部)	178.62	185.33	189.06	203.49	198.55
计算机(台)	7.23	7.71	7.56	13.17	16.34
可支配收入	**2307.3**	**4665.1**	**6352.3**	**8500.5**	**13554.1**
工资性收入	968.0	2061.4	2776.1	3758.7	5475.8
工资	697.9	1683.7	2279.8	3387.2	5002.9
实物福利	0.6	0.5	0.4	0.3	1.2
其他	269.5	377.1	495.9	371.2	471.7
经营净收入	622.5	1457.4	1828.7	2411.5	4717.2
第一产业经营净收入	650.4	1208.1	1482.7	1919.8	3273.4
农业	565.7	841.2	994.5	1190.3	1952.9
林业	101.5	138.8	149.4	210.6	265.9
牧业	-21.1	212.6	278.2	468.3	915.1
渔业	4.3	15.5	60.7	50.6	139.5
第二产业经营净收入	8.5	9.9	24.0	41.5	179.1
第三产业经营净收入	-36.4	239.4	322.0	450.2	1264.7
财产净收入	1.3	25.9	49.7	91.1	162.5
转移净收入	715.5	1120.3	1697.8	2239.2	3198.7
实物可支配收入	**739.3**	**987.1**	**1159.9**	**1436.2**	**1765.8**

6-15 续表

指　　标	低收入户	中低收入户	中等收入户	中上收入户	高收入户
总收入(未扣除生产费用)	**4786.5**	**6119.0**	**7871.9**	**10728.3**	**17032.2**
工资性收入	968.0	2061.4	2776.1	3758.7	5475.8
工资	697.9	1683.7	2279.8	3387.2	5002.9
实物福利	0.6	0.5	0.4	0.3	1.2
其他	269.5	377.1	495.9	371.2	471.7
经营性收入	2916.2	2745.4	3196.0	4438.3	7918.1
第一产业经营收入	2594.9	2331.2	2602.0	3643.7	5603.9
农业	1194.8	1473.7	1620.9	2169.2	3122.7
林业	134.7	175.1	186.4	249.6	368.0
牧业	1255.7	661.3	663.7	1151.8	1954.1
渔业	9.6	21.2	131.0	73.1	159.0
第二产业经营收入	18.6	16.0	52.7	83.8	352.5
第三产业经营收入	302.8	398.2	541.4	710.7	1961.7
财产性收入	14.2	25.9	51.9	93.4	170.0
转移性收入	888.2	1286.2	1847.9	2437.8	3468.4
总支出	**7928.3**	**8268.8**	**9598.2**	**13009.1**	**18519.4**
生活消费支出	4077.6	5316.6	6297.4	7950.5	9762.8
食品烟酒	1677.3	1892.6	2363.0	2704.0	3255.3
衣着	196.6	255.9	309.3	381.4	516.2
居住	824.4	1051.3	1278.1	1797.5	2095.7
生活用品及服务	221.2	344.8	398.2	538.0	667.3
交通通信	300.7	424.1	531.4	665.4	1026.2
教育文化娱乐	453.0	777.2	815.6	976.1	1027.5
医疗保健	316.3	493.0	508.2	758.1	1006.7
其他用品和服务	87.9	77.7	93.5	130.1	167.7
生产经营费用支出	2151.3	1159.4	1237.1	1838.1	2909.8
第一产业经营费用支出	1826.8	1025.8	1020.3	1601.9	2163.1
农业	566.5	570.4	564.3	910.5	1084.3
林业	32.3	35.3	35.6	37.7	100.6
牧业	1222.8	414.6	350.9	632.0	959.7
渔业	5.1	5.5	69.5	21.7	18.6
第二产业经营费用支出	4.1	5.7	24.4	40.1	136.6
采矿业				32.1	0.0
制造业	3.1		9.7	5.9	59.2
电力热力燃气及水生产和供应业					
建筑业	1.0	5.7	14.7	2.1	77.4
第三产业经营费用支出	320.4	127.9	192.4	196.1	610.0
财产性支出	12.8	0.0	2.2	2.3	7.0
转移性支出	172.7	165.7	149.7	198.6	268.1
部分商业保险支出	1.7	15.0	13.8	11.2	26.5
购置资产及非经常性转移支出	1400.4	1409.1	1602.7	2522.5	4477.4
借贷性支出	111.9	202.9	295.3	485.8	1067.8

6-16 贫困县农户按人均

指　　标	2000元以下	2000–3000元	3000–4000元	4000–5000元	5000–6000元	6000–7000元	7000–8000元	8000–9000元
调查户数（户）	**149**	**283**	**333**	**367**	**397**	**315**	**288**	**221**
户均人口（人）	4.0	4.2	3.9	3.8	3.6	3.3	3.1	3.0
户均劳动力（人）	2.5	2.6	2.5	2.3	2.3	2.2	2.2	2.1
劳动力受教育程度(%)								
未上过学	6.6	8.2	7.7	5.2	6.7	6.7	6.0	4.3
小学	35.8	39.2	36.4	33.8	36.1	35.2	32.7	34.5
初中	44.9	41.8	44.0	47.2	46.4	46.2	47.0	47.3
高中	10.4	9.5	10.1	11.5	9.4	9.4	12.9	10.7
大学专科	2.1	1.0	1.6	2.1	1.4	1.6	1.1	3.2
大学本科	0.3	0.3	0.2	0.1		0.9	0.3	
研究生								
居住住房主要建筑材料(%)								
钢筋混凝土	3.4	7.4	8.4	6.8	6.8	9.5	8.3	8.1
砖混材料	25.5	25.1	35.8	39.3	39.8	39.7	44.1	43.9
砖瓦砖木	61.0	59.4	51.0	47.4	46.6	41.9	39.3	40.7
竹草土坯	1.3	1.4	0.9	1.9	1.3	0.6	1.4	0.9
其它	8.7	6.7	3.9	4.6	5.5	8.3	7.0	6.3
户均住房建筑面积（平方米）	**136.5**	**139.2**	**149.0**	**155.9**	**153.2**	**153.4**	**159.0**	**168.8**
每百户年末拥有耐用消费品状况								
家用汽车(辆)	3.4	1.8	1.8	2.2	1.5	1.6	2.1	2.3
摩托车(辆)	43.7	41.0	50.8	57.2	55.2	59.7	61.8	63.8
电冰箱、柜(台)	49.6	45.2	58.3	64.8	64.7	63.5	71.9	71.5
彩色电视机(台)	102.7	98.6	104.8	100.5	101.8	100.3	102.8	102.7
空调(台)	4.0	3.5	7.5	4.4	9.8	7.3	9.7	9.5
固定电话(线)	25.5	19.4	26.7	27.5	25.9	30.2	27.5	31.2
移动电话(部)	177.0	178.4	179.7	186.1	189.9	189.5	202.0	204.5
计算机(台)	7.4	5.3	8.1	8.5	7.3	7.6	11.8	15.8
可支配收入	**397.4**	**2516.6**	**3516.9**	**4505.3**	**5528.9**	**6496.2**	**7441.8**	**8452.2**
工资性收入	611.3	790.5	1445.1	1978.8	2422.3	2978.2	3121.3	3665.0
工资	447.8	583.4	1025.7	1590.2	2041.9	2499.0	2636.8	3291.6
实物福利	0.1	0.4	1.0	0.2	1.0	0.2	0.6	0.1
其他	163.4	206.7	418.3	388.4	379.4	479.1	483.8	373.3
经营净收入	-587.7	955.3	1105.7	1361.2	1700.3	1856.8	1996.3	2631.9
第一产业经营净收入	-156.5	861.4	996.1	1084.6	1384.2	1613.3	1542.7	2116.6
农业	350.7	613.2	681.8	791.7	948.1	1062.0	1012.1	1393.6
林业	37.4	126.3	122.5	116.6	154.4	167.8	156.2	258.0
牧业	-537.1	114.2	187.2	161.7	264.4	285.4	315.9	418.3
渔业	-7.4	7.7	4.7	14.6	17.3	98.0	58.5	46.7
第二产业经营净收入	-4.5	6.1	21.0	13.5	2.8	10.1	72.1	21.1
第三产业经营净收入	-426.8	87.8	88.7	263.1	313.3	233.4	381.4	494.2
财产净收入	10.6	-12.7	21.9	26.7	23.3	46.6	131.6	77.6
转移净收入	363.2	783.6	944.2	1138.6	1383.1	1614.6	2192.7	2077.7
实物可支配收入	**632.4**	**783.4**	**796.5**	**938.8**	**1099.8**	**1200.9**	**1253.6**	**1466.9**

可支配收入分组情况(2014年)

9000-10000元	10000-11000元	11000-12000元	12000-13000元	13000-14000元	14000-15000元	15000-16000元	16000-17000元	17000-18000元	18000-19000元	19000-20000元	20000元及以上
162	**128**	**94**	**92**	**57**	**51**	**33**	**40**	**21**	**18**	**5**	**60**
2.9	2.9	2.7	2.6	2.5	2.4	2.5	2.2	2.4	2.3	2.2	2.1
2.1	2.0	2.0	2.0	1.9	1.9	2.0	1.8	1.7	1.7	2.0	1.9
6.1	3.5	3.2	2.7	2.7	6.1		2.7	8.6	3.2		4.3
33.0	28.3	33.9	32.4	36.0	33.7	45.5	35.6	34.3	12.9	20.0	40.5
47.1	52.4	39.4	47.3	38.7	40.8	42.4	46.6	40.0	58.1	50.0	31.0
10.8	11.0	18.3	13.2	18.9	15.3	9.1	11.0	5.7	25.8	20.0	19.0
2.6	3.1	4.3	1.1	2.7	1.0	3.0	4.1	8.6		10.0	4.3
0.3	1.6	0.4	3.3	0.9	3.1			2.9			0.9
		0.5									
10.5	11.7	12.8	14.1	5.3	11.8	12.1	7.5	9.5	27.8	20.0	5.0
44.4	46.9	40.3	35.9	47.4	43.1	36.4	45.0	42.9	27.8	40.0	61.7
39.5	39.1	45.8	40.2	40.4	35.3	48.5	47.5	47.6	38.9	40.0	28.3
0.6		1.1	2.2		2.0						1.7
4.9	2.3		7.6	7.0	7.8	3.0			5.6		3.3
166.8	**160.0**	**183.4**	**163.4**	**160.3**	**190.8**	**150.7**	**167.9**	**157.1**	**158.2**	**152.0**	**185.1**
3.1	2.3	5.3	3.3	1.8		6.1	12.5	4.8		20.0	10.0
59.9	67.2	63.8	57.6	63.2	51.0	57.6	42.5	66.7	77.8	100.0	68.3
69.8	68.8	75.8	72.8	70.2	80.4	72.7	77.5	76.2	72.2	40.0	80.0
102.5	99.2	105.3	98.9	108.8	105.9	106.1	105.0	95.2	100.0	120.0	106.7
12.3	14.8	14.9	7.6	14.0	13.7	9.1	20.0	4.8	5.6	40.0	26.7
29.0	32.0	29.8	29.3	33.3	35.3	36.4	27.5	38.1	33.3	40.0	48.3
198.8	188.3	211.7	183.7	186.0	205.9	197.0	217.5	219.0	200.0	260.0	206.7
9.9	11.7	15.7	17.4	24.6	9.8	6.1	17.5	14.3	44.4	40.0	25.0
9494.7	**10469.5**	**11439.7**	**12424.5**	**13437.0**	**14549.9**	**15559.3**	**16477.3**	**17450.2**	**18568.1**	**19506.7**	**24258.8**
4442.8	4463.5	3941.6	5987.7	4985.5	5380.2	7674.4	6040.7	7518.4	5952.8	11441.8	9109.1
4064.5	4039.7	3421.1	5667.7	4295.6	4964.5	6554.0	5836.4	7210.9	5626.8	11433.5	8527.2
0.2	0.1	2.3	0.1		3.9	2.3		1.3			4.4
378.1	423.7	518.1	319.9	689.9	411.7	1118.0	204.4	306.2	326.0	8.3	577.5
2659.7	3656.4	4146.7	3627.9	4806.1	4716.7	3350.1	6767.3	7116.5	9261.1	3270.1	9401.1
2090.5	2489.4	3327.7	2864.5	3602.8	3597.3	2893.6	4722.8	4385.4	2943.2	2917.8	4801.1
1106.4	1294.9	2136.9	1800.6	2409.9	2104.8	2062.8	2317.5	2576.4	1886.9	2368.7	2655.0
192.3	189.2	256.2	275.8	183.8	222.3	189.7	203.3	647.5	380.7	308.1	671.0
746.0	927.0	901.1	770.9	789.3	1231.4	636.0	621.4	1145.1	678.9	257.2	1401.5
45.8	78.4	33.4	17.2	219.8	38.7	5.1	1580.7	16.4	-3.3	-16.2	73.7
45.7	123.0	143.9	93.0	336.0	759.1	117.7	65.5	40.1			58.1
523.5	1043.9	675.2	670.4	867.3	360.4	338.8	1979.1	2690.9	6317.9	352.3	4541.9
47.5	78.9	118.0	210.7	222.9	261.3	169.7	79.9	11.9	53.3	138.3	363.7
2344.7	2270.7	3233.4	2598.2	3422.5	4191.8	4365.1	3589.4	2803.4	3300.9	4656.5	5384.8
1591.3	**1349.0**	**2164.1**	**1705.4**	**1614.5**	**2407.6**	**1273.4**	**1938.2**	**2416.3**	**1735.2**	**3499.2**	**1674.5**

6-16 续表

指　　标	2000元以下	2000-3000元	3000-4000元	4000-5000元	5000-6000元	6000-7000元	7000-8000元	8000-9000元
总收入(未扣除生产费用)	**5739.3**	**4448.7**	**4804.2**	**6002.6**	**6912.2**	**7987.8**	**9211.4**	**10434.3**
工资性收入	611.3	790.5	1445.1	1978.8	2422.3	2978.2	3121.3	3665.0
工资	447.8	583.4	1025.7	1590.2	2041.9	2499.0	2636.8	3291.6
实物福利	0.1	0.4	1.0	0.2	1.0	0.2	0.6	0.1
其他	163.4	206.7	418.3	388.4	379.4	479.1	483.8	373.3
经营性收入	4508.0	2701.1	2256.7	2691.8	2916.9	3191.0	3594.8	4429.7
第一产业经营收入	3941.1	2499.2	1975.5	2209.4	2416.0	2744.9	2790.3	3634.3
农业	1092.5	1291.9	1242.7	1427.3	1534.7	1669.5	1819.8	2353.1
林业	107.8	149.8	141.8	160.9	182.4	207.6	193.7	284.6
牧业	2736.3	1046.5	578.2	602.5	643.2	688.3	693.3	937.3
渔业	4.4	10.9	12.8	18.7	55.7	179.5	83.5	59.3
第二产业经营收入	27.3	8.9	24.0	18.5	8.1	41.3	167.2	29.4
第三产业经营收入	539.7	193.1	257.1	463.9	492.8	404.8	637.3	766.0
财产性收入	13.0	15.9	21.9	26.7	24.7	49.2	132.3	79.9
转移性收入	607.0	941.2	1080.6	1305.4	1548.4	1769.4	2363.1	2259.7
总支出	**12265.3**	**6527.5**	**6928.5**	**8200.4**	**9004.8**	**9644.3**	**10974.5**	**12204.3**
生活消费支出	3980.9	3801.7	4526.5	5246.4	5792.3	6503.1	6898.2	8091.6
食品烟酒	1653.6	1603.2	1795.2	1852.0	2164.7	2336.3	2521.3	2770.2
衣着	172.9	173.3	233.5	248.3	281.0	331.8	339.7	400.0
居住	770.1	742.4	959.6	1039.3	1168.4	1312.5	1438.4	1828.7
生活用品及服务	276.8	188.8	238.0	352.5	348.6	429.8	424.8	538.9
交通通信	301.6	268.3	345.8	421.5	508.0	518.5	540.3	704.9
教育文化娱乐	324.1	439.3	573.0	806.1	697.2	956.7	826.8	944.9
医疗保健	369.2	307.2	300.5	448.2	531.5	537.1	682.1	779.0
其他用品和服务	112.6	79.1	80.8	78.5	93.1	80.4	124.7	125.0
生产经营费用支出	4892.0	1605.2	1036.5	1213.2	1076.0	1211.1	1422.4	1649.5
第一产业经营费用支出	3941.5	1510.9	887.7	1035.4	933.9	1031.4	1140.8	1400.7
农业	681.5	609.2	495.5	581.6	525.8	544.2	732.2	900.6
林业	70.1	22.9	18.1	43.7	25.9	38.7	35.8	25.8
牧业	3178.2	875.7	366.2	406.1	343.9	368.6	348.4	461.8
渔业	11.7	3.1	7.9	3.9	38.3	79.9	24.4	12.5
第二产业经营费用支出	7.5	2.3	2.9	4.6	5.1	25.1	89.9	6.7
采矿业							62.2	
制造业	7.5	2.3	0.7		0.0	15.4	4.3	5.9
电力热力燃气及水生产和供应业								
建筑业		0.0	2.2	4.6	5.1	9.6	23.4	0.8
第三产业经营费用支出	942.9	92.0	145.9	173.2	137.0	154.7	191.8	242.1
财产性支出	2.4	28.7	0.0	0.0	1.3	2.6	0.7	2.3
转移性支出	243.8	157.6	136.4	166.4	164.8	154.8	170.4	182.1
部分商业保险支出	1.9	2.0	6.2	17.6	9.2	10.7	17.3	20.0
购置资产及非经常性转移支出	3044.7	811.5	1125.5	1335.0	1603.9	1584.8	2036.0	2050.9
借贷性支出	99.7	120.8	97.3	221.8	357.3	177.3	429.4	207.9

9000–10000元	10000–11000元	11000–12000元	12000–13000元	13000–14000元	14000–15000元	15000–16000元	16000–17000元	17000–18000元	18000–19000元	19000–20000元	20000元及以上
12485.9	**13736.0**	**14695.5**	**15714.3**	**17852.7**	**17917.4**	**17146.5**	**19024.8**	**20907.7**	**25271.7**	**23532.4**	**28774.2**
4442.8	4463.5	3941.6	5987.7	4985.5	5380.2	7674.4	6040.7	7518.4	5952.8	11441.8	9109.1
4064.5	4039.7	3421.1	5667.7	4295.6	4964.5	6554.0	5836.4	7210.9	5626.8	11433.5	8527.2
0.2	0.1	2.3	0.1		3.9	2.3		1.3			4.4
378.1	423.7	518.1	319.9	689.9	411.7	1118.0	204.4	306.2	326.0	8.3	577.5
5416.2	6677.6	7121.6	6614.8	8922.2	7775.6	4749.9	9057.4	10286.9	15833.6	7029.6	13566.7
4546.8	4514.6	5598.7	5470.2	6628.0	6067.5	4238.1	6650.6	6598.5	6202.9	5718.0	7017.5
2248.6	2151.7	3436.1	3315.3	3608.1	3245.7	2800.2	3602.6	3758.5	2867.3	4867.6	3958.6
253.5	221.2	281.1	658.1	212.4	273.2	228.5	212.3	720.2	425.2	308.1	810.6
1964.8	2047.0	1825.6	1470.0	2536.0	2507.0	1202.4	1200.7	2103.4	2910.4	542.3	2159.9
79.9	94.8	55.9	26.8	271.5	41.6	7.0	1635.0	16.4			88.3
63.8	322.2	438.6	170.2	703.8	908.1	138.5	77.7	257.4			58.5
805.6	1840.8	1084.2	974.4	1590.4	800.0	373.3	2329.0	3431.0	9630.6	1311.6	6490.8
51.3	79.8	123.1	223.0	258.9	261.3	170.5	87.4	11.9	53.3	138.3	363.7
2575.6	2515.1	3509.2	2888.7	3686.1	4500.4	4551.7	3839.2	3090.5	3432.1	4922.6	5734.6
15551.4	**14129.6**	**22505.2**	**17259.7**	**17601.6**	**23313.4**	**16225.8**	**17659.7**	**19567.8**	**21825.2**	**26312.3**	**23322.3**
8698.6	8134.9	9490.7	9076.5	8910.1	13212.4	10735.6	11170.4	11964.7	12120.7	15726.6	11913.7
2843.4	2653.8	3315.8	3129.1	3138.1	3855.1	3641.8	4543.5	3427.3	3920.3	4036.0	3500.0
393.8	427.4	384.2	469.6	506.4	717.0	593.0	696.3	825.7	456.0	573.4	764.7
2104.9	1708.8	2049.2	1572.8	1916.0	2681.9	3415.9	2514.8	2322.6	2681.4	4132.4	2730.4
643.4	538.5	492.4	540.1	663.1	1184.9	744.5	647.8	790.1	701.3	830.9	1241.1
697.9	893.0	1375.9	852.4	969.1	1235.7	720.8	1058.9	1185.7	1039.5	1743.1	1146.0
1096.7	1172.9	696.3	1194.3	689.6	1214.1	769.0	762.5	1931.7	2667.0	335.1	1100.7
787.8	624.2	997.3	1190.1	835.9	2057.2	606.9	815.7	1339.6	515.1	3835.6	1188.4
130.8	116.3	179.7	128.2	191.8	266.4	243.8	130.9	141.9	140.2	240.1	242.4
2530.1	2699.3	2759.5	2703.8	3850.1	2838.8	1311.1	2075.3	3007.9	5977.6	3249.9	3569.4
2315.3	1868.7	2126.2	2419.4	2844.4	2276.4	1266.0	1817.3	2122.5	3001.1	2710.0	1947.0
1075.6	775.8	1225.9	1398.3	1141.3	1051.5	692.6	1237.6	1125.6	825.2	2408.7	1154.7
60.3	29.7	24.1	380.3	26.1	50.8	38.4	9.0	72.6	39.3		137.5
1146.9	1049.6	853.9	631.0	1625.6	1171.4	533.0	516.3	924.2	2133.3	285.1	641.4
32.4	13.6	22.3	9.7	51.5	2.7	1.9	54.4		3.3	16.2	13.5
17.0	122.7	262.7	57.8	298.3	144.2	20.8	12.2	216.9			
1.8					0.5						
12.8	9.4	215.7	57.8		122.2						
2.4	113.3	47.0		298.3	21.5	20.8	12.2	216.9			
197.8	707.9	370.7	226.7	707.3	418.2	24.3	245.7	668.5	2976.5	539.8	1622.3
3.8	0.9	5.1	11.8	36.0		0.8	0.1				0.0
230.9	244.3	266.6	290.5	263.6	308.7	186.5	249.9	287.1	131.2	266.1	349.8
0.6	16.4	87.1	9.5	7.3	8.7		4.3	99.6			21.4
3316.6	2596.5	8544.7	4263.9	3372.9	3981.1	3787.8	3181.4	2633.1	3327.5	6032.1	5933.4
770.8	437.3	1351.5	903.7	1161.6	2963.7	203.9	978.4	1575.4	268.1	1037.6	1534.6

6-17 贫困县农户按人均消费支出分组情况(2014年)

指 标	0-1000元	1000-1500元	1500-2000元	2000-2500元	2500-3000元	3000-3500元	3500-4000元	4000-4500元	4500-5000元	5000元及以上
调查户数（户）	**3**	**25**	**78**	**107**	**178**	**211**	**204**	**219**	**199**	**1890**
户均人口（人）	5.67	4.78	4.82	4.27	4.28	4.09	3.93	3.67	3.34	2.97
户均劳动力（人）	5.33	2.92	3.17	2.72	2.84	2.52	2.56	2.47	2.25	2.01
劳动力受教育程度(%)										
未上过学	6.3	4.1	8.1	9.6	6.1	6.9	9.4	6.8	4.3	5.1
小学	12.5	32.9	39.3	37.1	38.4	34.0	34.0	37.5	38.7	33.8
初中	75.0	42.5	43.3	41.6	43.2	46.8	43.6	46.6	43.2	46.1
高中	6.3	12.3	9.3	8.6	10.3	11.1	11.3	8.3	12.1	11.9
大学专科		6.8		2.4	2.0	1.1	1.5	0.7	1.3	2.4
大学本科		1.4		0.7			0.2		0.4	0.7
研究生										0.0
居住住房主要建筑材料(%)										
钢筋混凝土		4.0	6.4	1.9	5.6	4.3	4.9	9.1	8.5	9.9
砖混材料		16.0	11.5	15.9	27.0	29.4	35.3	34.2	34.2	45.4
砖瓦砖木	100.0	72.0	69.2	69.2	59.0	56.3	53.4	52.1	48.7	39.0
竹草土坯			1.3	4.7	2.2	1.9	0.5	1.4		0.9
其它		8.0	11.5	8.4	6.2	8.1	5.9	3.2	8.5	4.8
户均住房建筑面积（平方米）	76.67	111.20	119.29	118.66	140.24	140.07	139.41	142.96	154.63	167.75
每百户年末拥有耐用消费品状况										
家用汽车(辆)			2.56	0.93	3.37	0.95	0.49	0.91	2.01	3.17
摩托车(辆)		24.00	34.62	37.38	48.31	46.06	58.38	51.14	55.83	61.15
电冰箱、柜(台)		28.00	34.62	45.79	55.06	47.88	56.34	57.53	58.34	72.54
彩色电视机(台)	100.00	92.00	97.44	96.26	103.93	98.10	101.47	100.00	95.98	103.86
空调(台)				2.80	4.49	1.90	5.40	4.57	5.03	12.06
固定电话(线)		40.00	21.79	28.04	28.09	22.79	29.44	24.66	26.66	29.37
移动电话(部)	166.67	152.00	164.10	166.36	169.66	168.98	180.29	180.37	181.98	201.88
计算机(台)		8.00	5.13	6.54	4.49	4.27	6.38	6.85	5.53	13.48
可支配收入	**1424.3**	**2753.1**	**3416.2**	**3762.5**	**3866.2**	**4165.5**	**4203.9**	**5578.1**	**6133.7**	**7871.7**
工资性收入	797.2	1157.6	2178.6	1566.4	1551.9	1701.1	1942.1	2300.7	2678.3	3332.5
工资		849.8	1847.3	1034.0	1051.0	1382.6	1497.7	1782.8	2146.5	2988.3
实物福利		0.2	0.2	0.0	1.6	0.1	0.4	1.0	0.1	0.6
其他	797.2	307.7	331.1	532.4	499.3	318.4	444.0	516.8	531.7	343.6
经营净收入	427.1	842.6	844.5	1299.5	1269.9	1469.8	1128.6	1997.4	1952.3	2378.9
第一产业经营净收入	484.4	817.1	824.5	1249.4	1120.5	1269.6	1179.2	1632.8	1740.2	1752.2
农业	-15.6	637.3	614.2	881.6	811.7	798.2	876.5	986.4	1205.4	1140.1
林业	5.7	48.0	71.4	130.2	125.9	123.8	86.7	190.0	247.2	180.4
牧业	494.3	125.5	137.8	230.5	131.3	340.7	211.2	319.1	276.2	376.4
渔业		6.3	1.0	7.1	51.6	6.9	4.8	137.4	11.4	55.3
第二产业经营净收入				4.8	12.2	23.4	25.8	40.0	22.5	60.1
第三产业经营净收入	-57.4	25.5	20.0	45.3	137.2	176.8	-76.3	324.7	189.6	566.6
财产净收入		15.5	7.9	18.3	16.7	17.4	21.0	19.1	136.1	73.4
转移净收入	200.0	737.3	385.2	878.4	1027.6	977.2	1112.1	1261.0	1367.0	2086.9
实物可支配收入	**174.9**	**717.6**	**616.1**	**812.1**	**890.0**	**942.1**	**944.6**	**1085.9**	**1157.3**	**1313.4**

6-17 续表

指　　标	0–1000元	1000–1500元	1500–2000元	2000–2500元	2500–3000元	3000–3500元	3500–4000元	4000–4500元	4500–5000元	5000元及以上
总收入(未扣除生产费用)	**1851.4**	**3189.7**	**3977.0**	**4671.9**	**4792.5**	**5704.9**	**6247.4**	**7287.2**	**7669.4**	**10574.7**
工资性收入	797.2	1157.6	2178.6	1566.4	1551.9	1701.1	1942.1	2300.7	2678.3	3332.5
工资		849.8	1847.3	1034.0	1051.0	1382.6	1497.7	1782.8	2146.5	2988.3
实物福利		0.2	0.2	0.0	1.6	0.1	0.4	1.0	0.1	0.6
其他	797.2	307.7	331.1	532.4	499.3	318.4	444.0	516.8	531.7	343.6
经营性收入	754.1	1221.2	1339.9	2130.8	2093.6	2857.3	3018.7	3573.3	3347.4	4843.0
第一产业经营收入	754.1	1191.8	1315.0	2054.2	1834.7	2511.2	2271.7	3042.2	2961.9	3770.2
农业	136.4	900.3	971.1	1426.4	1250.2	1418.4	1524.3	1710.7	1963.8	2039.4
林业	7.9	51.1	82.9	141.8	134.4	131.3	154.6	214.6	287.8	241.1
牧业	609.9	233.4	259.5	474.8	394.6	953.1	581.2	975.5	685.7	1397.1
渔业		6.9	1.6	11.1	55.5	8.4	11.6	141.4	24.6	92.5
第二产业经营收入				5.3	14.4	39.5	30.9	51.0	22.7	130.4
第三产业经营收入		29.4	24.8	71.4	244.6	306.6	716.1	480.1	362.8	942.4
财产性收入		15.6	7.9	19.7	16.7	17.4	21.0	21.0	137.8	81.6
转移性收入	300.1	795.3	450.6	955.0	1130.3	1129.1	1265.6	1392.2	1505.8	2317.5
总支出	**1462.5**	**2009.5**	**3005.1**	**3646.7**	**4139.9**	**6494.8**	**6550.9**	**7105.0**	**8101.8**	**14460.5**
生活消费支出	872.6	1306.7	1754.0	2241.1	2787.5	3252.5	3741.3	4259.4	4740.0	8500.2
食品烟酒	371.8	755.3	898.8	1173.8	1306.3	1458.2	1587.0	1907.9	1998.7	2837.2
衣着	53.2	52.0	76.2	97.6	141.7	159.3	181.8	243.9	209.8	420.2
居住	142.7	265.5	292.6	391.1	557.7	598.7	812.3	813.0	913.3	1820.1
生活用品及服务	85.9	47.0	90.6	116.9	166.8	180.5	208.1	236.5	258.4	568.9
交通通信	118.9	93.1	123.8	174.9	209.2	255.7	300.1	377.0	431.4	745.0
教育文化娱乐	27.2	29.9	172.5	131.8	183.1	296.2	354.1	352.8	587.8	1120.9
医疗保健	30.6	50.6	82.1	117.4	183.5	240.0	234.4	272.3	272.4	842.6
其他用品和服务	42.3	13.3	17.4	37.6	39.1	63.8	63.6	55.9	68.2	145.4
生产经营费用支出	269.8	329.3	429.9	741.9	733.5	1280.3	1723.1	1440.6	1238.2	2262.5
第一产业经营费用支出	219.2	328.3	427.0	720.8	633.4	1145.9	982.6	1294.6	1130.5	1883.2
农业	101.4	230.9	309.1	493.9	380.4	558.7	577.0	658.8	706.1	826.8
林业	2.2	3.1	11.3	11.0	7.2	6.4	65.1	23.3	39.3	59.6
牧业	115.5	93.7	106.5	212.0	242.2	579.4	333.7	608.7	372.0	960.2
渔业		0.6	0.1	4.0	3.6	1.4	6.8	3.8	13.1	36.5
第二产业经营费用支出				0.0	1.8	15.1	4.6	10.7	0.1	56.2
采矿业								2.3		9.5
制造业					1.4	15.1	4.6	5.4	0.0	18.5
电力热力燃气及水生产和供应业										
建筑业				0.0	0.4	0.0		3.0	0.1	28.2
第三产业经营费用支出	50.6	1.0	2.9	21.1	98.3	119.4	735.9	135.3	107.6	323.2
财产性支出		0.0		1.4	0.0			1.7	1.7	8.1
转移性支出	100.0	58.0	65.4	76.6	102.6	151.4	153.4	131.2	137.8	230.2
部分商业保险支出		0.2	0.0	1.2		2.1	13.1	9.2	29.2	15.6
购置资产及非经常性转移支出	220.1	299.0	552.2	502.7	457.3	1702.8	871.8	1094.5	1656.7	2881.4
借贷性支出		16.2	203.6	81.8	58.9	105.8	48.1	168.5	298.1	562.4

6-18 贫困县农户按人均生产支出分组情况(2014年)

指　　标	0-1000元	1000-1500元	1500-2000元	2000-2500元	2500-3000元	3000-3500元	3500-4000元	4000-4500元	4500-5000元	5000元及以上
调查户数（户）	**1809**	**441**	**231**	**146**	**94**	**71**	**46**	**57**	**34**	**184**
户均人口（人）	3.6	3.3	2.9	2.8	2.7	2.8	2.5	2.9	2.9	3.1
户均劳动力（人）	2.3	2.3	2.1	2.0	2.0	2.1	2.0	2.3	2.1	2.2
劳动力受教育程度(%)										
未上过学	5.9	7.0	7.0	4.8	3.7	5.4	4.4	6.2	8.6	5.1
小学	33.9	36.6	40.1	39.7	38.3	36.1	38.5	39.5	32.9	30.2
初中	46.9	43.0	41.5	40.3	44.7	42.2	46.2	43.4	41.4	46.6
高中	10.6	11.6	8.9	14.1	10.6	12.9	9.9	10.1	17.1	14.9
大学专科	2.1	1.3	1.9	0.7	2.7	3.4	1.1			3.2
大学本科	0.6	0.3	0.6	0.3				0.8		
研究生		0.1								
居住住房主要建筑材料(%)										
钢筋混凝土	8.8	7.7	6.9	8.2	4.3	9.9	8.7	5.3	2.9	11.4
砖混材料	39.8	37.9	33.3	38.4	41.5	39.4	30.4	40.4	50.0	39.1
砖瓦砖木	45.6	48.1	49.4	42.5	47.9	35.2	47.8	49.1	41.2	44.0
竹草土坯	1.3	0.9	1.3	0.7	1.1	1.4			2.9	0.5
其它	4.4	5.4	9.1	10.3	5.3	14.1	13.0	5.3	2.9	4.9
户均住房建筑面积（平方米）	**156.8**	**157.1**	**145.1**	**151.4**	**157.6**	**166.3**	**159.0**	**148.0**	**160.1**	**165.9**
每百户年末拥有耐用消费品状况										
家用汽车(辆)	2.1	2.5	2.2	2.1	2.1	5.6		3.5	2.9	6.5
摩托车(辆)	55.1	57.1	53.2	56.8	58.5	57.7	50.0	50.9	55.9	71.2
电冰箱、柜(台)	61.6	65.5	62.8	68.5	69.1	78.9	67.4	75.4	64.7	78.8
彩色电视机(台)	101.1	102.9	104.3	102.1	107.4	101.4	95.7	107.0	100.0	103.8
空调(台)	9.4	7.7	4.3	6.2	4.3	4.2	10.9	12.3	11.8	15.2
固定电话(线)	25.8	31.5	28.1	29.5	33.0	46.5	34.8	28.1	23.5	32.1
移动电话(部)	187.5	194.3	193.5	181.5	186.2	195.8	187.0	200.0	179.4	223.4
计算机(台)	10.4	9.8	6.5	4.8	9.6	7.0	23.9	12.3	11.8	18.5
可支配收入	**5922.1**	**6317.9**	**7087.7**	**7713.3**	**8384.4**	**8278.5**	**10145.0**	**7875.9**	**8992.0**	**7376.5**
工资性收入	2965.3	2620.9	2719.4	2521.3	2359.1	2116.7	3579.5	1940.3	2081.5	1971.8
工资	2545.0	2250.8	2369.4	2219.8	1996.6	1741.5	3174.6	1793.5	1648.1	1655.3
实物福利	0.7	0.3	0.3	1.1		1.1		1.9	0.3	0.3
其他	419.6	369.7	349.6	300.4	362.5	374.1	404.9	144.9	433.1	316.2
经营净收入	1270.8	1996.2	2687.5	3191.3	3601.1	3697.5	5102.5	4517.9	4278.5	4193.0
第一产业经营净收入	1083.7	1694.5	2318.7	2454.6	2932.6	3070.0	2859.1	2932.8	2727.4	2425.5
农业	772.6	1124.1	1556.8	1468.6	2014.3	1990.7	1796.1	2214.5	1858.6	1095.8
林业	117.4	157.3	239.3	366.1	250.4	457.2	237.7	353.2	27.4	208.4
牧业	168.3	337.5	462.3	595.3	528.7	607.4	791.5	335.6	839.2	960.2
渔业	25.4	75.6	60.2	24.6	139.2	14.7	33.8	29.5	2.3	161.1
第二产业经营净收入	20.2	9.6	9.7	144.1	3.6	44.9	58.9	163.1	25.5	283.1
第三产业经营净收入	166.9	292.1	359.2	592.6	664.8	582.5	2184.5	1422.0	1525.5	1484.4
财产净收入	58.6	66.8	75.8	61.2	105.5	67.4	117.1	34.0	85.1	-32.7
转移净收入	1627.4	1633.9	1605.1	1939.5	2318.7	2396.8	1345.9	1383.7	2546.9	1244.5
实物可支配收入	**941.3**	**1344.3**	**1692.8**	**1614.3**	**1673.0**	**2020.1**	**1569.5**	**1663.9**	**1336.1**	**1100.1**

6-18 续表

指　　标	0-1000元	1000-1500元	1500-2000元	2000-2500元	2500-3000元	3000-3500元	3500-4000元	4000-4500元	4500-5000元	5000元及以上
总收入(未扣除生产费用)	**6603.5**	**7876.3**	**9215.7**	**10566.2**	**11589.0**	**11924.5**	**14286.0**	**12433.8**	**14351.5**	**21173.9**
工资性收入	2965.3	2620.9	2719.4	2521.3	2359.1	2116.7	3579.5	1940.3	2081.5	1971.8
工资	2545.0	2250.8	2369.4	2219.8	1996.6	1741.5	3174.6	1793.5	1648.1	1655.3
实物福利	0.7	0.3	0.3	1.1		1.1		1.9	0.3	0.3
其他	419.6	369.7	349.6	300.4	362.5	374.1	404.9	144.9	433.1	316.2
经营性收入	1796.4	3355.6	4598.8	5696.2	6567.8	7157.7	9068.5	8942.5	9448.7	17640.3
第一产业经营收入	1569.3	2942.6	4065.5	4620.4	5411.2	6096.6	5678.7	6217.2	6350.5	12520.5
农业	1084.4	1896.1	2606.3	2757.8	3322.8	3646.6	3158.9	4201.5	3958.1	4217.0
林业	127.1	181.9	297.0	454.9	329.3	580.8	368.0	494.8	373.7	462.1
牧业	327.2	778.0	1093.5	1363.9	1578.6	1829.5	2112.3	1478.5	2007.9	7445.1
渔业	30.6	86.6	68.8	43.8	180.5	39.8	39.4	42.4	10.7	396.2
第二产业经营收入	23.1	26.4	27.8	149.9	71.4	98.9	58.9	295.0	182.7	749.9
第三产业经营收入	204.0	386.6	505.5	926.0	1085.3	962.2	3330.9	2430.4	2915.5	4370.0
财产性收入	59.4	67.7	78.9	62.7	105.5	67.5	117.1	34.1	85.1	30.1
转移性收入	1782.4	1832.1	1818.6	2285.9	2556.5	2582.6	1520.9	1516.9	2736.2	1531.7
总支出	**8227.8**	**10224.6**	**11368.3**	**12890.2**	**14928.5**	**14627.2**	**16109.3**	**16048.2**	**18569.9**	**27310.1**
生活消费支出	5741.9	6201.6	7027.8	7266.2	8140.6	8371.3	7970.5	8133.4	8039.3	8488.9
食品烟酒	2014.6	2365.6	2669.0	2850.8	2976.1	3042.1	2982.5	3003.2	2866.5	2822.7
衣着	307.4	285.9	314.4	339.6	336.2	310.9	448.8	301.8	501.1	361.7
居住	1207.0	1238.1	1500.2	1421.5	1543.6	1675.5	1472.1	2207.1	1493.0	1964.6
生活用品及服务	350.3	421.2	408.1	499.2	557.3	770.4	523.8	463.4	411.0	631.1
交通通信	470.3	492.6	566.0	583.2	799.6	1031.5	956.5	877.6	675.7	924.8
教育文化娱乐	776.5	717.0	692.9	806.6	805.5	504.5	916.7	734.9	1065.1	1052.4
医疗保健	525.4	582.5	755.4	594.5	990.7	862.9	543.3	436.0	905.2	565.4
其他用品和服务	90.2	98.6	121.9	170.8	131.6	173.4	126.8	109.4	121.7	166.3
生产经营费用支出	421.4	1225.8	1723.8	2219.9	2704.2	3252.5	3728.4	4191.4	4747.9	12862.0
第一产业经营费用支出	405.4	1148.1	1584.1	1977.3	2332.5	2872.7	2674.1	3158.5	3490.6	9738.0
农业	260.2	709.9	951.5	1158.6	1229.2	1569.5	1274.9	1911.7	2024.7	3002.7
林业	8.7	22.8	56.7	86.2	76.6	122.6	130.3	141.2	346.3	252.5
牧业	131.4	404.5	569.4	713.5	985.7	1155.7	1263.3	1092.8	1111.1	6251.1
渔业	5.0	10.9	6.5	18.9	41.1	25.0	5.6	12.9	8.5	231.7
第二产业经营费用支出	2.1	7.5	16.5	5.8	49.7	48.3		119.5	117.9	388.3
采矿业	0.1	1.1	0.6							81.7
制造业	1.0	5.8	1.1		15.3	48.0		52.7		133.9
电力热力燃气及水生产和供应业										
建筑业	1.0	0.6	14.8	5.8	34.4	0.3		66.8	117.9	172.8
第三产业经营费用支出	13.9	70.2	123.2	236.8	321.9	331.6	1054.3	913.4	1139.4	2735.7
财产性支出	0.7	0.9	3.1	1.3	0.0	0.1		0.1		62.8
转移性支出	154.4	198.2	213.6	346.4	237.8	185.8	175.0	133.3	189.3	287.2
部分商业保险支出	10.5	14.1	2.5	6.2	45.8	10.7			94.5	23.2
购置资产及非经常性转移支出	1684.4	2205.4	2136.0	2532.9	2944.5	2409.5	3565.1	2324.7	4354.7	4250.4
借贷性支出	214.6	378.7	261.6	517.3	855.6	397.4	670.3	1265.3	1144.0	1335.5

6-19 农民工监测情况(2009-2014年)

项 目	2009	2010	2011	2012	2013	2014
调查村数(个)	**370**	**370**	**370**	**370**	**389**	**389**
调查户数(户)	**3700**	**3700**	**3700**	**3700**	**3872**	**3868**
期末家庭人口(人)	**14413**	**14390**	**15036**	**14928**	**14973**	**15024**
#常住人口(人)	14370	14363	14369	14293		
性别						
男(人)	7591	7565	7878	7846	7899	7936
女(人)	6822	6825	7158	7082	7074	7088
年龄						
6岁及以下(人)	922	796	1018	881	1235	1140
7-15岁(人)	1253	1202	1571	1635	1509	1590
16-18岁(人)	838	495	415	444	402	414
19-30岁(人)	3113	3318	3185	3023	2745	2651
31-40岁(人)	1908	1738	2743	1801	1829	1808
41-50岁(人)	2393	2495	2250	2790	2765	2637
51-60岁(人)	2518	2488	908	2121	2197	2366
61岁及以上(人)	1468	1858	2037	2233	2291	2418
文化程度						
6岁及以上家庭成员文化程度(人)	11601	11649	14017	14042	13912	14065
#不识字或识字很少(人)	604	578	702	709	589	572
小学(人)	3369	3354	4470	4584	4466	4497
初中(人)	5563	5571	6144	6067	6111	6117
高中及中专(人)	1894	1949	2176	2162	2041	2621
大专及以上(人)	171	197	525	520	705	258
社会保障情况(人)						
#参加农村新型农村合作医疗(人)	14168	14179	10533	14567	14298	14323
参加新型农村社会养老保险(人)	535	1997	4691	7576	10146	10204
总体从业情况						
从业人数(人)	10548	10552	10760	10633	10118	10174
#整劳动力(人)	6829	6529	6721	6438		
半劳动力(人)	3719	4023	4039	4195		
性别(人)						
男(人)	5675	5676	5782	5726		
女(人)	4873	4876	4978	4907		
年龄						
16-18岁(人)	385	133	114	87		
19-30岁(人)	2859	2859	2849	2645		
31-40岁(人)	1889	1725	1784	1767		
41-50岁(人)	2371	2466	2688	2737		
51-60岁(人)	2305	2325	2134	2024		
61岁及以上(人)	739	1044	1191	1373		
文化程度						
不识字或识字很少(人)	269	262	302	303		
小学(人)	2875	2830	2847	2807		
初中(人)	5390	5364	5471	5389		
高中及中专(人)	1847	1904	1823	1815		
大专及以上(人)	167	192	317	319		
培训程度						
参加培训人数(人)	3235	3212				

6-19 续表 1

项　　目	2009	2010	2011	2012	2013	2014
#农业生产培训(人)	567	564	994	914		
非农业生产培训(人)	1527	1505	2202	2094		
学徒工(人)	452	437				
其他培训(人)	710	728				
主要从业地区						
乡内(人)	7890	7761	7791	7655	7061	7039
乡外县内(人)	444	330	372	380	479	464
县外省内(人)	406	520	540	554	626	645
省外国内及国外(人)	1808	1941	2057	2044	1952	2026
主要从事行业						
第一产业(人)	6486	6364	5940	5757	4812	4595
第二产业(人)	2566	2668	3049	3091	3221	3355
#制造业(人)	1783	1840	1961	1990	1797	1829
建筑业(人)	619	684	943	971	1269	1362
第三产业(人)	1496	1520	1771	1785	2085	2224
外出劳动力情况						
外出劳动力人数(人)	2894	2990	3356	3269	3243	3275
#整劳动力(人)	2681	2797	3116	3043		
半劳动力(人)	213	193	240	226		
性别						
男(人)	1822	1903	2132	2089		
女(人)	1072	1087	1224	1180		
年龄						
16-18岁(人)	239	70	72	52		
19-30岁(人)	1659	1718	1865	1730		
31-40岁(人)	611	694	808	860		
41-50岁(人)	289	369	439	450		
51-60岁(人)	85	115	138	129		
61岁及以上(人)	11	24	34	48		
文化程度						
不识字或识字很少(人)	8	15	17	16		
小学(人)	252	257	342	317		
初中(人)	1750	1757	1939	1895		
高中及中专(人)	780	828	831	818		
大专及以上(人)	104	133	227	223		
培训程度						
参加培训人数(人)	1422	1406				
#农业生产培训(人)	92	104	221	192		
非农业生产培训(人)	735	724	1215	1155		
学徒工(人)	272	248				
其他培训(人)	327	332				
外出地区						
省内(人)	928	931	1063	1087	1208	1172
#乡外县内(人)	305	374	453	460	523	490
县外省内(人)	623	557	610	627	685	682
省外及其他地区(人)	1966	2059	2293	2182	2035	2103
#东部地区(人)	1869	1953	2130	2012	1890	1947
#广东省(人)	1566	1613	1706	1598	1501	1527
举家外出情况						
调查小区总户数(户)					46524	45542
调查小区总人口(人)					174200	171653
调查小区总劳动力(人)					107722	106561
举家在外户数(户)					4751	4776
举家在外人口(人)					16711	17026
举家在外劳动力(人)					10645	10879

注：举家外出情况为新增指标。

6-19 续表 2

项 目	2009	2010	2011	2012	2013	2014
外出地区类型						
直辖市(人)	61	68	99	100	115	136
省会城市(人)	505	547	707	678	659	715
地级市(人)	1223	1242	1462	1388	1392	1352
县级市(人)	520	558	601	639	689	646
建制镇(人)	519	496	424	396	338	348
村(人)			22	27	16	29
其他地区(人)	66	79	41	41	34	49
外出方式						
政府(单位)组织(人)	25	29	28	22	32	24
中介组织介绍(人)	74	86	59	58	32	44
亲朋好友介绍(人)	1538	1556	1615	1587	1384	1335
自发(人)	1215	1271	1507	1516	1674	1725
其他(人)	42	48	147	86	121	147
当前工作平均月收入						
600元以下(人)	230	64	15	2		
600-800元(人)	476	233	44	8		
800-1200元(人)	1192	1125	734	299		
1200-1600元(人)	703	901	949	761		
1600-2400元(人)	234	512	994	1254		
2400-3000元(人)	29	97	298	498		
3000元以上(人)	30	58	322	447		
外出从事的工作种类						
私营企业主(人)	4	1	26	27		
企业经营管理(人)	29	36	58	42		
个体经营(人)	81	66	131	143		
专业技术(人)	164	149	306	262		
办事人员及有关(人)	57	60	113	100		
商业(人)	109	107	62	98		
服务业(人)	431	416	380	354		
农、林、牧、渔、水利业生产(人)	24	18	13	55		
生产、运输设备操作人员及有关(人)	1483	1567	1702	1551		
其他(人)	512	570	565	637		
社会保障与福利情况						
外出从业劳动关系						
无固定期限劳动合同工(人)	402	430	483	552	275	314
一年及以上劳动合同工(人)	614	611	864	812	849	908
一年以下劳动合同工(人)	251	236	259	210	202	141
没有劳动合同(人)	1431	1471	1564	1511	1760	1685
自营(人)	126	146	152	147	147	196
其他(人)	70	96	34	37	10	31
单位或雇主提供伙食情况						
每天提供三顿(人)	788	661	631	681	853	865
每天提供两顿(人)	558	708	696	622	561	632
每天提供一顿(人)	328	378	611	578	532	498
不提供,但补贴部分伙食费(人)	149	128	154	186	193	163
不提供,也没有补贴(人)	875	873	1078	1018	947	890
单位或雇主提供住宿情况						
提供住宿(人)	1712	1748	2013	1883	1738	1738
不提供住宿,但住房有补贴(人)	167	162	252	338	279	277
不提供住宿,也没有住房补贴(人)	819	838	905	864	1069	1033
单位或雇主拖欠工资情况						
被拖欠工资(人)	29	22	10	2	22	12
不被拖欠工资(人)	2669	2726	3160	3083	3064	3036
全省农民工总量(万人)					1679.2	1707.5
本地农民工(万人)					500.4	500.7
外出农民工(万人)					1178.8	1206.8
外出农民工平均月收入(元)					2810	2998

注：全省农民工总量和外出农民工平均月收入为新增指标。

附录一、各省、市、自治区主要社会经济指标

附录1-1　各省(区、市)人均可支配收入(新口径)(2014年)

地区	全体居民			城镇常住居民			农村常住居民		
	2014年	2013年	增速(%)	2014年	2013年	增速(%)	2014年	2013年	增速(%)
全　国	**20167**	**18311**	**10.1**	**28844**	**26467**	**9.0**	**10489**	**9430**	**11.2**
北　京	44489	40830	9.0	48532	44564	8.9	18867	17101	10.3
天　津	28832	26359	9.4	31506	28980	8.7	17014	15353	10.8
河　北	16647	15190	9.6	24141	22227	8.6	10186	9188	10.9
山　西	16538	15120	9.4	24069	22258	8.1	8809	7949	10.8
内　蒙	20559	18693	10.0	28350	26004	9.0	9976	8985	11.0
辽　宁	22820	20818	9.6	29082	26697	8.9	11191	10161	10.1
吉　林	17520	15998	9.5	23218	21331	8.8	10780	9781	10.2
黑龙江	17404	15903	9.4	22609	20848	8.4	10453	9369	11.6
上　海	45966	42174	9.0	48841	44878	8.8	21192	19208	10.3
江　苏	27173	24776	9.7	34346	31585	8.7	14958	13521	10.6
浙　江	32658	29775	9.7	40393	37080	8.9	19373	17494	10.7
安　徽	16796	15154	10.8	24839	22789	9.0	9916	8850	12.0
福　建	23331	21218	10.0	30722	28174	9.0	12650	11405	10.9
江　西	16734	15100	10.8	24309	22120	9.9	10117	9089	11.3
山　东	20864	19008	9.8	29222	26882	8.7	11882	10687	11.2
河　南	15695	14204	10.5	23672	21741	8.9	9966	8969	11.1
湖　北	18283	16472	11.0	24852	22668	9.6	10849	9692	11.9
湖　南	**17622**	**16005**	**10.1**	**26570**	**24352**	**9.1**	**10060**	**9029**	**11.4**
广　东	25685	23421	9.7	32148	29537	8.8	12246	11068	10.6
广　西	15557	14082	10.5	24669	22689	8.7	8683	7793	11.4
海　南	17476	15733	11.1	24487	22411	9.3	9913	8802	12.6
重　庆	18352	16569	10.8	25147	23058	9.1	9490	8493	11.7
四　川	15749	14231	10.7	24234	22228	9.0	9348	8381	11.5
贵　州	12371	11083	11.6	22548	20565	9.6	6671	5898	13.1
云　南	13772	12578	9.5	24299	22460	8.2	7456	6724	10.9
西　藏	10730	9740	10.2	22016	20394	7.9	7359	6553	12.3
陕　西	15837	14372	10.2	24366	22346	9.0	7932	7092	11.8
甘　肃	12185	10954	11.2	21804	19873	9.7	6277	5589	12.3
青　海	14374	12948	11.0	22307	20352	9.6	7283	6462	12.7
宁　夏	15907	14566	9.2	23285	21476	8.4	8410	7599	10.7
新　疆	15097	13670	10.4	23214	21091	10.1	8724	7847	11.2

附录1-2　各省(区、市)人均消费支出(新口径)(2014年)

地　区	全体居民			城镇常住居民			农村常住居民		
	2014年	2013年	增速(%)	2014年	2013年	增速(%)	2014年	2013年	增速(%)
全　国	**14491**	**13220**	**9.6**	**19968**	**18488**	**8.0**	**8383**	**7485**	**12.0**
北　京	31103	29176	6.6	33717	31632	6.6	14535	13564	7.2
天　津	22343	20419	9.4	24290	22306	8.9	13739	12491	10.0
河　北	11932	10872	9.7	16204	14970	8.2	8248	7377	11.8
山　西	10864	10118	7.4	14637	13763	6.4	6992	6458	8.3
内　蒙	16258	14878	9.3	20885	19244	8.5	9972	9080	9.8
辽　宁	16068	14950	7.5	20520	19318	6.2	7801	7032	10.9
吉　林	13026	12054	8.1	17156	15941	7.6	8140	7523	8.2
黑龙江	12769	12037	6.1	16467	15704	4.9	7830	7192	8.9
上　海	33065	30400	8.8	35182	32447	8.4	14820	13016	13.9
江　苏	19164	17926	6.9	23476	22262	5.5	11820	10759	9.9
浙　江	22552	20610	9.4	27242	25254	7.9	14498	12803	13.2
安　徽	11727	10544	11.2	16107	14594	10.4	7981	7200	10.8
福　建	17644	16177	9.1	22204	20565	8.0	11056	9986	10.7
江　西	11089	10053	10.3	15142	13843	9.4	7548	6807	10.9
山　东	13329	11897	12.0	18323	16646	10.1	7962	6877	15.8
河　南	11000	10002	10.0	16184	15249	6.1	7277	6359	14.4
湖　北	12928	11761	9.9	16681	15334	8.8	8681	7850	10.6
湖　南	**13289**	**11946**	**11.2**	**18335**	**16867**	**8.7**	**9025**	**7833**	**15.2**
广　东	19205	17421	10.2	23612	21621	9.2	10043	8938	12.4
广　西	10274	9596	7.1	15045	14470	4.0	6675	6035	10.6
海　南	12471	11193	11.4	17514	15833	10.6	7029	6376	10.2
重　庆	13811	12600	9.6	18279	17124	6.7	7983	6971	14.5
四　川	12368	11055	11.9	17760	16098	10.3	8301	7365	12.7
贵　州	9303	8288	12.3	15255	13768	10.8	5970	5291	12.8
云　南	9870	8824	11.9	16268	14862	9.5	6030	5247	14.9
西　藏	7317	6307	16.0	15669	13679	14.6	4822	4102	17.6
陕　西	12204	11217	8.8	17546	16399	7.0	7252	6488	11.8
甘　肃	9875	8943	10.4	15942	14411	10.6	6148	5654	8.7
青　海	12605	11576	8.9	17493	16223	7.8	8235	7506	9.7
宁　夏	12485	11292	10.6	17216	15807	8.9	7676	6740	13.9
新　疆	11904	11392	4.5	17685	16858	4.9	7365	7103	3.7

附录1-3 各省(区、市)居民消费和商品零售价格指数(2014年)

上年同期=100

地 区	居民消费价格指数	商品零售价格指数
全 国	**102.0**	**101.0**
北 京	101.6	99.1
天 津	101.9	100.9
河 北	101.7	101.0
山 西	101.7	100.6
内蒙古	101.6	100.7
辽 宁	101.7	101.0
吉 林	102.0	101.2
黑龙江	101.5	100.8
上 海	102.7	100.9
江 苏	102.2	101.6
浙 江	102.1	100.9
安 徽	101.6	100.4
福 建	102.0	101.1
江 西	102.3	101.2
山 东	101.9	101.0
河 南	101.9	101.0
湖 北	102.0	100.9
湖 南	**101.9**	**101.2**
广 东	102.3	101.4
广 西	102.1	101.4
海 南	102.4	101.2
重 庆	101.8	100.9
四 川	101.6	100.6
贵 州	102.4	101.2
云 南	102.4	101.6
西 藏	102.9	102.2
陕 西	101.6	100.7
甘 肃	102.1	101.7
青 海	102.8	101.5
宁 夏	101.9	100.9
新 疆	102.1	101.7

附录1-4　全国36个大中城市居民消费和商品零售价格指数(2014年)

上年同期=100

地　区	居民消费价格指数	商品零售价格指数
全　国	**102.1**	**100.8**
北京市	101.6	99.1
天津市	101.9	100.9
石家庄市	102.0	101.2
太原市	102.2	100.7
呼和浩特市	101.2	98.6
沈阳市	102.2	101.3
大连市	102.0	101.0
长春市	102.2	101.2
哈尔滨市	102.0	101.5
上海市	102.7	100.9
南京市	102.6	102.0
杭州市	102.0	100.8
宁波市	101.9	100.3
合肥市	102.0	100.3
福州市	101.7	100.6
厦门市	102.2	100.7
南昌市	102.5	101.1
济南市	102.2	101.2
青岛市	102.6	102.3
郑州市	102.0	101.1
武汉市	101.9	100.5
长沙市	**102.7**	**101.7**
广州市	102.3	101.5
深圳市	102.0	101.0
南宁市	101.6	100.7
海口市	102.2	101.2
重庆市	101.8	100.9
成都市	101.3	100.4
贵阳市	102.7	101.2
昆明市	103.1	101.8
拉萨市	103.0	102.3
西安市	101.4	100.7
兰州市	102.2	101.8
西宁市	102.8	101.2
银川市	102.1	100.8
乌鲁木齐市	102.8	102.4

附录1-5 各省(区、市)居民

上年同期=100

地 区	居民消费价格总指数	一、食品	粮食	肉禽及其制品	蛋	水产品	鲜 菜
全 国	**102.0**	**103.1**	**103.1**	**100.4**	**110.4**	**104.4**	**98.5**
北京市	101.6	103.2	102.2	99.9	109.5	106.1	94.4
天津市	101.9	103.0	103.4	99.6	111.1	106.8	93.7
河北省	101.7	102.3	102.4	98.1	113.6	105.3	94.6
山西省	101.7	102.8	104.6	98.8	113.2	104.8	91.0
内蒙古	101.6	102.9	104.2	99.5	108.7	103.9	92.3
辽宁省	101.7	102.7	103.6	99.4	112.5	103.7	94.3
吉林省	102.0	103.0	104.0	100.6	112.8	105.9	93.7
黑龙江省	101.5	102.0	103.2	99.0	109.7	107.0	92.2
上海市	102.7	103.2	102.4	101.4	106.0	102.7	100.5
江苏省	102.2	102.6	103.6	99.9	111.2	100.4	98.7
浙江省	102.1	103.1	101.8	100.1	112.5	104.6	98.9
安徽省	101.6	102.5	102.7	98.6	115.0	101.1	96.4
福建省	102.0	103.3	101.9	100.4	107.5	105.7	100.8
江西省	102.3	103.7	103.0	100.5	108.7	101.0	101.6
山东省	101.9	102.6	104.2	98.9	114.2	104.0	92.3
河南省	101.9	102.6	105.2	98.8	114.4	105.0	94.9
湖北省	102.0	102.3	102.8	100.7	109.0	100.8	98.7
湖南省	**101.9**	**102.6**	**102.0**	**100.9**	**108.3**	**102.2**	**102.5**
广东省	102.3	104.4	102.7	103.3	107.2	107.5	101.0
广西区	102.1	104.3	102.2	103.6	106.1	107.4	103.5
海南省	102.4	103.7	103.2	103.6	103.9	105.4	101.5
重庆市	101.8	103.3	101.8	99.4	103.5	104.7	105.4
四川省	101.6	102.1	102.6	98.4	108.1	101.2	102.8
贵州省	102.4	104.2	102.6	101.3	104.6	103.0	104.5
云南省	102.4	104.3	102.6	100.7	106.3	103.4	109.1
西藏区	102.9	105.3	105.4	107.7	106.1	100.5	105.0
陕西省	101.6	102.8	103.3	98.9	109.2	104.0	95.4
甘肃省	102.1	103.6	104.2	100.3	109.1	103.2	102.1
青海省	102.8	104.0	105.9	99.7	107.7	105.1	100.4
宁夏区	101.9	102.7	103.3	100.0	107.7	102.2	92.1
新疆区	102.1	103.6	103.3	99.1	103.5	103.3	101.6

消费价格分类指数(2014年)

鲜瓜果	二、烟酒及用品	三、衣着	四、家庭设备用品及维修服务	五、医疗保健和个人用品	六、交通和通信	七、娱乐教育文化用品及服务	八、居住
118.0	**99.4**	**102.4**	**101.2**	**101.3**	**99.9**	**101.9**	**102.0**
117.1	99.7	100.4	100.3	99.9	99.2	103.2	101.4
122.4	98.7	101.8	103.3	100.4	99.7	101.7	102.0
120.7	98.8	104.1	101.2	101.5	100.0	101.9	101.1
118.3	100.1	102.4	101.4	100.9	99.8	101.8	100.8
115.4	100.4	102.1	100.6	100.8	99.4	101.2	101.0
117.8	100.3	102.2	100.3	101.6	100.4	101.1	101.3
113.4	100.1	103.1	100.8	100.6	100.2	101.8	102.0
114.6	100.9	102.9	100.8	102.2	99.6	100.9	100.6
116.6	101.0	103.7	101.8	100.4	100.1	101.8	104.6
116.2	98.6	103.9	103.3	101.8	99.8	102.6	102.4
117.6	99.6	101.8	101.5	101.9	99.7	102.2	102.4
123.7	97.5	101.0	101.3	101.6	99.2	102.4	102.0
121.5	99.2	102.6	100.4	100.7	100.2	101.7	102.3
120.4	100.1	102.4	99.9	101.0	99.7	102.8	102.5
116.6	100.3	102.9	101.1	101.2	99.8	102.0	102.1
118.4	98.3	102.5	100.9	101.0	99.9	103.2	102.2
115.3	99.7	102.0	101.5	100.7	100.2	101.7	103.3
113.7	**99.5**	**101.7**	**101.3**	**102.1**	**100.2**	**103.0**	**101.4**
119.1	99.6	103.0	100.8	100.9	99.6	101.1	101.9
118.8	99.2	100.4	100.3	101.0	99.9	101.5	101.5
115.0	97.9	102.3	101.4	102.0	100.0	101.7	102.6
123.9	97.8	102.0	100.5	101.7	100.3	100.1	101.6
120.4	97.9	102.5	101.2	101.1	100.3	101.6	101.9
120.0	99.8	102.1	100.7	101.6	100.2	102.4	101.8
114.4	100.5	100.9	101.3	101.1	100.3	100.6	102.7
105.6	100.1	102.3	101.3	101.0	100.6	101.7	102.4
120.0	98.8	101.1	101.0	102.7	99.9	100.7	101.2
119.1	99.9	102.4	102.2	101.2	100.0	101.4	101.5
125.9	98.7	104.9	99.8	101.4	100.3	102.6	103.0
118.5	99.1	102.7	101.1	101.6	99.6	102.8	101.2
116.2	100.6	101.9	101.1	101.3	100.4	100.4	101.9

附录1-6 全国36个大中城市居民

上年同期=100

地区	居民消费价格总指数	一、食品	粮食	肉禽及其制品	蛋	水产品	鲜菜
全国	**102.1**	**103.4**	**103.1**	**100.6**	**109.9**	**104.7**	**98.9**
北京市	101.6	103.2	102.2	99.9	109.5	106.1	94.4
天津市	101.9	103.0	103.4	99.6	111.1	106.8	93.7
石家庄市	102.0	103.0	102.7	99.1	116.2	101.7	95.1
太原市	102.2	103.2	105.7	98.3	114.3	108.6	89.8
呼和浩特市	101.2	102.7	100.5	99.9	111.3	102.7	93.5
沈阳市	102.2	104.7	106.6	101.5	114.4	110.6	94.3
大连市	102.0	102.5	107.5	98.8	111.6	97.7	90.0
长春市	102.2	104.0	102.0	101.6	113.3	106.4	93.9
哈尔滨市	102.0	103.1	103.4	100.2	113.4	115.0	96.0
上海市	102.7	103.2	102.4	101.4	106.0	102.7	100.5
南京市	102.6	102.8	101.4	100.1	111.0	102.3	97.7
杭州市	102.0	102.9	101.4	100.8	114.0	105.1	98.0
宁波市	101.9	102.7	100.3	99.7	114.0	101.6	98.3
合肥市	102.0	102.2	103.3	98.6	116.0	101.5	95.3
福州市	101.7	102.5	102.3	99.8	108.7	103.0	99.4
厦门市	102.2	103.4	103.2	100.5	110.2	103.6	102.2
南昌市	102.5	104.3	102.4	102.4	109.0	102.0	100.7
济南市	102.2	103.2	105.9	97.6	116.9	106.9	92.8
青岛市	102.6	104.4	106.5	101.4	117.2	107.7	92.4
郑州市	102.0	103.1	105.8	99.2	116.4	105.8	95.1
武汉市	101.9	102.3	103.1	100.2	108.1	99.6	101.5
长沙市	**102.7**	**104.3**	**102.4**	**101.7**	**108.4**	**101.2**	**107.1**
广州市	102.3	104.8	102.7	103.4	110.2	108.7	102.7
深圳市	102.0	103.5	103.5	101.3	106.2	107.2	100.1
南宁市	101.6	104.1	101.9	103.5	108.7	109.6	102.9
海口市	102.2	103.7	103.5	103.2	101.6	106.3	102.0
重庆市	101.8	103.3	101.8	99.4	103.5	104.7	105.4
成都市	101.3	102.6	104.1	99.2	111.3	101.4	101.3
贵阳市	102.7	105.5	100.9	99.3	105.4	103.5	104.8
昆明市	103.1	105.6	102.4	99.9	106.7	103.4	110.4
拉萨市	103.0	106.4	109.4	106.9	104.4	100.7	107.3
西安市	101.4	102.9	103.2	99.5	111.1	103.6	91.2
兰州市	102.2	104.4	104.0	100.6	111.7	101.8	105.1
西宁市	102.8	103.7	105.7	98.5	107.7	104.7	99.5
银川市	102.1	102.8	103.4	100.8	106.0	101.9	88.4
乌鲁木齐市	102.8	105.6	104.1	100.4	104.9	107.0	100.2

消费价格分类指数(2014年)

鲜瓜果	二、烟酒及用品	三、衣着	四、家庭设备用品及维修服务	五、医疗保健和个人用品	六、交通和通信	七、娱乐教育文化用品及服务	八、居住
119.2	**99.4**	**102.4**	**101.1**	**101.0**	**99.8**	**101.6**	**102.4**
117.1	99.7	100.4	100.3	99.9	99.2	103.2	101.4
122.4	98.7	101.8	103.3	100.4	99.7	101.7	102.0
128.1	99.4	103.1	100.5	103.0	100.6	100.9	101.0
122.7	100.4	102.5	104.4	100.7	100.5	102.2	101.4
119.2	99.6	104.0	99.6	100.7	98.8	99.1	99.8
124.2	100.5	101.9	99.2	102.8	100.3	99.7	101.0
114.6	100.6	103.9	101.1	101.3	100.7	102.4	101.4
116.9	99.8	101.9	101.5	100.2	100.2	101.4	102.4
114.4	100.1	104.5	101.3	102.4	99.5	100.8	100.3
116.6	101.0	103.7	101.8	100.4	100.1	101.8	104.6
117.2	97.9	103.9	104.1	100.5	100.7	103.8	102.9
117.2	99.9	101.7	102.7	101.4	99.4	101.8	102.7
118.1	99.8	102.7	99.9	102.3	99.5	102.0	102.4
117.1	98.1	101.5	100.8	101.6	98.2	104.5	103.4
120.5	98.4	102.0	99.9	100.9	99.9	100.6	103.3
122.5	99.3	102.1	100.6	100.9	100.6	101.7	102.9
122.1	100.4	101.8	99.0	100.4	99.0	104.7	102.5
124.3	99.9	102.4	100.8	102.5	99.2	103.9	101.7
117.2	100.1	103.2	102.0	102.0	100.3	101.4	102.2
125.7	98.4	102.1	100.5	100.4	99.4	103.5	102.6
118.3	100.4	101.2	101.1	99.7	99.8	100.7	104.6
123.2	**100.0**	**101.9**	**102.1**	**102.1**	**99.6**	**106.3**	**100.7**
117.5	99.7	104.9	100.2	100.4	99.9	99.4	101.9
117.2	99.5	104.3	99.4	101.0	99.3	101.3	102.1
121.5	98.6	97.2	98.1	101.5	99.7	102.5	101.2
115.3	97.6	102.4	100.8	102.1	99.3	101.1	102.9
123.9	97.8	102.0	100.5	101.7	100.3	100.1	101.6
118.8	98.6	100.2	101.5	100.4	100.2	100.3	101.2
122.7	97.4	102.7	101.0	101.1	100.0	100.9	102.5
116.0	100.5	100.4	101.6	101.0	100.6	100.2	104.6
110.9	99.4	103.0	101.5	100.2	100.8	99.1	103.1
120.3	98.4	101.1	101.9	102.8	100.2	100.1	99.8
127.5	99.2	103.7	101.5	100.6	99.8	101.5	99.7
128.4	98.5	107.9	98.0	101.2	99.6	102.0	103.6
119.8	98.8	103.1	101.4	101.7	98.9	103.9	101.8
124.4	101.1	101.3	101.2	101.4	101.3	99.9	101.1

附录1-7　各省(区、市)工业生产者出厂与购进价格指数、固定资产投资价格指数(2014年)

上年同期=100

地　区	工业生产者出厂价格指数	工业生产者购进价格指数	固定资产投资价格指数
全　国	**98.1**	**97.8**	**100.5**
北　京	99.1	98.8	100.0
天　津	96.3	97.1	100.5
河　北	95.2	95.6	100.2
山　西	91.4	96.2	99.6
内蒙古	97.3	98.4	99.8
辽　宁	98.2	98.0	99.7
吉　林	99.1	99.2	100.2
黑龙江	97.1	97.6	100.0
上　海	98.9	95.9	100.5
江　苏	98.3	97.0	101.1
浙　江	98.8	98.2	100.6
安　徽	97.4	97.2	100.3
福　建	98.6	98.3	100.4
江　西	97.8	98.4	100.1
山　东	98.4	98.2	100.3
河　南	98.1	98.4	100.0
湖　北	98.4	97.8	101.0
湖　南	**98.4**	**97.9**	**101.5**
广　东	98.9	98.8	101.5
广　西	98.4	98.2	101.6
海　南	97.6	99.0	100.6
重　庆	98.3	98.1	100.3
四　川	98.7	98.7	100.5
贵　州	98.3	98.6	101.1
云　南	97.8	99.0	101.0
西　藏	99.0		
陕　西	97.1	98.5	101.1
甘　肃	96.7	97.6	100.1
青　海	96.1	97.6	100.9
宁　夏	96.3	97.0	100.8
新　疆	96.2	97.5	100.3

附录1-8　35个大中城市新建住宅同比价格指数(2014年)

上年同期=100

地　区	1月	2月	3月	4月	5月	6月	7月	8月	9月	10月	11月	12月
北京市	114.7	112.2	110.3	108.9	107.7	106.4	104.0	102.1	100.4	98.7	97.9	97.3
天津市	107.3	106.3	105.1	104.5	104.1	103.3	102.1	100.6	99.3	98.4	97.7	97.0
石家庄市	109.7	108.9	108.0	107.4	106.1	104.9	103.6	101.5	99.6	97.9	97.2	96.8
太原市	112.2	111.4	110.9	109.6	107.5	105.9	103.4	101.3	99.1	97.6	97.0	96.3
呼和浩特市	109.5	108.6	108.5	108.6	107.2	106.4	104.1	101.7	100.0	98.0	96.3	94.9
沈阳市	111.8	110.7	109.9	107.8	105.6	103.6	100.8	98.4	96.2	94.7	93.3	92.2
大连市	109.7	108.9	108.3	106.8	105.5	104.4	102.3	100.3	98.8	97.0	95.3	93.6
长春市	109.2	108.4	108.0	107.2	106.1	104.5	103.1	101.3	99.3	98.3	97.1	96.3
哈尔滨市	108.8	107.9	107.1	106.1	105.4	104.2	103.1	101.5	100.0	98.0	96.8	95.8
上海市	117.5	115.7	113.1	111.5	109.6	107.0	104.1	101.5	99.2	98.0	97.1	96.3
南京市	111.2	109.8	108.7	107.5	106.6	105.1	103.5	101.7	100.2	99.1	98.5	97.9
杭州市	110.0	109.1	107.8	105.6	103.4	100.6	97.6	94.6	92.4	91.3	90.5	90.1
宁波市	107.1	106.1	105.9	105.1	103.8	101.3	100.0	98.7	97.3	96.5	95.6	94.7
合肥市	109.8	109.1	108.5	107.8	106.9	105.7	104.0	102.7	101.1	100.5	99.4	98.3
福州市	113.1	111.6	110.6	108.8	108.4	105.2	102.9	101.2	98.4	97.0	95.3	94.7
厦门市	116.0	115.0	113.4	112.0	110.8	109.2	107.1	106.3	104.8	103.7	102.9	102.1
南昌市	109.9	108.6	107.0	106.2	105.0	103.4	102.0	100.0	98.0	96.3	95.6	94.9
济南市	109.0	108.6	108.1	107.0	105.9	104.6	102.3	100.0	98.7	97.8	96.8	96.0
青岛市	109.9	108.8	107.8	107.1	106.1	104.6	102.6	100.3	98.5	96.6	95.2	93.8
郑州市	110.9	109.6	108.1	106.6	105.9	104.8	103.1	101.8	100.7	100.6	100.4	100.2
武汉市	109.7	108.8	108.2	107.2	106.3	105.0	102.3	99.7	98.5	97.2	96.4	96.0
长沙市	**111.7**	**110.8**	**109.3**	**108.2**	**106.7**	**104.8**	**102.3**	**99.7**	**98.1**	**95.8**	**94.3**	**93.2**
广州市	118.6	115.7	113.3	111.1	109.5	107.7	105.2	102.1	99.4	97.3	96.2	95.3
深圳市	117.8	115.6	112.8	111.0	108.7	106.6	105.1	102.5	100.3	99.0	98.1	98.7
南宁市	110.9	109.9	108.4	107.8	106.4	104.8	102.3	100.4	98.5	97.2	96.7	95.7
海口市	103.1	103.0	102.6	102.4	101.9	101.2	100.3	99.8	98.8	97.2	96.3	95.4
重庆市	108.7	107.9	107.2	106.1	105.4	103.9	102.4	100.3	97.7	96.4	95.2	94.8
成都市	109.2	108.9	108.3	106.5	105.1	103.6	102.2	100.1	98.5	96.9	95.8	95.4
贵阳市	106.6	106.2	105.5	104.6	104.0	104.3	103.2	101.9	100.5	98.7	98.0	97.3
昆明市	106.1	106.3	105.5	105.1	104.4	103.4	102.3	100.5	99.2	98.3	97.2	96.2
西安市	109.6	109.1	108.3	107.7	106.2	105.3	103.6	101.4	99.8	98.6	97.6	96.6
兰州市	107.6	106.9	105.8	105.2	104.3	102.4	101.3	99.8	99.0	98.1	97.4	97.0
西宁市	110.7	109.5	109.2	108.6	107.4	106.3	105.4	102.9	101.5	99.7	98.7	97.9
银川市	108.6	108.3	108.2	107.3	106.6	105.8	104.3	101.5	100.4	99.4	97.7	97.0
乌鲁木齐市	109.6	108.5	108.0	106.7	105.8	105.5	104.2	101.7	99.8	98.5	97.3	96.0

附录1-9 35个大中城市新建商品住宅同比价格指数(2014年)

上年同期=100

地　区	1月	2月	3月	4月	5月	6月	7月	8月	9月	10月	11月	12月
北京市	118.8	115.5	113.0	111.2	109.7	108.0	104.9	102.6	100.4	98.3	97.4	96.6
天津市	108.3	107.1	105.7	105.1	104.6	103.7	102.3	100.7	99.2	98.2	97.4	96.6
石家庄市	109.9	109.1	108.2	107.5	106.3	105.0	103.7	101.5	99.6	97.8	97.1	96.7
太原市	112.7	111.8	111.3	109.9	107.8	106.1	103.5	101.4	99.0	97.5	96.9	96.1
呼和浩特市	109.8	108.9	108.7	108.9	107.4	106.6	104.2	101.8	100.0	97.9	96.2	94.7
沈阳市	111.9	110.8	110.0	107.9	105.6	103.7	100.8	98.4	96.2	94.6	93.2	92.2
大连市	109.8	109.0	108.3	106.9	105.6	104.4	102.3	100.3	98.8	97.0	95.3	93.6
长春市	109.5	108.7	108.3	107.4	106.3	104.6	103.2	101.3	99.3	98.2	97.0	96.2
哈尔滨市	109.3	108.3	107.4	106.4	105.7	104.4	103.2	101.5	100.0	97.9	96.6	95.6
上海市	120.9	118.7	115.5	113.6	111.3	108.2	104.8	101.7	99.1	97.6	96.5	95.6
南京市	114.7	112.8	111.3	109.8	108.6	106.6	104.5	102.2	100.2	98.8	98.1	97.3
杭州市	110.4	109.4	108.1	105.8	103.5	100.7	97.5	94.4	92.1	90.9	90.1	89.7
宁波市	107.5	106.4	106.3	105.4	104.0	101.4	100.0	98.6	97.2	96.3	95.3	94.4
合肥市	110.7	109.9	109.2	108.5	107.5	106.2	104.4	103.0	101.2	100.5	99.3	98.1
福州市	113.3	111.7	110.7	108.9	108.5	105.2	103.0	101.2	98.4	97.0	95.3	94.6
厦门市	116.4	115.3	113.7	112.2	111.0	109.4	107.2	106.4	104.9	103.8	103.0	102.1
南昌市	110.4	109.0	107.3	106.5	105.2	103.5	102.0	100.0	97.9	96.1	95.4	94.6
济南市	109.0	108.6	108.1	107.0	105.9	104.6	102.3	100.0	98.7	97.8	96.8	96.0
青岛市	110.4	109.2	108.2	107.5	106.4	104.8	102.7	100.3	98.4	96.4	94.9	93.5
郑州市	111.2	109.9	108.3	106.7	106.1	105.0	103.2	101.9	100.7	100.6	100.4	100.2
武汉市	110.1	109.2	108.6	107.6	106.6	105.2	102.4	99.7	98.4	97.0	96.2	95.8
长沙市	**111.8**	**110.9**	**109.4**	**108.3**	**106.7**	**104.8**	**102.3**	**99.7**	**98.0**	**95.8**	**94.3**	**93.1**
广州市	118.9	115.9	113.4	111.2	109.6	107.7	105.3	102.1	99.4	97.3	96.2	95.2
深圳市	118.2	115.9	113.0	111.2	108.9	106.7	105.1	102.6	100.3	99.0	98.0	98.7
南宁市	111.2	110.2	108.7	108.0	106.5	104.9	102.4	100.4	98.5	97.1	96.6	95.6
海口市	103.2	103.0	102.6	102.5	102.0	101.3	100.3	99.8	98.7	97.1	96.2	95.3
重庆市	108.8	108.1	107.3	106.2	105.5	103.9	102.5	100.3	97.6	96.4	95.1	94.7
成都市	109.3	109.0	108.3	106.6	105.2	103.7	102.2	100.1	98.5	96.9	95.8	95.3
贵阳市	107.2	106.8	106.0	105.1	104.4	104.7	103.5	102.0	100.5	98.6	97.8	97.0
昆明市	107.2	107.5	106.5	106.0	105.3	104.1	102.7	100.6	99.0	98.0	96.7	95.5
西安市	110.7	110.1	109.2	108.5	106.9	105.9	104.0	101.5	99.8	98.5	97.3	96.2
兰州市	107.7	107.0	105.9	105.3	104.4	102.4	101.3	99.8	99.0	98.1	97.3	97.0
西宁市	110.7	109.5	109.2	108.6	107.4	106.4	105.4	102.9	101.5	99.7	98.7	97.9
银川市	109.3	109.0	108.8	107.9	107.1	106.2	104.7	101.6	100.4	99.3	97.6	96.7
乌鲁木齐市	109.7	108.6	108.0	106.8	105.9	105.5	104.2	101.7	99.8	98.5	97.3	95.9

附录1-10 35个大中城市二手住宅同比价格指数(2014年)

上年同期=100

地区	1月	2月	3月	4月	5月	6月	7月	8月	9月	10月	11月	12月
北京市	118.4	115.9	112.6	110.2	107.4	104.7	102.4	100.4	97.6	96.8	96.3	95.9
天津市	105.4	104.6	104.5	104.5	104.1	103.9	102.8	101.6	100.0	99.3	98.3	97.8
石家庄市	103.1	102.7	102.9	102.5	102.3	102.4	102.3	101.9	100.4	98.8	98.3	98.0
太原市	103.8	103.4	103.1	103.4	103.2	102.7	101.2	100.5	99.0	97.6	97.1	96.5
呼和浩特市	103.4	103.0	102.4	102.0	101.6	101.2	100.1	99.4	98.2	96.8	95.8	95.4
沈阳市	105.4	105.3	105.3	105.0	104.8	104.2	102.1	100.8	99.2	98.4	98.0	97.4
大连市	101.8	101.7	101.4	101.1	100.9	100.4	99.1	98.4	97.3	96.2	95.7	95.2
长春市	103.9	103.6	103.4	102.9	102.7	102.2	101.7	100.3	98.6	97.3	96.4	95.7
哈尔滨市	104.8	104.4	104.0	103.8	103.8	103.9	103.6	102.4	100.6	99.1	97.3	96.3
上海市	113.2	112.1	109.5	108.1	106.8	105.0	103.2	101.7	99.9	99.0	98.3	98.2
南京市	108.1	107.5	106.8	106.2	105.7	104.4	103.0	101.7	100.1	99.3	99.1	98.7
杭州市	103.5	101.7	101.2	100.3	99.7	98.5	97.5	96.7	95.4	95.7	95.3	94.9
宁波市	104.7	103.5	103.2	102.7	101.7	100.5	99.5	98.4	97.5	96.1	95.0	94.1
合肥市	106.9	107.1	106.6	106.7	106.3	105.9	104.3	104.1	102.3	100.7	99.5	98.5
福州市	109.8	109.1	108.0	106.9	105.7	104.1	102.2	100.8	99.1	97.6	96.7	95.7
厦门市	106.8	107.3	106.8	106.8	106.9	106.2	105.7	105.2	104.3	103.0	102.7	101.6
南昌市	105.8	105.1	104.4	104.1	103.8	103.3	102.2	100.9	98.9	97.6	96.7	96.6
济南市	104.3	103.9	103.8	103.4	102.8	102.1	100.5	99.5	98.2	97.2	96.3	95.2
青岛市	103.8	103.5	103.2	102.6	101.8	101.0	99.8	98.6	97.4	96.4	95.6	94.8
郑州市	107.8	108.0	108.3	107.8	107.6	106.8	106.4	105.2	103.5	102.1	101.4	101.0
武汉市	108.6	107.6	107.7	106.7	105.6	104.6	102.4	100.7	98.9	97.5	96.5	96.0
长沙市	106.8	106.8	106.5	106.0	105.0	104.2	102.6	101.7	100.3	98.9	98.2	97.6
广州市	112.9	111.4	109.9	109.8	108.7	107.4	105.2	102.7	101.0	100.0	98.7	98.3
深圳市	115.2	114.5	113.2	112.0	111.1	109.1	107.4	105.2	103.1	102.2	101.8	101.8
南宁市	103.6	103.6	103.5	103.5	101.9	101.6	100.6	99.5	97.0	96.0	97.1	95.7
海口市	100.3	100.4	100.2	100.0	99.9	99.5	99.0	98.3	97.4	96.5	95.9	95.0
重庆市	104.8	104.6	104.0	103.6	102.9	102.2	101.1	100.1	98.7	97.3	96.2	95.7
成都市	105.3	105.0	104.5	103.7	103.5	102.4	100.9	99.7	98.3	97.0	96.5	95.9
贵阳市	109.7	109.5	108.4	107.8	107.1	106.1	104.7	103.7	101.1	99.6	98.3	98.0
昆明市	107.2	106.1	105.5	105.0	103.8	103.1	101.4	100.0	98.6	97.1	95.9	94.8
西安市	104.5	103.6	102.6	102.5	101.9	101.1	100.0	98.7	97.4	96.1	95.1	94.3
兰州市	103.2	102.9	102.5	102.3	101.9	101.9	101.1	100.5	98.9	97.7	97.0	96.6
西宁市	104.3	104.1	103.6	103.2	102.6	102.1	102.1	101.2	99.8	99.0	98.6	97.7
银川市	108.4	107.9	107.5	107.0	106.4	105.8	104.7	102.9	100.9	99.2	98.1	96.9
乌鲁木齐市	105.3	105.2	105.0	104.9	104.6	104.2	103.3	102.8	101.4	99.8	99.4	98.9

附录1-11 各省(区、市)主要农作物播种面积(2014年)

单位：千公顷

地 区	粮食	棉花	油料	蔬菜
全 国	**112722.6**	**4222.3**	**14042.7**	**21404.8**
北 京	120.2	0.1	2.6	57.5
天 津	345.8	30.2	1.7	90.1
河 北	6332.0	410.9	466.3	1237.5
山 西	3286.4	18.7	129.7	257.1
内蒙古	5651.0	1.0	862.3	281.7
辽 宁	3235.1	0.1	314.0	473.7
吉 林	5000.7	0.5	266.3	211.1
黑龙江	11696.4		87.3	268.9
上 海	164.9	0.8	5.7	127.4
江 苏	5376.1	131.8	499.2	1372.4
浙 江	1266.8	17.3	145.0	606.0
安 徽	6628.9	265.2	788.4	862.1
福 建	1197.7	0.1	117.1	723.9
江 西	3697.3	84.9	741.5	572.3
山 东	7440.0	592.9	773.2	1862.4
河 南	10209.8	153.3	1598.2	1725.6
湖 北	4370.4	344.8	1542.5	1173.5
湖 南	4975.1	130.1	1424.7	1330.0
广 东	2507.0		366.8	1350.4
广 西	3067.7	2.3	237.1	1162.5
海 南	394.0		40.4	248.8
重 庆	2242.5		300.0	708.1
四 川	6467.4	13.2	1285.3	1315.5
贵 州	3138.4	1.6	582.1	924.3
云 南	4508.2	0.1	359.5	947.5
西 藏	176.4		24.5	23.9
陕 西	3076.5	31.0	300.8	502.6
甘 肃	2842.5	38.1	329.0	506.9
青 海	280.1		150.9	48.1
宁 夏	771.3		80.2	123.4
新 疆	2255.9	1953.3	220.5	310.1

附录1-12　各省(区、市)主要农作物总产量(2014年)

地区	粮食(万吨)	棉花(吨)	油料(吨)	蔬菜(吨)
全　国	**60702.6**	**6178318.4**	**35074261.8**	**76005.5**
北　京	63.9	107.1	6729.6	236.2
天　津	176.0	38167.7	5215.0	460.2
河　北	3360.2	431000.0	1502033.0	8125.7
山　西	1330.8	23564.9	173245.7	1271.4
内蒙古	2753.0	1510.1	1703134.0	1472.7
辽　宁	1753.9	100.0	636880.8	3090.1
吉　林	3532.8	794.0	857014.0	876.0
黑龙江	6242.2		171457.0	985.6
上　海	112.5	1220.0	12752.2	393.2
江　苏	3490.6	159500.0	1465989.0	5417.0
浙　江	757.4	24825.0	306621.8	1762.8
安　徽	3415.8	263300.0	2288047.0	2551.0
福　建	667.0	85.0	298234.0	1801.4
江　西	2143.5	133682.0	1217081.0	1312.4
山　东	4596.6	665000.0	3358878.0	9973.7
河　南	5772.3	146861.0	5843341.0	7272.5
湖　北	2584.2	359513.0	3417344.0	3671.5
湖　南	3001.3	129000.0	2337699.0	3763.5
广　东	1357.3		1054773.0	3274.7
广　西	1534.4	2503.0	613036.0	2610.1
海　南	186.6		115713.5	551.5
重　庆	1144.5		569359.1	1689.1
四　川	3374.9	12422.0	3007862.0	4069.3
贵　州	1138.5	1097.0	980471.0	1625.6
云　南	1860.7	299.6	646828.9	1735.5
西　藏	98.0		63770.2	68.2
陕　西	1197.8	42171.0	622994.0	1724.7
甘　肃	1158.7	64446.0	724226.0	1705.2
青　海	104.8		315093.0	158.6
宁　夏	377.9		165170.0	540.8
新　疆	1414.5	3677150.0	593269.0	1815.4

附录二

附录2-1　主要统计调查项目

住户收支与生活状况调查　住户收支与生活状况调查是国家重要统计调查项目，即通过对城乡居民家庭的经济和社会活动调查，反映城乡居民的生产、收入、消费、积累和社会活动情况的统计调查项目。开展住户收支与生活状况调查的目的是全面、准确、及时了解城乡居民收入、消费及其他生活状况，客观监测居民收入分配格局和不同收入层次居民的生活质量，更好地满足研究制定城乡统筹政策和民生政策的需要，为监测全面小康建设进程、县域经济发展、国民经济核算和居民消费价格指数权重制定提供基础数据。

住户收支与生活状况调查包括分省住户调查和分市县住户调查。分省住户调查以省为总体进行抽样，主要目的是准确反映全国及分省居民收支水平、结构、增长速度，收入分配格局以及政策对居民生活状况的影响。从2013年开始，国家在湖南13个市的市政府驻地的所有市辖区和湘西自治州首府吉首市以及38个有代表性的县市共抽选600个小区6000个住宅进行常年入户登记调查，其调查数据代表全国和湖南全省。根据全省及各市州、县市区政府管理的需要，以准确反映分市县居民收支水平和增长速度为主要目的，在国家调查的基础上，以分市县为总体，对全省122个县市区进行抽样调查，一般每个县市的样本为120-140个住宅。

消费价格调查　消费价格调查主要从事居民消费价格、商品零售价格、农业生产资料价格和城镇居民基本生活费用价格调查。湖南消费价格调查专业的职能是：组织贯彻和实施流通消费价格统计制度；按规定编制和发布相应的价格指数；开展市场物价变动的分析与预测工作，为国家宏观调控提供决策参考依据；为党政领导和社会各界提供有关价格指数和分析资料。

生产投资价格调查　生产投资价格包括工业品价格、房地产价格和固定资产投资价格。其中工业品价格分为工业品出厂价格和原材料、燃料动力购进价格，房地产价格分为房屋销售价格、土地交易价格、房屋租赁价格和物业管理价格。

农产品价格调查　农产品价格调查包含农产品生产价格与指数、农产品集贸市场价格和农产品批发市场价格调查，是国家的重要统计项目之一。该调查是通过对农业生产经营单位、农产品集贸市场、农产品批发市场和从事农产品批发交易的经营单位的调查，反映主要农产品生产价格、集贸市场价格和批发市场价格的调查项目，开展农产品价格调查的目的是监测农产品价格的变化，用农产品价格信息引导农村产业结构调整和农民增收，研究农业市场竞争力与农产品供求情况，满足国民经济核算需要。调查结果直接上报国家统计局。

农产品价格调查实施国家统一的方案，数据采集采取农户记账和访问调查相结合的方法。全省共抽选37个县（市区）2500户农户和非农户从事农产品生产的经营单位、11个农产品集贸市场和4个批发市场进行农产品价格调查。

农作物抽样调查　从20世纪80年代初开始，国家统计局决定在全国范围内开展粮食抽样调查。通过对全国850多个县，1.8万个村，21万地块，315万个样本进行实际割测来确定各省以及全国粮食产量。1998年开始，国家统计局陆续开展了棉花产量、农作物播种面积等调查。自1988年开始，国家统计局开始公布湖南省的抽样调查粮食和棉花总产量，2004年开始公布抽样调查粮食和棉花播种面积。目前，我省在37个县（市区）的280个村民小组开展粮食播种面积调查，在面积调查村民小组的25461个地块进行早、中、晚稻的实割实测单产调查。

农产品中间消耗调查 从2001年开始，国家统计局决定在全国范围内开展农产品中间消耗调查，我省相应地在37个县（市区）的370个村进行36个品种的中间消耗调查，以掌握农林牧渔业中间消耗水平及变动情况，满足农业增加值核算和国民经济核算的需要。

主要畜禽监测调查 为了及时准确反映全国畜牧业生产发展情况，为党和政府制定畜牧业发展政策，推动社会主义新农村建设提供科学依据，国家统计局按照《国务院关于促进生猪生产发展，稳定市场供应的意见》国发〔2007〕22 号要求，在全国组织各调查总队开展主要畜禽监测调查。

主要畜禽监测调查分为以省为总体的猪牛羊禽监测调查和以生猪调出大县为总体的生猪生产监测调查两部分。全省猪牛羊禽监测调查的范围是全省所有的农户及畜禽生产经营单位，调查对象是辖区内猪牛羊禽规模养殖农户、非农户生产经营单位以及抽中普查小区的所有饲养户。生猪调出大县监测调查的范围是全省享受国家财政奖励的生猪调出大县的所有农户及生猪生产经营单位，调查对象是县辖区内全部生猪规模养殖农户、非农户生产经营单位以及抽中普查小区的所有生猪饲养户。

规模养殖农户、非农户生产经营单位在全省范围内采取全数调查。散养农户采取抽样调查，以省为总体，采用多变量与规模成比例的概率抽样方法直接抽选普查小区（MPPS 抽样），实行整群调查，并推算全县总体数据。

农户固定资产投资抽样调查 改革开放以来，随着农村社会经济的全面发展，农村固定资产投资占全社会固定资产投资的比重也日益提高。农村固定资产投资统计调查数据的准确与否，直接影响着国民经济核算的质量和对宏观经济形势的趋势判断。

统计部门于1987年开始进行农户固定资产投资抽样调查统计，至2005年，农村固定资产投资包括农户固定资产投资与非农户固定资产投资。2005年11月国家统计局下发了《乡村社会经济调查方案》，要求只调查农村农户固定资产投资，不调查农村非农户投资（这部分由省统计局投资处进行统计）。农户投资从住户调查资料中取得，农户建房投资在农村住户调查村调查所有建房户。通过对全省37个调查县、3700户农户进行抽样调查，推算出全省农户固定资产投资额。具体包括：农村农户固定资产投资情况、农户建房投资情况和农村固定资产投资情况。

制造业采购经理指数调查 是通过对企业采购经理的月度调查结果统计汇总、编制而成的指数，它涵盖了企业采购、生产、流通等各个环节，是国际上通用的监测宏观经济走势的先行性指数之一，具有较强的预测、预警作用。PMI 通常以 50%作为经济强弱的分界点，PMI 高于50%时，反映制造业经济扩张；低于50%，则反映制造业经济收缩。

调查范围涉及《国民经济行业分类》中制造业的31个行业大类，从全省抽取了近650家样本企业进行调查。

规模以下工业抽样调查 规模以下工业抽样调查目的是反映规模以下工业的基本总量，为国民经济核算提供基础数据。其调查范围为年主营业务收入（产品销售收入）500万元以下的工业企业和全部个体经营工业单位。调查内容包括主营业务收入500万元以下的工业企业的基本情况、人员及企业资产与生产经营状况；个体经营工业单位的基本情况、人员及生产经营状况。采取有基本抽样方法是：对调查总体中有企业名录库的部分采用目录抽样，没有企业名录库的部分采用整群抽样。对个体经营工业单位主要采用整群抽样。

服务业抽样调查　广义上的服务业就是指第三产业，包括除第一产业（农业）、第二产业（工业、建筑业）以外的所有行业，是国民经济的重要组成部分。服务业抽样调查是由国家统计局统一布置的，主要针对新兴的、高技术含量、高附加值的现代服务业以及难以用传统的全面的统计方法收集数据的行业开展调查。调查范围包括装卸搬运和其他运输服务业、仓储业、计算机服务业、软件业、租赁业、商务服务业、科技交流和推广服务业、居民服务业、其他服务业、社会福利业、体育和娱乐业12个行业大类，主要调查营业收入、资产、利税、从业人数等经济指标。

与此同时，还在全省调查队系统开展了现代服务业跟踪监测调查的试点。调查范围包括电信和其他信息传输服务业、计算机服务业、软件业、银行业、证券业、保险业、其他金融活动业、房地产业、商务服务业、研究与试验发展、专业技术服务业、科技交流和推广服务业、地质勘察业、环境管理业、教育、卫生、社会保障业、新闻出版业、广播电视电影和音像业、文化艺术业、体育、娱乐业等22个行业，此外还有部分物流企业。

农村贫困监测调查　新阶段农村贫困监测是根据《中国农村扶贫开发纲要（2001-2010）》关于加强农村贫困监测的要求，由国家统计局、国务院扶贫办、国家发改委、国家民委、财政部、中国农业银行联合开展，监测时段为2001年到2010年。为了提高监测的准确性和科学性，国家统计局建立一套完善的调查制度，通过对扶贫工作重点县农村居民家庭生产、收入、消费、积累、中央及地方扶贫政策、资金落实情况和农户参与扶贫情况的追踪监测，评估扶贫项目的效果，分析不同地区、不同类型的致贫因素，监测致贫因素的变动情况，评估宏观经济发展与专项扶贫项目对缓解贫困的作用，为政府制定反贫困对策和区域发展政策提供科学依据。

农村贫困监测调查实施国家统一的调查方案。数据采集采取农户记账、访问调查及搜集有关扶贫部门数据等方法，主要表式有四种：即县级统计表、社区调查表、住户调查表、个人调查表。为保证调查内容的可靠性，通过科学抽样方法建立一套抽样调查网点，湖南共抽选20个国家扶贫工作重点县2020户进行农村住户调查，抽选202个村进行村级情况调查，调查样本每五年全部轮换一次。这套网点的调查数据是代表湖南农村贫困监测的法定数据。网点调查由国家统计局湖南调查总队负责实施，调查结果直接上报国家统计局。

附录2-2 主要统计指标解释

一、住户调查

家庭人口 指居住在一起、经济上合在一起共同生活的家庭成员。凡计算家庭人口的成员其全部收支都应包括在一起，与户籍管理部门的“常住人口”的含意不尽一致。

家庭总收入 指调查户中生活在一起的所有家庭成员在调查期得到的工薪收入、经营净收入、财产性收入、转移性收入的总和，不包括出售财物和借贷收入。

可支配收入 指居民可用于最终消费支出和其他非义务性支出以及储蓄的总和，即居民家庭可以用来自由支配的收入。计算公式为：

可支配收入=家庭总收入-个人所得税-个人交纳的社会保障支出-记账补贴

转移性收入 指国家、单位、社会团体对居民家庭的各种转移支付和居民家庭间的收入转移。包括政府对个人收入转移的离退休金、失业救济金、赔偿等；单位对个人收入转移的辞退金、保险索赔、住房公积金、家庭间的赠送和赡养等。

出售财物收入 指调查户出售家庭财物所得到的收入。由于出售财物是家庭财产从实物形态转为货币形态，家庭财产总量不变，因此不计入可支配收入中。

借贷收入 指家庭资产不发生增减的周转性收入。包括提取银行存款、提取储金会款、借入款、收回借出款、兑售有价证券、收回的投资本金、贷款等。

家庭总支出 指家庭除借贷支出以外的全部实际支出。包括消费性支出、购房建房支出、转移性支出、财产性支出、社会保障支出。

消费性支出 指家庭用于日常生活的全部支出。包括食品、衣着、家庭设备用品及服务、医疗保健、交通和通讯、娱乐教育文化服务、居住、杂项商品和服务等八大类支出，均按用途划分归类。

社会保障支出 指调查户成员参加国家法律、法规规定的社会保障项目中由个人交纳的保障支出。不包括职工所在单位交纳的那部分社会保障金。

借贷支出 包括所有权没有变化的周转性支付，如存入储蓄款、借出款；资金归还，如归还借款、归还各类贷款等。

二、物价调查

居民消费价格指数 是反映一定时期内居民消费价格变动趋势和程度的相对数。居民消费价格指数分为食品、烟酒及用品、衣着、家庭设备用品及维修服务、医疗保健和个人用品、交通和通讯、娱乐教育文化用品及服务和居住等八个大类。

商品零售价格指数　是反映一定时期内商品零售价格变动趋势和程度的相对数。商品零售价格指数分为食品、饮料烟酒、服装鞋帽、纺织品、家用电器及音像器材、文化办公用品、日用品、体育娱乐用品、交通通信用品、家具、化妆品、金银珠宝、中西药品及医疗保健用品、书刊杂志及电子出版物、燃料、建筑材料及五金电料等十六个大类。

农业生产资料价格指数　是反映一定时期内农业生产资料价格变动趋势和程度的相对数。农业生产资料价格指数分为农用手工工具、饲料、产品畜、半机械化农具、机械化农具、化学肥料、农药及农药械、农用机油、其他农业生产资料、农业生产服务十个大类。

固定资产投资价格指数　是反映固定资产投资额价格变动趋势和程度的相对数。固定资产投资额是由建筑安装工程投资完成额、设备、工器具购置投资完成额和其他费用投资完成额三部分组成的。固定资产投资价格指数可以准确地反映固定资产投资中涉及的各类商品和取费项目价格变动趋势和变动幅度，消除按现价计算的固定资产投资指标中的价格变动因素，为国家科学地制定、检查固定资产投资计划并提高宏观调控水平，为完善国民经济核算体系提供科学的、可靠的依据。

工业品生产者价格指数　是工业生产产品出厂价格和购进价格在某个时期内变动的相对数，反映全部工业生产者出厂和购进价格变化趋势和变动幅度。由工业生产者出厂价格指数和工业生产者购进价格指数两部分组成。

工业生产者出厂价格指数　是反映工业生产者出厂价格变动趋势和变动程度的相对数，通过调查收集部分代表企业的代表产品的价格变动资料，采用国际通行的链式拉式公式计算求出。

工业生产者购进价格指数　指工业企业组织生产时作为中间投入的原材料、燃料、动力购进价格的指数(含增值税、运费、关税等)。其反映工业生产者购进价格变动趋势和变动程度的相对数。

房地产价格指数　是反映房地产市场价格水平变动趋势和变动程度的相对数。包括房屋销售价格、房屋租赁价格、土地交易价格和物业管理价格四项价格指数。目前社会上使用较多的是房屋销售价格指数。房地产价格中类以下指数采用样本资料作权数的加权调和平均公式计算，中类、大类和总指数采用固定权数的加权算术平均公式计算。

农产品生产价格指数　是反映农产品生产者第一手(直接)出售其产品时实际获得的单位产品价格水平变动程度的相对数。开展农产品生产价格调查是为了全面收集农产品生产价格资料，客观反映农产品生产价格水平和结构变动情况，满足农业与国民经济核算需要，为各级政府制定农业保护与农产品流通政策提供决策依据，向社会各界提供优质的农产品价格信息服务。

三、农业调查

年末耕地总资源　指能够种植农作物的田地。包括当年实际耕种的熟地；新开荒且已种植的地；沿海、沿湖地区已围垦三年以上的“海涂”、“湖田”；弃耕、休闲不满三年，随时可以复耕的地；因灾害或其他因素，虽然当年内未种植农作物但仍可复耕的地；以种植农作物为主，附带种植桑、果或其他林的地；年年进行耕耘种草的地；南方小于1米、北方小于2米宽的沟、渠、路、田埂。不包括因灾害或其他因素不能复耕的地；弃耕、休闲三年的地，或不满三年，但已经成为荒地的地；不进行耕耘，种植牧草已成为永久性草地的土地；专业性的桑园、茶园、果园、果木苗圃地、芦苇地、天然草场等；以混凝土等铺设的温室、玻璃室，导致栽培的植物与地面隔绝的地。

常用耕地 指耕地总资源中专门种植农作物并经常进行耕种、能够正常收获的土地。

农作物播种面积 指实际播种或移植有农作物的面积。凡是实际种植有农作物的面积不论种植在耕地上还是非耕地上，也不论面积大小，均应统计。

全年农作物总播种面积 指上年秋冬播和本年春播、夏播以及南方地区的晚秋播，在本日历年度内(自1月1日到12月31日)收获的全部作物播种面积的总和。

夏收粮食 指上年秋冬播和本年春季播种、夏季收获的全部粮食作物，如冬小麦、大麦、元麦、蚕豆、豌豆、马铃薯等。不包括早稻和夏马铃薯。在湖南，夏收粮食又称作春夏收粮食或春收粮食。

秋收粮食 指本年春、夏季播种，秋季收获的粮食作物；在夏收作物收割后的耕地上播种、秋季收获的粮食作物也应计算在内。如：中稻、一季晚稻、早玉米、晚玉米、早高粱、晚高粱、谷子、甘薯（红薯）、大豆等。

核实面积 又称实际播种面积，指实际播种或移植的农作物面积。凡是实际种植有农作物的面积，不论种植在耕地上还是非耕地上，也不论面积大小，均应如实登记统计。

畜禽出栏数 指报告期内各种类型生产单位和住户饲养的，已屠宰或出售的全部畜禽数量。包括交售给国家、集市上出售以及自食的部分，但出售或食用的仔畜不包括在内。

畜禽存栏数 指报告期初、期末各种类型生产单位和住户饲养的全部畜禽存栏数量。

能繁殖母猪 指猪龄约在9个月(包括9个月)以上的、具备繁殖能力的母猪。

肉类总产量 指当年出栏并已屠宰的畜禽肉类产量，即屠宰后去头蹄下水后带骨肉的重量，也叫胴体重。

农林牧渔业中间消耗 指农林牧渔业生产经营过程中所消耗的货物和服务的价值，包括物质产品消耗和非物质性服务消耗。物质产品消耗是指农林牧渔业生产过程中所消耗的各种物质产品的价值，包括外购的和计入总产出的自给性物质产品消耗，如种籽、饲料、肥料、农药、燃料、用电量、小农具购置、原材料消耗等；支付物质生产部门的各种服务费包括修理费、生产用外雇运输费、生产用邮电费等，以及其他物质消耗；非物质性服务消耗是指支付给非物质生产部门的各种服务费，如畜禽配种费、畜禽防疫医疗费、科研费、旅馆、车船费、金融服务费、保险服务费、广告费等。

四、农户固定资产投资调查

固定资产 指使用年限在规定的年限以上，单位价值在规定的标准以上，并在使用过程中保持原来物质形态的资产。按照新的会计制度规定，企事业单位所有的使用期限在一年以上、单位价值在200元以上的房屋建筑物、机器设备、器具、工具等资产应作为固定资产统计；不属于生产经营的物品，单位价值在200元以上，并且使用期限超过两年的也应作为固定资产统计。农户所有的使用年限在两年以上、单位价值在50元以上的房屋建筑物、机器设备、器具等资产应作为固定资产统计。

固定资产投资完成额 指以货币形式表现的在本期调查范围内建造和购置固定资产的工作量以及与此有关的费用的总称。实际完成投资额根据建筑安装工程的实际完成工作量，实际已开始安装的设备、工具、器具的购置费，以及其他费用的实际发生额计算，包括消耗的建筑材料，购置设备、工具器具、大牲畜的费用，以及建造和购置固定资产所发生的人工费和其他有关的费用。

按资金来源分为：①国家资金；②国内贷款；③利用外资；④自筹资金；⑤其他资金；⑥农户自筹资金；⑦农户个人借款；⑧农户其他资金。

按固定资产构成分为：①建筑工程；②安装工程；③设备、工具、器具购置；④其他；⑤农田水利基本建设；⑥房屋投资；⑦房屋；⑧住宅投资；⑨住宅。

五、工业调查

制造业采购经理指数 简称PMI，是通过对制造业采购经理的月度调查统计汇总、编制而成的指数，反映了经济的变化趋势，是经济运行活动的重要评价指标和经济变化的晴雨表，是经济监测的先行指标。由五个扩散指数即新订单指数、生产指数、从业人员指数、供应商配送时间指数、主要原材料库存指数加权而成。常以50%作为经济强弱的分界点：即当指数高于50%时，被解释为经济扩张的讯号。当指数低于50%，尤其是非常接近40%时，则有经济萧条的忧虑。

工业总产值 以货币形式表现的，工业企业或个体经营单位在报告期内生产的工业最终产品或提供工业性服务的总价值量。包括：①生产成品价值；②对外加工费收入；③自制半成品、在产品期末期初差额价值。

营业收入 指个体经营工业单位在报告期生产经营中通过销售产品及提供工业性劳务等取得的收入总计。

资产总计 企业集团拥有或控制的全部资产。包括流动资产、长期投资、固定资产、无形资产、递延资产和其他资产等。

负债合计 企业集团所承担的能以货币计量、以资产或劳务偿付的债务。

股东权益（所有者）权益合计 企业集团投资人对企业净资产的所有权，企业集团净资产等于企业集团全部资产减去负债合计和少数股东权益后的余额，其中包括企业投资人对企业的最初投入以及资本公积金、盈余公积金和未分配利润。

利润总额 企业集团实现的盈亏总额。计算公式为：

利润总额＝营业利润＋补贴收入＋投资收益＋营业外收入一营业外支出

净资产收益率 企业集团净利润与所有者权益的比率。计算公式为：

$$净资产收益率=\frac{净利润}{所有者权益}\times 100\%$$

其中：净利润＝利润总额－应交所得税

总资产报酬率 企业集团利润总额与利息支出之和与资产总计的比率。计算公式为：

$$净资产报酬率=\frac{利润总额+利息支出}{资产总计}\times100\%$$

资本保值增值率 企业集团本年股东权益与少数股东权益总计与上年股东权益与少数股东权益总计的比率。计算公式为：

$$资本保值增值率=\frac{本年股东权益与少数股东权益合计}{上年股东权益与少数股东权益合计}\times100\%$$

劳动生产率 企业集团营业收入与从业人员平均人数的比率。计算公式为：

$$劳动生产率=\frac{营业收入}{年平均从员人员}\times100\%$$

资产利税率 企业集团利税总额与资产总计的比率。计算公式为：

$$资产利税率=\frac{利税总额}{资产总计}\times100\%$$

其中：利税总额＝利润总额＋主营业务税金及附加＋应交增值税

资金利润率 企业集团利润总额与资金（固定资产净值＋流动资产平均余额）的比率。计算公式为：

$$资金利润率=\frac{利润总额}{固定资产净值+流动资产平均余额}\times100\%$$

其中：固定资产净值＝固定资产原值－累计折旧

资产负债率 企业集团负债合计与资产总计的比率。计算公式为：

$$资产负债率=\frac{负债合计}{资产总计}\times100\%$$

六、服务业调查

个体户从业人员平均人数 指在报告期内在个体户工作并取得劳动报酬的全部人员平均数。包括从事经营活动的家庭成员和外雇人员。计算方法：个体户经营淡季外雇人员和从事经营活动的家庭成员加上个体户经营旺季外雇人员和从事经营活动的家庭成员，然后除以2。

个体户外雇人员 指在报告期内个体户所雇佣的人员。不包括从事经营活动的家庭成员。

个体户固定资产原价 指个体户为了其生产经营活动的正常进行而构建的房屋、机器和设备等。个体户的固定资产规定为：使用期限超过一年并且单位价值在1000元以上的房屋、机器和设备等。不够此标准的不能算为固定资产。固定资产原价按购买时的价值填写。

个体户资产总计 指个体经营户拥有或控制的能以货币计量的经济资源。包括各种财产、债权和其他权利。资产按其流动性划分为流动资产、固定资产、长期投资、无形及递延资产和其他资产。

个体户营业支出 指个体经营户在生产经营过程中发生的各项支出。包括支付给雇员的报酬、向政府机构或管理部门缴纳的各种税和各种管理费用以及生产成本支出等。为经营而租用的房屋和场地的费用，以及为雇员提供的工作服装等也包括在内。

个体户营业额（收入） 指个体经营户在生产经营过程中取得的全部收入。

七、农村贫困监测调查

省定贫困村　指已列入省扶贫计划的扶贫开发重点村。

贫困发生率　也称贫困人口比重指数。指人均纯收入或生活消费支出在贫困线以下人口占全部人口的百分比。

村里到位扶贫资金　指调查村在调查年度内是否得到扶贫资金和各种实物的折价。上年立项但本年资金到位的项目也包括在内。该项目必须是已经开始实施的项目。正在立项或虽然被批准实施但由于资金不到位或其他因素影响而未实施的项目，不包括在内。

附录2-3　主要问题解答

一、什么是CPI？

CPI是居民消费价格指数（consumer price index）的简称。居民消费价格指数，是一个反映居民家庭一般所购买的消费商品和服务价格水平变动情况的宏观经济指标。它是度量一组代表性消费商品及服务项目的价格水平随时间而变动的相对数，是用来反映居民家庭购买消费商品及服务的价格水平的变动情况。

居民消费价格统计调查的是社会产品和服务项目的最终价格，一方面同人民群众的生活密切相关，同时在整个国民经济价格体系中也具有重要的地位。它是进行经济分析和决策、价格总水平监测和调控及国民经济核算的重要指标。其变动率在一定程度上反映了通货膨胀或紧缩的程度。一般来讲，物价全面地、持续地上涨就被认为发生了通货膨胀。

二、为什么要编制CPI？

总体来说，编制CPI目的是了解全国各地价格变动的基本情况，分析研究价格变动对经济社会和居民生活的影响，满足各级政府制定政策和计划、进行宏观调控的需要，以及为国民经济核算提供科学依据。

在我国经济社会生活中，价格问题历来是各级政府关注的宏观经济问题和社会各界高度关注的重大民生问题。大体说来CPI主要有三个用途：

一是作为度量通货膨胀（通货紧缩）的一个经济指标，为国家宏观调控提供决策依据。通货膨胀（或紧缩）的特征表现之一就是物价水平的持续并普遍地上涨（或下降），这个物价水平的变动一般是通过CPI来描述。因此，CPI是度量通货膨胀（或紧缩）的一个主要指标，也是我国进行宏观调控管理的重要参考依据。

2010年政府工作报告中强调要处理好保持经济平稳较快发展、调整经济结构和管理好通胀预期的关系。既要保持足够的政策力度、巩固经济回升向好的势头，又要加快经济结构调整、推动经济发展方式转变取得实质性进展，还要管理好通胀预期、稳定物价总水平。所以说，CPI是宏观经济分析、价格总水平监测以及制定货币政策、价格政策的重要参考依据。

二是用于国民经济核算。在GDP核算中，为剔除价格因素的影响，用居民消费价格指数对现价指数进行缩减。

三是用于指数化的调整。居民消费价格指数通常用于对工资、租金、利息或税收之类的货币流量进行调整，也可用于对某些货币资产及负债的资本价值进行调整；用于实际消费和收入的计算。居民消费价格指数可用来缩减按现价计算的支出或货币收入，以衡量实际消费和实际收入情况，还用于计算住户消费支出的购买力平价。

三、CPI的个体指数是如何计算的？

有了代表规格品的平均价格，就要在此基础上，计算CPI的个体指数。现行CPI调查制度的“个体指数”与一般意义的个体指数有一点不一样：一般意义的个体指数即指某一种商品价格变动的相对数，而现行CPI调查制度的“个体指数”特指其基本分类的价格指数。分两步计算：

第一步，首先要计算代表规格品的价格变动相对数。

每个月的下旬，各市（县、区）调查统计人员根据在市场上采集的各调查规格品价格，计算出每种规格品当月的平均价格作为报告期价格，与上月各种调查规格品的平均价格（即基期价格）相对比，得到代表规格品的环比价格变动相对数。计算公式如下：

$$G_{ti} = P_{ti} / P_{(t-1)i} \times 100\%$$

G_{ti}为第i个代表规格品在报告期（t）价格与上期（t-1）价格对比的相对数。

第二步，将同一基本分类下几个代表规格品的价格变动相对数，用几何平均法，计算基本分类指数（即这里所谓的个体指数）。

根据所属代表规格品变动相对数，采用几何平均法计算各基本分类指数的月环比指数，计算公式为：

$$K_i = \sqrt[n]{G_{t1} \times G_{t2} \times \cdots\cdots \times G_{tn}} \times 100\%$$

其中：

G_{t1}、G_{t2}、……、G_{tn}分别为第1个至第n个规格品在第 期与上期价格对比的相对数。

四、CPI八大类和总指数是怎样计算出来的？

通过上述两步计算，得到各基本分类指数以后，再由基本分类指数依次加权计算，就可以轻松计算出CPI的八大类和总指数了。

各种类指数和总指数的计算采用链式拉氏公式，逐级加权平均计算：

$$L_t = L_{t-1} \times \frac{\sum P_t Q_0}{\sum P_{t-1} Q_0}$$

其中：t：报告期

t-1：报告期的上一时期

L：定基指数

P_tQ_0：固定篮子商品和服务的金额

$$P_t Q_0 = P_{t-1} Q_0 \times K_i$$

实际工作中，平均价格、代表规格品指数、基本分类指数、各小类中类指数和八大类指数以及CPI总指数的计算过程，全部由计算机完成，调查员负责将各调查点采集的规格品价格资料审核录入计算程序后，就可以得到计算结果。

五、CPI包括哪些主要调查内容？

CPI调查工作，是经济社会统计调查工作中的一个重要组成部分，主要任务是运用科学的统计调查方法，系统地调查、搜集和整理主要商品、服务项目的价格及消费额资料，编制居民消费价格指数。目前，在国家统计局制定的调查方案中，CPI的调查内容按用途划分为8个大类，包括食品、烟酒、衣着、家庭设备用品及维修服务、医疗保健和个人用品、交通和通信、娱乐教育文化用品及服务、居住。根据全国城乡13万户居民家庭消费支出调查资料中的项目以及居民消费习惯，又具体确定了262个基本分类。按照国家统计调查制度规定，全国各个省（自治区、直辖市）CPI调查的大、中、小类是统一的，但各个省（自治区、直辖市）结合自身实际，选择商品和服务项目的代表规格品不尽相同，有所差异。

六、房屋价格为什么没有纳入CPI的计算？

作为居民，不管是花钱买房子还是买粮食都是用来消费用的，以此来思量买房子应该纳入CPI，应该说这种想法是没有错的。

但从价格统计工作来讲，计算CPI不能把房屋价格归入进来。理由有三点：①国际标准不把买房价格归纳进来。这里说一下什么是统计的“国际标准”，统计的国际标准就是各个国家统计界统一遵循的做法。目前的统计国际标准是联合国统计局向各个成员国推荐的93SNA，其中把住房列入固定资本形成范畴（也就是列为投资范畴），因此目前我国及国外统计部门计算CPI时都没有把房屋价格归纳进来。②居民买房子花费巨大，少则几十万多则上百万。想想看，购买的房子是要逐年逐月地消费使用，现在的房屋可以使用70年呢。也就是说房子购买与消费在时间上是严重脱节的，而CPI是按月调查当月消费的商品和服务项目的价格变化。③目前还没有无所不包的价格指数，即使编制出这样一个万能的价格指数，也很难说明问题，现实中也不好用。

国家统计局没有把购买房子价格纳入进来，不等于CPI没考虑城乡居民居住类的消费。目前我国CPI居住类调查的项目不少，包括：①建房及装修材料，比如木材、水泥、砖瓦灰砂石、电料、漆等。②租房，主要是公房房租、私房房租。③水、电、天然气、液化石油气、煤炭的花费。④自有住房，如购房贷款利率、物业费、各种房屋维修费等。

另外，目前我国统计部门和一些宏观管理部门也编制了一些价格指数，这些价格指数用途明确、反映经济情况准确明了，对于不同的研究问题，可以分门别类地利用这些价格指数。这些价格指数是：生产者价格指数（PPI）用来反映农业生产者、工业生产者、建筑业生产者提供的其产品的价格变动情况；商品零售价格指数（WPI），用来反映商品零售价格的变动情况；农业生产资料价格指数，用来反映农民购买农业生产资料的价格变动情况；城乡居民消费价格指数，也就是这里说的CPI；房地产价格指数，用来反映全国70个大中城市各类房屋销售、租赁以及土地交易的价格的变动情况；进出口价格指数（MPI、XPI），用来反映各种进出口产品的价格变动情况。

七、CPI数据为什么与公众的感受不一致？

实事求是地说，居民的日常感受与国家统计局公布的CPI不一致是很正常的情况。

一般来说，导致这种情况的出现有这么几点原因：

1、上面说到，CPI在我国叫做城乡居民消费价格指数。由于我国城乡人口有13亿，这13亿消费者中有乡村居民有城市居民，有收入高的也有收入低的，有生活在东南沿海的居民也有生活在内地的居民，所以我们说CPI是13亿人平均水平的CPI。因而，当某个人谈对CPI的感受时是他（她）的个体感受，个体感受肯定会与平均水平的CPI有差异。打个比方，我国有世界是最高的高原—青藏高原，有世界海拔最高的山峰—珠峰，而东南沿海大多地区海拔较低。那么，如果您生活在东南沿海就会感到平均海拔高了，而如果您生活在青藏高原就会感到海拔低了。

2、国家统计局公布CPI时，公布的大多是总指数和类指数，因此消费者做比较时，一般是用自身感受的某种具体商品或服务项目价格的变动情况与CPI总指数或某类指数比较，从而得出CPI走势与感受不一致的结论。比方说，国家统计局公布的某月份CPI同比上涨1.5%（但居住类商品和服务项目却上涨了5%），如果这段时间您正好装修房子，买的建筑材料价格上涨了许多，当您看到1.5%的价格涨幅时，肯定感到国家统计局公布的CPI低了。

3、不希望价格上涨的潜意识在起作用。我们每个人都希望自己的生活蒸蒸日上、日子一天比一天好，因此总是希望市场价格不涨或者下降才好。在这种愿望下，一种情况是我们一般对市场上商品或服务项目价格的下降不敏感或者没什么反映，但对商品或服务项目价格的上涨比较敏感（比如说前几年来，猪肉、鸡蛋的价格下降不少，大家没什么反映，而对医疗服务项目价格上涨较多反映强烈）；另一种情况是，有些商品价格下降很大，但大家日常生活中不常消费这些商品，所以对这些商品价格的下降就不敏感，而对我们日常生活中经常消费的商品或服务项目价格的上涨反映强烈（比如说，近几年来手机、彩电大幅度降价，但这些商品我们不经常消费，所以就不敏感，而水、电、燃气价格大幅度上，而这些商品我们天天要消费，所以我们感受强烈）。

4、收入水平和消费水平的不同导致了对价格指数感受的不同。改革开放以来，我国的国民经济有了巨大发展，人民生活水平也有了极大提高，但高收入者毕竟只是少数，绝大多数城乡居民收入水平和消费水平还不高。一般来说，收入水平和消费水平的高低会造成对价格指数感受的差异。高收入者消费水平高消费内容广，对价格上涨的承受能力强；反之，低收入者消费水平低、消费面窄，收入主要用于吃、穿、医疗和子女的教育等方面上，对价格上涨的承受能力低。近几年来，一些生活必需品不断涨价，因此低收入者居民反映敏感，感觉实际消费价格上涨的幅度应该比公布的CPI数据高。

八、如何正确使用价格指数？

从我国目前实施统计调查体系来看，已经形成一套比较完整的从生产、建设领域到流通、消费领域的价格指数体系。在经济社会生活中，如何正确使用和看待价格指数呢？

一是要了解不同价格指数的涵义及其区别和联系，明确各种价格指数的适用范围。任何一种价格指数只是反映某些环节、某些领域的某类商品或服务的价格变动情况，具有明确的适用范围。不能指望有一种价格指数能反映经济生活方方面面的价格变动。因此，在实际运用中应根据不同的目的，有针对性的选择合适的价格指数，而不能不顾价格指数的口径和适用范围而随意进行引用和比较，以免造成结论性错误。如农业生产资料价格指数、原材料、燃料、动力购进价格指数、固定资产投资价格指数反映的是对产品生产投入方面的价格变化情况，不能反映进入流通领域产品的价格变化情况。

二是要正确认识价格指数是一个相对数。价格指数反映的是当前价格水平相对于过去某个时期价格水平的变化情况。如价格指数为102.5%，表示本期价格比上期价格上涨2.5%。不同对比时期的价格指数用处是不同的，环比指数是以上月为基期的价格指数，主要反映短期内的价格变动，由于容易被一些突发性事件、季节性和节假日等非市场性因素干扰，观察环比指数时，不能直接用某些月份环比指数的变化对价格形势进行判断；同比指数是以上年同期为基期的价格指数，基本上不受季节性因素的影响，可以较好地反映同期价格变动情况，但同比指数受上年基数的影响。

三是要正确认识价格指数是一个平均数。在使用价格指数时，既要看价格总水平的变化，也要看其内部不同分类的价格变动。如2007年CPI的快速上涨，主要是因为食品类价格上涨，而其他类价格变动相对不是很大。而食品类中价格上涨又主要是由于粮食、油脂、肉类价格上涨所致。

总的来说，要对价格形势进行全面、准确的判断，必须综合考察不同环节、不同领域的价格指数，并观察它们不同基期的价格和结构的变动，从国际和国内经济形势、市场供求关系、政策效应等多方面进行科学的分析。

九、如何使用CPI?

目前，国家统计局编制的价格指数都有非常明确的含义，使用不好往往导致不恰当的结论。

举例：近来某个青年学者声称，经过他的潜心研究，以货币购买力比较得出的结论是：27年来我国CPI低估了10倍。该学者的这个结论十分惊人，可是该学者就是没好好想一想，这27年中人们的消费内容一样吗？可以大胆地想象一下，该学者在27年前一定不会像现在一样天天洗澡吧，也不会像现在一样天天吃大米饭（当时每个月还配售一定量的粗粮），更不会像现在一样外出旅游吧。

因此，大家在使用价格指数时，一定要了解各种价格指数的内涵，正确地运用价格指数，以免发生误解，得出令人啼笑皆非的结论。

在使用价格指数要对号入座，比如说您要了解房屋价格走势，就要看房地产价格指数；您要了解工厂出售的产品涨价了没有，就要看工业品出厂价格指数；您要了解您自己消费的商品、服务项目涨价了多少，就不光要看CPI的情况而且要看细项，比如您关心自来水的价格涨了多少，就要看国家统计局公布的CPI中的水价涨了多少。

十、什么叫住户调查？

住户调查即对居住在城镇和农村的住户，开展以收支为主要内容的调查。一般是通过对全国和各地区所抽中的居民家庭，使用日记帐或问卷调查等方式，采集收入、消费及其他生活状况资料。这是一项法定国家统计调查项目。中华人民共和国境内的全体中国公民，无论户口性质和户口登记地，均以住户（包括以家庭形式居住的户和以集体形式居住的户）为单位，在常住地参加本调查。

十一、开展住户调查的主要目的是什么？

开展住户收支调查，目的是全面了解城乡居民收入和支出状况，及时掌握家庭人口、就业、居住和社区发展等变化情况，为国家科学制定收入分配和社会保障政策，推动经济发展和民生改善提供必要的统计信息支撑。广大城乡居民所提供的资料是汇总全国或地区居民收入、支出和生活状况数据的基础，对于党和政府促进居民收入和消费水平提升，改善人民生活，提高宏观调控和科学管理水平，都具有十分重要的意义。城乡调查户有义务提供真实完整的调查资料，并树立"为国记账、为己理财、为民服务"的公民意识，以记账为荣。

十二、住户调查的主要内容有哪些？

现行住户调查的内容，主要包括居民现金和实物收支情况、住户成员及劳动力从业情况、居民家庭食品和能源消费情况、住房和耐用消费品拥有情况、家庭经营和生产投资情况、社区基本情况以及其他民生状况等。

十三、调查户是如何抽选出来的？

全国使用统一的抽样框，以不同地域为总体，采用分层、多阶段抽样方法，先随机等距抽选出调查住宅，然后确定调查户。调查样本小区由国家统计局统一直接抽选，样本户则由国家统计局各省级调查总队统一抽取。

十四、个体调查资料的安全是能够得到保障的？

每个调查户的调查资料（包括记帐本和调查问卷），都将由国家调查人员在规定时间内上门收取并交回单位统一进行数据处理，最后生成代表地区或分组的调查资料。所有调查资料都严格按照规定进行保管并限期销毁。《中华人民共和国统计法》规定，统计机构和统计人员对调查对象填写的资料要严格予以保密。调查户填报的各项调查内容，将只用于总体数据汇总，绝不会提供或泄漏给调查机构以外的任何单位和个人。开展住户调查三十多年来，山西省尚未发生过城乡住户调查资料的泄密事件。

十五、为什么要实行城乡住户调查一体化改革？

上世纪80年代以来，我国的住户调查一直是分别以城镇和农村为主体进行抽样和调查的，城镇居民可支配收入和农村居民纯收入的调查制度不尽相同，且难以精确测算全体居民的收入差距和支出结构，农村居民与城镇居民的收支水平和结构等统计数据也不完全可比。为了适应我国经济社会发展的新形势，更好地满足研究制定城乡统筹政策和民生政策的需要，为国民经济核算和居民消费价格指数权重制定提供基础数据，同时更好地与国际接轨，经国务院批准，国家统计局决定从2013年起，以第六次全国人口普查资料为统一的抽样框，以不同地域为总体开展住户收支与生活状况调查，按期采集、公布全国及分地区“居民可支配收入”等统计数据。

简单地说，实行城乡住户调查一体化改革，是统筹城乡发展、构建和谐社会的必然要求，是调整收入分配格局、制定收入分配政策的客观需要，是提高住户调查数据质量的基本保障。实行此项改革，可以实现覆盖城乡、调查对象不重不漏，建立起指标统一规范、抽样科学严谨、手段高效便捷、调查扎实可靠、发布公开透明的住户调查新体系。

十六、城乡住户调查一体化改革的目标是什么？

这次城乡住户调查一体化改革的总体目标是：整合住户调查资源，建立指标统一规范、抽样科学严谨、手段高效便捷、调查扎实可靠、发布公开透明的住户调查新体系，准确完整地反映全体居民收入、支出以及家庭就业、消费、住房等情况，及时监测农民工、贫困人口等群体的生活状况，客观揭示城乡之间、地区之间和不同群体之间的收入差距及其变化，为促进城乡统筹发展和制定民生改善政策提供可靠依据。

十七、城乡住户调查一体化改革的内容是什么？

城乡住户调查一体化改革主要包括以下内容：一是设置农村、城镇和全体居民可支配收入指标，增加反映居民生活状况的指标和调查内容，建立城乡可比的、以可支配收入指标为核心的居民收支指标体系；二是按照统一的方法，对包括农民工在内的所有居民进行分层随机抽样，选取调查户，实现所有地域和人群不交叉、全覆盖。三是通过全国统一的调查网络，采用统一问卷和记账格式，对包括农民工在内的所有居民实施常住地调查，直接采集原始数据；四是增加发布收入中位数，定期向有关部门提供收入分配和政策执行效果信息，加大收入分配数据的分析和解读力度。

十八、一体化住户调查主要有哪些变化？

一体化住户收支与生活状况调查，一是统一采用“居民可支配收入”，增强了地区之间居民收支比对的科学性；二是农村外出务工人员收支和生活状况的统计调查更加合理、准确；三是细化了居民住房状况调查，改进了对城镇居民自有住房折算租金的统计方法；四是加强了对住户能源使用、社会保障和享受基础设施或基本社会服务情况的调查；五是改进了调查手段，提高了样本的代表性；六是了拓展了数据处理功能，能更好地满足不同用户的需求。

十九、使用新的城乡住户一体化调查数据应当注意哪些？

1. 2013 年以前，我省城乡居民收入统计是城乡分别进行的。城镇居民收入按可支配收入统计，农村居民收入按纯收入统计。2013 年，国家统计局在全国组织开展了城乡一体化住户调查。湖南各市州统一计算新口径的城乡居民可支配收入数据，不再计算原口径的城镇居民可支配收入和农民纯收入数据。

2. 新的人均可支配收入与原城乡居民收入在指标含义、口径范围上有所不同。新的一体化住户调查范围与原方案相比，城镇范围由原来的市区和城关镇扩大到了县以下的建制镇和城乡结合区；打工时间较长的农民工按所在地纳入城镇居民调查范围，也不再计入农村常住人口。

与原方案相比，指标口径也有所变化。例如，新口径居民可支配收入在城镇部分增加了从单位获得的实物、免费午餐和居民自有住房折算的租金等项目，同时转移性收入要减去个人所得税、社会保障支出、赡养支出等转移性支出，只计算净额。此外，居民的房屋拆迁收入和土地征用补偿收入以及一次性、大额的转移收入不再计入可支配收入。

居民人均可支配收入由过去的按户籍人口计算改为按家庭常住人口平均计算。居民可支配收入由工资性收入、经营净收入、转移净收入、财产净收入四项构成。计算公式为：

可支配收入=工资性收入+经营净收入+财产净收入+转移净收入

其中：经营净收入=经营性收入-经营费用-生产性固定资产折旧-生产税净额（生产税-生产补贴）

财产净收入=财产性收入-财产性支出

转移性收入=转移性收入-转移性支出

3.年度居民人均可支配收入包括居民家庭自产自用的实物收入，季度居民人均可支配收入不包括居民家庭自产自用的实物收入。

二十、什么是小微企业？

根据 2011 年 7 月工业和信息化部、国家统计局、国家发展和改革委员会、财政部等四部门联合发布的新的《中小企业划型标准规定》，将中小企业划分为中型、小型、微型三类，具体标准根据企业从业人员、营业收入、资产总额等指标，结合行业特点制定。对于工业的划型标准为：从业人员 20-300 人之间，且营业收入 300-2000 万元之间的为小型企业；从业人员 20 人以下或营业收入 300 万元以下的为微型企业。

二十一、开展小微企业调查的意义？

小型微型企业在增加就业、促进经济增长、科技创新与社会和谐稳定等方面具有不可替代的作用，对国民经济和社会发展具有重要的战略意义。通过调查可以反映小微企业的生产经营状况和基本总量，为国家和各级地方政府及时了解掌握小微企业生产情况提供决策参考依据。

二十二、小微企业的调查方法和范围是什么？

小微企业是以普查为基础、以抽样调查为主体、以典型调查和重点调查为辅助的调查方法体系。在不同年度，视不同需求，对小微企业实施相应的调查方法。在经济普查年度对小微企业实施普查，即全面调查，摸清全部小微企业基本指标及分类标识，为建立抽样框确立最基本的企业名录库；非经济普查年度对小微企业实施抽样调查，定期反映小微企业生产经营状况，推算小微企业基本总量指标；通过典型调查和重点调查满足不定期的小微企业应急监测需要。

主要调查范围为：小微工业、小微建筑业、限额以下批发和零售业、住宿和餐饮业、小微服务业。